동아시아 문화학 로드맵,
주첸즈朱謙之의 문화사상

동아시아 문화학 로드맵, 주첸즈朱謙之의 문화사상

초판 1쇄 인쇄 2019년 1월 10일
초판 1쇄 발행 2019년 1월 15일

지은이 / 전홍석

펴낸곳 / 도서출판 동과서
서울시 영등포구 국회대로 53길 23, 태성빌딩 4층
등록번호 / 제22－405호

D.K.S. Publishing Co.
23, Gukhoe－daero 53－gil, Yeongdeungpo－gu,
Seoul, 07229 Rep. of KOREA

전화 / (02)333－7533
팩스 / (02)6280－2353

값 23,000원
ISBN 978－89－6525－133－0 (93150)

동아시아 문화학 로드맵,
주첸즈朱謙之의 문화사상

전홍석 지음

동과서

| 서 문 |

현대 중국문화학 구축

이 연구서는 20세기 초중반에 생산된 중국의 제반 문화사상을 동아시아학 차원의 총체적인 '문화학(Culturology)'으로 학적 체계화할 것을 제안한다. 그런 면에서 본서에서 고찰한 주첸즈(朱謙之, 1899~1972)의 문화학, 즉 '지식문화학—문화철학'과 '사회문화학—문화사회학'은 현대 '중국문화학'의 전모를 파악할 수 있는 로드맵(Road Map)이라고 할 수 있다. 중국의 대표적인 문화학자 주첸즈와 그의 저술들은 중국문화학의 전체적인 지형도를 그려볼 수 있는 키워드인 것이다. 무엇보다 주첸즈가 1930~40년대에 '문화(culture, 생명)' 연구를 통해 도달하고자 했던 '문화인격'과 '문화의지', 그리고 이에 의거한 강권으로부터 탈피된 '자유연합'으로서의 동서양 평화구상은 지금도 결코 포기될 수 없는 영원한 현재성을 지닌다. 이러한 정신적 자원이 생산된 배면에는 더 큰 지반의 '현대 중국문화학'이 존재함은 물론이다. 그럼에도 그에 대한 역사지형과 실체를 밝히고 학적 체계화하려는 종합적인 시도는 여태껏 방기되어온 것이 사실이다.

잘 알다시피 국내의 문화학 연구동향은 대부분 서구의 이론이나 모델을 소개하거나 탐구하는 데 편중되어 있다. 그러다보니 중국의 현대 문화학 분야는 거의 황무지에 가깝다. 학술사상은 말할 것도 없고 학자들에 대한 소개조차도 부재한 실정이다. 그나마 중국에서의 연구는 비교적 진척된 상태이지만 문화학자의 개별적인 삶과 저작을 조명하는 정태적인 수준을 벗어나지 못하고 있다. 더불어 그 연구시각 역시 총체적인 시야의 학적 인식이 결여된 채 단편적인 각론에 그치고 있다. 그런 의미에서 본서는 기존의 식상하고 협소한 연구패턴에서 탈피해 거시적 시야에서 동아시아의 창조주체적 시대상을 반영하는 '비교문화학 방법'을 통한 동태적 접근을 제안한다. 이 같은 '문화학적 기획'은 문화정체성(identity)과 관련된 오리엔트(Orient) 본연의 '동아시아학 구상'과도 연동된 문제다. 더욱이 그 출발점(창조주체)이 동아시아인이라는 사실은 '동아시아 문화학'이라는 독창적인 고유체계를 창출할 수 있다. 뿐만 아니라 '지역정체성의 미래상' 구상에도 새로운 이론모형을 제공해줄 것이다.

이처럼 본서가 '현대 중국문화학'의 재창안과 구축을 제안하게 된 데는 상술上述한 맥락과 동일선상에서 대략 다음과 같은 문제인식에 기초한다.

첫째, 동아시아적 문화학 영역의 개척이다. 현재 동아시아의 제반 분열상은 서구적 근대성(modernity)의 폐해와 무관하지 않다. 현금 동아시아는 타자와의 관계성을 단절하는 이항 대립적 근대 메커니즘에서 탈피해 생태적 연결망(network)의 회복을 통한 타자와 공감하고 공존하는 생명공동체적 시스템으로의 전환이 시급하다. 따라서 1 · 2차 산업혁명기 적자생존의 강권적 서구보편주의와 결부된 근대성의 불완전성을 넘어 '자애로운 보편주의—근대성의 완전성'을 추동하는 동아시아적 문화학을 호명하게 된다. 그 공존주의 문화관의 지적 자양분을 전통성과 근대성의 끊임없는 교섭 속에서 결정화結晶化한 동아시아 '현대 중국 문화학'에서 추출할 수 있다. 이는 20세기 전반기 동아시아인이 만들어낸 동서양 간—문화(전통성과 서구성)적 대화의 산물이라는 점에서 특별하다. 아울러 이 연구영역은 당대 한국이나 일본의 건강한 문화사상 발굴에도 준거틀을 제공해 자기완결적인 '동아시아 문화학' 창출의 토대가 될 것이다.

둘째, 비교문화학적 방법론의 확장이다. 이 제안의 문제설정 이면에는 동서양의 간—문화 연구에 있어 '자아와 타자', '본토와 이국' 간의 복잡한 함수관계를 규명하는 지난한 지성사적 논쟁이 자리한다. 가령 '오리엔탈리즘(Orientalism)'과 '옥시덴탈리즘(Occidentalism)' 이론이 대표적인 담론들이다. 그런데 종래 이러한 타자 중심의 비교문화학은 '주시자(자아)'와 '피주시자(타자)'를 분절화시켜 그 상호작용이 발흥시킨 자문화의 비판과 혁신이라는 다채로운 문화창신創新의 역정을 간과해온 게 사실이다. 이로 보건대 그간 '이국(타자) 형상'의 공론화로 인해 배제된 주시자의 '자아 형상'을 복원하는 비교문화학적 이론모형이 필요하다. 때문에 타자상과 한 축을 이루는 자아상, 이를테면 동아시아인이 언설하는 '주체적 동아시아상(자아상)'을 읽어내는 독자적인 '문화학' 구축이 요망된다고 할 것이다.

셋째, 현대 인문학 위기의 문화주의적 전환 추세를 들 수 있다. 현대 '문화학'은 단 · 복수로 존재해 이미 학문들의 경계를 안팎으로 넘나들며 여러 문제들을 종합 재구성하는 인자로서 지대한 영향을 미치고 있다. 이러한 문화학 개념의 일반화와 학문분과는 인문학 위기를 극복하기 위한 전략의 중심적인 기획 개념으로 등장한 것이다. 그러므로 현시대 인문학의 '문화주의적 전환'이라는 큰 흐름에 조응하는 '동아시아적 문화학 구축'은 적실성과 시의성 있는 과제가 아닐 수 없다. 그도 그럴 것이 현대 중국문화학 구상은 오늘날 직면한 인문학 위기의 문화주의적 해법모색에 하나의 모델이 된다는 점에서 현재적 의미를 간과할 수 없다.

그렇다면 여기서 거론하는 '중국문화학'의 구체적인 역사실체는 무엇인가? 주지하다시피 20세기 상반기 중국인들의 공통된 명제는 그 위상이 세계사의 보편적 단계로 진입한 서구문화를 그것과는 이질적인 전통문화에 어떻게 수용할 것인가 하는 문제였다. 그리고 그 관건은 '근대성(과학, 민주)'과 '전통성'의 관계설정에 있었음은 물론이다. 다만 당대 문화학자들에게 중심점은 중화中華 지향의 전통성도, 서구 지향의 근대성도 아니었다. 이 양자는 새로운 주시자인 창조주체와 대면해야 하는 이미 객관화된 '타자'였다. 그러므로 주시자의 무게중심은 창조주체에 의해 모색되는 '혁신적인 자기정체성(자아상)'에 있었다. 이러한 시각에서 접근해보면 현대 '중국문화학'의 역사지형에는 세 방향의 문화학 이론들이 포착된다. 그 분파는 크게 보아 '생명주의형', '전반서화형', '중용中庸형'으로 정리할 수 있다. 또한 이 변증법적 역정에 따라 연구의 내용, 방법, 범위를 설정해보면 다음과 같다.

먼저 '생명주의형 문화학 이론'을 고찰해보자. '문화생명주의파'는 본질적으로 과학파의 이성철학과 구별되는 생명파의 비이성(直覺)적 현학玄學노선에 속한다. 이 부류의 학자들은 서구보편주의에 수긍하지 않고 전통문화의 재창조에 역점을 두면서 '생명주의'를 인류세계가 지향해야 할 보편적 가치(보편문화)로 설정했다. 이들에게 문화의 본질은 '생명'임과 동시에 '생활' 그 자체였다. 또한 '생명'은 서구문화와 접속하는 동일시의 기제라고 할 수 있다. 문화생명주의파는 보편동일시 차원에서 동서양 문화의 공유적 '생명성'을 소통인자로 삼아 이질적인 서구문화와의 대화를 시도한 것이다. 그러나 이 보편적 세계상은 근접성에 있어 결국 전통성 우위의 '유교儒教생명주의'로 귀착된다. 때문에 문화생명주의파는 통상 '문화보수주의'로 분류된다.

이들 생명주의형 문화학 이론이 기본적으로 인생의 가치와 의미를 중시하는 '인문주의적 문화학 영역'에 착근되어 있었기 때문에 문화보수주의적 경향을 띠는 것은 당연했다. 또한 이러한 성향을 가지게 된 데는 서구제국주의에 직면한 구망救亡이라는 절박한 동아시아의 민족적 · 국가적 위기의식과도 무연하지 않다. 이 문화생명주의파에 속하는 대표적인 문화학자로는 문화철학단계인 량수밍(梁漱溟)을 위시해서 백과전서식 체계인 주쳰즈, 문화학 본연의 완성단계인 첸무(錢穆)를 꼽을 수 있다. 이들은 동서양 생명철학에 입각한 문화의 정의를 시도했다. 동시에 그러한 지반 위에서 문화학을 건립함은 물론, 새로운 자문화 정체성 구성 차원에서 전통성과 서구성의 접착제로 '문화생명주의'를 제시했다. 더욱이 미래 보편문화와의 친화성을 전통성에 두면서 자아동일시로서의 서구생명주의와 접속을 통해 창조주체로서의 자아정체성을 확립하고자 했다.

주쳰즈는 이러한 문맥 속에서 황원산(黃文山)의 문화학 창립이론에 적극 호응해 량수밍의 문화철학, 당대 문화사회학과 문화교육학을 통섭하는 통합적 학문영역인 '문화학'을 구축해나갔다. 예컨대 『문화철학文化哲學』(1935)과 『문화사회학文化社會學』(1948) 등은 주쳰즈의 대표적인 문화학 저작이다. 주쳰즈의 문화학은 원천적으로 동방문화파의 영수격인 량수밍의 『동서문화와 철학東西文化及其哲學』(1922)을 계승한 것이다. 량수밍은 동서양 문화에 대한 이전의 단편적인 고찰을 뛰어넘어 체계적인 비교연구를 수행했다. 이와 함께 베르그송의 생명철학과 유가철학의 생명관념을 결합시켜 자신만의 독특한 도덕적 형이상학을 건립해 20세기 중국철학사에서 현대 신유학의 독자적 영역을 구축하는 데 공헌했다. 그 특징은 문화의 역사성과 민족성을 중시함은 물론, 인생의 의미 · 가치와 세계문화에 대한 인식을 포괄한다는 데 있다.

주첸즈는 이러한 량수밍의 영향 속에서도 방향을 달리해 동아시아 생명주의식 유교아나키즘(Anarchism) 문화관을 확립했다. 그러나 이 유파의 본래적 면모는 첸무의 문화학 전문저작인 『문화학대의文化學大義』(1952)에 와서 완결된다. 첸무 역시도 문화를 생명이나 집단생명으로 파악하고 그것은 부단히 성장한다고 생각했다. 그의 문화학은 주로 인생의 의미와 가치를 연구하는 신유학의 '인문주의적 문화학' 범주에 귀속된다. 요컨대 이 일련의 문화생명주의파의 생명관적 문화 형상은 세계문화유형론과 깊은 연관 속에서 전통문화와 서구문화의 동시 긍정, 그리고 이 양자에 대한 창조적 자아의식에서 발원한 것임은 물론이다.

다음으로 '전반서화형 문화학 이론'을 살펴보자. 1930년대 중국에서 벌어진 본위本位문화파와 전반서화파 논전은 현대적 의미로 볼 때 '근대성—단수적(singular) 보편문화'의 세계적 일체화와 '전통성—복수적(plural) 개별문화'의 자기정체성 강화라는 상호 대극적인 해묵은 논쟁과 관련된다. 전반서화파가 전자인 '문화보편주의'의 입장을 취했다면 본위문화파는 추락하는 자문화의 위상회복을 위한 후자인 '문화다원주의'의 입장에 가까웠다. 이러한 문화론적 분석틀은 중국 전반서화의 문화사상을 분석하고 이해하는 데 유효할 것이다. 여하튼 이 사조는 5 · 4신문화운동시기(1915~1923) 동방문화파와 대척점에 있었던 급진주의사상 조류의 한 흐름이다. 이 급진주의(向西方學習)는 5 · 4 이후 '마르크스주의(Marxism)'와 '전반서화론'으로 발전해나갔다.

아닌 게 아니라 전반서화형 문화학 이론은 마르크스주의자 리다자오(李大釗), 장선푸(張申府), 그리고 전반서화론자 후스(胡適), 천쉬징(陳序經)에 걸쳐 있다. 그러나 이 분파는 황원산과 함께 중국문화학의 창시자로 평가되는 '천쉬징'이 핵심적인 인물이다. 그런 까닭에 연구의 범위와 방법은 선행적으로 전반서화형 문화학 유파의 형성단계로서 리다자오, 장선푸의 문화학과 천쉬징의 연원관계를 추적해야 할 것이다. 또한 천쉬징의 문화학 이론이 1930년대에 본격적으로 개진된 점에 착안해서 본위문화파와의 논전이라는 긴장관계 속에서 천쉬징을 후스 등의 전반서화파 문화관과 비교 · 고찰할 필요가 있다.

이들 문화학자들은 기본적으로 서구문화의 보편적 동일시(선진성)에 입각해 중국문화의 특수적 이질성(후진성)을 대체하고자 했다. 그러나 이 급진적 문화사상이 1930년대에 하나의 사회사조로 폭발한 것은 우연한 일이 아니었다. 여기에는 당시 국민당 정부가 추진한 파시즘적 존공독경尊孔讀經식 신생활운동(1934), 시류에 역행하는 복고주의의 발흥, 일제침략으로 인한 민족위기, 극심한 민생고 등의 특정한 시대적 배경이 존재한다. 그러므로 이를 보다 정확히 이해하기 위해서는 주시자 자신이 몸담고 있는 문화와 이데올로기의 공간을 밝혀내고 설명할 수 있는 비교문화학적 '타자 형상' 분석이 요청된다고 할 것이다.

이 전반서화형은 문화체계의 가치와 의미를 중시하는 문화생명주의파의 '인문주의적 성향'과는 성격을 달리한다. 이 문화학은 천쉬징이 구미의 인류학과 사회학에, 후스는 미국의 프래그머티즘에 각각 기초한다는 점에서 실험주의 방법이나 과학법칙(이성)을 중시하는 '과학주의적 문화학' 영역에 속한다. 그들은 여기에 입각해 문화의 보편성과 시대성을 강조함으로써 서양문화(과학, 민주)의 전면적 수용이야말로 중국의 근대화를 이룩하는 유일한 방법이라고 주장했다. 이것이 자문화의 미래 활로모색에 있어 전통문화를 비판하고 서구문화에 치중한 이유다. 그러나 전반서화형 문화학은 서양문화에 대한 단순한 열광, 환상이나 수준 낮은 동서문화 비교에서 비롯된 것이 아니다. 그것은 비교적 완전한 이론적 기초, 풍부하고 깊은 사상적 내용, 광범위한 사회성을 띠었다.

이 논단은 무엇보다도 전반서화를 최초로 주장한 천쉬징의 문화학을 적시해 말한 것이다. 천쉬징은 1931년 『동서문화관東西文化觀』에서 '전반서화'란 용어를 처음 사용했고 1933년 저작 『중국문화의 활로中國文化的出路』에서 체계적으로 자신의 전반서화론을 제시했다. 그러나 최소한 문화학적 관점에서 관찰해보면 그의 문화학은 리다자오, 장선푸의 기초적 문화학 이론, 그리고 방대한 후스의 전반서화론 논저와의 상호영향 속에서 탄생된 것이다. 천쉬징은 1920년대부터 '문화학'이라는 개념을 사용했고 1930~40년대에 방대한 체계인 『문화논총文化論叢』을 완성했다. 이 논총은 그가 소원했던 문화학 건립의 꿈이 성취되었음을 의미한다.[1] 그 중에서도 『문화학개관文化学概观』(商务印书馆, 1947)이 출판되어 널리 알려져 있다. 천쉬징은 독립적인 문화학의 완전한 체계를 구축함으로써 전반서화사상을 이론적으로 체계화하고 총괄하고자 했다.

천쉬징의 전반서화사상은 자신의 문화학 이론, 즉 광의적 문화관, 문화권위圈圍, 문화의 진화, 일치와 화해 등의 기초상에서 구축되었다. 그 요점은 문화가 접촉하게 되면 반드시 저급문화는 고급문화에 의해 대체되는 '일치와 화해'로 귀결된다는 것이다. 저열한 동양문화가 높은 단계의 우월한 서양문화를 전면적으로 모방, 학습하여 신문화를 창조해야 함은 당연하다. 여기서 고유문화의 보존은 있을 수 없다. 그러나 이것은 결코 동양문화의 소멸을 의미하지 않는다. 문화전체론으로 보면 새로운 환경에 적응한 문화는 고유가 공유로 바뀌어 다 같이 '세계문화'가 된다. 이러한 '전반서화형 문화학 이론'은 분명 '문화다원주의'

가 결여되어 있다. 그러나 그것은 과학주의적 문화학 차원의 큰 족적을 남긴 '중국문화학'의 한 축을 이룬다는 점에서 의미심장하다.

끝으로 '중용형 문화학 이론'을 검토해보자. 최근 지역화(regionalization)가 촉진시킨 다원주의의 강화는 세계화(globalization)의 진행이 불가피하게 전 지구적인 문화의 다원성, 다양성의 공존을 인정할 수밖에 없다고 하는 사실을 보여준다. 그리고 진정한 의미의 보편주의적 세계화란 '공공의 선'을 기반으로 하는, 다양성 속의 통일성, 통일성 속의 다양성이 활성화되는 혁신적인 세계공동체의 도래를 의미한다. 이 점에서 20세기 초중반 '중용형 문화학' 이론은 중국문화학 지형에서 가장 의미 있는 성과물 중의 하나로 평가된다. 그것은 창조주체가 실행하는 전통성과 근대성의 융 · 통합 속에서 도출되었으며 이로 인해 세계적 · 보편적 범주의 '중국문화학'의 토착화가 실현되었기 때문이다.

이 중용형 문화학 체계의 중심에는 황원산이 위치한다. 황원산은 중국 최초로 과학적으로 독립된 '문화학' 학문체계를 정식 제기하고 적극 창도한 학자다. 사실 주첸즈, 천쉬징, 첸무 등의 문화학자는 모두 그에게 동조한 학자들이다. 앞서 논급했다시피 천쉬징의 '전반서화형 문화학'은 서구의 문화보편주의(과학주의)에 입각하여 각 세계문화의 본질적 차이, 개별문화의 특수성을 인정하지 않았다. 그러나 황원산은 천쉬징과 동일하게 과학주의적 문화학 노선을 걸으면서도 천쉬징의 경우처럼 보편적 세계성을 서구문화로 한정하지 않았다. 그는 오히려 서구 문화학 이론체계의 결점을 수정함으로써 문화의 민족성을 긍정하는 '중용형 문화학'을 확립하는 데 매진했다.

이렇듯이 중용형 문화학 이론은 황원산이 중심이 된다. 따라서 연구의 범위와 접근방법은 선행적으로 초기 공명자인 옌환원(閻煥文), 천가오융(陳高傭)과의 연관성 속에서 황원산 문화학 이론의 형성 배경을 규명해야 할 것이다. 그리고 황원산과 대척점에 있었던 '전반서화파(후스, 천쉬징 등)', 또한 비교적 친화적인 '문화생명주의파(량수밍, 주쳰즈 등)', 본위문화파(왕신밍王新命, 허빙쑹何炳松 등)와의 상호 긴장관계 속에서 황원산 문화학의 내용과 특징을 논구할 필요가 있다. 여기에는 황원산의 서양인 스승 앨프리드 크로버(Alfred L. Kroeber), 피티림 소로킨(Pitirim A. Sorokin), 레슬리 화이트(Leslie A. White)의 문화과학과도 공조를 이루어야 할 것이다.

천쉬징과 더불어 중국문화학의 양대 거두로 불리는 '황원산'은 5·4 시기 자유사회주의(무정부주의)자로 활동했고 이후 '중용형 현대 문화학'의 창건자이자 중국문화학의 집대성자로 이름을 널리 알렸다. 그뿐만 아니라 저명한 해외 문화학자들과의 폭넓은 교류와 지속적인 연구·토론을 통해 '세계 현대 문화학 건설'에도 공헌한 선구자로 평가된다. 황원산은 비교적 일찍부터 『문화학건설론文化學建設論』(1932), 『문화학방법론文化學方法論』(1932) 등을 발표해 독립적인 문화학 창립을 제창했다. 옌환원의 『문화학文化学』(1934), 천가오융의 『문화운동과 문화학의 건립文化運動與文化學的建立』(1938) 등은 모두 그의 영향권 하에서 이루어진 저술들이므로 '중용형 문화학' 이론은 이 모두를 포괄한다. 이 양자는 초기 동아시아(중국)형 문화학 이론의 형성 지점에서 황원산에게 많은 지적 영감을 제공했다.

그러나 옌환원과 천가오융의 이론은 단명했고 연구도 그리 깊지 못했다. 결국 '중용형 문화학'은 황원산을 통해 성취되었다. 황원산은 계속해서 자신의 기본 문화학사상의 형성을 보여주는 『문화학논문집文化學論文集』(1938)을 발간했고, 또한 『문화학과 그 과학체계에서의 위치文化学及其在科学体系中的位置』(1949), 『문화학체계文化学体系』(1968), 『현대문화논총當代文化论丛』(1971) 등을 집필해 서양 문화학의 성과를 기초로 자신만의 독특한 이론체계를 구축했다. 황원산이 문화학 창건에 진력한 것은 실제적인 문화문제를 해결하는 데 있었다. 더 나아가서는 전례 없는 문화위기에 봉착한 동아시아문화와 세계문화의 활로를 찾는 데 그 목적이 있었다.

1930년대 중국문화의 활로문제에 관한 논쟁 당시 황원산은 창조적으로 동서양 문화의 장점을 추출해 현대화된 '중국 본위의 문화'를 구현하자고 제안했다. 더 나아가 1949년 미국 방문 이후에는 서양의 현대문화를 비판하고 '중용형 문화'를 핵심으로 하는 혼융渾融적 '회통會通문화'의 건설을 주창했다. 황원산은 중국 전통적 지혜인 '중용(中道)' 법칙에 의거, 명관冥觀형(신앙진리) 문화와 실감實感형(과학진리) 문화의 강점을 종합해 통일된 새로운 중용형(심물합일心物合一진리) 문화체계를 건립하고자 했다. 그럼으로써 동서양 문화가 서로 거울삼아 발명하고 호조互助공존하는 중용적 회통문화, 곧 세계문화의 활로를 제시하려고 했던 것이다. 이 세계문화혼융론은 황원산 문화학의 궁극적 지향점이자 최종 결론이라고 할 수 있다. 이 문화학 이론은 동아시아적 정체성 구상은 물론이고 현 인류문화의 세계화와 지역화라는 양극적 대립양상을 극복하고 회통시키는 데 정신적 유산으로 남아 있다.

이상 기술한 '현대 중국문화학의 체계화 구상'을 기초로 이 분야 연구를 통해 기대되는 효용성을 간략하게 적시해보면 다음과 같다.

첫째, 학문적 · 사회적 기여다. 이 제안과제는 문화학 부상의 세계적 보편조류에 응답하고 근대화 과정에서 표출된 동아시아의 문화적 특수성을 담아내는 '문화학 구축'에 공헌할 것이다. 동아시아의 근현대기는 과거와의 단절과 변화를 겪으면서 서구와는 다른 동아시아의 정체성에 대해 질문하고 대답해온 과정이었다. 그 결정체가 바로 '현대 중국문화학'인 것이다. 따라서 당시 시대적 위기상황을 치열한 문화학적 탐색을 통해 해결하고자 했던 일군의 중국 문화학자들의 저작물은 동아시아 문화학 구성의 토대가 될 수 있다. 동시에 이 연구는 자아와 타자의 관계성을 배제해온 기존의 오리엔탈리즘, 옥시덴탈리즘의 편협성을 수정하고 양자의 상호 교차적 · 소통적 연결고리를 복원하는 21세기 공감 · 예술 · 영성 · 생명생태 지향의 문화학 이론의 확립에도 일조할 것이다. 그럼으로써 소통적 · 연대적 동아시아 문화코드 창출에도 기여할 것이다.

둘째, 동서양 문화학의 균형발전에 기여할 것이다. 현금 국내에서는 일련의 '문화학' 부각에 발맞추어 그에 관한 국외의 이론이나 연구모델들이 다각도로 연구 · 소개되고 있다. 그러나 이렇게 생산된 연구물들은 대부분 '동양(동아시아)'적 전개양태는 배제된 채 서구 편향적인 문화학 탐구에 국한되어 있다. 이로 볼 때 국내 '현대 문화학' 연구범주의 확대, 즉 동서양 문화학의 균형발전이라는 진전된 연구노력이 절실해 보인다. 왜냐하면 현재적 문화학의 활성화는 필연적으로 그 상보적 관계에 있는 동양의 문화학 연구와 병행되어야만 그 함의를 더욱 풍요롭게 하고 폭넓은 지평을 기약할 수 있기 때문이다. 이러한 인식은 지역정체성과 연관된 오리엔트 본연의 동아시아학 구상과도 연동된 문제이기도 하다.

셋째, 국내 '중국문화학'의 수요충족에 기여할 것이다. 현금 G2시대로 대변되는 중국의 급부상과 그 지정학적 중요성에 따라 국내 중국문화학에 대한 관심 또한 폭증하고 있다. 이 분야와 관련된 각 대학의 학과 설치와 연구기관 증가, 각종 사회교육 프로그램의 강화가 이를 단적으로 말해준다. 그러나 이러한 절대적인 수요에도 불구하고 중국문화학에 관한 전문적인 학술체계나 교육자료는 상대적으로 부족한 상태다. 그러므로 본 제안과제와 그에 따른 성과물은 현대적 의미의 중국문화학 전문저작이 현재 국내에는 거의 전무하다는 점에서 향후 대학, 연구기관, 사회교육 등의 교육자료나 학술체계 결핍을 상당부분 해결해줄 것이다.

넷째, 교육적 기여다. 문화학은 문화가 갖는 포괄성으로 인해 양적 · 질적인 면에서 다른 어느 학문보다 다층적이고 방대하다. 연구의 결과물은 피교육생들의 문화학적 소양교육을 제고시키고 동아시아 인문학적 가치와 정신적 자원의 중요성을 진작, 재인식하게 하는 교재로 활용될 수 있다. 문화학 교육의 학제적 특성상 그것은 전인교육의 기초가 된다. 학문 간의 통섭과 학제 간의 융합을 전제로 하는 포괄적이고 다층적인 문화학은 폭넓은 지식의 전수는 말할 것도 없고, 포용력이나 통찰력을 지닌 문명화한 인성의 배양에 크게 이바지할 수 있다. 특히 문화학은 현대사회가 안고 있는 인간교육과 인성교육의 위기에 직면해 생명 중심의 '문화의지'로 충만한 새로운 유형의 인격형이나 공감 · 예술 · 영성 · 생태적 인간론 교육의 중요한 이정표가 되어줄 것이다.

다섯째, 근현대 한국 문화사상 연구의 이론모형 제공이다. 동아시아란 서구 열강과 군국 일본이 각인시킨 근대 세계시스템의 제국주의적 조형물로 파악된다. 현금 올바른 동아시아상 확립을 위한 건강한 '주체적 자아상' 정립이 절실한 이유다. 사실 한국의 근현대 문화사상 형성 지형에는 중국과 많은 부분을 공유한다. 그런 점에서 '중국문화학'의 실체는 근현대 제국주의시대에 왜곡되고 변질된 동아시아관, 그리고 '일본형 오리엔탈리즘—식민사관'의 상흔이 잔존하는 한반도 우리민족의 불균등한 현재적 의식을 개선하는 데 도움을 줄 것이다. 특히 당시 치열한 동서문화 문제와 동아시아 미래상 논쟁을 통해 숙성된 중국의 문화사상은 오늘날 격조 높은 '동아시아적 정신문화' 창달에 이바지할 수 있다. 아울러 그에 상응하는 당대 한국의 문화사상 발굴과 동아시성을 포용하는 '한국적 문화학'의 체계화에도 이론적 모형을 제공해 줄 것이다.

2018년 11월 20일

전 홍 석識

목차

제1장

총 론

제1장
총 론

세계문명사로 볼 때 근현대 인류사회는 '서구적 근대성(modernity)'이 본격화된 '과학기술시대—제2 기축시대(The Second Axial Age)'로 일컬어진다.[1] 이 제2 기축시대의 전반기인 19, 20세기의 1 · 2차 산업혁명기는 서구에서 발원한 근대국가 시스템이 전 지구적으로 팽창된 제국주의시대였다. 당시의 과도기적 근대성은 화석 에너지(석탄 · 석유)에 기반을 둔 호모 사피엔스(Homo–Sapiens)적 적자생존과 식민주의의 논리가 지배적인 담론을 형성했다. 그리고 20세기 후반부터 일기 시작한 문명사적 새로운 변화의 물결은 포스트모더니즘(postmodernism) 운동과 겹치면서 '정보통신기술의 분산네트워크 혁명'과 '재생 가능한 에너지(녹색에너지)제도 혁신'이 결합한 제2 기축시대의 '3 · 4차 산업혁명기'로 접어들었다. 이 시대는 향후 로봇이나 인공지능(AI) 등이 발달되어 인간을 위한 '아톰세계(현실: 1 · 2차 산업혁명)'와 '비트세계(가상: 3차 산업혁명)'가 융합하는 '4차 산업혁명'의 도래가 예고되고 있다.

이러한 제2 기축시대 후반(3 · 4차 산업혁명)기는 '공감뉴런(Empathy Neurons) 이론'에 기초해 인간을 적대적 경쟁보다는 공생공영의 유대를 가장 고 차원적인 욕구로 지향하는 이타적인 존재로 재규정한다.[2] 21세기는 현실의 나와 온라인상의 내가 일체화됨으로써 사회적 연결의 욕구와 자아 · 타아 실현의 욕구가 극대화되는 새로운 패러다임의 '변화(shift)된 근대성'에 직면해 있다. 국제관계와 세계체제 상에서도 타자와 공감하는 호모 엠파티쿠스(Homo-Empathicus) 시민사회로서의 초국가적 '지역화(regionalization)—문명(문화)공동체시대'로 대전환하고 있다. 특히 20세기 말 문명(문화)대안론, 세계화(globalization), 지역학(Area Studies, 지역연구), 포스트모더니즘 등의 세계적 사조들과 맞물려 '동아시아(East Asia)'라는 용어는 인문사회학계에서 다양한 차원에서 새롭게 개진되었다. 그리고 이를 주도했던 한국발 동아시아담론이 공유하는 공통점은 '지역공동체 관철'이라는 의제로 수렴되고 있다.

이렇듯 초국가주의(transnationalism)적 지역공동체 구성을 핵심으로 하는 '동아시아담론'은 지역연대, 지역정체성(identity), 지역지평, 지역질서 등을 화두로 지난 1990년대 초부터 고조되어왔다. 현재는 '담론(discourse)'의 수준을 넘어 '동아시아학'이라는 당당한 '학學'적 관면冠冕을 부여하는 데까지 진척되고 있다. 이를테면 한중일 3국을 실질적인 유교문화(문명)권으로 묶어 "동아시아학은 서구문화권(기독교문화권)이나 중동문화권(회교문화권)과 구분해 유교문화권을 대상으로 하는 학"[3]이라고 말할 수 있다는 것이다. 이 같은 동아시아공동체를 지향하는 문화(문명)적 정위定位에는 패권을 가진 중심이 지배하는 일방적인 질서가 아닌 여러 지역이 평등하게 교류하면서 공생하는 인류보편의 염원이 담겨 있다. 본 저작은 이러한 문제설정 속에서 현금 당면한 제2 기축시대, 즉 4차 산업혁명기 세계문명의 상호 소통과 협력이라는 시대정신에 부응해 인류 보편적 '공감(empathy, 생명) 영역'에 접속하는 '동아시아적 문화학(Culturology)'

확립이라는 역내 공동목표에 응답하고자 기획된 것이다. 여기서는 그 연구모델을 아직 미개척 영역으로 남아 있는 20세기 초중반 '중국문화학'의 형성지형에서 찾아보고자 한다. 아울러 그 학적 체계를 편의상 동아시아학 범주의 '현대 중국문화학'이라 명명하고자 한다.

동아시아학의 전제조건인 지역정체성은 분명 미래의 기획이자 이 미래를 조망하면서 과거로부터 성찰하는 기획이다. 그러니만큼 이 연구 작업에는 많은 경험적 · 사색적 모델들이 동원되어야 가능할 것이다. 20세기 전반 현대 '중국문화학 지형'은 현재적 동아시아담론을 재인식하게끔 하는 매력적인 역사시기다. 주지하다시피 19세기 후반 무렵부터 중국의 정치, 경제, 군사, 사회 상황은 날로 악화되었다. 서양 열강은 견고한 함선과 우수한 성능의 대포로 동아시아 중국의 문호를 개방시켜 각종 굴욕과 끝없는 고난을 안겨주었다. 동시에 서양의 풍속과 문화가 점차로 동아시아로 밀려와 중국의 전통문화는 서양문화의 거센 충격을 받았다. 이러한 위기상황에 직면한 지성계는 동아시아문화, 중국문화가 어디로 갈 것인가에 대해 다양한 관점을 제시했다. 가령 천쉬징(陳序經, 1903~1967)의 전반서화론과 남북문화관, 현대 신유가新儒家의 본위本位문화건설론과 반본개신론返本開新論, 급진주의의 철저재건론, 그리고 두야취안(杜亞泉, 1873~1933), 장스자오(章士釗, 1881~1973) 등의 조화론이 그 대표적인 예일 것이다.[4]

무엇보다 1930년대 들어서 중국에서는 동아시아 문화학을 독립적인 학문영역으로 구축하고자 한 일군의 학자들이 관측된다. '문화학'이란 말은 리다자오(李大釗, 1889~1927)가 1924년 『사학요론史学要论 · 역사학의 체계历史学的系统』에서 최초로 제시했고, 그 뒤 장선푸(張申府, 1893~1986)가 1926년 『명明 또는 문화明或文化』라는 글에서 이 용어를 사용하기 시작했다. 이를 기점으로 량수밍(梁漱溟, 1893~1988), 주쳰즈(朱謙之, 1899~1972), 옌환원(閻煥文), 천가오융(陳高傭, 1902~1976), 황원산(黃文山, 1901~1988), 후스(胡適, 1891~1962), 천쉬징, 첸무(錢穆, 1895~1990) 등이 직간접적으로 현대적 문화학의 토착화에 많은 공헌을 했다. 제국주의시기 동아시아문화의 파산을 목도하면서 일구어낸 이들의 입론과 저술은 오늘날 '중국문화학'의 학적 체계화와 공감적 · 연대적 동아시아상 정립에 귀중한 지적 좌표를 제시해준다.

중국에서 현대 문화학의 탄생은 '전통적 가치'와 '근대(현대)적 가치'의 길항과 접합이라는 근현대 동아시아의 치열한 시대상을 반영한다. 중국인이 자신의 거울을 보았던 시기는 근대의 시작단계였다. 당시 타자인 서구문화는 자아를 비추는 거울인 셈이었다. 이러한 시대적 상황 속에서 중국문화학은 1930년대부터 본격적인 윤곽을 드러내기 시작한다. 그 중심 배경에는 '본위문화파'와 '전반서화파'의 격렬한 논쟁이 자리한다. 이 논전은 주로 중국실정 분석, 동서양 문화 인식, 동아시아문화의 활로선택 등의 문제를 둘러싸고 전개되었다. 5 · 4 전후의 동서문화논쟁과 비교해볼 때 그것은 문화의 민족성과 시대성, 동양문화와 서양문화, 서구화와 현대화 등의 인식문제에서 분명 발전된 형태였다. 이 제반 환경 속에서 비교문화의 시야를 얻게 되었고 본토문화는 타자(서양)와 정반대의 문화로 간주되어 '타자의 타자'로 비교적 일찍부터 자리를 확정했다.

중국 문화학자들의 저서가 이 시기를 기점으로 현재적 '문화학 체계'로 결집되었다는 사실은 당시 동아시아의 지난한 지성사적 학문탐구의 적층을 보여준다. 중국의 '현대 문화학'은 이처럼 30년대의 문화논전이 기폭제가 되어 상호 많은 공통된 인식을 갖는다. 그럼에도 불구하고 각자의 해법과 입각점에 따라 세 방향으로 개진되었다. 첫 번째는 문화의 본질을 '생명'으로 규정하고 그에 기초한 전통문화의 재창조에 역점을 두었던 '생명주의형 문화학 이론'이다. 량수밍, 주첸즈, 첸무 등이 여기에 해당한다. 두 번째는 중국문화학의 개척자 천쉬징을 대표로 하는 '전반서화형 문화학 이론'을 꼽을 수 있다. 리다자오, 장선푸, 후스의 문화사상은 이 흐름과 맥을 같이한다. 그리고 세 번째는 중국문화학의 완성과 토착화를 보여주는 '중용中庸형 문화학 이론'이다. 이 분파는 중국문화학의 창건자이자 집대성자인 황원산이 핵심이며 초기에 공명한 옌환원, 천가오융 등도 여기에 포함된다.

이 분류법은 동방문화파, 서방문화파, 마르크스주의(Marxism), 아나키즘(Anarchism) 등을 가로지르는 중국 현대 문화학 형성의 다양한 스펙트럼과 그 깊이를 예시해준다. 이들에게 주시자는 더 이상 전통문화나 서구문화가 아닌, 이 양자의 합류점에서 재구성되는 '자문화의 미래상'에 있었다. 전통성과 서구성은 피주시자인 타자에 자리매김 되었고 새로운 자아상을 위한 참조체계로 객관화되었다. 따라서 전통적 가치와 서구적 가치에 대한 주객우열 형상에서 오는 열광(환상)이나 혐오의 단계는 이미 아니었다. 다만 현실인식과 해법에 따라 전통 혹은 근대에 대한 강조점과 그들이 취한 노선이 달랐을 뿐이다. 그 선택 역시도 보편적 세계성 차원에서 각자 나름의 객관적이고 학술적인 비교연구를 통해서 얻은 결론이었다. 그런 까닭에 중국문화학은 최소한 주객쌍방의 소통성을 전제로 하는, 즉 전통성과 근대성의 장단점을 평가하고 재해석하는 단계에서 이루어진 대화의 산물이라고 할 수 있다.

특히 이 책의 논제인 1930~40년대 주첸즈의 문화사상은 당대 중국문화학의 전체적 역사지형과 내용을 가늠할 수 있는 풍향계라고 할 수 있다. 주첸즈는 현대 중국 '문화학' 형성기에 중요한 위치를 점하는 학자다. 그가 설계한 문화학의 지식지도(Knowledge Map)를 밟아가다 보면 방대한 동아시아 현대 중국문화학의 실체와 그 진면목을 대면하게 된다. 주첸즈가 비록 '생명주의형 문화학파'에 지반을 두고는 있지만 자신이 구축한 백과전서식 문화학 체계는 '전반서화형 문화학 이론', '중용형 문화학 이론' 등을 포괄하는 종합적인 성격을 띤다. 그는 문화학자 '황원산'의 문화학 정립이론을 받아들여 '쑨번원(孫本文, 1891~1979)'의 문화사회학과 량수밍의 문화철학, 그리고 동서양의 문화교육학 이론을 통섭하는 야심찬 통합적 학문영역인 '문화학'을 구축하고자 했다.

사실 현대 중국철학은 동서양 융합을 기초로 발전해왔다. 그것은 전통사회의 정치, 경제, 문화 구조가 와해됨에 따라 동서양의 합류지점에서 마르크스주의철학을 중심으로 하여 현대 신유학(생명파의 비이성 현학玄學)과 과학실증주의(과학파의 이성철학)를 포함하는 세 노선으로 요약된다. 주첸즈의 철학사상은 대체로 생명파 형이상학(현학) 일선一線에 속하는 것으로 평가된다.[5] 주첸즈는 현대 중국 '문화학'의 정초자로서 중요한 공헌을 한 학자다. 특히 전통사상의 현대화를 토대로 세계문명을 조망한 동아시아의 보기 드문 문화사상가라는 점에서 주목된다. 그는 문화진화설, 문화유형설, 문화분기分期설, 문화지형설 등의 논점을 제기해 선행적으로 지식문화학 체계인 문화철학을 구축했다. 당시 대부분의 학자들은 문화의 충돌, 비교, 선택, 융합의 문제에 관심을 가졌다. 그러나 주첸즈는 문화를 표면, 현상만으로 논하는 당시의 단편적이고 산발적인 토론은 근본적으로 문화문제를 해결하는 데 도움이 되지 않는다고 판단했다.

주첸즈는 당시 인류의 시대적 위기를 '문화문제'를 통해서 해결점을 모색했다. 그리고 문화문제를 근본적으로 해결하고자 한다면 반드시 전문적이고 체계적으로 연구해야 하고 "문화의 철학적 연구는 더욱 절박해서 늦출 수가 없다"[6]고 천명했다. 더욱이 그는 '생生'의 개념을 문화 개념에 도입해 문화의 본질을 인류의 창조활력인 '생명의 흐름(生命之流)'으로 보았다. 때문에 "원래 문화와 '생명의 흐름'은 사실상 하나의 존재여서 분리될 수 없다"[7]고 했다. 문화란 바로 이 '생명의 흐름'의 필연적인 산물인 것이다. 주첸즈는 '문화'를 인간만이 가진 특수한 산물이자 인류가 환경에 대응하는 총괄적인 성과로 파악했다. 아울러 문화란 '인류생활의 모든 표현'으로서 생명을 가진 영원히 창신創新 · 진화하는 존재다. 말하자면 "문화의 본질을 구성하는 것은 인류생활의 깊숙한 곳, 저 영원히 창조하고 영원히 진화하는 '생명의 흐름'에 근원한다".[8] 주첸즈에게 문화의 본질은 '생명'임과 동시에 '생활' 그 자체이고 오직 생명이 있는 문화만이 참된 문화라고 할 수 있다. 결국 그는 동서양의 생명철학에 입각한 '문화' 정의를 토대로 종합적인 '문화학'을 구축하고자 했다.

이렇듯 주첸즈는 포괄적인 문화학 구상을 통해 문화의 정의, 문화의 유형, 발전단계 및 그 상호간의 관계를 체계적으로 밝히려고 했다. 주첸즈 문화학의 기본체계는 인류 지식생활의 문화범주인 '지식문화학—문화철학'과 인류 사회생활의 문화범주인 '사회문화학—문화사회학'을 포괄한다. 이를테면 전자는 지식적 문화유형학으로서 지식문화의 본질과 유형을 설명하고 종교, 철학, 과학, 예술 등 각종 지식생활에 대해 근본적인 연구를 실행한다. 그에 반해서 후자는 사회적 문화유형학으로서 사회문화의 본질과 유형을 설명하고 정치, 법률, 경제, 교육 등 각종 사회생활에 대해 근본적인 연구를 진행한다.[9] 이 광의적 문화관은 서양 고전문화진화론과 에드워드 버넷 타일러(Edward Burnett Tylor, 1832~1917) 등을 계승할뿐더러 윌리엄 필딩 오그번(William Fielding Ogburn, 1886~1959), 프랭크 H. 행킨스(Frank H. Hankins, 1877~1970) 등이 보충 · 수정한 고전이념을 통해서 '실물實物'적 문화현상을 첨가한 데 기초한다.[10]

그런가 하면 주첸즈의 생명주의적 문화사상은 베르그송(H. Bergson), 짐멜(G. Simmel), 크로체(B. Croce), 슈펭글러(O. Spengler) 등의 여러 철학적 문화이론에 연원한다. 앞서 논급했다시피 주첸즈는 진화, 창신의 관점으로 문화의 발전을 고찰하고 '생명의 흐름' 개념을 차용해 문화의 본질을 드러내보이고자 했다. 구체적으로는 서양의 고전진화론, 베르그송의 생철학, 모건(C. L. Morgan)의 창발적 진화론, 헤겔(G. W. F. Hegel)의 3분分 변증법, 콩트(A. Comte)의 3단계설, 막스 셸러(Max Scheler)의 지식사회학, 슈펭글러의 세계문화형태학 등을 폭넓게 채택해 자신만의 독자적인 문화학 체계를 확립했던 것이다.[11] 이와 함께 주첸즈의 문화학 탄생 배경에는 동아시아 전통사상으로서 유가문화의 훈도를 빼놓을 수 없다. 주첸즈는 공자(孔子, Confucius, BC 551~BC 479)를 중국 생명파의 대표로 간주해 현재는 공가孔家사상의 종합시대이자 생명철학시대라고 인식했다. 그의 문화사상은 서구의 생철학과 량수밍의 영향 하에서의 '유교생명주의'를 정점으로 삼았기 때문에 '생生'과 '정情'을 추구하는 생명철학적 특징이 두드러진다.

주첸즈는 우주의 본체를 우주의 생명인 '참정의 흐름(眞情之流)'으로 보고 이것이 우주만물을 낳고 역사진화를 추동하는 근본이라고 생각했다. 자신의 우주관과 인생관을 논하면서 그것은 "전적으로 나의 '참정' 인식적 진리이고 이러한 진리는 동시에 중국 생명파의 보편진리인 바로 공가의 진리다. …… 공자는 유정唯情론자고 한 유정론자는 바로 '나'기 때문에 나는 공자와 이 생명의 노상에서 동일한 가치를 갖는다."[12]고 했다. 그러면서 "내 이 유정철학이 공가의 진면목임을 선언한다. …… 공맹孔孟 이래로 제유諸儒가 단절시킨 형이상학 체계를 다시 잇고 조직함은 물론, 정치, 윤리, 교육, 예술, 문화 각 방면에 운용하여 참정의 묵식默識방법으로 우주를 생명화하고 물질을 정신화하고자 한다. 이렇게 되면 '참정의 흐름'이 완전히 실현될 것이다!"[13]고 강조한다. 여기서 문화의 본질로 강조되는 '참정(仁)—참생명(神)'은 그의 문화주의시기 '문화학' 구성의 일관된 절대적 키워드였다.[14]

그런데 이 '참정—참생명'은 궁극적으로는 '예술문화론'의 성립 요칙이라고 할 수 있다. 주첸즈에게 '예술문화'란 문화의 최고단계이자 이상향으로서 지식문화학과 사회문화학의 교차 지점에서 '미육美育세계'로 연결된다. 원래 미육사상은 중국 현대 지성사에서 미학의 이론을 교육에 응용해 감정의 도양陶養을 목적으로 제기된 것이다. 20세기 초 중국의 저명한 교육학자 차이위안페이(蔡元培, 1868~1940)는 중국 전통의 심미 특성과 형이상학적 관념론을 결합해서 미육이라는 독특한 이론체계를 제시했다. 그리고 이를 통해 국민을 계도해 공동체사회의 번영을 이루려고 했다. 그는 이 '미육'이 이기적인 욕망의 현상세계에서 고상한 정신의 실체세계로 제고시키는 가교의 역할을 할 것이라고 믿었던 것이다. 이렇게 고안된 미육론은 문화사상가 주첸즈에게 계승되어 '문화학 이론'으로 더욱 정형화되었다. 그가 상정한 예술의 문화가치인 '아름다움(美)'과 교육의 문화가치인 '사랑(愛)'의 생명주의적 융합세계는 다름 아닌 유교 '대동大同세계'로서의 '미육사회'인 것이다.

각설하고, 이 책은 <총론>을 포함해서 총 8장으로 구성되었다. 다만 내용과 구조 면에서 개별 장은 각기 독립적이고 고유한 체제를 띤다. 그러다보니 서로 약간 겹치는 부분들이 있음을 밝혀둔다. 이것은 오히려 '주첸즈의 문화학'의 전체적인 밑그림을 이해하는 데 도움이 될 것이다. 각 장별로 내용을 간략히 소개해보면 다음과 같다.

제1장 **총론**에 이어 제2장은 **주첸즈의 생애와 학문적 발자취**를 다룬 글이다. 그의 학문과 저작은 크게 전기인 유심론자로서의 '아나키즘시기'와 후기인 유물론자로서의 '마르크스 · 레닌주의시기'로 구분할 수 있다. 전기사상의 특징인 허무주의, 유정주의, 역사주의, 문화주의는 전체적으로 아나키즘적 이상을 직간접적으로 담고 있다. 동양의 전통사상과 접맥되는 그의 아나키즘사상은 재차 '비관적 허무주의'시기와 '낙관적 범신주의'시기로 양분되어 전개된다. 전자가 노불老佛사상과 관련되어 현실 부정적인 염세주의, 냉소주의, 파괴주의의 성향을 사상적으로 표출했다면 후자는 유가사상이 깊이 개입되어 현실 긍정적인 낙천주의, 인도주의, 평화주의의 이념을 학문적으로 구현해냈다. 이러한 사상적 역정은 유심주의와 개인주의의 배경 속에서 본체세계를 규정하는 우주관의 변화에 따른 것이다. 동시에 이것은 젊은 시절 그 자신의 정서적 굴곡과도 복잡하게 얽혀 진행되었다. 그리고 중국대륙의 공산화와 함께 주첸즈사상은 변증유물주의와 역사유물주의 경향의 후기로 접어든다. 이때의 학술적 관심은 마르크스 · 레닌주의에 입각한 중국철학사, 동방철학사, 특히 일본철학, 불교와 중국기독교 등의 연구로 전향해 중국의 동방철학과 종교학 분야의 개척자가 된다.

귀중한 동아시아의 문화유산으로 평가받는 주첸즈의 백과전서식 저술과 신세계를 염원하는 혁명적인 철학은 한국내 중국학 연구상 상대적으로 빈약한 근현대 중국사상의 연구방향에 새로운 자극과 풍부한 학술적 정보를 제공해준다. 더 나아가서 21세기 혁신적인 동양학의 진로모색이라는 측면에서 그것은 신선한 충격과 활력임에 틀림없다. 더불어 현금 '동아시아 문화학' 구축이라는 초미의 당면과제에도 시의성 있는 학술적 가치와 문헌적 의미를 지닌다. 요컨대 이 글을 기획하게 된 데는 비아非我적 형상인 중국대륙의 학자 주쳰즈의 생애와 학문세계의 고찰을 통해서 근현대 중국학술 이해의 지평을 확장시키기 위한 일환이다. 그럼으로써 아직도 우리의 의식에 짙게 드리워져 있는 과거 동서냉전 이데올로기가 빚은 한중 학술교류의 불균형한 제반 의식과 장벽들을 불식시키고 좌우를 아우르는 보다 균형 잡힌 학문 풍토와 올바른 대중 인식을 정립하는 데 일조하고자 했다.

제3장 **문화철학: 문명담론적 현재성**은 구미 패권적 문명패러다임(civilizational paradigm)에 대한 동아시아의 대안담론으로서의 가능성을 주제로 작성된 것이다. 이 글은 현대 문명담론의 원형적 발제라고 할 수 있는 문명패러다임의 문명패권주의 성향 극복과 그에 따른 참된 문명관의 모색을 위한 주쳰즈의 지식문화학, 곧 문화철학적 차원의 시도다. 현대 문명담론의 최대 관건은 단일문명론과 복수문명론의 화해와 회통에 있다. 현재 학계의 대체적인 견해는 현재와 미래의 세계는 단일의 보편문명과 고유한 특징을 지닌 복수의 개별문명들이 중층적으로 공존한다고 보고 '문명다원주의를 전제로 한 보편문명에의 지향'으로 귀결된다. 주쳰즈의 문화철학은 그 안에 내장된 문화의 복수론적 다원주의 유형과 그 표현형식으로서의 역사진화법칙, 그리고 미래의 보편문명으로 구상된 '예술문화'의 치밀한 운용에 속에서 문명다원주의와 보편문명론 간의 상충점을 회통시켜 양자의 긍정적인 면을 동시에 구현시키는 논리구조를 갖추고 있다. 나아가 단 · 복수론에 기초한 프랜시스 후쿠야마(Francis Fukuyama)의 단일 중심적 문명전파론이나 새뮤얼 헌

팅턴(Samuel P. Huntington)의 복수 중심적 문명충돌론의 서구제국주의적 성향 역시 '예술문화'의 구도 속에서 극복될 수 있다.

또한 각 문화유형의 유기적인 조합관계나 예술문화의 특성과 그 작용으로 볼 때 주첸즈의 '지식문화학—문화철학'은 문명 간의 생태적 관계망을 존중하는 생명 중심의 문화생태학적 원리를 함유한다. 주첸즈에게 문화란 생명을 가진 유기체로 파악되며 그 자체가 창조와 진화의 속성을 갖는다. 더욱이 문화의 이상향으로 제시된 예술문화는 '생명성', '예술성', '전체성', '조화성', '평화성', '대동大同성' 등으로 특징되며 그것은 세계 각 문화유형의 보편적 이념 속에서 편재遍在하여 생명소로 작용하고 향유된다. 이런 의미에서 주첸즈의 문화철학은 서구 문명 패러다임의 대안담론으로서 범인류 중심의 유기체적인 세계주의 문명관, 즉 '문명생태주의담론'으로 명명할 수 있을 것이다. 동시에 각 문명의 본질적 · 역사적 유형을 분석해내고 문명 간의 상호교호 법칙들을 통찰해내는 '문명유형철학' 내지 '문명교류철학'으로 자리매김하는 현대 문명담론으로서의 현재성을 지닌다.

제4장 **세계문화유형론: 문명(문화)다원주의**에서는 주첸즈의 인문지리학적 '세계문화 3원론'을 중점적으로 고찰했다. 21세기 '문명'이 현실상황을 진단하고 미래세계를 조망하는 본원적 기제와 학문적 탐구로 안착하기까지는 지난한 문명사적 투쟁이 자리한다. 유럽이 세계를 석권한 제국주의시대에 이르기까지 세계는 오직 하나의 세계문명이라는 단수로서의 기독교문명만이 존재했다. 그런 차원에서 문명비평가 슈펭글러와 토인비(A. J. Toynbee) 등은 서구의 지배이념이었던 단일문명론에 맞서 문명의 복수적 의미를 인정하고 확대했다. 주첸즈의 '세계문화유형론'은 이러한 지성사적 반향이라고 할 수 있다. 그의 '세계문화

3원론'은 실제로는 자신이 구도한 문화학의 전체 생명선인 지식문화의 유형과 특질로부터 착상된 것이다. 이를테면 종교문화, 철학문화, 과학문화가 그것이다. 먼저 이 이론체계는 헤겔의 문화지리학의 형이상학적 이해를 통해 고원문화는 '인도'로서 지리적 특성상 종교적 문화를, 평원문화는 '중국'으로서 지리적 특성상 철학적 문화를, 해양문화는 '서양'으로서 지리적 특성상 과학적 문화를 각각 형성한다.

그런데 이 지리적 3원론은 칼 야스퍼스(Karl Jaspers)가 주창하는 기축정신을 체현한 역사민족의 문화패턴으로서 재차 인류역사시대의 문화구역, 즉 지식문화의 특질에 따른 세 영역의 문화단위로 확정된다. 주첸즈는 여기에 더해서 량수밍의 '문화의 3방향(三路向)설'과 막스 셸러의 '지식의 3형식'을 원용함으로써 자신의 '세계문화 3원론'의 현재적 정체성을 정형화한다. 문명의 다극화체제가 확실시되는 오늘날 주첸즈가 구도한 세계문화유형론은 세계사 전체상을 조망하는 '다중심적 문명다원주의'의 중요한 모델이 될 수 있다. 더군다나 현대 문명대안론을 주도한 헌팅턴의 이론이 다원주의의 옷을 걸친 서구문화쇼비니즘(chauvinism)에 기초한다는 사실을 감안해볼 때 그의 '동아시아 문화유형론'이 갖는 다원주의적 현재성은 더욱 각별하다.

제5장 **세계문화의 지리적 분포**는 주첸즈가 지식문화학에서 개진한 '세계문화구역론'을 오늘날 '지역연구'의 새로운 전범으로 주목받고 있는 '세계단위론'적 접근을 시도한 것이다. '지역학'은 지금껏 지성적이고 도덕적인 정의와 의미를 부여하는 부단한 노력에도 불구하고 순수한 세계인식의 한 부분이자 순수 아카데미즘의 범주에 자리집기에는 여전히 많은 난제들을 안고 있다. 그 주된 장애요인 중의 하나가 지역연구의 제국주의적인 추악성, 다시 말해 구미 패권적 국익에 봉사해

온 정책과학이라는 혐의일 것이다. 이런 점에서 본고는 세계단위론의 연속선상에서 근현대 구미로 대변되는 강한 공간의 세계분할론적인 발상에 대항하는 동아시아적 지역관과 그 이론모델을 안출하기 위해 기획된 것이다. 구체적으로는 주첸즈의 문화유형학, 즉 세계문화유형과 그 지리분포 논의에서 모색해보고자 했다. 그가 구도한 '대문명권—세계단위'로서의 '세계문화의 지리적 3원론'은 지속가능한 공존을 위한 지역인식의 혁신적인 방법으로 자리매김할 수 있다.

덧붙이자면 주첸즈의 지식문화학적 '세계문화구역론'은 종래 구미형이나 이를 복사한 일본형의 제국주의적 지역구획 개념에서 탈피된 동아시아 시각의 '탈오리엔탈리즘(Post—Orientalism)적 세계단위'라는 점에서 의미심장하다. 주첸즈는 당시 서구제국주의의 지역구도와 이를 모방한 일제의 굴절된 전쟁주의적 지역인식을 목도하면서 그에 맞서 문화주의적 세계단위와 그런 '세계'성을 규명하는 학문적 노력을 경주했다. 그것은 다원주의적 '세계문화 3원론', 이를테면 '종교적 문화구역—인도', '철학적 문화구역—중국', '과학적 문화구역—서양'으로 압축된다. 이 세 문화지역은 인구조밀지역에서의 '공간 = 지역단위' 인식이자 '시간 = 역사' 인식이다. 뿐더러 세계단위로서의 공통적인 세계관이나 가치관을 가진 인간집단이 거주하는 지리적 범위에 해당한다. 이 일련의 '문화학적 단위성'의 착상은 오늘날 인류사회의 장기지속적인 평화공존을 위한 새로운 지역연구의 방향설정에 귀중한 지적 좌표를 제시해준다.

제6장 **중국문화의 지리적 분포: 남방문화운동**은 주첸즈의 '중국문화공간설'에 대한 세계단위론의 재발명주의적 접근을 중심으로 집필된 글이다. 최근 지역인식의 정상화는 근대주의의 단면인 '발명의 극복',

즉 전략적인 구획기호의 해체작업이 초미의 과제라고 할 수 있다. 지역학 영역상 기존의 지역, 국가 등의 근대주의적 발명체를 부정하고 역사적 · 공간적 현실체로서의 '세계단위'를 의제화하려는 연구경향은 이를 반영한다. 본고는 이러한 문제인식에 적극 조응해서 '강한 공간'의 근현대사적 세계인식(지역관)의 자의성, 편의성을 엄하게 추궁하고 이를 교정하기 위해 기획된 것이다. 그 구체적인 연구수행은 발명주의적 세계지역(a world area)의 반대편에 존재하는 주첸즈의 반제국주의적 문화지역(a cultural area) 구상, 이를테면 '중국문화공간(지리분포)설'을 재발명주의 차원에서 다루어보고자 했다.

주지하다시피 지역이 개념학상 인지개념이라는 점에서 세계단위론의 '재발명주의'는 하나의 지역단위를 지역주민 자신들의 언명으로 새로 그리려고 하는 주체성의 표현이자 그 목표는 독자적 정체성으로 맺어진 통일된 의미공간으로 재창안하는 데 있다. 주첸즈의 문화학적 지역구상은 이러한 재발명주의적 정론正論의 한복판에 위치한다. 요컨대 '중국문화공간설—남방문화운동'은 제국주의시기 구미 열강과 군국 일제의 식민주의적 세계분할론을 정면으로 반박하면서 출현한 인류보편의 공감(예술)문화가 동반된 '탈오리엔탈리즘적 저항담론'이다. 동시에 그것은 세계의 단위성을 비교적 올바르게 파악하고 중화세계의 성립과 발전을 '공간(지역단위)'과 '시간(역사)' 인식상에서 보다 도덕적이고 지성적으로 해명하고자 하는 격상된 '재발명체'라는 의미도 함께 갖는다.

제7장 **문화사회학: 문화학적 정위定位**는 동아시아 문화학 영역을 정식화하기 위해 기획된 것이다. 여기서는 동서양의 생명주의적 문화독법 차원에서 주첸즈의 문화사회학', 나아가 그와 접맥된 '문화학'의 전체체계 및 그 핵심내용을 고찰했다. 주첸즈는 문화를 '생명'으로 정의

한다. 그럼으로써 자신의 생명주의적 문화학 구성의 포괄적인 범주틀로 삼고자 했다. 그의 문화학은 이미 지적한 바와 같이 하위분과인 '지식문화학—문화철학'과 '사회문화학—문화사회학'으로 양분된다. 문화철학은 지식적 문화유형학으로서 지식문화의 본질과 유형, 그리고 종교, 철학, 과학, 예술 등 각종 지식생활에 대한 연구다. 그에 반해서 문화사회학은 사회적 문화유형학으로서 사회문화의 본질과 유형, 그리고 정치, 법률, 경제, 교육 등 각종 사회생활에 대한 연구다.

특기할 점은 이 지식문화유형과 사회문화유형의 제반 교호관계가 각종 사회적 문화형태 내지는 역사적 문화시대를 창조한다. 주첸즈가 구도한 인류의 이상사회는 교육의 문화가치인 '사랑(愛)'과 예술의 문화가치인 '아름다움(美)'의 교직交織이 만들어낸 문화사회 다름 아니다. 이 '사랑'과 그 지식원형인 '아름다움'의 특질이 인류문화의 제반영역에 포진된 세계, 이른바 교육시대 혹은 예술시대는 바로 유교의 '대동大同세계'와 맞닿아 있다. 주첸즈의 문화학은 사해四海동포주의로서 인류애의 생명주의에 기초한다. 그것은 동서 여러 생명철학이 협력하지만 그 원형은 결국 '유교생명주의'로 수렴된다. 이 일련의 문화학 연구기획은 현금 인문학 위기의 문화주의적 해법모색과 동아시아적 문화학 영역확보라는 당면과제에 소중한 지적 영감을 제공해준다.

마지막으로 제8장 **사회문화학과 반전反戰사상**은 주첸즈의 '문화학'에 내포된 평화사회학으로서의 '전후戰後문화—반군수자본주의문화론'을 호명하여 현 인류문명의 죽음과 공멸의 표징인 '전쟁의 자본화' 현상에 항거하고 경종을 울리기 위해 기획되었다. 주첸즈의 반전사상은 현대문명의 저층에 깔려 있는 경제의 군사화라는 자본주의적 근대성의 극단적인 폐해를 적시해주는 저항의 항변이다. 그것이 전통유가사상과 접맥된 동아시아적 반전문화론이라는 점에서 더욱 의미심장하다. 그에게 문화학은 크게 지식적 문화유형학인 '문화철학'과 사회적 문화유형학인 '문화사회학'으로 양분된다. '전후문화론'은 총체적 문화학 구조 속에 있지만 구체적으로는 후자인 평화사회학적 의미와 접맥된다.

이 평화사상은 문화학의 최종 지향점인 동서생명주의가 융합된 이상세계의 실현체라고 할 수 있다. 특히 유교생명주의 차원에서 교육의 문화가치인 '사랑(愛)'과 예술의 문화가치인 '아름다움(美)'의 교직이 창조해낸 '대동세계'로 수렴된다. 이 숭고한 문화사회는 사회문화학상 경제시대에서 교육시대로, 지식문화학상 과학시대에서 예술시대로의 전환이라는 지난한 문화학적 사유의 지형 속에서 도달된다. 즉 침략단계인 경제와 과학이 물질적 문화형식이자 필연세계라고 한다면 문화단계인 교육과 예술은 생명적 문화형식이자 자유세계계인 것이다. 이 글에서는 지식문화학과의 유기적 관계 속에서 사회문화학에 내장된 반전사상을 현재화하고자 했다. 그것은 결국 주첸즈의 문화학적 진리정신에서 안출된 현재적 의미의 '반군수자본주의문화론'에서 정점을 이룬다.

제2장

생애와 학문적 발자취

제2장
생애와 학문적 발자취

1. 머리말

한국과 중국은 수천 년 동안 동아시아문화 형성의 주체자로서, 또한 지정학적 · 문화적 운명공동체로서 밀접한 관계를 맺어왔다. 그러나 지난 반세기 동안 동서냉전 이데올로기로 양국의 교류가 단절되고 공감대 형성에 긴 공백이 빚어져 상호이해를 위한 건강하고도 올바른 학술적 · 문화적 데이터베이스 축적이 차단되어왔다. 모든 분야가 그렇듯이 학술 또한 당시의 정치권력과 그 상황에 예속된다는 사실을 감안할 때 과거 한국의 인문학계는 적대적 이데올로기의 잣대로 현존하는 중국대륙의 국가실체와 그 학문적 이론들을 도외시함은 물론 그 대륙의 학자들을 부정해왔던 것이 사실이다. 중국 역시 그들대로 극좌적 과학사회주의로 일관해 한국과의 괴리감을 심화해왔다. 이로 인해 과거 한국의 '중국학'이라고 하면 타이완(臺灣) 일변도의 편향된 시각으로 반공철학 내지 군사독재정권의 순응논리에 걸맞은 중국의 학자와 학설만이 극히 선별적으로 소개될 수 있었다.

주첸즈(朱謙之, 1899~1972)라는 학자가 중국 및 해외 학계에서 차지하는 비중과 그 인지도에 비해 우리에게는 그 이름조차 낯설다는 사실은 이러한 부정적인 역사유산 때문이 아닐까? 기실 과거 우리의 정서로 보았을 때 아나키즘(Anarchism)과 마르크스 · 레닌주의(Marxism and Leinism)라는 극좌노선으로 일관한 그의 사상은 분명 접근하기 힘든 이질적이고 특수적일 수밖에 없었을 것이다. 이 글을 기획하게 된 데는 이처럼 비아非我적 형상인 중국대륙의 학자 주첸즈의 생애와 학문세계의 고찰을 통해서 근현대 중국학술 이해의 폭을 확장시키기 위한 일환이다. 그럼으로써 아직도 우리의 의식에 짙게 드리워져 있는 과거 한중 학술교류의 불균형한 제반 의식과 장벽들을 불식시키고 좌우를 아우르는 보다 균형 잡힌 학문 풍토와 올바른 대중 인식을 정립하는 데 일조하고자 한다. 더욱이 오늘날 이 시대의 공론이자 화두로 부각되고 있는 각종 '문화(culture)'와 '문명(civilization)' 담론과 맞물려 주첸즈에 대한 관심이 한국과 중국 모두에서 증폭되고 있다. 최근 필자에게 들어온 이 인물과 사상에 대한 빈번한 문의는 이것을 반영하는 듯하다. 이렇듯이 그 수요에 대한 충족요청 또한 이 글을 집필하게 된 직접적인 배경이기도 하다.

주첸즈는 폭넓은 학문세계와 방대한 사상체계로 인해 백과전서 학자로 정평이 나 있다. 그의 학문세계는 아나키즘 수용과 마르크스 · 레닌주의 수용에 따른 세계관의 전환이라는 관점에서 크게 전기와 후기로 나누어볼 수 있다. 말하자면 1949년 중국대륙의 공산화를 기점으로 해서 그의 자서전 격인 『회고回憶』와 『분투 20년奮鬪卄年』은 전기를, 『한 철학자의 자아비판一個哲學者的自我檢討』과 『세계관의 전환世界觀的轉變』은 후기를 각각 반영한다. 그는 "해방 이전 나 자신의 사상 속에는 언제나 무정부주의 또는 변형된 무정부주의가 우세했다"[1]라고 스스로 술회하고 있듯이 전기의 사상은 크게 보아 아나키즘적 이상을 직간접적으로 담고 있다.

그러나 주첸즈는 자신의 전기 학문은 소자산계급 지식분자 세계관 하의 개인영웅주의 길을 걸었다고 스스로 비판하면서 마르크스 · 레닌 주의와 마오쩌둥(毛澤東, 1893~1976)사상을 기반으로 하는 후기의 학문활동을 진행한다. 물론 마르크스 · 레닌주의로의 전향은 1949년 중국 공산화 정권 수립에 따른 전격적인 단행은 아니었다. 저명한 학자 왕야난(王亞南, 1901~1969)은 "주선생은 시대감각이 매우 강렬할뿐더러 풍부하게 수집하고 정밀하게 연구하고 폭넓게 섭렵한다. 그의 책을 읽거나 그의 삶을 아는 사람이면 모두 입을 모아 칭송한다"[2]라고 평가한 바 있다. 이와 같이 주첸즈는 항상 학문연구로 시대적 이상을 충실히 구현해냈던 까닭에 그의 사상변화는 필연적으로 학술적 성취와 상관관계를 이룬다.

주첸즈가 살았던 20세기 전반은 두 차례에 걸쳐 자연과학 이론의 큰 변동이 있었다. 이것은 그의 사상전환에 지대한 영향을 미친다. 그 첫 번째는 '물질소멸론'으로 물질과 이 세계존재에 대한 확신을 뒤흔들어 그를 유심론자로 이끌었다. 이를테면 물질소멸론은 1920년대 그를 허무철학(혁명적 유심주의)에 경도케 하여 우주의 결말을 적멸로 인식하게 했다. 심지어 허무주의로부터 범신泛神사상으로의 사상변화를 알리는 『주역철학周易哲學』에서 그는 "역자상야易者象也"란 구절을 해석하면서 물질은 단지 의상意象일 뿐이라고 공개적으로 선언한다. 이것은 데이비드 흄(David Hume, 1711~1776), 에른스트 마흐(Ernst Mach, 1838~1916)와 당시 중국에 와서 학술강의를 했던 버트란드 러셀(Bertrand Russell, 1872~1970)의 영향이기도 했다.

두 번째는 원자능의 해방으로 이것은 물질과 원자의 물리적 실재를 인정하도록 해 주첸즈를 유물론자로 전향하게 만들었다. 더군다나 1945년 일본 열도를 강타한 원폭 투하의 엄청난 위력은 원자의 실재성을 더욱 실감하게 했다. 주첸즈는 게오르크 빌헬름 프리드리히 헤겔(Georg Wilhelm Friedrich Hegel, 1770~1831)의 변증법을 연구하던 중에 유물론의 맹아가 싹텄고 블라디미르 레닌(Vladimir Il' ich Lenin, 1870~1924)의 『유물론과 경험비판론Materialism and Empiriocriticism』(1908)을 애독하면서 과학 이론의 근거를 터득해 최후에는 레닌의 학도가 되기에 이른다. 1949년 『헤겔철학黑格兒哲學』이란 저작을 기점으로 변증법유물론자로서의 자신의 사상을 은연중에 드러내기 시작한다.

이제 본격적으로 주첸즈의 학문과 저작을 크게 전기의 '아나키즘시기'와 후기의 '마르크스 · 레닌주의시기'로 나누어 각각 살펴보기로 하겠다. 다만 시대적으로 비교적 자유로운 학술풍토 속에서 이루어진 전기사상을 중심으로 논지를 전개하고자 한다. 왜냐하면 그의 학설과 철학적 진면목은 활발하게 입론을 펼친 전기에 집중되어 있기 때문이다. 주지하다시피 중국 지식인들은 중국대륙의 공산화 이후 교조적인 마르크스 · 레닌주의와 마오쩌둥사상의 단일 지배체제 하에서 전반적으로 수난을 겪게 된다. 주첸즈 역시도 예외는 아니었다. 그는 이때 경색된 학문풍토와 과도한 자기 검열로 인해 그동안 각고의 노력으로 쌓아올린 자신의 격조 높은 학설들을 대부분 파기하고 만다. 그 결과 철학사상은 자기 의도와는 달리 생기를 잃어 무미건조하고 단조롭기까지 하다. 예컨대 후기에 진행된 연구방향을 보면 복잡한 논쟁과 분규를 피하기 위해 가급적이면 역사고증과 사료연구에 치중한 경향이 두드러진다.

2. 전기: 아나키즘시기

최근 21세기 대안사상으로서 아나키즘에 대한 관심도가 나날이 높아가고 있다. 여기에 편승해 우리나라에서도 동아시아 아나키즘이 새롭게 조명되어 연구가 활발하게 진행되고 있다. 그러나 아나키스트로서의 주쵠즈에 주목한 국내의 독립된 연구는 거의 전무한 것으로 보인다. 필자가 과문한 탓인지 주쵠즈를 다룬 국내의 학자로서는 유명종과 조세현이 전부인 듯싶다. 다만 이들조차도 단편적인 아나키즘의 시각에서 소개 수준에 그치고 말았다는 데 아쉬움이 남는다. 어쨌든 주쵠즈의 아나키즘사상에 대한 전문적인 학술논고는 뒷날을 기약하고 여기서는 그의 전체적인 학문세계를 파악하는 선에서만 논급하고자 한다.

주쵠즈의 전기사상과 그 저작들을 이해하기 위해서는 그의 아나키즘사상에 대한 이해가 선행되어야 할 것이다. 전기사상의 특징인 허무주의, 유정唯情주의, 역사주의, 문화주의는 전체적으로 보아 모두 아나키즘적 이상을 직간접적으로 담고 있다. 이와 관련해서 5 · 4 시기의 중국 아나키즘의 경향을 피력한 천두슈(陳獨秀)의 다음 말에 귀 기울일 필요가 있다. "중국의 사상계는 세계의 허무주의가 집중된 곳이라고 말할 수 있다. 인도는 불교佛教의 공관空觀만이 있고 중국 노자老子의 무위無爲사상과 러시아의 허무주의는 없다. 유럽에는 러시아의 허무주의와 독일의 형이상학적 철학이 존재하지만 불교의 공관과 노자학설은 그다지 발달하지 못한 상태다. 그러나 중국은 이 네 가지가 모두 완전할 뿐더러 청년 사상계에서도 날로 발달해가는 추세다."[3] 이러한 점은 독특한 중국 아나키스트로 주목받는 주쵠즈의 초기 사상에서도 분명히 나타난다.

여기서는 중국 전통사상과 접맥되는 주첸즈의 아나키즘시기를 다시 '비관적 허무주의'와 '낙관적 범신주의'로 세분해서 살펴보고자 한다. 전자가 노불老佛사상과 관련되어 있다면 후자는 유가儒家사상이 깊이 개입되어 있다. 이러한 사상적 역정은 기본적으로 유심주의와 개인주의의 배경 속에서 본체세계를 성찰하는 우주관의 변화에 따른 것이다. 아울러 이것은 젊은 시절 그 자신의 정서적 굴곡과도 복잡하게 얽혀 진행되었다. 주첸즈는 본체를 근본적으로 '정情'으로 규정한다. 이를 토대로 삼아 최초 '무無'를 우주의 근본원리인 '정'과 연결시켜 본체로 인식함은 물론, 현상세계를 '이지理智의 망념妄念'으로 인해 발생한 것으로 보았다. 이것은 그가 '우주혁명'을 주장하는 사상적 근거가 된다. 다시 말해 이 허구세계를 파괴하고 본원적 '참정(眞情)'의 본체세계로 되돌려야 한다는 현실 부정의 환멸론還滅論적 허무주의로 이어진다.

덧붙이자면 유학은 주로 가치우주 속에서 지식을 어떻게 구축할 것인가를 문제 삼는다. 그리고 이성은 "의리, 성리性理로 일컬어져 가치이성에 속한다. 가치는 확실히 정감情感과의 관계 속에서 결정되며 인식에 의해 결정되는 것이 아니다".[4] 이것은 서양이 지식철학에 편향되어 이성을 지식 창조의 도구로 보는 것과는 성격을 달리한다. 유학의 이성은 또한 '정리情理'서 정감을 내용으로 하는 '구체이성'이지 순수형식의 '추상이성'이 아니다. 이것이 량수밍(梁漱溟, 1893~1988)이 '중국적 이성理性'을 감성과 의지를 포괄하는 생명의 본신인 초월적 도덕정감으로 규정하고 지적 능력으로서 생명을 유지하는 데 필요한 도구 측면의 서양적 이성인 '이지理智'와 구분한 이유다.

량수밍은 중국적 시각에서 '이지'와 '이성'을 다음과 같이 구분한다. "대체로 '이지'는 반드시 목적한 바가 없는 냉정한 상태에서 발단해야만 그 쓰임을 다할 수 있고, 여기로부터 기약 없이 비사적인 감정(Impersonal feeling)을 발하는 것이 바로 '이성'이다. 이성과 이지는 마음 작용의 양면이라고 할 수 있다. 지知적인 측면이 '이지'라고 한다면 정情적적 측면은 '이성'이다. 이 양자는 본래 긴밀하게 서로 연결되어 있어 분리되지 않는다. 예를 들면 숫자를 계산할 때 계산하는 마음이 '이지'고 그 정확성을 추구하는 마음은 '이성'이다."5 또한 현대 중국의 고명한 유학자 멍페이위안(蒙培元)은 서양적 이성인 '이지'를 다음과 같이 설명한다. "이지능력은 수학과 논리학에서 두드러지게 표현된다. 예컨대 수학의 원리와 증명, 논리학 개념의 분석과 추리, 또 이 능력을 철학사변에서 운용하는 것이 이성이다. 그러나 서양철학의 발전에 있어 이성은 사변이성에서 인지이성으로, 더 나아가 도구이성으로 변해 현재는 지능, 즉 단순한 인식능력으로 일컬어진다. 이 전통은 줄곧 현대에까지 이어져 현대사회의 근대성(modernity, 현대성)을 토론할 때 이성을 근대성의 중요한 지표로 삼는다."6

이렇게 볼 때 주첸즈가 현상세계를 '이지의 망념'으로 표현한 것은 이후 그의 문화사상이 현대 서구문명과 그 근간이 되는 '근대성'의 내재적 한계를 직시하면서 형성된 사실과 결코 무관하지 않다. 각설하고, 다시 원점으로 돌아와 주첸즈는 우여곡절 끝에 참회기와 재생기를 거쳐 유가적 범신사상을 받아들이게 된다. 이에 따라 급기야 과거 고뇌 속에서 해탈을 찾기 위해 일체를 부정했던 비관적 허무주의적 세계관을 탈피할 수 있었다. 이 일을 두고 "이때 새로운 우주관을 확립해 허무 속에서 이 현존세계로 돌아왔다"7고 말한다. 그럼으로써 전에는 단지 타파의 대상으로만 존재했던 망념적 우주는 이제 그의 인식 속에서 "하나의 미세한 티끌도 파괴할 수 없다"8라는 완전무결한 세계이자 살만한 가치가 있는 낙토로 변한다. 우주의 본체는 "가는 곳마다 모두 존재하는 정"[9]이며 이 세계는 우주의 근본원리인 '정의 화신'인 것이다. 이렇듯 주첸즈는 현존세계를 본디 존재해온 우주생명의 '참정의 흐름(眞情之流)' 그 자체로 파악해 현실을 긍정하는 낙천적 범신주의 세계관으로의 인식전환을 맞이한다. 이 일련의 과정들을 격동의 근현대 중국의 시대사를 담은 그의 분투적 삶과 실천, 그리고 저술들을 통해서 추적해보도록 하자.

1) 비관적 허무주의

주첸즈는 1899년 푸젠성(福建省) 푸저우(福州)시의 전통 있는 의사 집안에서 태어났다. 그런데 불행하게도 그가 울음을 터뜨리고 세상에 나온 지 네 해 만에 모친(鄭淑貞)이 유명을 달리했고 11세 되던 1909년에는 부친(文熔, 字伯丹)마저 세상을 등지고 만다. 이후 전적으로 계모 허위구(何玉姑) 여사의 보살핌에 의지해 성장하게 된다. 소학시절에 더없이 큰 아픔이 또 한 차례 찾아오는데 그것은 바로 자신의 유일한 지기였던 사랑하는 누이(蘭忱)의 죽음이었다. 이처럼 암담하고도 불행한 어린 시절의 인상들은 훗날 베이징(北京)대 수학시기를 전후로 염세주의와 비관주의적 사상을 품게 하는 하나의 근원이 되었다. 주첸즈는 어릴 때부터 대단히 영민해서 모친의 유작 『음송吟松』[10]이라는 시를 애송했는데 이것은 개인영웅주의사상을 조장하는 요인이 되었다. 또한 10여 세에 중국의 경사經史에 능통했으며 중학시절에는 『중국상세사中國上世史』와 『영웅숭배론英雄崇拜論』이라는 역사 소책자를 스스로 만들 정도로 문재가 뛰어났다. 특히 『영웅숭배론』에서는 그 자신이 스스로 영웅임을 자처하기까지 했다.

이어 중학교를 졸업하고 17세 때에 교회 학교인 격치서원格致書院에서 반년 간 영어를 전문적으로 배운다. 그러나 『종교폐절론宗教廢絶論』을 지어 항상 교의를 비판했기 때문에 기독교도로부터 환대를 받지 못했다. 같은 해 여름 방학을 기회로 베이징고등사범학교(베이징사범대 전신)에 응시해 푸젠성 수석으로 합격한다. 그 후로 길을 바꾸어 베이징대 법예과法預科에 들어갔다가 2년 뒤에 다시 철학과를 지망해 우여곡절 끝에 졸업하게 된다. 당시 베이징대학은 총장 차이위안페이(蔡元培; 1868~1940) 선생이 "모든 것을 다 받아들인다(兼容並包)"라는 교육정책을 시행하고 있어서 학술적 분위기가 비교적 자유로웠다. 이러한 분위기에 깊은 훈도를 받아 당시 베이징대 도서관장 리다자오(李大釗, 1889~1927)가 관내의 사회과학 서적은 주첸즈가 다 읽는다고 평했을 정도로 분투해 학문에 정진했다.

커허(客河)는 당시 주첸즈의 독서능력을 다음과 같이 회고하고 있어 흥미롭다. "베이징대학 재학시절 주선생의 독서능력은 가히 경탄할 정도였다. 그의 키는 매우 작았고 눈은 근시였다. 항상 빡빡 깎은 머리로 남빛 베적삼을 입고 다녔기 때문에 작은 승려처럼 보였다. 그리고 베이징대 도서관은 거의 주선생 한 사람만의 장서실이었다. 한번은 리다자오가 '베이징대 도서관의 책은 주첸즈가 3분의 2를 읽었다. 한두 달만 더 지나면 전부 다 읽어버릴 것이다. 그런 다음에 그가 또 책을 빌리러온다면 무슨 수로 대처할 것인가?'라고 사람들에게 말한 적이 있었다. 이 대단한 독서능력은 그 얘기를 듣는 사람이면 모두 말문이 막히게 했다."11

한편 이 베이징대학 재학시절 5 · 4 시기를 전후로 하는 중국 아나키즘의 한 유파인 주첸즈의 '신허무주의사상'이 탄생한다.12 그는 자신의 허무주의를 "유심적 허무주의"로 규정한 바 있다. 즉 "근세에 헤겔의 절대유심론 변증법과 아르투르 쇼펜하우어(Arthur Schopenhauer, 1788~1860)의 염세주의, 현대에 앙리 베르그송(Henri Bergson, 1859~1941)의 직관주의, 빌헬름 오스트발트(Wilhelm Ostwald, 1853~1932)의 유력론唯力論, 벤저민 키드(Benjamin Kidd, 1858~1916)의 진화론, 표트르 알렉세예비치 크로포트킨(Pyotr Alekseyevich Kropotkin, 1842~1921)의 무치無治주의를 귀납해서 이 학설을 이루었다"[13]고 했다. 여기에다가 주쳰즈는 동양의 노불사상을 흡수해 국학과 혁명을 결합시킨 류스페이(劉師培, 1884~1919)의 중국식 아나키즘을 계승했다.

이런 점에서 조세현은 주쳰즈를 '개인주의적 아나키스트'로 평가하면서 그의 아나키즘을 천의파의 이론적 지도자 류스페이의 '중국식 아나키즘'의 한 흐름으로 보았다.[14] 또한 중국학계에서는 그의 허무주의 철학을 동서고금 유심주의의 복합체계로 간주해 고대 및 러시아의 허무주의와 구별하기 위해 '신허무주의'로 일컫는다.[15] 이러한 성향은 주쳰즈가 당시 『신중국新中國』 잡지에 발표한 「허무주의철학虛無主義哲學」, 「허무주의와 노자虛無主義與老子」, 그리고 1920년 1월에 단행본으로 출판한 『현대사조비평現代思潮批評』 등의 글들에서 드러난다.

이와 더불어 주쳰즈는 『주진제자학통술周秦諸子學統述』, 『정미서政微書』, 『신태극도설新太極圖說』 등의 허무주의적 저술들을 발표했으며 신문화운동, 5 · 4 애국운동에도 적극 참여했다. 그는 1919년에 "타도! 공가점孔家店"의 5 · 4 운동이 발발할 당시 학생 시위행진에 참가하는 한편, 학생회의 기관보인 『베이징대학학생주간北京大學學生周刊』과 아나키즘을 선전하는 『분투奮鬪』 잡지의 편집 일을 맡아보기도 했다. 글을 지어 시대의 폐단을 규탄하고 아나키즘을 선전하면서 여러 가지 사회 및 교육의 개혁을 주장했으며 대자보를 게시해 시험제도를 폐지할 것 등을 요구했다.

이 시기 사상적 측면에서 주목되는 점은 당대 크로포트킨주의자 황원산(黃文山, 1901~1988)과 논전하던 중에 극단적으로 우주를 뒤엎는 허무주의와 우주혁명을 제기하는 대목이다. 주췐즈는 말하기를, "무정부주의는 수단이고 허무주의가 목적이 되어야 한다. …… 오로지 허공이 산산이 부서지고 대지가 평평히 가라앉아야만(虛空破碎, 大地平沈) 비로소 천지 강권까지도 전복시킬 수가 있다"16고 했다. 여기서 "허공이 산산이 부서지고 대지가 평평히 가라앉는다"란 말은 선종禪宗의 『고봉어록高峰語錄』에서 인용한 것으로 이것은 노 · 불과 연관된 그의 독특한 중국식 아나키즘사상을 말해주는 것이다. 주췐즈의 허무주의가 "러시아의 허무주의와 다르며 중국의 불교와 노장사상을 흡수한 새로운 허무주의, 즉 신허무주의"17로 평가되는 이유가 여기에 있다.

1920년 중국에서는 처음으로 대규모 5 · 1 노동절 기념행사가 거행되었다. 이때 주췐즈는 『베이징대학학생주간』에 「노동절의 축사」를 발표한다. 그는 '직접 행동'의 슬로건을 내세워 "노동자가 직접 공장을 관리해 종전에 자본가에게 약탈당한 생산기관을 모두 몰수해 사회가 공유한 다음에 자유의 원칙에 따라 공동으로 생산하고 공동으로 소비하자"18고 주장했다. 그리고 이즈음이 바로 마오쩌둥이 베이징대 도서관에서 조수로 일하던 시기다. 주췐즈는 일찍이 마오쩌둥과 아나키즘 등의 문제를 가지고 토론한 적이 있었다. 예컨대 에드가 스노(Edgar Snow)는 『서행만기西行漫記』에서 "나는 항상 주췐즈라고 불리는 베이징대 학생과 무정부주의와 중국에서의 가능성에 관해 토론했다"라고 한 마오쩌둥의 말을 기술하고 있다. 1920년 10월에 주췐즈는 혁명전단을 배포

했다는 이유로 군벌당국에 체포당해 100여 일 동안 수감되었다가 베이징 학생들의 집회를 통한 구명활동과 전국 각지의 성원에 힘입어 1921년 초에 결국 석방된다. 출옥 후 그는 1921년 회의주의와 허무주의적 청년시절의 이상을 담은 『혁명철학革命哲學』을 출판한다. 이 책은 나온 지 한 달 만에 영조계英租界 당국에 의해서 발행이 금지되지만 뒷날 계속해서 제4판까지 나오게 된다.

이상 살핀 바와 같이 주첸즈의 비관적 허무주의와 개인영웅주의는 유년기 부모와 누이의 잇따른 죽음과 도도한 영웅주의 성격의 형성, 아울러 대학시절 여러 차례 참가했던 학생운동의 실패 등 일련의 불운한 운명이 유발시킨 염세주의적 심리상태와 관련된다. 그리고 이러한 절망적인 정서는 그가 견지한 노불사상과 함께 당시 접했던 각종 서구 유심주의철학의 영향을 받아 급기야 사상적으로 표출된 것이다. 앞서 논급했듯이 주첸즈에게 현재의 우주란 본체의 진심본각眞心本覺인 '정'이 분별성分別性으로 이지화된 충동적이고 허위적인 세계였다.[19] 때문에 그는 현존의 모든 것을 파괴하는 우주혁명을 실행해 진실한 본체세계인 '참정—허무'로 귀환해야 한다고 주장했다.

이것은 일체의 현실세계에 대한 회의, 부정, 파괴의 구호로 이어졌을 뿐만 아니라, 우주본체의 도달이라는 광기적인 갈망으로 자살을 기도하고 출가를 단행하는 등 극단적인 행동으로까지 치달았다. 그러나 이러한 주첸즈의 노불관적 염세주의는 정주학程朱學의 전통적 시각과 크게 다르지 않아 노불학적 입장에서 보면 여러 논란의 여지를 남긴다. 이로 보건대 주첸즈가 가정한 우주는 물리적 우주가 아닌 "단지 마음의 산물이자 불평등한 사회에 처한 사람들의 일종의 심리적 반사"[20]임을 알 수 있다. 따라서 해탈의 관건은 자신의 마음속의 환멸론적 우주혁명에 달려있었다. 이것이 바로 그가 개인주의적 · 유심주의적 아나키스트로 불리는 이유일 것이다.

2) 낙관적 범신주의

주첸즈는 자신의 이상이 현실세계에서 여러 번 벽에 부딪치게 되자 인심의 개조를 통한 사회개혁이라는 해법을 모색한다. 이로 인해서 종국에는 불법佛法에 귀의코자 남하해 시후(西湖)에서 출가를 단행한다. 그러나 당시 불교계의 상황과 여건 속에서는 자신의 이상을 실현할 수 없다고 판단한 나머지 『반교反教』 시를 발표하고 불문과의 단절을 선언한다. 특기할 점은 난징(南京)의 유명한 불교학자 어우양(歐陽)과의 만남을 계기로 그의 사상에 변화가 일었다는 사실이다. 주첸즈는 어우양의 유식종의 견해에 그다지 동의하지는 않았지만 남을 깨우침에 지칠 줄 모르는 그의 성실함에 도리어 크게 감동을 받는다. 이즈음에 허무주의적 세계관에서 탈피해 범신론으로 나아가게 된다. 당시 주첸즈의 사상은 과학표방이라는 시대적 분위기와는 달리 기본적으로 비이성주의적 성격이 강하다는 데 그 특징이 있다.[21]

주첸즈의 범신론을 보면 '신神'이란 '참정의 흐름'을 주재해 참정이 충만했을 때 우주의 삼라만상으로 나타난다. 우주가 신이고 신이 곧 우주인 것이다. 신앙이란 자신이 '신'임을 믿어 이지의 눈을 차단하고 '참정의 눈'을 크게 떠서 극히 생동적인 '참정의 흐름', 즉 우주의 완전무결함을 의심치 않는 것이다. 인간이 신에게 귀의한다 함은 자신의 '정'을 확충하는 데 달려있다. 신앙의 향상 노력으로 자연스럽게 신의 참정과 하나가 될 수 있다. 이렇게 되면 물질적 속박과 이지화된 생활을 떨쳐버리고 참정의 생활을 회복할 수가 있다.[22]

이처럼 주첸즈가 '낙천적 범신주의'로 돌아서게 된 데는 여러 요인이 작용했다. 그는 항저우(杭州) 시후에 온 이후로 우주의 아름다움을 비로소 실감하게 된다. 뿐더러 상하이(上海), 항저우, 난징 일대를 왕래하면서 자연에 도야된다. 벗 우캉(吳康, 敬軒)이 『루소의 생애와 저작盧梭的生平和著作』이란 책을 주첸즈에게 선사하면서 "나부끼며 떨어지는 신세 가벼운 돛단배에 의탁해도 낭만생활 또한 스스로 자랑으로 여긴다"23라는 시를 덧붙여 당시 그의 낭만적 생활모습을 표현한 바 있다. 아울러 중국내 유명 인사인 궈모뤄(郭沫若, 1892~1978), 량수밍 등과 교류하면서 그들의 영향에 힘입어 점점 종전의 사상에서 벗어나게 된다.

무엇보다도 량수밍의 『동서 문화와 철학東西文化及其哲學』(1921)이란 저서의 출판은 주첸즈의 사상 전환에 극대한 영향을 미쳤다. 이 책에서 제시된 허무주의와 다른 생활방식은 주첸즈의 치열한 내면적 사색을 자극하여 사상적 변이를 불러왔다. 다만 주첸즈는 무생無生에 귀착하는 량수밍의 인생의 세 노선에 대한 견해는 세계관 변화 이후의 자신의 사상과 크게 다른 부분이라고 지적하면서 이때부터 재생시기 범신사상의 진면목을 드러내기 시작한다.

1922년에서 1923년까지 『무원철학無元哲學』, 『주역철학』, 『한 허무주의자의 재생一個虛無主義者的再生』 등을 저술한다. 이 가운데서도 『무원철학』은 주첸즈의 세계관이 전환하는 단서를 여실하게 보여주는 대표적인 문헌이다. 극즉반極卽反이라고 했던가? 이 책에는 비관주의와 낙관주의가 겹쳐 병존한다. 주첸즈는 허무주의를 막다른 곳—종전의 무원無元사상을 대승 불법인 화엄종華嚴宗과 반야종般若宗에 접근시킨다—까지 밀고 나가다가 문득 '참 생명—참정'의 실현이라는 범신사상, 곧 공가孔家사상의 싹이 움트기 시작했다.

아무튼 이 시기 저술들을 통해서 과거의 허무주의사상을 버리고 우주와 인생은 모두 혼일渾一한 '참정의 흐름'임과 동시에 인간세상에서 '참 생명'을 실현할 수 있음을 공언한다. 1924년 지난제일사범학교濟南第一師範學校 강연원고인 『한 유정론자의 우주관과 인생관一個唯情論者的宇宙觀及人生觀』이란 저작도 같은 맥락의 글이라고 할 수 있다. 유명종이 주첸즈를 "낙천주의, 인도주의, 평화주의, 개인주의로서 복합된 무정부주의자"24라고 평가한 것은 이러한 경향과 이후 이를 바탕으로 전개된 전기사상을 지적한 것이다.

1924년에서 1925년까지 주첸즈는 샤먼(廈門)대의 초빙을 받아들여 두 과목인 '중국철학사'와 '중국문학사'의 강의를 맡고 그밖에 '역사철학'을 강의했다. 이 때 유정철학에 역사발달의 기초를 강하게 부여함은 물론, 그의 학문방법이 일종의 '역사적 방법—진화적 방법'임을 공표한다. 이 외에도 공개강연을 통해서 현대의 학교 교육인 종교 교육과 국가주의 교육에 반대하고 유아唯我주의적 교육을 극력 존중한다는 자신의 주장을 펼쳤다. 그러나 샤먼대의 여러 상황은 주첸즈의 이상과는 거리가 멀었다. 더군다나 그의 역사철학은 이상적인 대동大同사회로 귀결되는데 이 사회는 정부, 법률, 금전, 매매가 없을 뿐더러 자본가도 존재하지 않는다고 했다. 이러한 자유사상이 어떻게 받아들여질 수 있었겠는가?

결국 1925년 교직을 사직하고 완전한 사상의 자유를 위해 시후 거링산(葛嶺山) 기슭에서 부인 양모레이(楊沒累)와 은거하면서 2~3년 동안 저술과 입론에만 전심한다. 주첸즈는 첫 번째 부인 양모레이와의 '순결한 사랑(pure love)'으로도 유명하다. 그는 회고하기를 "우리 두 사람은 영원한 사랑을 위해 저 사랑의 무덤인 성욕적인 결혼을 처음부터 끝까지 피했다. 몇 년 동안 진심으로 도취해 함께 생활함에 있어 형용하기 어려운 열애를 이루 다 말로 표현할 수가 없을 정도였다. 그리고 언제까지나 순결한 사랑에는 방해받지 않았다"25라고 했다. 그 애틋한 정서와 사상이 『하심荷心』에 담겨 있다. 이러한 이성에 대한 사랑의 감정 역시 허무주의에서 벗어나 현실세계를 돌아보게 하는 중요한 요인 중의 하나였다.

이 때 주목할 만한 저작으로는 『겸지문존謙之文存』, 『역사철학歷史哲學』, 『대동공산주의大同共産主義』, 『국민혁명과 세계대동國民革命與世界大同』, 『회고』, 『대동에 이르는 길到大同的路』 등이다. 이 중에 『대동공산주의』, 『국민혁명과 세계대동』, 『대동에 이르는 길』은 쑨원(孫文, 1866~1925)이 이끄는 국민당 좌파에 희망을 걸고 『예기禮記』, 「예운禮運 · 대동大同」과 『주례周禮』의 탁고개제托古改制 방식에 의거해 유교儒教 유토피아의 정치와 사회 이상을 선양한 것이다. 그런가 하면 한편으로 미완의 『중국음악문학사中國音樂文學史』에 전력을 기울이기도 했다. 이 저서는 샤먼대에 있을 때 지은 『음악의 문학소사音樂的文學小史』를 확충한 것이다. 나중에 이 책은 1935년 상무인서관商務印書館이 출판했고 1989년 베이징대학출판사가 중인重印한 바 있다.

이와 함께 주첸즈는 학문적 실천면에서도 1927년에 황푸군교(黃埔軍校)에서 정치교관 직을 맡으면서 '공농工農혁명운동'에 종사해 '농공병農工兵대연합'을 호소하는 등의 활동을 펼치기도 한다. 그러다가 1928년 광둥성(廣東省)에서 저장성(浙江省)으로 돌아온 지 얼마 되지 않아서 애처 양모레이가 31세의 일기로 세상을 뜨고 만다. 이것은 진실로 그의 전 생애를 뒤흔드는 큰 비운이었다. 주첸즈는 상처喪妻의 아픔으로 인해 더 이상 항저우에 머무를 수가 없었다. 재차 광저우(廣州), 상하이를 떠돌며 유럽 유학의 계획을 세우지만 여의치 않아서 1929년 중앙연구원의 학비지원으로 일본에 유학하게 된다.[26]

주첸즈는 일본에서 역사철학 연구에 몰두하다가 2년 뒤인 1931년에 귀국했다. 처음에는 항저우에 머물었는데 당시 저장성 정부의 경제상 난제로 그들과의 접촉이 계기가 되어 『역사학파경제학歷史學派經濟學』을 저술한다. 이후 상하이국립지난(暨南)대학 교수로 취임했다. 대학 강의 외에도 민즈서국(民智書局) 『역사철학총서歷史哲學叢書』의 편집을 주관해 『헤겔주의와 콩트주의黑格兒主義與孔德主義』, 『역사철학대강歷史哲學大綱』 등의 책을 남긴다.

또한 주첸즈는 1932년 중산(中山)대학에서 일을 시작하여 역사학과 주임, 철학과 주임, 문학원 원장, 연구원문과연구소 주임, 역사학부 주임 등의 직을 두루 거치면서 수많은 후진을 양성했다. 그러던 중 1935년에는 그의 학생이었던 허장윈(何絳雲) 여사와 결혼하게 된다. 이 시기는 그 어느 때보다도 행복하고 안정된 여건 속에서 강학과 저술 활동에 전념할 수 있었다. 이 중산대학의 20년 시절이 생애에 있어 가장 전성기라고 할 수 있다. 주첸즈는 이성적 사고로 전세계를 꿰뚫어볼 수 있었고 사상은 이미 성숙단계에 접어들었다.

이 때 이루어진 주요 저작을 보면 『문화철학文化哲學』[27], 『콩트의 역사철학孔德的歷史哲學』, 『헤겔의 역사철학黑格兒的歷史哲學』, 『중국사상이 유럽문화에 미친 영향中國思想對于歐洲文化之影響』[28], 『부상국고증扶桑國考證』[29], 『중국사상방법문제中國思想方法問題』, 『태평천국혁명문화사太平天國革命文化史』, 『문화사회학文化社會學』, 『겸지문존謙之文存』 2집, 『비교문화론집比較文化論集』, 『장자철학莊子哲學』, 『헤겔철학黑格兒哲學』 등이다. 항일전쟁기

간에는 주첸즈는 항전의 요구에 부응해 '남방문화운동'과 '현대사학운동'을 강력하게 제창했고 스스로 자비를 출자해 '고금考今'을 목적으로 『현대사학現代史學』을 창간하기도 했다. 그리고 1945년 전후로 그의 주도 아래 이루어진 '음악문학운동'과 '신독서운동'도 같은 맥락의 항전운동이라고 할 수 있다.

여기서 놓쳐서는 안 될 중요한 사항은 주첸즈사상의 결정체라고 할 수 있는 문화와 문명에 대한 기품 있는 저작과 그 논의다. 이것이 최근 주첸즈가 주목받고 재조명되는 이유이기도 하다. 인류의 자유, 평화, 공영을 위한 21세기 새로운 문명관 모색이라는 차원에서 우리에게 많은 지적 영감을 제공해준다. 무엇보다 1933년에 전력을 기울여 쓴 『문화철학』(上海商務印書館 1935년 초판)은 5 · 4 신문화운동 이후 중국에서 축적된 총체적 문화 논의들을 기반으로 한 중국 최초의 철학적 문화탐색으로 평가된다. 이 책에서 제시된 문화이론은 이후 일련의 문화거작들의 이론적 기초가 된다. 주첸즈는 당시 중국의 위기상황에서 민족이 부흥하지 못한 이유는 문화가 부흥되지 않은 데 있음을 절감했다. 때문에 쑨원이 '실업계획'을 했던 것처럼 제국주의 강권에 맞서 중국을 구하고자 한다면 근본적으로 문화로부터 착수해야 한다는 '문화계획'을 실행했다. 문화에 관한 일련의 저술, 학술강연, 구국적 남방문화운동 등의 문명개조활동이 그 구체적인 실천들이었다.

또한 1948년 비교적 뒤늦게 집필한 『문화사회학』은 사실 『문화철학』의 자매서임과 동시에 속편이라고 할 수 있다. 이 두 책은 동일한 태도, 방법, 체계 하에서 이루어진 것이다. 다만 『문화철학』은 지식적 유형을, 『문화사회학』은 사회적 유형을 각각 분석하고 연구한 점이 다르다. 그리고 문화의 이상향을 『문화철학』에서 예술시대로 설정했다면 『문화사회학』에서는 '미적美的 사회주의'로 디자인하고 있다. 이 저서들에 이어 주첸즈는 미래 문화사회로 이어주는 매개체로서 '교육애愛'에 정초한 『문화교육학文化教育學』을 기획했다. 이를 통해 '문화인격'과 '문화의지'를 배양하고 '문화주의사회'를 건설하기 위한 인격적 유형을 연구하고자 했다.[30] 그러나 이 책은 끝내 집필하지 못한 것으로 보인다. 주첸즈는 "당시 민족과 인류의 시대적 위기를 문화문제를 통해서 그 해결점을 찾고자 경주했다. 전쟁으로 파괴되고 손상된 당시 인류의 인성을 새로운 유형의 '문화의지'로 충만한 인격으로 개조하고자 했다. 그럼으로써 제국주의적 근대문화를 생명에 기초한 새로운 예술세계의 '문화주의사회'로 탈바꿈시키려고 했던 것"[31]이다.

총괄하자면 주첸즈는 '낙관적 범신주의'를 전기사상의 최종 학문적 도달점이라고 할 수 있는 문화주의단계에까지 일관되게 관철시킨다. 이것은 "유가학설을 계승한 그의 유정주의"[32]와도 밀접한 관계가 있다. 말하자면 우주의 본체인 '정'과 우주생명인 '참정'을 유학의 형이상학에서 확인했던 것이다. 주첸즈는 『문화철학』에서 중국 고대의 범신론을 중국의 종교문화, 곧 철학적 종교로 인식해 자신이 "범신주의의 신도임을 선언했다".[33] 이와 동시에 인도의 불교문화를 '부정관不淨觀'으로, 중국의 유교문화를 '정관淨觀'으로 규정하여 공가孔家적 관점을 긍정한다. '부정관'이란 우주와 인생을 허황된 몽환으로 여겨 환멸과 해탈을 주장하는 반면에 '정관'이란 생명의 진리를 존중해 인생에 대해 긍정적인 태도를 취하는 것이다.[34]

이러한 관점과 태도는 노불사상과 관련된 비관적이고 소극적인 허무주의의 관념으로부터 탈피해서 유가사상과 맞닿아 있는 '낙관적 범신주의'를 문화철학적 차원에서 표현한 것이라 할 수 있다. 다시 말해서 과거의 현실 부정적인 염세주의, 냉소주의, 파괴주의의 성향을 극복하고 현실 긍정적인 낙천주의, 인도주의, 평화주의의 이념을 사상적으로 구현해낸 것이다. 이상 기술한 전체적인 전기사상의 내용, 즉 아나키즘시기에 이루어진 주쳰즈의 저작들을 사상적인 변천에 따라 알기 쉽게 표로 정리해보면 다음과 같다.

■ 전기: 아나키즘시기의 저작들

	저 작	주의	연구문제	사상경향	연대
제1시기	『太極新圖說』, 『周秦諸子學統述』, 『政微書』—『古學巵言』, 『現代思潮批評』, 『革命哲學』, 『無元哲學』, 『虛無主義與老子』, 『新中國雜誌』 『奮鬪』 『北大學生週刊』 『法政學報』 等 論文	허무주의	1. 비판적 경향 2. 염세관 3. 우주문제	종교적	1918 ~ 1923
제2시기	『周易哲學』, 『一個唯情論者的宇宙觀及人生觀』, 『荷心』, 『音樂的文學小史』, 『中國音樂文學史』(『文學院專刊』 『中史硏究所月刊』 『東方文藝』 『時代文藝』 等 刊行物에 散見), 『謙之文存』, 『回憶』—『民鐸』 『時事新報』 『學燈』 等 論文	唯情主義	1. 主情意論 2. 主我的 경향 3. 인생문제	철학적	1923 ~ 1928
제3시기	『歷史哲學』, 『大同主義』, 『國民革命與世界大同』, 『到大同的路』, 『日本思想的三時期』(『現代學術』 第3期), 『歷史學派經濟學』, 『經濟史硏究序說』(『現代史學』 第3期), 『歷史哲學大綱』, 『黑格兒主義與孔德主義』—『現代學術』 『現代史學』 等 論文	歷史主義	1. 역사방법론 2. 사회학 · 경제학 · 역사학의 연구 3. 실증적 사회관	과학적	1927 ~ 1932
제4시기	『文化哲學』, 『文化歷史學』, 『孔德的歷史哲學』, 『黑格兒的歷史哲學』, 『中國思想對于歐洲文化之影響』, 『扶桑國考證』, 『中國思想方法問題』, 『太平天國革命文化史』, 『文化社會學』, 『謙之文存二集』, 『比較文化論集』, 『莊子哲學』, 『黑格兒哲學』	文化主義	1. 문화체계론 2. 종합적 연구 3. 문화교육	예술적	1932 ~ 1949

3. 후기: 마르크스 · 레닌주의시기

1949년 중국대륙이 공산화된 이후 주첸즈의 학술적 관심은 마르크스 · 레닌주의에 입각한 중국철학사, 동방철학사, 특히 일본철학, 불교와 중국 기독교 방면의 연구로 전향해 중국의 동방철학과 종교학 분야의 개척자가 된다. 주첸즈는 광저우의 공산화와 새로운 시대의 도래를 온 마음으로 환영했을 뿐만 아니라, 중산대학에서 각종 정치와 교육 활동에도 적극 참여했다. 예를 들어 "기존 마르크스주의의 철학적 기초에 근거해서 매우 빠르게 『변증유물론과 역사유물론 수업대강辨證唯物論與歷史唯物論教學大綱』을 써내어 당시 대학의 교육수요를 만족시켰다".[35] 그밖에도 『실천론—마르크스주의 변증인식론의 새로운 발전實踐論—馬克思主義辨證認識論底新發展』, 『실천론—새로운 역사인식론을 여는 첫걸음實踐論—開闢了新歷史認識論的門徑』, 『중국철학이 유럽에서 수입한 것은 변증유물론의 중요한 원천 중의 하나다中國哲學輸入歐洲是辨證唯物論底重要源泉之一』, 『마르크스의 태평천국혁명론馬克思論太平天國革命』, 『사회발전학설사 수업대강社會發展學說史教學大綱』 등이 있다.

주첸즈는 1949년 10월에서 1952년 8월까지 사상개조운동이 일단락되자 1952년 전국적인 대학 조정에 따라 같은 해 10월 하순에 모교 베이징대 철학과로 돌아와 1964년까지 교수직을 맡는다. 베이징대학 재직기간 가운데 먼저 1952년에서 1958년까지가 중국철학사교연실(中國哲學史教研室: 책임자 馮友蘭, 비서 朱伯崑) 활동기다. 이 시기에 1953년 최초 『무술유신사상술평戊戌維新思想述評』을 짓는다. 그러나 같은 팀에서 캉유웨이(康有爲, 1858~1927), 량치차오(梁啓超, 1873~1929)에 관한 평가와 상업자본의 이론문제로 장기간 논쟁이 야기되자 이러한 분규를 피하기 위해서 사료연구에 전념한다.

이 시기 주첸즈는 전후로 『중국철학사제강中國哲學史提綱』, 『노자철학老子哲學』, 『노자교석老子校釋』, 『왕충저작고王充著作考』, 『리즈—16세기 중국 반봉건사상의 선구자李贄—16世紀中國反封建思想的先驅者』, 『중국 고대 악률이 그리스에 끼친 영향中國古代樂律對于希臘之影響』, 『신집본환담신론新輯本桓譚新論』, 『중국철학사사료학中國哲學史史料學』, 『중국철학이 유럽에 미친 영향中國哲學對歐洲的影響』36 등을 저술한다. 1955년에는 문화유산문제에 관해 후스(胡適, 1891~1962)와 량수밍을 비판한 글인 『후스의 국고학 비판批判胡適的國故學』, 『량수밍의 민수주의사상 비판批判梁漱溟民粹主義思想』을 집필한다. 그리고 1957년 반우파투쟁시기에는 『우파분자 진공의 단호한 반격堅決反擊右派分子的進攻』과 『반우파투쟁의 역사적 의미反右派鬪爭的歷史意義』라는 글들을 발표하기도 했다.

1958년 이후에는 주첸즈는 동방철학사 방면의 연구에 착수해 수많은 연구생과 청년학자를 길러냈다. 이 동방철학사 연구는 당시 아시아, 아프리카, 라틴아메리카 각국의 사상동태를 이해하고 문화교류를 촉진시킴과 동시에, 동방 각국 민족해방운동의 투쟁을 지원하는 데 현실적인 의미가 있었다. 과학원은 동방철학사 연구의 중요성을 제기해 그 임무를 베이징대학에 부여했다. 주첸즈는 여기에 보조를 맞춰 일본철학사의 연구에 착수했다. 그는 자료가 축척되고 흥미가 진작됨에 따라 『일본의 주자학日本的朱子學』, 『일본의 고학과 양명학日本的古學及陽明學』, 『일본철학사日本哲學史』를 저술해 발표한다. 특히 『일본의 주자학』과 『일본의 고학과 양명학』은 마르크스 · 레닌주의의 관점으로 일본철학을 연구하는 모범이 되었다. 이런 이유로 일본 학자들의 높은 평가를 받았다.

또한, 주첸즈 본인이 편주한 『일본철학사료日本哲學史料』, 동방철학사조東方哲學史組 명의로 발표된 『일본철학日本哲學』 2책(고대 부분과 도쿠가와시대 부분), 그리고 일문日文으로 발표된 『주순수이―중국의 소박한 유물주의를 일본에 전해준 좌명말의 학자朱舜水―中國の素朴的唯物主義日本に伝え左明末の學者』, 『공해와 한문학空海と漢文學』 등의 저술이 있다. 이후 동방철학사교연조東方哲學史教研組가 성립되자 많은 청년학자들의 도움을 받아 동방철학사의 연구에 더욱 적극성을 가진다. 당시 일본철학 외에 인도, 아라비아, 조선 각 나라의 철학사료 수집에도 열중했다.

한편 주첸즈는 이때 두 명의 외국인 연구생을 길러내는데 체코슬로바키아인 포코라(T. Pokora)와 북한 동포 정성철鄭聖哲이 그들이다. 여기서 정성철은 남한에서도 낯설지 않은 북한 학자라는 사실에 특히 눈길을 끈다. 그는 『정주학이 조선에 끼친 영향程朱學對于朝鮮的影響』이란 연구제목으로 주첸즈에게 지도를 받고 귀국한 다음에 조선과학원 철학연구소 소장에 취임했다. 정성철은 다른 학자와 공동 집필한 『조선철학사』란 저서가 있는데 이것은 일어와 러시아어로 각각 번역되기도 했다.

그건 그렇고 1964년에는 베이징대학 동방철학사교연조 전체인원이 중국과학원 철학사회과학부로 병합되어 세계종교연구소가 조직되었다. 주첸즈도 이곳으로 자리를 옮겨 1964년에서 1970년까지 연구원 직을 맡는다. 그는 세계종교를 대상으로 주로 집에서 학습과 연구를 진행했다. 당시 "이미 중병을 얻어 어떤 때는 침상에서 일어나지 못한 적도 있었지만 여전히 저술활동과 종교학 연구에 진력했다."[37] 누카리야 카이텐(忽滑谷快天)의 저작인 『선학사상사禪學思想史』와 『조선선교사朝鮮禪教史』를 『중국선학사상사中國禪學思想史』(『선학사상사』 중 중국 부분)와 『한국선교사韓國禪教史』로 각각 번역했다.[38] 그리고 초기 중국 기독교사의 전문저작인 『중국경교中國景教』를 완성한 것도 이 시기였다.

그러던 중 1972년 뇌출혈로 애석하게도 생을 마감하게 된다. 그때 주첸즈의 나이 73세였다. 후기 생애인 마르크스 · 레닌주의시기에 남긴 대표적인 저작들을 표로 정리해보면 다음과 같다.

■ 후기: 마르크스 · 레닌주의시기의 저작들

	저 작	주의	연구문제	사상경향	연대
제1시기	『辨證唯物論與歷史唯物論教學大綱』, 『實踐論—馬克思主義辨證認識論底新發展』, 『實踐論—開闢了新歷史認識論的門徑』, 『中國哲學輸入歐洲是辨證唯物論底重要源泉之一』, 『馬克思論太平天國革命』, 『社會發展學說史教學大綱』	변증유물주의 · 역사유물주의	1. 마르크스 · 레닌주의와 마오쩌둥사상 2. 변증유물주의와 역사유물주의 3. 사회발전학설사	계급투쟁적	1949 ~ 1952
제2시기	『戊戌維新思想述評』, 『中國哲學史提綱』, 『老子哲學』, 『老子校釋』, 『王充著作考』, 『李贄—16世紀中國反封建思想的先驅者』, 『中國古代樂律對于希臘之影響』, 『新輯本桓譚新論』, 『中國哲學史史料學』, 『中國哲學對歐洲的影響』, 『批判胡適的國故學』, 『批判梁漱溟民粹主義思想』, 『堅決反擊右派分子的進攻』, 『反右派鬪爭的歷史意義』		1. 사료의 연구 2. 문화 유산 문제 3. 반우파투쟁과 雙反운동		1952 ~ 1958
제3시기	『日本的朱子學』, 『日本的古學及陽明學』, 『日本哲學史』, 『日本哲學史料』, 『日本哲學』 二册(古代之部; 德川時代之部), 『朱舜水—中國の素朴的唯物主義 日本に伝え左明末の學者』, 『空海と漢文學』		1. 동방철학사 연구 2. 일본철학사 연구 3. 인도, 아라비아, 조선 각국의 철학 사료 수집		1958 ~ 1964
제4시기	『中國禪學思想史』(譯書), 『朝鮮禪教思想史』(譯書), 『中國景教』		1. 세계 종교 2. 중국 선종과 전파 3. 중국 기독교		1964 ~ 1970

■ 1949~1952: 중산대—사상개조운동 시기
■ 1952~1958: 베이징대—중국철학사교연실 시기
■ 1958~1964: 베이징대—동방철학사교연조 전후 시기
■ 1964~1970: 중국과학원 철학사회과학부 세계종교연구소—연구원 시기

4. 맺음말

지금까지 거칠게나마 주첸즈의 생애와 학문세계에 대해 고찰해보았다. 그의 학술적 성취는 극히 컸던 까닭에 철학자, 역사학자, 동방학자, 문화학자, 종교학자, 동서사상문화비교학자 등 다방면으로 불린다. 그 학문세계의 방대함은 역사, 철학, 사회학, 문화학, 교육학, 음악, 문학, 희극, 고고, 정치, 경제, 종교, 동서문화교류 등의 영역에 이르기까지 그의 손길이 미치지 않은 분야가 거의 없을 정도다. 이 중에서 일부 영역은 오늘날까지도 여전히 개척성이 강한 연구분야에 속한다. 그래서 학계에서는 주첸즈를 '백과전서 학자'라고 부른다. 그러나 그는 이 모든 분야에 걸쳐서 시종일관 엄밀하고 빈틈없는 학문적 태도를 견지했다. 황신촨(黃心川)의 진술에 따르면 "매번 책을 읽을 때에는 반드시 주필로 권점을 찍고 필요한 내용은 끊임없이 초록했다"[39]고 한다.

특히 영어, 불어, 독일어, 일어 등 각 나라의 언어에 능통해 국외의 학술경향에 큰 관심을 기울였다. 주첸즈가 중국학계에서 새로운 연구영역을 개척할 수 있었던 것은 국외의 연구성과를 빠르게 흡수하고 소화해내어 세계학술연구의 조류를 놓치지 않았기 때문이다. 앞서 거론한 바와 같이 그는 샤먼대, 지난대, 중산대, 베이징대에 교수로 재직하면서 수많은 후진을 양성했으며 일생 동안 방대한 적작을 남겼다. 대략적

인 통계에 의하면 평생에 걸쳐서 전문저작 42권, 번역서 2권, 논문 100여 편을 저술했다. 중국이 개혁개방정책을 편 이후에도 주첸즈의 저작 가운데 17권이 다시 출판되는 등 그의 저서들은 지금까지도 여전히 후배 학자들이 뛰어넘을 수 없는 고전으로 평가된다. 뿐더러 21세기 새로운 사상과 문화 패러다임의 창출이라는 차원에서 빈번히 인용·연구되고 있다.

주첸즈의 연구 성과물의 가치와 대외평가를 살펴보면 대략 다음과 같다. 『혁명철학』, 『무원철학』, 『한 유정론자의 우주관과 인생관』은 모두 중국현대사에 있어 '5·4 사조'를 연구한 대표작이자 기본자료들이다. 또한 『역사철학』과 『문화철학』은 당대 매우 특색 있는 철학서라고 할 수 있다. 주첸즈는 『문화철학』에서 "미래의 철학은 마땅히 문화사의 철학, 달리 말하면 '문화철학'이 될 것이다"40라고 예견했다. 이 관점은 현대에 와서 이미 실증된 사실로서 현행 세계적 연구풍토상 인문요소를 강조하는 추세는 철학연구의 중요한 방향을 이루고 있다. 그런가 하면 『노자교석』은 판본의 풍부한 수집으로 인해 모스크바에서 열린 세계한학자회의에서 최적의 연구저작으로 평가받는 영예를 안았다. 그리고 『일본의 주자학』, 『일본의 고학과 양명학』은 마르크스·레닌주의의 관점으로 일본철학을 연구하는 모범이 되었다.

더욱이 40년 동안 애써 노력하여 끊임없이 개정했던 『중국사상이 유럽문화에 미친 영향』은 지금까지도 학계에서 동서양 철학사상 교류에 관한 독보적인 저작으로 손꼽힌다. 아울러 『중국 고대 악률이 그리스에 끼친 영향』, 『중국음악문학사』는 음악문학사 연구의 개조開祖로 평가받는다. 『부상국고증』(『콜롬버스 1천년 전 중국승려의 아메리카대륙 발견설哥倫

布前一千年中國僧人發現美洲說』)은 최초로 남미대륙과 중국의 관계를 이슈화한 것으로 국제 학술계의 광범위한 논쟁을 불러일으켰다. 초기 중국 기독교사의 전문저작인 『중국경교』는 연구의 깊이나 편폭篇幅 면에서 단연 최고로서 지금까지도 그보다 나은 것이 없을 정도다.

환기컨대 주첸즈는 자신의 기득권을 지키기 위한 연구활동이나 시대착오적인 학문을 고집하지 않았다. 투철한 현실인식을 바탕으로 시대적 이상을 자신의 학문연구에 충실히 반영해 이론과 실천을 모두 놓치지 않았다. 그는 항상 인류와 민족의 장래를 걱정함과 동시에, 새로운 시대의 도래를 꿈꾸며 혁명적인 철학으로 일관했다. 어떠한 악조건 속에서도 가르치고 배우는 일에 끝없이 분투노력했던 면모는 국가와 민족을 초월해서 보편적인 학자상과 스승상의 전범이 아닐 수 없다.

이런 의미에서 황샤넨(黃夏年)은 "주선생은 엄하게 자신을 다스리고 너그럽게 남을 대했으며 인재를 아끼고 보살필 줄 알았다. 선생은 겸허하고 온화하며 진실하고 순후한 웃어른임은 물론 후진을 깨우치기를 게을리 하지 않은 스승이었다."[41]라고 칭송했다. 뿐더러 황신촨은 "주첸즈는 세계적으로 명성을 떨친 학자일 뿐만 아니라, 덕행이 고결한 웃어른으로서 국내외의 수많은 학자들을 진지하게 가르쳐 전심전력으로 양성해냈다. 그의 업적은 우리가 언제나 배우고 추모할 만하다."[42]고 평했다. 무엇보다도 구순(九旬)을 넘긴 저명한 학자 장다이넨(張岱年)은 주첸즈에 대해서 "사람됨이 정직하고 품행이 올곧으며 정견定見 없이 시대조류에 좌우되거나 세속을 좇아 부침하지 않았고 바른 기운은 위엄이 있어 사람을 경복시켰다!"[43]라는 말을 남겨 주목을 끈다.

한국과 중국이 국교를 정상화한 지도 벌써 근 30년이라는 세월이 흘렀다. 그동안 양국 사이에는 정치, 경제, 문화, 학문 등 다방면에 걸쳐서 빈번한 교류가 이루어졌다. 학술적 · 인적 자원의 교류를 통해 최근 양국 간 이해의 지평이 넓어졌고 역사적 특수성 때문에 소외되고 외면당했던 학자들의 사상이 새롭게 인식되고 있는 점은 실로 다행스러운 일이다. 그런 면에서 귀중한 동아시아의 문화유산으로 평가받는 주첸즈의 백과전서식 저술과 신세계를 염원하는 혁명적인 철학은 한국내 중국학 연구상 상대적으로 빈약한 근현대 중국사상의 연구방향에 새로운 자극과 풍부한 학술적 정보를 제공해준다. 더 나아가서 21세기 혁신적인 동양학의 진로모색이라는 측면에서 그것은 신선한 충격과 활력임에 틀림없다. 더불어 현금 '동아시아 문화학' 구축이라는 초미의 당면과제에도 시의성 있는 학술적 가치와 문헌적 의미를 지닌다.

과거 한국의 동양학계를 둘러볼 때 지극히 복고적인 성향과 함께 강권주의의 논리인 일제황국식민화, 충효관념론, 반공이념으로서의 형이상학적 방법론이 지배해왔던 것이 사실이다.[44] 이제 우리는 21세기 바람직한 대중관계설정이라는 차원에서 좌우의 균형 잡힌 시각으로 일부 관변학자들에 의해 주도되었던 중국학에 대한 극우 · 극좌적인 편파적 재단들과 그로 인해 형성된 현재의 역사퇴보적인 의식의 어두운 잔영들을 거둬내야 할 때다. 그럼으로써 보다 폭넓고 다양한 관점에서 중국의 사상과 학자들을 객관적이고 올바르게 평가할 수 있는 학문적 풍토가 마련되기를 바란다. 이러한 견지에서 제국주의와 식민주의의 외세침략이라는 우리나라와 비교적 비슷한 근대사를 걸어온 중국, 그리고 그 여파에 휩싸인 20세기 전반 중국의 격동기를 온 몸으로 부대

끼며 그 속에서 한평생 치열한 철학적 탐색과 분투적 실천으로 일관되게 살다간 주첸즈의 생애와 학술사상을 이해하고 평가해봄은 큰 의미가 있다고 할 것이다.

제3장

문화철학: 문명담론적 현재성

제3장

문화철학: 문명담론적 현재성

동아시아적 대안담론 모색

1. 논제의 쟁점

3 · 4차 산업혁명이 영도하는 21세기 인류사회는 적자생존과 개별경쟁에서 상생과 협력의 시대로의 대전환을 요구하고 있다. 동서양의 지성계는 이러한 세계문명사적 큰 흐름과 시대정신을 포착하고 과거의 배타적인 대결의식은 인류의 공멸을 자초할 뿐이라는 뼈아픈 반성에 토대해 영구한 세계평화체제 구축을 위한 다각적인 모색을 시도하고 있다. 그것은 공분모적 복합체인 '문명(civilization)'에서 소기의 대안과 해법을 강구하고자 하는 '문명대안론—문명담론'으로 압축할 수 있다. 이 흐름은 '문명'을 통한 타자와의 대화와 호혜적 관계만이 인류가 지향하는 공존공영의 미래세계를 담보할 수 있다는 신념으로 확산되고 있다. 그런데 이 문명대안론의 원형적 발제는 20세기 말에 대두된 '문명패러다임(civilizational paradigm)', 즉 프랜시스 후쿠야마(Francis Fukuyama)의 '단수적(singular) 문명전파론'[1]과 새뮤얼 헌팅턴(Samuel P. Huntington)의 '복수적(plural) 문명충돌론'[2]에서 찾아볼 수 있다. 당시 얄타체제(냉전체제, 1945~1991)의

붕괴는 국제질서와 세계체제상 '냉전적 국가 패러다임'의 이념대립에서 탈피한 새로운 시대의 패러다임을 요청했다. 그리고 그것은 보다 신축적인 '문명'이라는 분석단위를 통해 현실상황을 진단하고 미래세계를 조망하는 '문명담론—문명패러다임'을 폭발시킨 것이다.

이른바 '단수문명론'은 보편적 세계문명론과 접맥되며 "인간을 덜 동물스럽고 덜 야만적이며 따라서 보다 시민사회적이고 예의가 있는(Civil) 존재로 만들어가는 일련의 과정이나 그 결과를 뜻한다".[3] 이것은 서구 계몽주의문명의 동심원적 확장성을 전제로 한 문명화의 과정과 동일문맥을 구성한다. 유럽 국가들이 세계를 제패한 제국주의시대에 이르기까지 세계문명은 오직 기독교문명의 단수로서만 존재했다. "그들이 보기에 여타의 민족과 국가들은 문명이 없는 야만상태였고, 그래서 자신들의 문명을 심어주기 위해 전진해야만 했었다".[4] 이 논의는 소련 공산주의의 몰락이 '역사의 종언'과 전 세계에서 자유민주주의의 보편적 승리를 의미한다는 후쿠야마의 주장으로 이어진다. 한편 복수문명론은 하나의 역사문화공동체를 조성하는 특수한 세계관, 풍습, 구조, 문화와 관련된다. "어떤 이상, 아니 유일무이의 이상으로 정의되는 문명을 폐기하고 소수의 특권적 개인이나 집단, 인류의 엘리트에게만 국한된 문명화의 단일한 기준이 있다는 전제와 결별하는 것을 의미한다. 문명은 여러 개이며 각각의 문명은 독자적 방식으로 문명화되었다".[5] 헌팅턴은 이 입장에서 지구상에 존재하는 복수문명들의 관계가 세계질서에 어떤 영향을 미칠 것인가를 논했다.

보편문명(universal civilization)을 주장하는 후쿠야마의 관점에서 "단일문명의 반대편에는 야만이 존재하며 이 경우 문명의 전파와 야만의 흡수가 발생한다. 이 과정에서 비록 충돌이 발생한다고 하더라도 그것은 전파와 흡수의 과정에서 나타나는 저항일 뿐 문명의 충돌은 아니다".[6]

보편문명이란 "인류의 문화적 융합, 세계 곳곳의 사람들이 공통된 가치관, 믿음, 지향점, 관습, 제도를 받아들인다는 것을 의미한다".[7] 예컨대 보편문명으로서의 민주주의와 인권, 평화와 자유는 특정문명이 강요하지 않더라도 보편적으로 받아들일 수 있는 가치임에 틀림없다. 보편문명관에는 중심부의 사회가 있기 마련이다. 근대 이후 서구문명이 지배적인 문명의 패러다임이 되면서 서구가 보편사의 중심으로 해석되었기 때문에 이것은 '서구중심주의(West–centrism)'라고 할 수 있다.

그러나 서구가 많은 보편적 가치를 가지고 있는 것은 사실이지만 그것을 전파하는 방법과 과정에서 일방주의적이고 심지어 무력을 사용한다면 타 문명권에서는 서구의 제국주의로 받아들일 수밖에 없다. 그도 그럴 것이 "보편문명의 세계체제에는 일원적 역사관이 깔려 있다. 일원적 역사관은 인류의 역사를 작은 지류들은 있을지언정 큰 중심 물줄기는 하나인 강물로 보는 것과 흡사하다".[8] 이것은 자유민주주의체제가 사회주의체제를 패퇴시킴으로써 이제 자유민주주의 체제가 보편적인 체제가 되었다는 후쿠야마의 주장과 상통한다. 단일의 보편문명이 고유한 특징을 지닌 복수의 개별문명들을 종국에 가서는 종식시킬 것이라는 후쿠야마식의 믿음은 현 인류사회에 자칫 신제국주의의 인식적 기초로 확대될 위험성이 있다.

헌팅턴의 문명충돌론은 탈냉전 이후 전 세계를 석권했던 이 같은 후쿠야마식 사고에 강력한 비판과 제어의 의미를 가진다. 그러나 서구 중심적 패권주의라는 차원에서는 후쿠야마와 별반 다를 바가 없다. 헌팅턴의 다원문명론적 입장에서 보면 "복수문명의 반대편에는 다른 문명 또는 복수문명 사이의 빈 공간이 존재하며 이 경우 한 문명의 전파과정은 다른 문명의 전파과정과 충돌을 빚게 된다".[9] 이것은 서구의 오리엔탈리즘(Orientalism)을 정치학적으로, 과거의 냉전을 문화적으로 재생산하고 있다는 점에서 문명다원주의와는 일정한 거리가 있다. '문명(문화)다원주'의란 모든 인류에게 상식적으로 받아들여지는 전제로서 상대주의를 전제로 한다. 그것은 자기문화중심주의에 반대하고 다양한 문화(culture)들의 가치를 인정하며 그 각각을 존중하는 것이다. 여기에는 개방성이라는 기본태도와 관용이라는 가치가 요구된다.[10] 결국 문명다원주의는 "개별문명의 고유성이 유지된다는 전제 아래 고유한 문명들이 조화를 이루고 고유성을 인정한 선에서 교류하는 경우를 말한다".[11]

이렇게 볼 때 헌팅턴이 비록 거시적으로 시대문명을 다룬다거나 문명다원주의가 오늘을 지배한다는 식의 논법을 전개하고 있지만, 그의 견해는 개방적 다원주의가 아닌 미국이 유럽과 함께 세계를 선도하고 지배해야 한다는 지극히 폐쇄적이며 배타적인 서구문화쇼비니즘(chauvinism)에 지나지 않는다. 이런 점에서 "미소 냉전의 종언 이후에 서구문명이 새로운 정체성을 찾기 위해 가상의 적을 설정하고, 나아가 그 적과의 대립 및 대결 의식을 고취한다는 점에서 새로운 냉전질서의 구상에 다름 아니다"[12]라는 비판에 공감하지 않을 수 없다. 문명이란 견고한 구조적 실체라기보다는 열린 과정으로 보아야 할 것이다. 그럼에도 헌팅턴은 형성 중인 상위의 보편문명을 인정하지 않은 상태에서 개별문명들 간의 충돌, 특히 '서구와 나머지(유교와 이슬람)' 라는 도식 속에서 갈등만을 강조함으로써 개별문명들 간의 상호 협력과 교류, 그것의 긍정적 잠재력을 간과하는 오류를 범하고 말았다.[13] 에드워드 사이드(Edward W. Said)가 헌팅턴을 적시해 오리엔탈리즘의 전형이라고 신랄하게 비판했던 이유가 여기에 있다.[14]

이처럼 국제질서와 세계체제의 분석틀로 제시된 문명패러다임은 '문화'와 '문명'의 문제를 이 시대의 공론이자 화두로 부각시킨 기폭제가 되었다. 동시에 지금껏 문명패러다임의 적실성, 유용성, 제국주의적 성향에 대한 국내외의 수많은 비판에도 불구하고 그것은 이제 대표적인 현대 문명담론으로서 우리의 의식에 견고하게 안착한 것이 사실이다. 더욱이 현금 시대성 진단과 연계된 '문명(문화)적 정위定位'의 정당성을 부여해주는 심리적 기제로 작동하고 있다. 그러나 이 문명패러다임 이면에 잠복해 있는 서구패권주의적인 성향에 대해서는 무엇보다도 경각심을 갖지 않을 수 없다. 왜냐하면 근현대 서구의 강권주의자들이 인류애와 평화이념을 상실한 채 자신들의 권익을 위해 획책하고 축조한 부정적 이데올로기로 인해 겪어야 했던 과거 인류의 아픈 역사들을 우리는 깊이 인지하고 있기 때문이다. 후쿠야마나 헌팅턴 류의 문명패러다임 역시 예외일 수는 없다. 그러한 이데올로기적 재생산을 막기 위해서는 이 시대를 이끌 올바른 문명(문화)관의 정립이 무엇보다도 절실하다고 할 것이다.

그렇다면 인류사회의 공존공영과 평화협력을 실현할 수 있는 보다 바람직한 문명의 형태와 담론은 무엇이 되어야 할 것인가? 이 문제는 공의적이고 창의적인 시각에서 지속적으로 논의되어야 하겠지만 현 학계의 논의를 종합해볼 때 현재와 미래의 세계는 단일의 보편문명과 고유한 특징을 지닌 복수의 개별문명들이 중층적으로 공존한다고 보고 일단 '문명다원주의를 전제로 한 보편문명에의 지향'으로 갈음할 수 있을 것이다.[15] 그런데 이 중층적 규정 속에는 사실 상반된 주장이 담지되어 있다. 그것은 문명의 단 · 복수론과 연관된 '보편문명'과 '문명다원주의'라는 상충된 문제로 귀결된다. 그리고 보편문명이 특성상 역사적으로 문명패권주의와 결부되어 있음을 감안한다면 보편문명이 어떠한 형태가 되어야 하는지는 보다 심도 있는 연구와 공론이 뒤따라야 할 것이다. 요컨대 현대 문명담론의 당면과제는 보편문명론과 문명다원주의의 긍정적인 면을 동시에 충족할 수 있는 논리구조와 함께, 보편문명의 제국주의적인 성향을 탈각시키는 새로운 문명관의 탐구로 정리할 수가 있을 것이다.

이 장에서는 그 연구수행을 주쳰즈(朱謙之, 1899~1972)가 지식문화학으로 설계한 '문화철학'에서 시도해보고자 한다. 여기서 주쳰즈를 호명하는 이유는 '문화'에 바탕을 둔 투철한 현실인식 때문이다. 그는 문화라는 분석틀을 통해 1930~40년대 세계조류와 그 시대상을 깊은 통찰력으로 포괄적인 '문화학' 체계에 충실히 담아냈다. 특히 『문화철학文化哲學』(1935)은 그에 대한 광범위한 이론적 기초를 제공한다. 각설하고, 이 연구는 현대 '문명패러다임'의 부정적 이데올로기에 대한 동아시아 문화철학적 비판과 그 대안모색 차원에서 기획된 것이다. 이를테면 현대 문명담론의 상충점인 문명다원주의와 보편문명이 주쳰즈의 '지식문화학—문화철학'에 내장된 문화의 '근본유형'과 그 '진화법칙' 속에서 어떻게 회통될 수 있는지를 고찰하고자 한다. 또한 전통적인 보편문명 개념의 난제인 제국주의적 성향이 그가 제시한 문화의 이상향인 '예술문화'에서 어떻게 탈각, 재구성될 수 있는지를 논구할 것이다.

2. 문화철학과 문화의 진화

1) 문화와 문화철학

주쳰즈는 폭넓은 학문세계와 방대한 사상체계로 인해 백과전서식 학자로 정평이 나있다. 그의 학문과 저작은 크게 유심론자로서 전기인 '아나키즘(Anarchism)시기'와 유물론자로서 후기인 '마르크스 · 레닌주의(Marxism and Leinism)시기'로 구분할 수 있다. 전기사상에 한정해보면 "해방 이전 나 자신의 사상 속에는 언제나 무정부주의 또는 변형된 무정부주의가 우세했다"16라고 술회한다. 전기사상의 특징인 허무주의, 유정唯情주의, 역사주의, 문화주의는 전체적으로 이 아나키즘적 이상을 직간접적으로 담고 있다. 동양의 전통사상과 접맥되는 전기의 아나키즘사상은 재차 '비관적 허무주의'시기와 '낙관적 범신주의'시기로 양분해 볼 수 있다. 전자가 노불老佛사상과 관련되어 현실 부정적인 염세주의, 냉소주의, 파괴주의의 성향을 사상적으로 표출했다면 후자는 유가儒家사상이 깊이 개입되어 현실 긍정적인 낙천주의, 인도주의, 평화주의의 이념을 학문적으로 구현해냈다.

이러한 사상적 역정은 유심주의와 개인주의의 배경 속에서 본체세계를 규정하는 우주관의 변화에 따른 것이다. 동시에 이것은 젊은 시절 그 자신의 정서적 굴곡과도 복잡하게 얽혀 진행되었다. 주첸즈사상의 결정체라고 할 수 있는 문화와 문명에 대한 기품 있는 저작과 입론은 상술上述한 전기사상(아나키즘시기, 1918~1949)의 마지막 학문 도달점이라고 할 수 있다. 주첸즈는 현대의 학술계는 철학, 역사학, 사회학, 교육학을 막론하고 모두 이미 '문화주의'적 경향이라는 데 의견이 일치한다고 판단했다. 그 중에서도 특히 '문화철학'은 '문화학'을 연구하는 데에 가장 종합적인 인자로서 다른 여러 인접분야인 역사학, 사회학, 교육학 등의 근거가 되어 문화역사학, 문화사회학, 문화교육학에 천착하는 연구자들은 반드시 거쳐야 하는 통로라고 주장한다. 동시에 '철학'은 무엇이 '문화'인가 하는 질문에 근본적인 대답을 할 수 있기 때문에 '문화철학'은 철학 중에서도 가장 높은 위치를 차지한다고 진술한다.[17]

그런 면에서 주첸즈는 "미래의 철학은 마땅히 문화사의 철학, 바꾸어 말하면 문화철학이 될 것"[18]이라고 예견했다. 이 관점은 현대에 와서 이미 실증된 사실로서 현행 세계적인 연구풍토에서 인문요소를 강조하는 추세는 철학연구의 하나의 중요한 방향을 이룬다. 뿐더러 그는 "단지 하루를 살더라도 그 하루 동안은 문화를 위해 힘쓸 것이고 진리를 위해 분투할 것"[19]이라고 말한다. 이로 볼 때 평소 문화연구에 대한 강한 의욕과 소신을 가지고 있었음을 확인할 수 있다. 주첸즈는 『문화철학』을 집필하게 된 취지를 「서序」에서 "문화의 본질과 그 유형을 설명하고 종교, 철학, 과학, 예술 등 각종 지식생활을 모두 근본적으로 연구한다. 또한 문화의 지리상 분포를 분석해 중외中外의 문화 관계와 중국문화의 새로운 경향을 밝히고 미래의 세계문화건설을 모색하고자 한다."20고 피력한다.

이처럼 『문화철학』에서 제시한 문화이론은 이후 일련의 문화거작들의 이론적 기초가 된다. 주첸즈의 사상형성은 투철한 현실인식에서 비롯되었다. 그는 당시 중국의 위기상황에서 민족이 부흥하지 못한 이유는 문화가 부흥되지 않은 데 있다고 절감했다. 때문에 쑨원(孫文, 1866~1925)이 '실업계획'을 했던 것처럼 주첸즈는 제국주의의 강권에 맞서 동아시아 중국을 구하고자 한다면 모름지기 근본적으로 문화로부터 착수해야 한다는 '문화계획'을 실행했다. 그럼으로써 민족부흥의 근본을 삼으려고 했다. 문화계획의 실행은 문화에 관한 저술활동과 학술강연을 통한 문명개조, 구국적 '남방문화운동'21이 그 구체적인 실천이었다. 이 문화계획의 발로가 비록 애국애족적 차원의 구망救亡에 있었지만 그로 인해 축조된 『문화철학』과 이후의 문화저작들은 인류의 이상과 맞닿는 인류애적 프로젝트였음은 물론이다.

그렇다면 주첸즈가 자신의 문화저술들 속에서 꿈꾸었던 미래의 이상세계는 무엇일까? 이 질문에 대답하고자 한다면 『문화철학』과 링크된 『문화사회학文化社會學』, 『문화교육학文化教育學』에 주목해야 한다. 그리고 이 자작들을 관통하는 '문화정신'을 읽어내야 할 것이다. 1948년 비교적 뒤늦게 집필된 『문화사회학』은 사실 『문화철학』과 자매서임과 동시에 속편이라고 할 수 있다. 이 두 책은 동일한 태도, 방법, 체계 아래서 이루어진 것이다. 다만 『문화철학』은 지식적 유형을 『문화사회학』은 사회적 유형을 각각 분석하고 연구한 점이 다르다고 하겠다. 그리고 문화의 이상향을 『문화철학』에서 '예술시대'로 설정했다면 『문화사회학』에서는 '미美적 사회주의'로 스케치하고 있다. 이 저서들에 이어 주첸즈는 미래 문화사회로 이어주는 매개체로서의 '교육애愛'에 정초한 『문화교육학』을 기획했다. 이를 통해서 '문화인격'과 '문화의지'를 배양하고 '문화주의사회'를 건설하기 위한 인격적 유형을 연구하고자 했다.[22] 그러나 이 책은 끝내 집필하지 못한 것으로 보인다.

한편 문화와 문명의 개념은 본래 동양의 고유어가 아닌 서구어의 번역으로 성립된 것이다. 독일의 문화 이데올로기로서 나치즘(Nazism)에 의해 비대칭적인 대립개념으로 사용된 경우를 제외하고 "유럽의 지배적인 언어체계는 문화를 대체로 문명과 동일시한다".[23] 단지 그것들은 내포와 뉘앙스를 달리하면서 상보적인 관계를 갖는 개념들이라고 하겠다. 문화는 문명의 기초가 됨으로써 문명의 진보는 문화의 발전에 의지하고 문화의 발전은 필연적으로 문명의 진보를 촉진시킨다는 이해방식이 그것이다. 헌팅턴 역시도 문화와 문명을 엄격하게 구분하지 않은 상태에서 문명을 '포괄적'이고 '가장 광범위한 문화적 실체', '크게 쓰인 문화'로 파악함과 동시에 문명과 문화를 모두 '사람들의 총체적 생활방식'을 가리키는 개념으로 파악했다.[24] 이렇듯이 일반적으로 문화와 문명은 혼용되어 쓰이거나 굳이 구별한다면 "문화는 중성적인 개념으로 가치판단이 배제되며 문명은 긍정적인 개념으로 인류사회의 진보상태"[25]를 말한다. 또한 "문화는 문명을 구성하는 개별적 요소이고 그 양상 정도"[26]로 이해된다.

그런데 주첸즈에게 '문화'와 '문명'의 개념은 분명한 선이 있다. 그 구별점은 바로 지식문화학인 '문화철학'과 사회문화학인 '문화사회학'이 갈리는 기준이 된다. 그는 "문화란 현재 유행하는 가장 신선한 명사"[27]라고 환기시키면서 문화에 대한 정확한 뜻을 추정하지 않는다면 문화철학의 방향을 잡을 수 없다고 반문한다. 그런데 여기서 눈에 띄는 것은

'문화'는 독일어 Kultur—영 · 불어 culture와 함께 라틴어 cultra(땅의 경작)에서 유래—에, '문명'은 영어 Civilization—라틴어 civis(시민)와 관련된 형용사 civilis, 명사 civilitas(시민권, 공손함), civitas(도시국가) 등에서 유래—에 각각 배치하고 있다는 사실이다. 이런 의미에서 주첸즈의 문화와 문명에 대한 개념분석은 19세기 말에서 20세기 초에 이 두 단어를 둘러싸고 서구에서 벌어진 복잡한 개념논쟁과 관련되어 있음을 알 수 있다.

영국과 프랑스에서는 17~18세기에 일어난 시민혁명과 산업혁명을 계기로 근대적 시민사회가 형성됨에 따라 '문명(Civilization)'이라는 신조어가 등장하게 되었다. 그러나 당시만 하더라도 독일어권에서 강화되어 나타난 '문화(Kultur)'의 개념과는 기능적 · 의미적으로 별다른 차이가 없었다. 그러던 것이 제1차 세계대전을 기해 독일의 민족주의적인 문화이데올로기가 출현하면서 문화와 문명의 적대적 분열이 초래되었다. 독일의 보수주의적 지식인들은 문명은 문화의 한 형태로서 기계적 · 기술적 수단이나 상업주의를 지칭하는 것으로 규정해 문명은 인간성과 인류역사에 큰 위협으로 작용한다고 판단했다. 반면에 독일 민족이 발현시킨 문화는 인류의 미래를 밝혀줄 참된 가치가 있다고 주장했다.

이와 같은 문화와 문명의 적대감과 우열의식은 제2차 세계대전 이후에는 더 이상 통용되지 않았다. 그러나 '문명'과 '문화' 개념에 대한 오스발트 슈펭글러(Oswald Spengler, 1880~1936), 아놀드 조셉 토인비(Arnold Joseph Toynbee, 1889~1975) 등의 견해는 이 논쟁시대의 지적 축조물이라고 할 수 있다. 특히 슈펭글러가 극력 문명을 배격한 이유도 이 일련의 논쟁과 연계되어 있다. 그는 개별적 세계문화들은 유기체적인 성장단계를 가지며 각 문화의 노년기가 다름 아닌 '문명'이라고 생각했다. 이를테면 문화에서 문명으로 퇴화하고 문명의 몰락은 피할 수 없다고 말한다. 슈펭글러에게 문화의 본질이 종교적이고 생명이라면 문명의 본질은 비종교적이고 죽음인 것이다.

그런데 주첸즈는 슈펭글러의 견해에 대해 다소 불만족스러움을 표하면서도 자신의 문화와 문명 개념을 비롯한 일정부분의 문화학적 체계가 슈펭글러에게 연원한 것임을 부정하지 않는다. 스스로도 "자신의 근본적인 방법은 슈펭글러의 세계 형태학적 방법과 다소 일치한다"[28]고 밝히고 있다. 아무튼 주첸즈는 '문화와 문명' 개념과 관련해서 "독일인이 Kultur를 중시하고 영국인과 미국인은 Civilization을 중시한 까닭에 결과적으로 문화와 문명이 두 조각으로 나뉘게 되었다. 가령 세계대전 당시 한편에서는 '게르만민족이 근대과학에 이용해 그 민족적 이기심의 과학적 야만주의에 도달했음에 반해서, 영국, 미국, 프랑스, 이탈리아 여러 나라들의 이른바 Civilization, 즉 인도적 정신이 연출한 것과는 절대로 같지가 않다. 그러므로 세계대전은 단지 Civilization이 Kultur의 침략에 대한 방어전일 따름이다.'고 생각했다. 반대로 한편에서는 독일인은 인류진보의 핵심이기 때문에 그것을 정신적 측면, 즉 Kultur 쪽에서 구해야 한다고 여겼다.'"[29]고 서술한다.

이와 함께 주첸즈는 일본인 학자 요네다 소타로(米田莊太郞)의 『현대문화인의 심리現代文化人之心理』라는 저서를 인용해 문화와 문명의 개념을 다음과 같이 정리한다. "독일어인 Kultur의 어원과 의미는 모두 종교적 색채를 띤다. 이와 반대로 Civilization의 어원과 원의는 본래 정치적 · 법률적 생활과 서로 관계가 있다. 라틴어의 Civis는 시민의 일을 가리키며 이로부터 전화轉化되어 Civilis(형용사) 혹은 Civilisatio(명사)가 되었다. 모두가 시민의 지위, 시민의 권리를 가리킴은 물론 시민의 품격과 교양이라는 여러 뜻을 갖추어 말한 것에 불과하다. 때문에 Kultur는 극히 심오한 정신적 의미를 지닌다고 할 수 있으며 Civilization은 사회적 · 정치적 의미와 밀접한 관계가 있다고 하지 않을 수 없다."[30]

결국 문화에 강조점을 두면서 문화와 문명을 두 개념으로 나누고자 한다거나 "용어습관에 비추어보면 여전히 문화는 '지식적인 것'과 '사회적인 것'의 두 측면을 포괄하며 사회조직발달의 문명을 오로지 가리켜서 그 가운데에 덧붙여 넣은 것이다"[31]라고 한 논변에 비추어보면 주첸즈는 기본적으로 슈펭글러의 견해를 기초로 하는 독일식의 개념 구분을 따르고 있음을 알 수 있다. 독일어권에서 문화 개념은 "근본적으로 정신적 · 예술적 · 종교적 사실들에 적용되며 이런 종류의 사실들과 정치적 · 경제적 · 사회적인 사실들 간에 분명한 선을 그으려는 경향을 강하게 드러낸다"[32]는 점을 상기할 필요가 있다.

주첸즈는 최종적으로 슈펭글러와 요네다 소타로의 견해를 종합하여 다음과 같이 피력한다. "독일인이 제창한 Kultur 개념이 정신적 문화 개념—종교, 철학, 과학, 예술 등 지식생활—이라고 한다면, 영국인과 미국인이 제창한 Civilization은 사실 사회적 문화 개념—정치, 법률, 경제, 교육 등 사회생활—이다. 모호하게는 물론 일반학자와 같이 양자의 구별을 논하지 않겠지만 만약 세심하게 고찰해보면 이것은 사실 인류생활의 두 측면을 대표하는 표현이다. 이를테면 한 측면이 인류의 '지식생활'적 문화를 표현한 것이라면 또 한 측면은 인류의 '사회생활'적 문화를 표현한 것이다."[33]

주첸즈는 이를 토대로 '문화학'을 크게 두 분과로 나눈다. 그 중 하나가 '문화(Kultur)'에 착안한 지식적 문화생활을 연구하는 '문화철학'이고, 또 하나는 '문명(Civilization)'에 착안한 사회적 문화생활을 연구하는 '문화사회학'이다. 그리고 뒤에서 재차 설명하겠지만 주첸즈는 'Kultur' 개념에 기초한 문화의 근본유형을 지식생활상 종교, 철학, 과학, 예술로 세분화시켜 '문화철학'의 연구범위에, 또한 'Civilization' 개념에 기초한 문화의 근본유형을 사회생활상 정치, 법률, 경제, 교육으로 세분화시켜 '문화사회학'의 연구범위에 각각 귀속시킨다.

사실 '문화철학'이란 용어는 20세기로 전환하는 시점에 처음 등장했다. 그 배경과 이면에는 기술 · 산업 혁명을 추진한 근대화의 힘으로 인해 파괴된 종래의 문화 개념에 대한 새로운 토대를 찾는다는 실존적인 문제를 안고 있었다. 근대화는 모든 문화 영역을 급속히 파괴했으며 도시화된 인간과 자신의 도구에 의해 조종되는 인간을 만들어냈다. 이와 같은 당시 시대상을 반영하고 진단하는 문화철학이 단지 철학의 특정한 분과를 지칭하는 용어일 수는 없을 것이다. 그것은 전문적인 개별학문 분과들을 가로질러 있다고 할 것이다. 이처럼 문화철학은 아직 남아있는 종래의 문화를 이해하고 변화된 조건 속에서 다시 재생시킬 수 있는지에 대한 가능성을 논의하는 여러 시도들을 총칭하는 개념이다. 이 시도들은 독일에서 두 개체(Friedrich Nietzsche, 1844~1900), 빌헬름 딜타이(Wilhelm Dilthey, 1883~1911), 앙리 베르그송(Henri Bergson, 1859~1941)을 계승하면서 인식이 아닌 '체험'에 가치를 두는 경향이다. 그리고 또 다른 하나는 자연과학적인 개관성의 가치를 제한하면서 문화적 현상의 가치를 규정하는 현상학적이고 신칸트주의적인 단초다.[34]

주첸즈가 안출한 문화철학에 대한 정의는 전자에 근접한다. 그는 문화를 '인류생활의 표현 및 인류생활 각 방면의 포현'으로 이해하여 이를 문화철학의 개념규정으로 확장시킨다. 그럼으로써 '생활경험', 즉 문화사적 경험상에 근거를 둔 새로운 문화철학을 정립하고자 했다. 그는 문화철학을 선험적 관념론 상에 구축하고자 했던 빌헬름 빈델반트(Wilhelm Windelband, 1848~1915)의 전통적인 문화철학의 개념에는 찬동하지 않았다. 신칸트학파의 빈델반트는 문화철학의 원조를 임마누엘 칸트(Immanuel Kant, 1724~1804)에 두고 문화철학을 생활경험보다는 초경험적인 절대가치의 추구라고 주장했다. 이렇게 되면 문화철학의 최대 목적인 문화의 창조, 곧 가치의 창조는 망각될 우려가 있었다. 이 때문에 주첸즈는 이 견해에 반대해 문화철학을 영원한 창조와 진화인 '생명의 흐름(生命之流)'에 정초코자 했다.

그런데 이러한 생각은 기본적으로 량수밍(梁漱溟, 1893~1988)이 문화를 "한 민족의 생활양식"35이라 한 것과 그 패턴이 유사하다. 량수밍은 잘 알다시피 베르그송의 생명철학과 유가철학의 생명관념을 결합시켜 도덕적 형이상학을 건립해 명맥이 다해가던 전통유학을 현대화시키는데 결정적인 공헌을 했다. 그리하여 20세기 중국 근현대 철학사에서 현대 신유학의 독자적 영역을 구축했던 것이다.36 주첸즈의 문화관은 이와 같은 량수밍이라는 큰 틀 속에 있으면서 장 자크 루소(Jean–Jacques Rousseau, 1712~1778)로부터 기초함은 물론, 게오르그 짐멜(Georg Simmel, 1858~1918), 딜타이 등의 '생철학(Philosophy of Life)'과 베르그송, 베네데토 크로체(Benedetto Croce, 1866~1952), 슈펭글러 등의 '생명주의파'에 근거한다.

주첸즈는 상기上記한 서구철학의 생명주의파를 수렴함과 동시에 량수밍의 연속선상에서 문화를 '생활'로 간주했다. 그러나 그 동일한 시각 속에서도 량수밍이 현대 신유학으로 나아갔던 것에 반해, 주첸즈는 중국식 전통주의적 아나키즘 문화관을 확립한 것으로 이해된다. 여하튼 주첸즈가 문화를 영원한 창조와 진화인 '생명의 흐름'에 정초한 것은 당시 중국사회를 정체시킨 전제주의적 봉건문화를 혁신시키고자 한 의도에서였다. 비과학적 속성과 도덕형이상학적 색채가 짙은 중국문화의 추상성과 모호성을 떨쳐버리고 문화논의를 올바른 시대인식의 환기 내지는 인간의 현실적인 삶의 문제로 끌어들였다는 점은 긍정적으로 평가할 만하다. 결국 그에게 문화철학이란 "문화 본질을 구성하는 존재로서 이미 가치를 추정할 수 있는 인류생활이 남긴 총괄적인 성적일 뿐만 아니라 인류생활의 깊숙한 곳 저 영원한 창조이며 영원한 진화인 '생명의 흐름'에 근원하는 것"37이라 하겠다.

2) 문화의 진화

주첸즈는 문화를 생명을 가진 유기체로 파악해 그 자체가 창조할 수도, 진화할 수도 있다고 생각했다. 그러므로 문화의 진화란 무기체인 물질의 퇴적과는 근본적으로 다르다고 하겠다. 그의 말을 보면 "문화의 진화 속에는 '옛것(故)'에 의지하는가 하면, 또 한편으로 '새것(新)'을 우러러보기도 한다. 미래의 전진은 예측할 수 없는가 하면 과거의 누적은 영원히 끝나는 시기가 없다. 문화의 누적은 내부 발전으로부터 오기 때문에 생물의 진화와 같고 물질의 퇴적적인 것과는 다르다. 물질의 퇴적은 유한적이고 공간적이고 동질성적이지만 문화의 진화는 무한적이고 시간적이고 끝없는 영원 변화적이다. 간단히 말해서 문화란 사실 자연과 대립되는 것이므로 전자는 유생명적이고 후자는 무생명적이다."38

주첸즈의 문화진화 개념에는 베르그송의 '지속(duration)'과 게오르크 빌헬름 프리드리히 헤겔(Georg Wilhelm Friedrich Hegel, 1770~1831)의 '지양(Aufheben)'이라는 개념이 동시에 내포되어 있다. 바꿔 말해서 세계문화사의 근본현상에는 변증법의 '지양'적인 현상이 담겨져 있지만 그 발전 변화의 흐름 속에는 또한 '지속'적인 근본현상이 내재한다. 주첸즈에 따르면 "문화의 진상眞象을 설명할 때 마땅히 '영속(常)'을 운용해야겠지만 실제적 응용에서는 도리어 '단절(斷)'을 적용시켜야 한다. 문화철학은 일면 문화의 진상을 매몰시키지 않으면서 끊임없이 창신創新하고 영원히 중도에 끊이지 않는 '지속'을 인식하는가 하면, 일면 '지양'적 법칙을 현재에 응용해 현실을 진화의 노정에까지 인도해간다."39고 했다.

이처럼 주첸즈는 생명의 구분을 강조하는 변증법적 발전과 더불어 영원히 한순간도 정지하지 않고 창조적 진화를 계속하는 영속적인 '문화생명'에 주목했다. 또한 이를 설명하기 위해 베르그송의 '대지속(大持

續, duration)’이란 개념을 끌어들여 영원한 현재만이 참된 시간이며 그 생명으로부터 표현된 문화만이 진정한 문화라고 주장한다. 그는 말하기를 “참된 문화는 극히 미세하고 극히 간단한 것에서부터 흥기해서 점점 증가해 나아가고 스스로 쌓아가는 것이자 끝없이 확장하는 것이다. 미세한 것에서 현저함에 이르고 작은 것이 쌓여서 지대해진다. 그것은 시시각각의 누적일뿐더러 시시각각의 창신이다.”40고 했다. 이러한 생각은 크로체의 “모든 참된 역사는 현재적 역사다(Every true history is contemporary history)”라는 말을 수용해서 “참된 문화는 모두 ‘현재적’이고 ‘생명을 가진 표현’이다”41라는 말로 귀결된다. 이 논단은 결국 문화란 ‘현재성’과 ‘생명성’을 지녀야만 참된 의미의 문화임을 강조하는 것으로 풀이된다.

주첸즈는 이를 통해서 당시 맹목적인 복고운동을 통렬하게 비판함은 물론 중국문화의 과학화를 촉구하고자 했다. 이를테면 “만일 문화부흥이 단지 과거의 고古문화를 다시 받아들인다는 것이거나 과거 봉건식 문화를 회복하는 것이라고 한다면 이러한 복고운동은 문화의 파산과 민족의 멸망을 선포하는 것이나 진배없다!”42고 선언했다. 이것은 20세기 전반 제국주의시기 구미 열강과 군국 일제의 식민주의적 세계종속체계에 직면해 반제구망反帝救亡을 위한 ‘문화구국’적 발로였다. 주첸즈의 확고한 신념은 과거문화는 반드시 현 생명의 재창조를 거쳐야만 존재의 의미와 가치를 지녔다. 여기서 현 생명이란 바로 현대문명의 헤게모니를 가진 과학문화를 가리킨다. 그에게 현재성과 생명성이라는 자정능력을 상실한 현실적 문화나 고문화의 부흥운동은 단지 허상에 불과했던 것이다.

이와 함께 주첸즈로 볼 때 문화의 진화에 대한 또 하나의 중요한 개념은 다름 아닌 ‘창발(突創)적 진화’다. 설명하기를, “현재의 문화는 시간적으로 영원히 항상 새로운 문화의 흐름으로 언제나 창조되고 생산된다. 그러나 이른바 ‘생(生)’이란 또한 ‘무(無)’로부터 발생해 존재하는 것이 아니라 본래 그 사물이 없는데 홀연 스스로 '창발'된다는 의미다. '창발'이란 반드시 바탕이 있다. 그런 다음에야 이 창발적 진화는 비로소 문화적 진화가 된다. 다소 멀리로부터 말해보면 이 창발적 진화는 인류생활의 표현이 이러할뿐더러 우주의 물리적 표상 또한 이처럼 표현된다는 것이다. 창발적 진화 그 자체 역시 진화 중에 있고 문화의 진화는 창발적 진화의 극점이다."43

이러한 주첸즈의 이론은 C. 로이드 모건(Conwy Lloyd Morgan, 1852~1936)과 사무엘 알렉산더(Samuel Alexander, 1859~1938)의 신창조론을 응용해 도출해낸 것이다. '신창조론'이란 간단히 말해서 화학이 그 출발점이 되고 생물학이 그것을 보좌하는 형태다. 가령 화학의 경우 수소와 산소가 결합해서 발생한 물은 성질상 원래의 합성물과는 전혀 다른 새로운 물질(갑 + 을 + X = 병)이 된다고 함이 그 이론적 논거를 이룬다. 모건 등은 이 같은 현상을 발견하고 이를 원칙으로 삼아 모든 근원을 설명하고자 했다. 말하자면 전자의 그룹이 원자를 이루는 점은 수소와 산소가 반응해서 물이 되는 것과 같다. 원자의 구성으로 분자가 되는 것 역시 그렇고 분자의 구성으로 물질이 되는 것, 더 나아가서는 세포의 구성에 있어서도 또한 그렇지 않은 바가 없다. 심지어 생명이 물질에서 나온다는 사실과 심령이 생명에서 나온다는 것 모두가 이처럼 창조된다.

주첸즈는 이러한 법칙이 문화현상에서도 통용될 수 있다고 보았다. 이르기를, "이 신창조론을 응용해서 문화의 진화를 설명한다면 문화의 진화는 사실 이 창발적 진화의 절정이 아닐 수 없다. 최초 창발적 진화는 수소와 산소가 화합해서 물이 되듯이 모든 생활기능이 없는 '무기체의 현상(Inorganic Phenomena)'에서 나타난다. 그 다음으로 많은 기관이 생물을 구성해내는 것처럼 일체 생활기능을 갖는 '유기체 혹은 생명체의 현상(Organic or Vital Phenomena)'에서 나타난다. 더욱이 이제는 모든 '초생명체의 현상(Superorganic Phenomena)'에서 나타나는데 이것이 소위 말하는 '문화세계의 현상(Cultural or Civilizational Phenomena)'인 것이다."[44]

그런데 주첸즈는 '문화의 진화'란 창발적인가 하면 단계 창조적일 뿐만 아니라, 질적인 변화인가 하면 양적인 변화라고 주장한다. 더 나아가 때로는 양적인 발전으로 인해 그 질이 변하기도 하고, 때로는 질적인 발전으로 인해 그 양이 변하기도 한다고 했다. 예를 들어 문화의 지리적 분포에서 보면 유대계가 그리스계에 더해져서 유럽의 중세문화가 이루어졌지만 실상은 양 계열의 문화성질과는 다른 별도의 한 존재가 되었다. 그리고 인도계가 중국계에 더해져서 중국의 중세문화가 이루어졌지만 중국의 중세문화는 사실 양자의 성질 말고도 별도의 새로운 성질을 갖는다.[45] 주첸는 이러한 문명의 교류원리에 입각해서 향후 동서양 문화의 상호 접촉과 영향 아래서 새로운 세계문화의 창출을 내심 기대했다.

그러나 이것은 문화현상 중의 하나인 공간적 개척을 두고 말한 것이고 문화의 근본현상인 '시간적 지속'을 포괄하기에는 불충분하다. 주첸즈가 판단하기에 문화철학의 최대 장점은 "단계 창조적인 진화를 응용하여 문화의 시간지속 속에서의 모든 단계적 발전을 설명하는 데에 있었다".[46] 또한 그는 매 단계를 판에 박은 듯한 오귀스트 콩트(Auguste Comte, 1798~1857)의 '3단계 법칙'은 문화의 창발적 진화를 설명하기에 부족하다고 비판한다. 따라서 이를 별도로 '발생식'적 법칙으로 대체해야 한다고 주장한다. 이 법칙의 장점은 "지금까지의 인류문화에 대한 퇴적적 견해를 타파하고 문화의 창발적 진화를 간파하는 데에 있다. 그것은 다만 하나의 계승적 연장(Extension, 延長)형식일 뿐만 아니라 생명의 무궁한 발전이다."[47]고 했다.

이와 동일선상에서 주첸즈는 다음과 같은 5가지의 기초적 개념을 제시한다. ① 창발(emergence): 모든 문화가 과정이므로 모든 사물은 변화를 가진다. 문화란 갑자기 나타나지만 매 변화에는 반드시 고유한 것 외에도 어느 정도의 창신이 있게 마련이다. 이 창출품이 문화의 새로운 단계가 된다. ② 층차(層次, levels): 문화의 새로운 단계는 앞 단계를 기초로 삼아 갑자기 창생創生해나온다. 때문에 앞 단계가 한 층이 되고 새로운 단계는 이 층 위에 또다시 한 층이 더해지는 것이다. 이리하여 층층이 추진되어 언제나 한 층에 이르면 더 높은 층이 정해진다. 그런 뒤에 한 층이 앞 층을 능가하게 된다. ③ 내포(內包, involution): 문화의 매 층은 그 위에 따로 한 층이 있게 마련이지만 상층은 그 아래의 한층 혹은 수층을 기초로 한다. 그러므로 최고층에서 최저층까지 한 층은 한 층에 포함된다. ④ 상속(上屬, dependence): 문화는 앞 층에서 뒤 층으로 나아가므로 뒤 층이 앞 층을 기초로 삼지만 앞 층은 그 뒤 층을 좌우할 수 없다. 그러나 뒤 층은 반대로 앞 층을 충분히 지배할 수 있다. ⑤ 인연(因緣, relatedness): 문화는 본래 하나의 구조(Structure)여서 앞 층에서 뒤 층이 창발되어 나온다. 때문에 이 뒤 층은 하나의 인연이 합쳐진 새로운 격식, 즉 새로운 구조를 가진다. 구조가 같지 않은 이유로 해서 마침내 뒤 층이 돌고 돌아 앞 층과 달라지게끔 된다.48

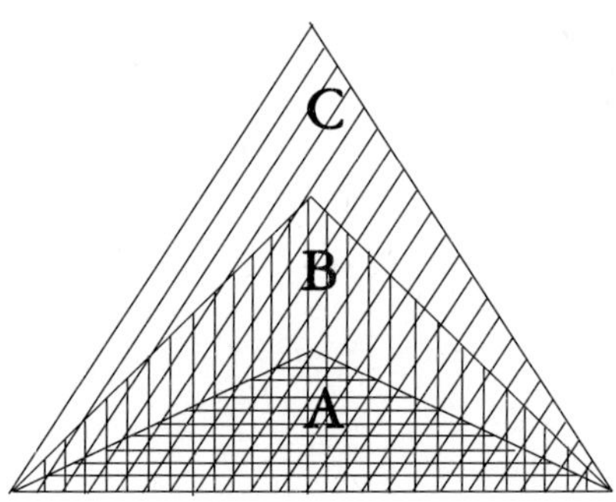

보다시피 주첸즈는 문화의 발전을 높고 큰 탑에 비유한다. 그리고 상기한 5가지의 기초개념에 근거해서 다음과 같이 논구한다. A는 신학단계, B는 형이상학단계, C는 실증 · 과학단계를 가리킨다. 문화철학에서 보면 인류의 진화는 C단계에서만 그치지 않고 D, E, F, G 내지는 X의 단계로 창발되는 계속적인 창조 속에 있다. 그림 A층은 횡선으로 표시되어 있고 B층은 직선과 횡선이 동시에 존재한다. 즉 A층 위에 한 층이 더해져서 신학단계 외에 새로운 단계가 더해져 있음을 알 수 있다. 동일한 이치로 C층은 사선으로 그 특성을 표시한 것 외에 직선과 횡선이 겹해져 있다. C층은 A층과 B층 말고도 한 층이 증가한 것이다. 형이상학단계와 신학단계 위에 더욱 새로운 단계가 더해졌다고 할 수 있다.[49]

또한 문화의 '내포'로 말한다면 C층은 B, A층을, B층은 A층을 기초로 한다. 이를테면 실증 · 과학단계는 형이상학과 신학 단계를, 그리고 형이상학단계는 신학을 기초로 한다. 이것이 바로 문화의 진화가 최고층에서 최저층에 이르기까지 모두 최저의 한 단계에 그것을 포함시킬 수 있음을 말해주는 것이다. 그렇지만 문화의 '상속'으로 말한다면 A의 상층은 B고 B의 상층은 C지만, B는 결코 A에 의해서 지배받지 않으며 오히려 그 속에 있는 A를 지배한다. C 역시 B, A에 의해서 지배받지 않으며 반대로 B, A에 영향을 준다. 이것이 문화진화의 제2단계(층차)를 말한 것으로 형이상학은 결코 신학에 의해서 지배받지 않으며 역으로 그 속에 있는 신학을 지배한다. 제3단계(층차)에 있어서는 실증 · 과학 역시 형이상학이나 신학에 의해 지배받지 않으며 반대로 형이상학이나 신학의 변화를 발생케 한다. 그리고 재차 문화의 '인연'으로 이어지게 된다.[50]

사실 이 3단계의 법칙은 본질상 인류정신 중 고유한 3종류의 다른 지식유형이지만 표현형식에서는 역사적 단계의 발전인 것이다. A, B, C 각 지식유형이 상호 결합해서 이룬 문화총체는 여러 가지 다른 구조와 다른 배열의 형식을 갖는다. 제1시기 A(신학지식: 종교)는 AA(종교적 종교) AB(종교적 철학) AC(종교적 과학)로, 제2시기 B(형이상학지식: 철학)는 BA(철학적 종교) BB(철학적 철학) BC(철학적 과학)로, 제3시기 C(과학지식: 과학)는 CA(과학적 종교) CB(과학적 철학) CC(과학적 과학)로 각각 진화하게 된다. 이렇듯 그 사이인 뒤 층이 앞 층에 돌고 돌아서 달라진 이유는, 전체 내면적 구조가 여러 가지로 다른 면이 존재하기 때문이며 그에 따른 매 새로운 층의 표현적 형식 역시 갖가지로 달라지는 데 불과하다. 또한 문화철학에서 보면 그 차이는 절대적인 것은 아니다. 이것은 문화생명의 근본현상을 파악하기 위한 것으로 한층 한층의 단계적 정상靜相은 원래 인연의 화합에 의해서 이루어진 것으로 본래는 실상이 없다. 문화의 진화 역시 영원히 한순간도 정지하지 않고 창조적 진화를 계속하는 '영원한 현재'인 것이다.[51]

이 문화의 근본유형과 그 표현형식에는 해석상 콩트의 심리학적 방법과 헤겔의 논리학적 방법이 깊이 개입되어 있다. 상술한 설명은 주로 콩트의 지식적 진화유형을 베르그송의 시간적 '지속'에 역점을 두어 기술한 것이다. 역사진화의 법칙에서 보면 제1단계 종교형태로부터 제2단계 철학형태, 제3단계 과학형태에 이르기까지 그 생명의 한 흐름 속에는 분절할 수 없는 문화의 진화가 존재한다. 그러나 한편으로 헤겔의 논리주의의 강점인 표현형식으로서의 변증법적 '지양'이라는 개념을 간과할 수 없다. 다른 차원에서 보면 지속적 근본현상 외에도 지양적 단계법칙이 함께 내재되어 매 역사변화단계상 변증법적 모순투쟁이 발생한다. 예컨대 철학과 종교의 경우 철학은 종교형태에 대한 일차적 부정이다. 이 부정이란 인류지식이 종교형태에서 철학형태로 이행할 때 나타나는 피할 수 없는 관념투쟁인 것이다. 주첸즈는 이 과정에서 "고대 그리스의 소크라테스(Socrates, BC 470~BC 399)는 도의를 위해 온몸을 바쳤으며 근세에는 르네 데카르트(René Descartes, 1596~1650), 바뤼흐 스피노자(Baruch de Spinoza, 1632~1677), 루소 등 여러 대가들도 종교압박, 심지어 몸에 형륙을 당했다"[52]라는 논지를 편다.

3. 세계문화유형과 담론적 현재성

1) 다원주의적 문화유형

주첸즈의 '문명(문화)'에 대한 관점은 기본적으로 복수론적 다원주의의 입장을 취한다. 그는 말하기를 "인류라는 틀 속에서는 문명민족이든지 아니면 야만민족이든지 막론하고 모두 자연스럽게 그 자신의 문화를 가지고 있으며 다만 문화적 정도만이 서로 다를 뿐이다"[53]고 했다. 주첸즈가 복수론적 입장을 견지한 데는 무엇보다도 세계적 연구조류를 놓치지 않고 빠르게 흡수하고 있었기 때문이다. 문명비평가 토인비, 슈펭글러 등은 당시 서구의 지성계를 지배하고 있던 단일문명론에 맞서 복수적 의미의 문명 개념을 인정했다. 그리고 각각의 문명은 흥망의 과정을 밟아간다는 주장을 펼쳤다. 이것은 서구학계에서는 가히 혁명적인 인식의 전환이었다. 슈펭글러는 단수로서의 문명 개념에 반대하고 복수로서의 문명 개념을 주장한 대표적인 학자였다. 주첸즈의 입론은 특히 슈펭글러의 반향이라고 할 수 있다. 그리고 여기에 문화철학적 차원에서 콩트의 심리주의와 헤겔의 논리주의가 함께 협력을 이룬다.

그런데 주첸즈의 다원주의적 세계문화유형과 그 지리적 분포를 이해하기 위해서는 문화의 근본(본질)유형과 그 표현형식인 역사진화의 법칙에 대한 분석이 선행되어야 한다. 주첸즈는 문화의 근본유형과 그 작용에 대한 독특한 견해를 피력한다. 문화의 본질상 심리주의와 논리주의의 해석방법으로서 콩트의 '3단계 법칙'과 헤겔의 '3분分 변증법'에 '예술적 단계'와 '몰자적 단계'를 각각 첨가시켜 '4단계 법칙'과 '4분 변증법'으로 변형 · 발전시킨다. 더 구체적으로 논술해보면 콩트의 제1단계 신학, 제2단계 형이상학, 제3단계 실증 · 과학, 제4단계 예술을 각각 헤겔의 몰자(종교적 관념 형태), 즉자(철학적 관념 형태), 대자(과학적 관념 형태),

즉자대자(예술적 관념 형태)에 대입시킨다. 그리고 이와 함께 시기적으로 콩트는 제3단계의 인물인 까닭에 실증적 · 과학적 단계로 그 종점을 삼을 수밖에 없었으며, 헤겔은 시기적으로 제2단계에 살았기 때문에 즉자적 단계로 기점을 삼을 수밖에 없었다고 이들의 한계를 지적한다.

결국 주첸즈는 콩트와 헤겔의 이론을 종합하여 문화의 근본유형을 지식생활상 4단계, 즉 종교, 철학, 과학, 예술, 그리고 그 의존관계에 있는 사회생활상 군사, 법률, 경제, 교육을 첨가해서 문화의 8유형을 완성해낸다. 이미 살펴본 대로 지식생활상 4유형은 '문화' 개념으로서 지식문화학인 '문화철학' 연구의 범위에 속하고, 사회생활상 4유형은 '문명' 개념으로서 사회문화학인 '문화사회학' 연구의 범위에 속한다. 이것은 본질적 존재인 한편 형식(역사)적 존재이기도 하다. 철학을 그 예로 들어보면 철학은 문화의 본질에 해당된다. 말하자면 "그 본질상에서 보면 철학은 독립적인 일종의 특수한 문화학으로 다른 것과는 상이하다. 형식상에서 보면 철학은 시간의 변화에 의거함은 물론, 순서에 따라 다른 문화생명을 취해 그 표현의 '형식'을 삼는다."[54] 그러므로 한 유형이 각 유형과 맺는 관계로 보면 그것은 형식상의 문제이지 본질상의 문제는 아니다. 한 유형의 본질적 생명은 독립해서 스스로 존재하는 초시간적 성질을 갖는다. 그러나 한 유형의 표현적 형식은 그 다른 문화생명과 상호관계를 발생키기 때문에 시간과 역사를 초월하지 않을뿐더러 시간과 역사 속에 존재해 역사의 동적인 관계를 이룬다.

이처럼 주첸즈는 문화의 본질과 그 표현형식을 콩트의 심리주의와 헤겔의 논리주의의 방법을 응용해서 해석하고자 했다. 콩트의 "심리주의는 생활을 중점으로 하면서 내용적 · 경험적 · 정의情意적 경향"[55]을 띠므로 문화의 본질적 유형을 설명하기에 적합하다. 반면에 헤겔의 "논리주의는 사상을 중심으로 하면서 형식적 · 선험적 · 이지理知적 경향"[56]을 띠므로 문화의 형식적 유형을 설명하기에 적합하다. 그러나 문화의 본질을 해석함에 있어 논리주의는 원래 심리주의의 한 해석과 반영이기 때문에 콩트의 '3단계 법칙'과 헤겔의 '3분 변증법'은 상호보충적인 관계에 있다고 하겠다. 이러한 형태의 문화철학적 성과는 이 두 파의 장점은 취하되 단점은 피하고자 한 주쳰즈의 학문적 분투로 가능했던 것이다.

주쳰즈는 이 문화유형들에 그 표현형식인 역사학적 방법, 즉 문화의 진화상 자신이 고안한 발생식적 법칙과 헤겔의 변증법을 응용해서 연쇄적인 관계로서의 역사발전과정으로 분화시킨다. 아울러 방법론상 각 문화유형의 관계를 관찰해보면 각 문화유형을 파악해낼 수 있다고 판단했다. 주쳰즈의 관점에서 보면 이 네 문화유형은 자료의 차이에서 오는 것이 아니라 그 운용되는 방법의 특이함에서 오는 것이다. 즉 "연역법(신앙) → 종교, 변증법(내성) → 철학, 귀납법(관찰, 실험, 비교, 역사) → 과학, 직관(직각)법(표현) → 예술"[57]이 그것이다. 이 일련의 문화철학적 해석과 방법은 다변적이고도 다층적인 문화현상을 본질적인 차원에서 보다 효과적으로 설명해낼 수 있다는 장점을 가진다. 이것은 당시 중국 내 문화철학 연구의 수준을 감안해본다면 다른 어떤 이론들보다도 비교적 발전된 형태임에 틀림없다.

또한 주쳰즈는 헤겔의 문화지리학의 형이상학적 이해를 통해서 하나의 세계문화민족은 반드시 하나의 특수적이고 외부적인 지리적 기초를 가진다는 사실을 간파해낸다. 여기서의 '지리적 기초'란 인류문화와 상관관계에 있는 기후, 지형을 의미한다. 결론적으로 말해서 '고원문화'는 인도로서 지리적 특성상 '종교적 문화'를, '평원문화'는 중국으로서 지리적 특성상 '철학적 문화'를, '해양(연해지)문화'는 서양으로서 지리적 특성상 '과학적 문화'를 각각 형성한 것으로 요약할 수 있다. 이처럼 주쳰즈는 세계문화를 기본적으로 '3원론', 즉 인도, 중국, 서양이라는 문화의 세 근본단위로 파악했다. 그에 따르면 "이 지형상의 3요소를 대표하는 인도, 중국, 유럽은 모두 구세계에서 인구가 가장 많은 세 지역이다. 이 세 지역에 의해 발육된 3종류의 상이한 문화는 매 문화마다 세계인구의 4분의 1에 영향을 준다."[58]고 논변한다.

세계문화발전의 시간순서로 접근해보면 "인도의 '종교적 문화'는 기원전 3000년부터 327년까지가 '문화사의 제1시대'가 된다. 중국의 '철학적 문화'는 춘추전국을 기점으로 해서, 즉 기원전 770년에서 1660년 명明이 망하기까지가 '문화사의 제2시대'라고 할 수 있다. 그리고 서구의 '과학적 문화'는 엄격히 말해서 중세기의 문예부흥과 종교개혁 이후로부터 시작해 현대에 이르러서야 매우 신속한 진보가 있었다. 이것이 '문화사의 제3시대'가 되는 셈이다."[59] 주첸즈는 인류문화사의 발전단계를 크게 종교→철학→과학으로 구분한다. 이 가운데 인도문화는 첫 번째 시기인 '종교시대'를, 중국문화는 두 번째 시기인 '철학시대'를, 서양문화는 세 번째 시기인 '과학시대'를 각각 대표한다. 이상의 설명한 내용을 문화발전의 인연관계에 따라 표로 나타내보면 다음과 같다.

시기 / 문화 구역	제1시기 : 종교 단계	제2시기 : 철학 단계	제3시기 : 과학 단계	제4시기 : 예술 단계
인도(고원) : 종교	종교적 종교 (연역적 연역법)	철학적 종교 (변증적 연역법)	과학적 종교 (귀납적 연역법)	예술적 종교 (직관적 연역법)
중국(평원) : 철학	종교적 철학 (연역적 변증법)	철학적 철학 (변증적 변증법)	과학적 철학 (귀납적 변증법)	예술적 철학 (직관적 변증법)
유럽(해양) : 과학	종교적 과학 (연역적 귀납법)	철학적 과학 (변증적 귀납법)	과학적 과학 (귀납적 귀납법)	예술적 과학 (직관적 귀납법)
이상(세계) : 예술	종교적 예술 (연역적 직관법)	철학적 예술 (변증적 직관법)	과학적 예술 (귀납적 직관법)	예술적 예술 (직관적 직관법)

한편 주첸즈는 20세기 초 중국에서 한창 열띤 토론의 대상이 되었던 '동서문화의 문제'에 관해서 이 문제를 해결하기 위해서는 "선행적으

로 무엇이 동방이고 무엇이 서방인지 하나의 표준을 정해야 한다"60고 말한다. 결론적으로 그는 동방문화를 중국과 인도로, 그리고 서방문화를 서구로 나누는 데 동조한다. 그러면서도 "중국문화와 인도문화를 함께 섞어서 서구문화와 비교하는 식의 생각은 근본적으로 틀렸다고 보지 않을 수 없다"61고 했다. 중국과 인도를 동질적인 하나의 문명권으로 고정시켜서 서구와 비교하는 식의 생각에는 반대했던 것이다. 이것은 량수밍이 "동양문화는 최소한 중국문화와 인도문화의 양대 체계로 구분해야 하며 동양의 여러 민족 모두를 혼합해서 말할 수는 없다고 한 것"62과 맥을 같이한다. 더불어 주첸즈는 량수밍이 "세계는 유럽, 중국, 인도로써 문화의 3대 계통으로 삼음이 옳다"63고 한 주장에 주목했다. 이 견해에 기초해서 세계문화를 3원론, 곧 인도, 중국, 서양이라는 문화의 세 근본단위로 분석하고자 했던 것이다.

물론 세계문화를 설명할 때 이 3원론만으로는 부족할 수 있다. 그러나 고등문화를 대표하는 유형으로 말하자면 중국, 인도, 서구만이 존재할 뿐이다. 주첸즈는 자신의 세계문화 3원론에 대한 세간의 비판을 염두에 두고 슈펭글러가 분류한 9개 문명권을 바탕으로 다음과 같이 합리적인 논거를 제시한다. "슈펭글러는 자신의 저작 『서구의 몰락*Der Untergang des Abendlandes*』(1918~22) 제2권에서 9개의 고등문화를 거론한 적이 있다. …… 그러나 사실에 근거해보면 이집트문화, 바빌론문화(메소포타미아문화), 그리스 · 로마문화는 똑같이 서구문화의 원천이다. 러시아문화는 서구문화의 파생이고 멕시코문화는 말할 필요도 없이 아라비아의 종교문화여서 또한 거의 같은 위도에 위치한 인도의 문화 속에 포괄시켜 말할 수 있다. 그러므로 결국에는 인도, 중국, 서구만이 오직 세계문화의 세 근본(3元)이 되는 셈이다. 뿐더러 구세계 중 인구가 많은 세 지표로 말하더라도 중국, 인도, 그리고 서구만이 존재할 따름이다."64 이 3종류의 고등문화는 비교적 독립적인 각각의 문화이자 대등병칭적인 가치를 지닌다.

그런데 주첸즈는 '세계문화의 지리적 3원론'에 대한 이론적 근거로 량수밍의 '문화의 3방향(三路向)설'과 막스 셸러(Max Scheler, 1874~1928)가 지식사회학에서 제시한 '지식의 3형식'을 대응시켜 자신의 학설을 강화한다. 전자는 ① 서양문화는 '의욕의 앞으로 향한 요구(意欲向前要求)'를 근본정신으로 삼는다; ② 중국문화는 '의욕의 자위 · 조화 · 지중(意欲自爲調和持中)'을 근본정신으로 삼는다; ③ 인도문화는 '의욕의 자신을 반성해 뒤로 향한 요구(意欲反身向後要求)'를 근본정신으로 삼는다(량수밍)가 그것이다. 그리고 후자는 ① 실용적 지식: 서구의 자연정복적 지식, ② 교양적 지식 또는 본질적 지식: 중국 및 그리스의 지배 계급적 지식, ③ 해탈적 지식: 인도의 불교적 지식(셸러)을 가리킨다.[65] 이 두 동서양 학자의 설을 주첸즈적 입장에서 정리해보면 '의욕의 자신을 반성해 뒤로 향한 요구'인 인도문화는 '해탈적 지식'으로서 '종교적 문화'고, '의욕의 자위 · 조화 · 지중'인 중국문화는 '교양적 지식'으로서 '철학적 문화'다. 그리고 '의욕의 앞으로 향한 요구'인 서양문화는 '실용적 · 자연정복적 지식'으로서 '과학적 문화'인 것이다.

엄밀한 의미에서 주첸즈의 문화철학은 중국사상사에서 량수밍의 이론을 계승해 발전시킨 것이다. 주첸즈는 량수밍이 말한 것이 "문화철학의 출발을 위한 길잡이임"[66]을 스스로 인정한다. 좀 더 진척시켜 보면 량수밍은 "서양문화는 이지理智 중심의 물질문화, 중국문화는 직관(직각) 중심의 도덕문화, 인도문화는 현량現量 중심의 종교문화"[67]라는 입장을 취했다. 이러한 발상은 그대로 주첸즈에게 계승되어 세계문화체계로 유형화되었다. 또한 량수밍은 문화란 한 민족의 생활양식이고 생활은 의욕을 표현하는 것으로 다른 민족의 문화표현은 다른 특질을 갖게 마련이라고 했다. 그는 여기에 기초해서 서양, 중국, 인도 3방면의 문화로 구분해 문화의 '3방향설'을 제기했다. 이 3종류의 문화 방향은 모두 의욕이 취하는 3갈래 다른 방향에 의해 나타난 것이다.[68] 그런데 "주첸즈의 문화 4단계인 종교적 문화, 철학적 문화, 과학적 문화, 예술적 문화는 바로 이와 같은 량수밍의 문화의 3방향설을 거울삼은 것"[69]이라고 할 수 있다.

이상 살펴본 바와 같이 주첸즈가 개진한 3종류의 지식문화는 세계인구가 가장 많이 거주하는 3구역, 즉 문화의 지리적 분포상 인도, 중국, 서구에 각기 대응된다. 그리고 현 세계문화의 체계는 종교형에 속하거나 철학형 혹은 과학형에 속한다고 할 수 있다. 문화의 전파로 말하면 인도문화에 의해 전파된 것이거나 중국문화, 서양문화에 의해 전파된 것이다. 문화의 유형으로 말하면 종교문화는 인도가, 철학문화는 중국이, 과학문화는 서양이 각각 그것을 대표하지만 모든 문화는 결국 예술문화를 향해서 나아가게 된다. 그런가 하면 주첸즈는 세계사의 문화구역을 24단위로 분류하면서도[70] 종합해보면 중국, 인도, 서구 세 문화단위로 귀결된다고 했다. 더욱이 이 문화단위의 특징을 다음과 같이 정리한다.

① 문화의 유형: 인도문화는 종교문화이고 중국문화는 철학문화이며, 또한 서양문화는 과학문화다. 인도문화사는 종교문화의 발전사이고 중국문화사는 철학문화의 발전사다. 서양문화사는 과학문화의 발전사다. ② 문화의 구조: 인도문화에도 철학, 과학, 예술은 있지만 모두 종교문화가 중심이 되어 종교적 철학, 종교적 과학, 종교적 예술을 형성한다. 중국문화에도 종교, 과학, 예술은 있지만 모두 철학문화가 중심이 되어 철학적 종교, 철학적 과학, 철학적 예술을 형성한다. 마찬가지로 서양문화에도 역시 종교, 철학, 예술은 존재하지만 모두 과학문화가 중심이 되어 과학적 종교, 과학적 철학, 과학적 예술을 형성한다. ③ 문화의 발전: 인류문화사의 발전단계는 크게 종교시대→철학시대→과학시대→예술시대로 구분할 수 있다. 이 가운데 인도문화는 첫 번째 시

기인 종교시대를 대표하고, 중국문화는 두 번째 시기인 철학시대를 대표하고, 서양문화는 세 번째 시기인 과학시대를 대표한다. ④ 문화의 접촉: 인도문화사 중 과학시대는 서양 과학문화의 영향이다. 중국문화사 중 종교시대는 인도 종교문화의 영향이며 과학시대는 서양 과학문화의 영향이다. 서양문화로 말한다면 서양문화사 중 종교시대는 인도 종교문화의 영향이며 철학시대는 중국 철학문화의 영향이다.[71]

여기서 흥미로운 것은 인류문화사의 발전단계상 그 문화유형의 배열에 있어 량수밍과 차이를 보이고 있는 점이다. 량수밍은 인류사회의 발전단계를 3단계로 구분하면서 매 단계마다 해결해야 할 문제를 제시함으로써[72] 인류문화는 서양→중국→인도로 순차적으로 방향을 전환한다고 주장한다. 그러나 그는 인류문화 발전의 법칙성을 규명하기 위해서 보다 일반적이고 보편적인 원칙을 정립하지 않고 단지 몇 가지 특수한 사례를 들어서 설명하고 있다. 또한 정신의 작용만을 강조한 나머지 문화 3단계의 방향설은 역사발전의 필연성에 근거했다기보다는 우연성에 의존해서 설명하고 있다는 점에서 그 한계를 드러낸다.[73] 그에 반해서 주첸즈의 문화진화 개념에는 베르그송의 지속과 헤겔의 지양이라는 개념이 동시에 내포되어 있다. 더 나아가 헤겔의 논리주의와 콩트의 심리주의를 종합함은 물론, 변증법적인 역사진화의 연구법을 채용해 량수밍에 비해 보다 객관성과 타당성을 확보하고 있다. 따라서 주첸즈의 문화철학은 중국의 문화사상사에서 량수밍의 계승임과 동시에 한 단계 발전된 형태라고 말할 수 있다.

2) 보편문명으로서의 예술문화

근대 이후 현대화가 곧 서양화라는 관념이 우리의 의식을 지배한 지 오래다. 서양문명은 현대문명의 대명사가 되어버린 셈이다. 서양문명은 과학과 기술의 경이적인 발달과 인류역사에서 전례를 찾아볼 수 없는 부의 축적을 이루었다. 그리고 합리적인 원칙에 근거해서 이성이 지배하는 영역을 극대화시켜 미래사회의 장밋빛 꿈이 실현될 것이라 모든 사람들을 굳게 믿게 만들었다. 그러나 물질문명의 이기는 인류사에 있어 두 차례의 세계대전이라는 다시없는 대재앙과, 생태학적 위기, 핵전쟁, 인간소외나 원자화 등의 수많은 고통을 안겨주었다. 주첸즈는 이를 두고 다음과 같이 진단한다. "현대문명은 대전 이후의 선혈鮮血 속에서 현재의 네 기사騎士가 쏟아져 나왔다. 첫째는 경제테러, 둘째는 흉작, 셋째는 메마른 감정, 넷째는 호전주의의 재생이 바로 그것이다. 문명은 돈 냄새, 시끄러움, 물질주의로 변했고 문화(Civilization) 역시 변해서 매독화되었다. 이것이 바로 문명의 진짜 위기로서 세계 각국의 사상가가 모두 문명의 장래를 우려하게끔 만드는 부분이다. 그리하여 그들은 큰 소리로 '지금 우리들은 또 어디로 가는 것인가?'라고 외치는 것이다."[74]

이처럼 암울한 서구문화의 파행 속에서 그 문제의식을 안고 태어난 저작이 바로 슈펭글러의 『서구의 몰락』인 것이다. 이 저서는 문화형태학의 시도로서 개별 세계문화들은 유기체적인 성장단계를 가지며 종교와 정신을 대표하는 문화의 노년기가 물질적인 성향의 문명이라고 했다. 슈펭글러에게 "서구의 몰락이란 문명의 문제의 다름 아니다".[75] 그는 말하기를 "문명이란 한 문화의 불가피한 운명이다. …… 문명이란 고도의 인종이 가능케 하는, 가장 외적이고 또 가장 인공적인 상태다. 문명이란 종결이다. 문명은 이루어지는 것에 뒤이은 이루어진 것이고 삶에 뒤이은 죽음이며 발달에 뒤이은 응결이다."[76]라고 했다. 슈펭글러는 문화에서 문명으로 퇴화하고 문명의 몰락은 피할 수 없다고 말한다.

이렇게 주첸즈는 문명을 문화의 최후 단계로 보았던 슈펭글러의 생각에 반대하고 "문명은 바로 문화의 물질적 기초인 까닭에 문명은 문화의 종점이 아니라 도리어 문화의 새로운 기점이 된다"[77]고 주장한다. 아울러 슈펭글러는 생명인 문화에서 죽음을 의미하는 문명으로의 이행은 이미 "서양에서는 19세기에 완성되었다"[78]고 보았다. 그러나 주첸즈는 현대문명에 대해 "문화가 문명으로 변하는 것이 아니라 도리어 문명이 새로운 문화를 생산해낸다"[79]고 판단했다. 다시 말해 문화의 축적은 과학시대에 절정에 달했다고는 할 수 없지만 실제로는 문화가치의 최고 수준인 '예술세계'를 위해서 이미 하나의 통로를 열었다는 것이다.

결국 주첸즈는 문화와 문명의 문제는 슈펭글러가 말한 바와 같은 "종교문화와 과학문화의 문제가 아닌 미래에 장차 존재할 예술문화와 현재에 현존하는 과학문화의 문제"[80]로 보았다. 이르기를, "문화와 문명의 문제는 예술문화가 흥기해서 과학문화를 대체한다는 바로 그 문제인 것이다. 문명의 본질은 과학적이지만 문화의 본질은 예술적이다. 문명과 문화의 차이는 곧 과학과 예술의 차이이다. 만일 과학이 문명을 대표한다면 문명이란 바로 필연적인 세계로서 문화의 자유세계로 나아가는 계단에 해당된다. 뿐더러 문화란 전체성을 지니므로 모든 문화는 최후에는 전부 예술 쪽으로 쏠리게 된다."[81] 이상으로 보건대 문명은 문화의 한 단계에 지나지 않으며 이 단계는 더 높고 더 완전한 새로운 단계를 실현하기 위한 하나의 준비과정에 지나지 않는다. 그런 까닭에 문명의 몰락은 일면 새로운 예술문화의 출현을 의미한다. 이를테면 인도와 중국은 과거에 이미 존재했던 문화이고 서양은 현존하는 문화다. 예술은 세 방면을 포괄해 장차 미래에 존재할 문화다. 그것은 세계문화의 조화와 종합임은 물론 문화의 이상향으로서 앞으로 우리에게 다가올 미래세계라고 할 수 있다.

이 예술문화는 문화 그 자체의 궁극체로서 현대 문명담론 차원에서 보면 '보편문명'에 해당한다. 이것은 개별문화가 각기 그 이상향에 도달할 수 있도록 생명소로 기능하여 개별문화의 보편적 이념 속에 향유되는 것이다. 아울러 예술시대만이 개별문화인 종교, 철학, 과학을 하나로 융합시킬 수가 있다. 과거의 문화전통 속에서 인도는 종교문화에서 예술문화로, 중국은 철학문화에서 예술문화로, 서양은 과학문화에서 예술문화로 이를 것이다. 그 발전진행 가운데 반드시 현 단계인 과학문화의 절차를 거쳐야만 한다. 주첸즈는 당시 중국이 밟고 있는 경로는 이와 비교적 비슷해서 서세동점의 시련과 위기는 서양 과학문화의 세례에 불과하다고 여겼다. 이러한 발상은 량수밍이 제기한 '중국문화조기과열설'과 문화구도상 차이를 보인다. 량수밍은 서양문화를 인류사회발전의 제1단계적 문화, 그리고 중국문화를 제2단계적 문화라고 부른다. 인류사회의 발전은 제1단계가 충분히 발전한 뒤에 제2단계로 진입하는 것이지 초월할 수는 없다. 따라서 중국문화의 위기원인은 제1단계를 거치지 않고 제2단계로 진입해 중국문화가 조기에 과열된 데 따른 것이다.[82]

이러한 '중국문화조기과열설'은 주첸즈가 인류문화의 지향점인 예술문화를 상정한 것과는 분명 대비된다. 그렇다면 주첸즈가 꿈꾸었던 보편문명으로서의 예술문화란 구체적으로 어떤 모습일까? 다음 말에서 대략 짐작할 수 있다. "문화란 원래 예술이 이상향이기 때문에 일체 개개의 문화는 예술성과 생명성을 함유한다. …… ① 전前 단계인 개개의 문화가 개별적이라면 예술문화는 전체적이다. ② 전 단계의 문화가 대립적(전쟁 중심적)이라면 예술문화는 조화적(평화 중심적)이다. ③ 전 단계의 문화가 민족주의적이라면 예술문화는 대동大同주의적이다."[83] 이로 볼 때 예술문화의 특성은 예술성, 생명성, 전체성, 조화성, 평화성 등으로 정리할 수 있다. 그리고 궁극적으로는 유가의 대동세계로 집약된다. 주첸즈는 인류문화의 목표는 국가가 아니라 대동세계라고 믿었다. 가령 프란츠 오펜하이머(Franz Oppenheimer, 1864~1943)와 프리드리히 엥겔스

(Friedrich Engels, 1820~1895)의 국가부정론은 미래세계를 말한 것인데 그것이 『예기禮記 · 예운禮運』의 "대도가 실현되면 천하는 공평해진다(大道之行, 天下爲公)", 『논어論語』의 "세상 사람이 다 내 형제다(四海之內皆兄弟也)"라는 말과 다르지 않다고 했다.[84]

특히 주첸즈는 전쟁을 잉태하는 현대문명이 전후戰後문화인 예술시대로 접어들게 되면 현대 과학문명의 모순성과 약탈성이 극복되어 만인이 누리는 아름다운 예술과학으로 변모될 것이라고 주장했다. 이를테면 "현재의 과학은 소수의 사람들 수중에 있지만 미래의 과학은 모든 사람들이 그것의 이로운 점을 모두 향유할 수 있다. …… (현재의) 기계시대가 지나가고 새롭게 출현하게 될 기계는 매우 아름다운 예술로 변할 것이다. 기계 돌아가는 소리는 일변해서 조화롭고 부드러운 음악처럼 리드미컬하게 될 것이다."[85] 그리고 대동세계로 귀결시켜 노동이 창조적 행위로서의 예술이 된다는, 바로 기쁨으로 가득 찬 미래의 세계를 다음과 같이 예찬한다. "노동적 측면에서 말하면 현대 노동자는 실제로 기기의 노예나 다름없지만 가장 아름답고 유쾌하며 가장 자유스러운 예술시대에는 노동은 예술이 된다. 가령 니콜라이 부하린(Nikolai Ivanovich Bukharin, 1888~1938)이 말한 대로 '사람들이 통계국의 계획에 따라 일하는 것은 마치 연주자가 지휘자의 지휘봉에 맞춰 음악을 연주하는 것과 같다'. 이것은 공자(孔子, Confucius, BC 551~BC 479)의 이상적인 대동세계와 똑같아서 장엄하고 화려하지 않은가?"[86]

이 논단은 윌리엄 모리스(William Morris, 1834~1896)가 『에코토피아 뉴스 *News from nowhere*』에서 디자인하고 있는 예술과 노동이 하나가 되는 이상사회와 흡사하다. 모리스는 자본주의사회에서는 노동이 반복적이고 억압적인 성격을 띠지만 사회주의혁명 이후의 미래사회에서는 노동은 자신의 사상을 표현하는 즐거운 행위며 그 행위가 곧 예술이 된다고 했다.[87] 주첸즈는 이 모리스의 에코토피아(ecotopia)세계를 쑨원의 중국적 사회주의사상과 연결시켜 유교 유토피아인 대동세계와 동일시했다. 사실 주첸즈의 예술문화로서의 대동세계는 쑨원사상과 맥을 같이한다. 쑨원은 민생주의론에서 서구의 사회주의와 공산주의에 대해 '대동'이라는 중국의 민족적 유토피아사상과 일체화해 중국적 사회주의사상을 견지했다. 그런데 주첸즈의 저작들 중 『대동공산주의大同共産主義』, 『국민혁명과 세계대동國民革命與世界大同』, 『대동에 이르는 길到大同的路』 등은 전적으로 유교 유토피아의 정치와 사회 이상을 선양해 쑨원을 대표로 하는 국민당 좌파에게 희망을 걸고 있다.

그런데 예술의 표현이 형식화된 모형의 파괴이자 과잉억압의 거부라는 점에서 예술을 문화의 본질로 삼는 주첸즈의 문화철학은 강권에 대한 저항논리를 담고 있다. 그가 말하는 예술문화란 현대문명의 억압적 폐해, 곧 봉건적 전통, 보수과학, 군수자본주의, 제국주의 등을 부정하는 더 높은 단계의 지양태인 것이다. 그리고 이 예술문화는 허버트 마르쿠제(Herbert Marcuse, 1898~1979)의 '억압 없는 문명'과 접맥된다. 마르쿠제는 문명의 억압에 대항하는 지그문트 프로이드(Sigmund Freud, 1856~ 1939)의 성해방이론을 정신적 문화와 물질적 문화의 매개에 바탕을 둔 유토피아적 혁명이론으로 연결시켰다. 그는 근대 이후 진보의 수단으로 발전했던 기술의 파괴적인 영향으로 인해 비인간화된 세계, 그 속에서 탈진해 있는 '에로스'의 힘을 부활시킴으로써 '억압 없는 문명'을 이룩할 수 있다고 확신했다. 또한 이를 기반으로 프로이드와 칼 마르크스(Karl Heinrich Marx, 1818~1883)의 사상을 문화혁명적 방향으로 긴밀하게 결합시켰다.[88]

이러한 유토피아적 혁명사상과 관련해서 강권적인 구문화에 대해 해체를 선언하는 주첸즈의 다음 말이 주목된다. "과거의 수천 년에 걸쳐 축적된 문화가 만약 우리들에게 일종의 '억압의 힘'으로만 전해져 그와 같은 과거의 불변적인 진리 아래서 영원히 속박 받고 해방되지 못하게 한다면, 이러한 암울한 문화는 사람들이 그 이상적인 생활상의 관념(즉 진眞 · 선善 · 미美)을 가지고 어떠한 방식으로 그것의 가치를 추정한다고 해도 나는 오히려 칼로 베어 내듯이 명확하게 괴멸시키는 편이 훨씬 더 낫다고 생각한다."[89] 실제로 '억압 없는 문명'은 인류에게 영원히 포기될 수 없는 가치다. 뿐더러 이 염원을 향한 인류의 중단 없는 투쟁의 역사는 지금도 진행형이라는 점에서 주첸즈의 예술문화가 갖는 그 유토피아적 혁명이론으로서의 가치는 쉽게 희석될 수 없을 것이다.

요컨대 '예술문화'란 주첸즈가 근대기 야수적인 제국주의의 침탈이 자행한 민족문화, 동아시아문화, 더 나아가 세계문화의 파산을 뼈아프게 지켜보면서 일구어낸 '지식문화학—문화철학'적 이상향이다. 주첸즈가 꿈꾼 이상세계는 단지 당대에만 국한되지 않고 우리 모두가 지금도 끊임없이 완수해나가야 할 미완의 미래상인 것이다. 물론 그의 예술문화론이 아나키즘적 유토피아의 색채와 "예술이 상상력을 통해 획득되어지는 직관적 지식"[90]이라는 특성 때문에 극단적인 이상주의로 흐르고 있는 것도 사실이다. 그러나 그 안에 내포된 자유와 평화의 이념은 21세기 현대 문명담론으로서의 현재성을 가진다. 그 메시지는 예술문화가 갖는 타자와의 호혜적 조응인 것이다. 거듭 말해서 그것은 서구의 단일문명론에 자리 잡고 있는 일방주의적이고 제국주의적인 위압성을 탈피해 소위 '보편문명'을 인류의 공동번영과 평화협력, 그리고 호혜적 가치로의 재정립을 독려하는 것이다.

3) 대안담론적 기능과 한계

주첸즈의 지식문화학, 곧 '문화철학'은 현대 문명패러다임에 대한 동양의 대안논리와 함께 문명교류철학으로서의 가능성을 지닌다. 21세기 세계평화와 인류공영을 위한 바람직한 문명관을 '문명다원주의를 전제로 한 보편문명에의 지향'으로 보았을 때 그 상충점인 다원성과 보편성이 주첸즈의 문화철학에 내장된 문화의 근본유형과 그 진화법칙, 그리고 미래의 문화 이상향으로 제시되는 '예술문화' 속에서 어떻게 회통될 수 있는지를 살펴보도록 하겠다. 그 논지전개는 현대 문명패러다임의 서구패권주의적 성향의 극복과 새로운 문명관적 대안모색이라는 차원에서 헌팅턴과 후쿠야마의 이론에 대한 주첸즈의 문화철학적 비판방식으로 진행하고자 한다. 주첸즈의 문화철학은 역사 · 지리상 인류문명을 유기적으로 통합해 설명할 수 있다. 뿐더러 오리엔탈리즘이나 옥시덴탈리즘(Occidentalism) 식의 편협주의와 일방주의로부터 탈피된 균형을 갖춘 문명관으로 평가할 만하다.

주첸즈가 구도한 세계문명체계는 동과 서라는 이항 대립적 분열과 대결의식을 고취하는 식의 전통적인 사고법에서 벗어나 있다. 무엇보다도 그 자신의 문화철학에는 복수적 의미의 개별문명인 다원주의적 근본유형이 담지되어 있다. 즉 인도, 중국, 서양의 복수적 개별문화는 사실 문화유형학상 하나의 특유한 독립문화를 대표한다. 그리고 여기에 역사진화의 방법이 채용됨으로써 연쇄적으로 분화해 결국 보편문명에 해당하는 '예술문화'의 세계로 진입한다. 인도의 종교문화나 중국의 철학문화가 현대의 헤게모니를 쥐고 있는 서양의 과학문화에 비해 낮은 단계에 배치되지만 그것이 고유한 개별문화로서의 본질적인 문화유형을 가진 탓에 서양의 과학문화의 위력에 결코 소멸되지 않는다. 주첸즈에 따르면 "각종 문화는 그 독립적인 관점에서 보면 독립적이고 그 상호 관련된 흔적에서 보면 독립적이지 않고 상호 영향적이다. 매 문화는 필경 어느 정도까지는 다른 문화를 받아들일 수 있다. 이것이 '양'과 '질'을 받아들이는 법칙적 한계다. 그러나 매 문화가 근본적으로 다른 문화를 소멸시키려고 한다면 그야말로 불가능한 일이 될 것이다."[91]

주첸즈는 문화 간의 흡수와 소멸이 성립될 수 없는 이유를 변증법적 논리로 해명한다. 이를테면 종교문화나 철학문화가 과학문화의 세례 속에서 오히려 자신의 유형에 더욱 철저함으로써 과학문화를 흡수해 자신의 반대물로 이동하게 된다. 즉 변증법적 발전에 따라 인도의 종교문화는 종교적 종교에서 과학적 종교로, 중국의 철학문화는 철학적 철학에서 과학적 철학으로 진일보한다. 그러나 문화의 역사적 발전 경로는 여기에서만 그치는 것이 아니다. 종교, 철학이 독립적인 오성悟性 규정을 유지할 수만 있다면 그것은 저절로 변증법의 내재적 초월작용으로 인해 과학적 종교, 과학적 철학에서 진일보해 '예술적 종교', '예술적 철학'으로 나아간다.[92] 서양의 과학문화 역시 예외일 수는 없다. 그것 또한 과학문화의 약탈적이고 침략적인 성향이 탈각된 평화와 생명중심적인 '예술적 과학'으로 나아가게 된다. 여기서의 예술이란 미래의 '보편문명'을 가리킨다. 이 문화철학적 설계는 현대 문명패러다임 이면에 잠복해 있는 탈냉전시대의 서구패권주의적 성향을 극복하게 하는 하나의 문명(문화)론적 기틀을 마련해준다.

주첸즈는 "문화가 문화다운 이유는 그것이 인생의 고통을 벗어나게 해서 모두에게 즐거움을 누릴 수 있는 기회를 부여하기 때문"[93]이라고 했다. 이처럼 문화의 지선至善한 단계가 '예술문화'인 것이다. 그리고 문화철학의 최종단계인 이 '예술문화'란 다름 아닌 공자의 '대동세계'임은 물론이다. 주첸즈는 이를 '전후문화'로 형상화해서 구체적으로 다음과 같이 그리고 있다. "미래의 인류문화가 최고의 경지에 이르게 되면 그때 전 인류사회는 남녀를 막론하고 모두 각자 자신의 능력을 다할 뿐만 아니라 각기 필요한 바를 얻게 될 것이다. 모든 물건은 모든 사람들을 위해서 존재하고 모든 사람의 안락한 생활을 실현할 것이다. 이때의 정치, 법률, 경제, 교육은 하나라도 모든 사람의 안락을 그 종지로 삼지 않음이 없다. 더욱이 인류생명을 근본정신으로 하여 모든 사람의 안락을 요구한다. 이렇게 더없이 좋은 아름답고 선한 문화사회에서 국가의 무력이 더 이상 쓸모가 있겠는가!"[94]

이와 동시에 주첸즈는 "예술문화는 문화 그 자신의 충분한 실현이기 때문에 동방이든 서방이든 막론하고 예술적 문화를 전담할 하나의 정해진 곳은 없다"[95]고 말한다. 뿐더러 "개별문화인 종교문화, 철학문화, 과학문화로부터 예술적 문화로 나아가지 못할 곳 역시 존재하지 않는다"[96]고 했다. 이 문화의 이상향 속에는 모든 종교, 철학, 과학이 결단코 소실되지 않는다. 이 시대의 세계문화는 예술적 종교, 예술적 철학, 예술적 과학의 형태로 그야말로 문명다원주의 하에서의 보편문명을 실현하게 된다. 주첸즈는 이렇게 되면 "문화는 비로소 '문화의 본성(예술)'을 회복해서 문화가 자신을 깊이 음미하는 하나의 역사를 창조하게 될 것"[97]이라고 확신했다.

또 한편으로 주첸즈는 "문화란 예술성과 생명성을 함유한다. 문화가 종교, 철학, 과학 등의 유형을 내포하고 있으면서도 근본적으로 충돌에 이르지 않는 까닭은 예술의 작용 때문이다. 문화의 각 유형 중 매 유형은 기타 모든 유형을 포함하므로 문화사에 있어서의 한 시대를 나타낸다."[98]고 했다. 이것은 각 개별문명 간의 이질성으로 인해 상호 반목한다는 충돌의 논리가 아니라, 문명의 복수적 다원주의를 인정하면서도 궁극적으로는 보편문명에로 지향 · 융합되어 조화를 이룬다는 논리구조인 것이다. 여기서 문명다원주의를 말하면서도 문명권 간의 상이성만을 강조하여 세계문명의 충돌을 주장했던 헌팅턴의 복수 중심적 문명충돌론은 주첸즈의 문화철학적 차원에서 극복될 수 있다.

주첸즈가 구상한 예술문화는 엄밀히 말해서 종교문화, 철학문화, 과학문화와 같이 어느 특정 구역에서 유형화된 문화가 아니다. 그의 말을 보면 "예술문화가 문화유형의 중심유형인지라 종교, 철학, 과학, 그리고 기타 모든 문화는 다 예술의 원리와 상태로 경도되게 된다. 따라서 미래의 장차 존재할 예술문화시대를 이룸과 동시에, 또한 문화가 문화다운 이유의 '문화시대'에 도달한다."[99] 이처럼 예술문화는 문화 그 자체의 완전한 구현체이기 때문에 개별문화가 각기 문화의 이상향에 도달할 수 있도록 작용하여 각 개별문화의 이상향 속에 편재遍在하는 것이다. 다시 말해 상위의 예술문화는 하위의 개별문화에 대해 그 중심문화로 군림해 점거하거나 소멸시키는 것이 아니다. 그것은 각 개별문화의 이상적인 형태인 예술적 종교, 예술적 철학, 예술적 과학의 생명소로 작용해 세계가 자유와 평화의 이상세계에 도달하도록 견인차의 역할을 하는 것이다. 따라서 문화사를 단수문명의 전파와 흡수의 과정으로 보았던 후쿠야마의 단일 중심적인 문명전파론 역시 주첸즈의 문화철학적 의미에서 극복될 수 있다.

이상으로 살펴본 주첸즈의 문화철학이 갖는 대안담론적 기능과 현대적 의미를 높이 평가하면서 한편으로 다음의 2가지 점에서 그 한계를 지적하고자 한다.

첫째, 예술문화고정론의 오류다. 주첸즈는 헤겔의 '3분 변증법'과 콩트의 '3단계 법칙'을 '4분 변증법'과 '4단계의 법칙'으로 발전시키지만 이것은 자신의 이상세계인 예술문화의 확립을 위한 하나의 의도된 도식이라는 혐의를 지울 수 없다. 다시 말해 콩트의 3단계 법칙에 '예술유형'을 첨가시키려는 의도로 변증법을 왜곡시키고 있다는 인상을 준다. 동일한 맥락에서 변증법을 4분으로 나누어 예술문화 속에서 종교, 철학, 과학을 하나로 융합시키고자 했지만 결국은 변형된 변증법에 지나지 않는다. 본디 문화철학이란 역사진보의 과정 속에 있는 끊임없는 변증법적 과정의 철학으로 보아야 마땅하다. 그럼에도 불구하고 예술을 완결된 문화로 못 박은 것은 주첸즈 그 자신이 수용한 진보의 논리 차원에서도 모순이 아닐 수 없다. 더욱이 유가의 대동세계를 예술문화로 연결시켜 너무 이상시한 점은 문제의 소지가 있다. "대동세계란 원시 공산사회로서 자연의 산물만 채집해 먹고 살아도 충분하던 원시시대를 배경으로 그려진 사회다. 그러나 많은 인간이 함께 경쟁하며 살아야 하는 현대사회에서는 '대도大道의 실천'이라는 막연한 논리만으로는 인간의 문제를 풀 수가 없다".[100]

그렇다면 예술단계란 무엇인가? 그것은 헤겔의 '모순의 논리' 내지는 마르쿠제의 '위대한 거절'이란 개념으로 이해해야 합당하다. 인류가 낮은 문화 · 원시 종교 → 형이상학(정신 · 육체 이원론) → 과학(논리 형식, 모형의 정립)으로 발전해왔다면 부단한 역사이행 속에서의 모형의 초자아적 파괴가 다름 아닌 예술인 것이다. 특히 마르쿠제가 예술의 원형적 내용은 바로 구속에 대한 부정이며 진리의 일차적 특성인 위대한 거절을 표현한 것이라고 한 의미가 여기에 있다. 즉 "구속과 억제는 문화에서 반드시 치르지 않으면 안 될 희생"[101]이며 예술은 이 과잉억압에 대한 자유의 추동력을 부여하는 것이다. 주첸즈 역시 강권에 대한 저항으로 예술을 상정하고 있기 때문에 형식화된 보수적 과학모형의 파괴, 미리 조작된 규칙에 대한 거부, 특정한 기득권만을 위한 사상—제국주의 · 복고주의 · 왕조주의 · 운명철학—의 분쇄라는 차원에서 예술문화를 이해할 필요가 있다.

둘째, 중화민족주의의 성향 또한 비판의 대상이 되어야 한다. 주첸즈는 중국문화의 특질을 현재의 생동하는 언어로 표현해보면 '정情'과 '애愛'라고 했다. 특히 여기서 중국문화의 전통적 개념인 인仁을 '사랑(愛)'으로 부활시킨다. 그런가 하면 '예술'을 기본적으로 '생명예술' 내지는 '종합예술' 차원에서 접근해 예술세계의 기본 요칙을 '참정의 흐름(眞情之流)'으로 해석한다.[102] 그리고 미래의 세계문화인 예술문화를 공자의 대동세계와 결부시킴으로써 이것이 사해四海동포주의로서 인류애의 이상향임과 동시에 바로 중국문화의 정화임을 확인시킨다. 이러한 중국문화는 현재와 같이 치열한 생존경쟁시대에는 사실 볼품이 없고 세상 사람들에게 인정받기도 힘들지만 세계문화의 전체로 보면 "문화사의 미래시기—제4시기—에는 중국의 인생태도는 각 민족의 인생태도로 변화될 것"[103]이라고 했다. 그 때의 지구상은 중국문화로 인해 "광휘찬란한 세계로 변화될 것"[104]이라는 이해하기 힘든 예단으로까지 나아가고 있다.

이 같은 사유방식은 미래의 문화는 중국문화가 서양문화를 대신하는 시대가 될 것이라고 했던 량수밍의 문화사상에 내재된 강한 중화의식과 겹친다. 잘 알려진 대로 량수밍은 인류사회의 발전단계를 3단계로 구분했다. 그리고 자신의 당대를 세계문화의 첫 번째 방향이 두 번째 방향으로 접어드는 과도기라고 생각했다. 중국문화가 머지않아 다시금 부흥할 수밖에 없는 그런 시기라는 것이다. 이 지점에서 '공자의 철학', '공자의 생활'이 절실히 요청된다고 했다. 량수밍은 서양문화가 비록 발달된 공업, 기술, 과학, 물질 문명을 창조했지만 그와 병행해서 사회모순을 더욱 가중시켜 인간의 정신상의 고통과 생활상의 불안정을 초래했다고 판단했다. 이 때문에 서양문화는 제1단계의 임무를 완성하고는 이미 곤경에 빠졌으니 반드시 중국문화로 방향을 바꾸어 '중국의 길', '공자의 길'을 걸어야 한다고 주장했다.[105]

이런 의미에서 량수밍은 세계의 미래문화는 중국문화의 부흥이라고 단언했던 것이다. 주첸즈 역시도 이 중화의식의 연속선상에서 "철학문화가 예술문화로 경도되는 바가 실제로는 과학문화보다 한층 더 우수하다"[106]고 진술한다. 이 말을 반추해보면 그의 문화철학 이면에 깔려 있는 중국문화의 부흥과 희망의 논리장치를 읽을 수가 있다. 물론 량수밍의 문화철학이 "문화상대주의의 범위를 확대해 문화의 진보와 낙후의 구분을 없애버린 것"[107]과는 달리 주첸즈는 인도문화와 중국문화는 서양의 과학문화보다 낮은 단계에 있음을 인정한다는 점에서 확실히 객관성을 유지하고자 함은 분명하다. 그럼에도 미래의 문화전망에서 '민족성—중화민족주의'를 강조하는 식의 태도는 량수밍의 테두리에서 크게 벗어나지 못하고 있다. 그런 면에서 주첸즈의 문화철학이 후쿠야마나 헌팅턴 류와 같은 또 하나의 문화쇼비니즘이라고 한다면 그것은 당연히 비판받아야 마땅할 것이다.

4. 끝맺는 말

흔히들 중국의 근현대사는 문화철학의 역사라고 말한다. 여러 이견이 있겠지만 중국의 현대 문화철학의 출발은 1920년대 량수밍의 『동서 문화와 철학東西文化及其哲學』에서 시작되어 1930년대 주첸즈의 『문화철학』에서 정형화되었다. 특히 주첸즈의 『문화철학』은 5 · 4신문화운동 이후 중국에서 축적된 일련의 문화논의들을 기반으로 한 중국 최초의 철학적 문화 탐색으로 평가된다. 주첸즈는 당시 민족과 인류의 시대적 위기를 문화문제를 통해서 그 해결점을 찾고자 경주했다. 이를테면 전쟁으로 파괴되고 손상된 당시 인류의 인성을 새로운 유형의 '문화의지'로 충만한 인격으로 개조하고자 했다. 그럼으로써 전쟁(군수)자본주의의 근대문화를 생명에 기초한 새로운 예술세계의 '문화주의사회'로 탈바꿈시키려고 했다. 이와 같은 학문적 고뇌와 분투는 오늘날 현대에 와서도 귀중한 동아시아의 정신문화유산으로 우리에게 많은 영감을 제공해준다. 예컨대 현대 문명담론에 있어 자유, 평화, 공영이라는 21

세기 인류의 공통된 염원의 구현을 위한 새로운 문명관의 모색이라는 차원에서 기능한다고 하겠다.

서두에서 언급했다시피 현대 문명담론의 최대 관건은 단일문명론과 복수문명론의 화해와 회통에 있다. 현재 학계의 대체적인 견해는 현재와 미래의 세계는 단일의 보편문명과 고유한 특징을 지닌 복수의 개별문명들이 중층적으로 공존한다고 보고 '문명다원주의를 전제로 한 보편문명에의 지향'으로 귀결된다. 이로 볼 때 주첸즈의 '지식문화학—문화철학'은 그 안에 내장된 문화의 복수론적 다원주의 유형과 그 표현형식으로서의 역사진화법칙, 그리고 미래의 보편문명으로 구상된 예술문화의 치밀한 운용 속에서 이 명제를 충족시키고 있다. 말하자면 주첸즈의 문화철학은 문명다원주의와 보편문명론 간의 상충점을 회통시킴으로써 양자의 긍정적인 면을 동시에 구현시키는 논리구조를 갖추고 있다. 뿐더러 단·복수론에 기초한 후쿠야마의 단일 중심적 문명전파론이나 헌팅턴의 복수 중심적 문명충돌론의 구미 패권적 성향 역시 예술문화의 구도 속에서 극복될 수 있음을 확인할 수 있었다. 그런 의미에서 주첸즈의 문화철학은 오늘날 현대 문명담론으로서의 현재성을 띤다고 하겠다. 아울러 각 문명의 본질적·역사적 유형을 분석해내고 문명 간의 상호교호법칙들을 통찰해내는 '문명유형철학' 내지 '문명교류철학'으로 자리매김할 할 수 있을 것이다.

이와 함께 각 문화유형의 유기적인 조합관계나 예술문화의 특성과 그 작용으로 볼 때 주첸즈의 문화철학은 문명 간의 생태적 관계망을 존중하는 생명 중심의 문화생태학적 원리를 함유하고 있다. 논지컨대 그의 문화철학은 기본적으로 생명주의에 기초한다. 주첸즈에게 문화란 생명을 가진 유기체로 파악되며 그 자체가 창조와 진화의 속성을 갖는다. 더욱이 문화의 이상향으로 제시되고 있는 예술문화는 생명성, 예술성, 전체성, 조화성, 평화성, 대동성 등으로 특징되며 그것은 세계 각 문화유형의 보편적 이념 속에 편재하여 생명소로 작용하고 향유된다. 이러한 사실들을 집약해보면 주첸즈의 문화철학은 범인류 중심의 유기체적인 세계주의 문명관에 합당하다고 하겠다. 나아가 그것은 문명패러다임의 대안이 될 수 있는 '문명생태주의담론'으로 명명할 수 있다. 이 문명생태주의는 용어에서도 알 수 있듯이 생태주의 개념에서 유래한다.[108] 생태주의란 자연세계의 종들 사이에서 발견되는 상호의존관계의 상생법칙을 이성적 판단과 성찰을 통해 자연과 인간의 상호의존적관계로 재구성하는 철학을 말한다. 생태학적 문명론은 이 생태주의를 인간의 문화와 문명 세계에 전용한 것이다.

생태학적 관점에서 보면 인간이 하나의 유기체인 것처럼 인간의 정신적 산물인 문화와 문명 역시도 유기체적인 특성을 지닌다. 인간이 필연적으로 자연과의 유기체적 관계 속에서 생명을 유지할 수 있듯이 한 문명권도 타 문명권과의 유기체적 관계 속에서만 생존과 지속적인 발전을 꾀할 수가 있다. 이것은 생명체 네트워크인 생태계를 인간의 정신적 네트워크인 문화 생태계와 연관시켜 사고하는 하나의 문화 유기체 철학이라고 할 수 있다. 그리고 거기에는 인간이 인간 중심적 사고로 자연을 지배의 대상으로 여겨 정복과 파괴만을 일삼게 되면 전체 생태계가 큰 재앙에 처하는 것과 마찬가지로, 문명 또한 강권문명이 타문화를 자문화 중심의 배타적 사고로 일방적으로 흡수하고 파괴를 자행한다면 유기체적인 상호의존관계로 긴밀하게 연결되어 있는 세계문화 생태계는 결국 붕괴되고 만다는 논리가 담겨 있다. 여기에 비추어보면 서구문명쇼비니즘에 입각한 후쿠야마와 헌팅턴 류의 문명패러다임은 자문명을 포함한 인류 전체의 문명을 파멸로 몰고 가는 범죄적 기도임을 간파할 수 있다. 주첸즈가 설계한 문화철학의 현대적 가치는 바로 이 지점에서 기능한다고 할 것이다. 그것은 다름 아닌 치명적인 오류의 문화제국주의에 대한 그 이데올로기적 작동과 재생산을 비판하고 억제하는 문명생태주의담론으로서의 반격인 것이다.

주첸즈의 문화철학은 문화제국주의와 문화쇼비니즘에 대한 단호한 거부에 있다. 또한 문화와 문명의 문제를 그 수단으로 하여 서구문명 헤게모니주의와 서구 중심적 패권주의를 조장하는 후쿠야마나 헌팅턴 류의 문명론에 대한 부정을 의미한다. 그리고 아무리 아름답게 미화되고 치장된 국가주의, 민족주의, 종교주의, 이상주의라 할지라도 인류의 인권과 생명을 짓밟거나 그 도구로 도용된다면 그것은 우리의 절대적 문화신념이 될 수 없다. 더불어 동서관념, 인종주의, 선민의식, 빈부귀천, 특권의식 등과 같은 타자에 대한 이항 대립적 차별의식이 불식되고 타자와의 호혜적 조응을 통한 모든 사람이 사람다워지는 '행복추구'가 담보되어 있어야 한다. 이것은 주첸즈적 문화철학의 현대적 메시지이기도 하다. 마르쿠제가 예술의 원형적 내용은 바로 구속에 대한 부정이며 진리의 일차적 특성인 위대한 거절을 표현한 것이라고 했는데 주첸즈 역시 현대의 암울한 과학문화의 폐해, 그리고 봉건적 전통과 제국주의의 억압을 부정하는 더 높은 단계의 '예술문화'를 상정하고 있다. 이런 점에서 그것은 마르쿠제와 동일한 구도상에서 문화강권주의에 대한 문화철학적 혁명성을 내포한다고 하겠다.

제4장

세계문화유형론:
문명(문화)다원주의

제4장

세계문화유형론: 문명(문화)다원주의

세계문화 3원론을 중심으로

1. 문제 제기

이 시대 '문명다원주의'가 부상하게 된 데는 20세기 말 패러다임의 전환이라는 복합적인 문제와 결부된다. 당시 '냉전 패러다임'의 종식을 알리는 몰타(Malta)체제의 개막은 동서 이데올로기에서 탈피된 새로운 패러다임을 요청했다. 그에 발맞춰 학계에서는 탈냉전기 국제관계와 세계체제를 '문명(civilization)'이라는 분석틀로 해석하고자 하는 '문명 패러다임'이 제시되었다. 이 문제를 처음 제기한 학자는 잘 알다시피 탈냉전 세계에서 "세계정치는 문화(culture)와 문명의 괘선을 따라 재편되고 있다"1고 예단한 미국의 석학 새뮤얼 헌팅턴(Samuel P. Huntington, 1927~2008) 다름 아니다. 탈냉전 이후 세계질서 재편의 핵심변수는 '문명'이라는 것이다. 그는 자신의 저서 『문명의 충돌과 세계 질서의 재편성 *The Clash of Civilizations and The Remaking of World Order*』에서 "이 책의 핵심적인 명제는 가장 폭넓은 차원에서 문명 정체성에 다름 아닌 문화 또는 문화 정체성이 탈냉전 세계에서 전개되는 결집, 분열, 갈등의 양상을 규정하는 것"2이라고 천명한다. 이 '다문명체제론(문명충돌론)'은 그 적실성, 유용성, 서구 중심의 패권주의적인 성향에 대한 국내외의 수많은 비판에도 불구하고 그것은 문화와 문명의 문제를 이 시대의 공론이자 화두로 부각시킨 기폭제가 되었다. 그러므로 현대 문명대안론의 원형적 발제라고 할 수 있는 헌팅턴의 이론이 발현시킨 긍정적인 면을 간과할 수 없다.

그런가 하면 헌팅턴의 주장 반대편에는 세계를 일원적 역사관으로 바라보는 '단수(singular)문명론'이 자리한다. 이 관점은 타 문명의 가치와 특수성을 야만시하는 일방적인 서구의 단선적 진보사관으로 이어져 현재 '서구보편주의' 혹은 '서구중심주의'를 정당화하는 기제로 작동하고 있다. 좀 더 진전시켜 보면 단수문명론은 보편적 세계문명론과도 맞닿아 있으며 서구계몽주의 문명의 동심원적 확장성을 전제로 한다. 특히 17, 18세기 이성주의와 계몽사조가 낳은 보편적인 자유, 평등, 인권, 법치, 시장, 개인 등의 서구적 가치들이 문명 개념과 연결되어 근현대의 '서구화', '근대화', '세계화'라는 일련의 과정을 거치면서 전 세계로 보급되었다. 이 경우 인류의 문명사는 문명의 전파와 야만의 흡수 과정만이 존재할 뿐이다. 문명은 유럽이 세계를 석권한 제국주의시대에 이르기까지 오직 하나의 세계문명이라는 단수로서의 기독교문명만을 지칭한다. 동시에 여기에는 앞서 문명화된 서구가 보편문명이 되고 여타 비서구는 저급문명으로서 서구문명을 추종해야 한다는 당위성이 함축되어 있다. 이러한 문명의 진보적 관념은 기독교도인 역사학자로부터 시작하여 게오르크 빌헬름 프리드리히 헤겔(Georg Wilhelm Friedrich Hegel, 1770~1831), 칼 마르크스(Karl Heinrich Marx, 1818~1883)

로 이어졌으며 최종적으로는 자유민주주의체제가 사회주의체제를 패퇴시킴으로써 이제 자유민주주의와 시장경제가 보편적인 체제가 되었다는 프랜시스 후쿠야마(Francis Fukuyama)의 단수적 역사종말론에서 극대화되었다.

그러나 현대 문명담론은 정작 후쿠야마도 자신의 '역사종언'의 가설을 재검토, 자체 철회한 것에서도 알 수 있듯이 과거의 일방주의적인 단수문명론이 폐기되고 문명은 복수이며 각각의 문명은 교류 또는 독자적인 방식으로 발전해왔다는 '복수(plural)문명론'이 대세를 이룬다. 헌팅턴의 문명론적 테제 또한 서구문명의 단선적인 역사관을 비판하고 문명의 복수성을 주창하는 세계사적 기획의 연장선상에 위치한다. 이 논의가 기점이 되어 여러 형태의 현재적 의미의 문명담론이 폭발된 것이다. 예를 들면 하랄트 뮐러(Harald Müller)의 공존론, 제러미 리프킨(Jeremy Rifkin)의 공감론, 정수일의 교류론, 뚜웨이밍(杜維明)의 대화론, 그리고 최근의 생태문명론 등이 모두 여기에 포함된다. 이 담론들은 기본적으로 '문명다원주의'라는 토양에서 생장할 수 있었다. 이러한 흐름에 비추어볼 때 문명학적 다원주의 원리들을 구체화할 수 있는 '문명(문화)유형론'이 절실하다는 사실을 부정할 수 없다. 본 연구에서는 그 모델을 20세기 전반 중국의 대표적 문화사상가인 주첸즈(朱謙之, 1899~1972)의 문화학에 내포된 '세계문화유형론'에서 체현해보고자 한다. 그 문제인식은 기본적으로 '세계문화형태학'과 관련된다. 물론 여기에는 주첸즈의 다원주의적 '세계문화 3원론'과 연관된 헤겔의 '세계사의 지리적 기초', 칼 야스퍼스(Karl Jaspers, 1883~1969)의 '기축(차축)시대(Die Achsenzeit, BC 800~BC 200년)론', 량수밍(梁漱溟, 1893~1988)의 '문화의 3방향(三路向)설', 막스 셸러(Max Scheler, 1874~1928)의 '지식의 3형식' 등이 유기적으로 협력을 이룰 것이다.

2. 세계문화유형과 지리적 기초

주첸즈는 현대 중국문화학의 정초자로서 매우 중요한 공헌을 한 학자다. 그는 동서양의 생명철학에 입각한 '문화' 정의를 토대로 종합적인 '문화학'을 구축하고자 했다.[3] 주첸즈의 문화학은 전체 체계상 지식적 문화유형학인 '문화철학'과 사회적 문화유형학인 '문화사회학'으로 양분된다. 그 기준은 일차적으로는 '문화(Kultur)'와 '문명(Civilization)'이라는 서구적 개념을 차용한 문화연구의 '대상' 구분에 따른 것임에 유념할 필요가 있다. 더 엄격히 말해서 이 양 분과는 오스발트 슈펭글러(Oswald Spengler, 1880~1936)의 세계문화형태학을 매개로 한 문화와 문명 개념에 대한 근대 독일인의 이분법적 관념 속에서 추출된 것이다. 이것은 유교의 생명관과 친연성을 갖는 독일적 문화 개념의 선호와 무연하지 않다. 잘 알다시피 독일인에게 '문화'란 문명의 사회적 영역을 제외한 관념적 · 이상적 · 예술적 · 문학적 · 도덕적 · 윤리적 · 철학적 등과 같은 사회적으로 축적되고 차용될 수 없는 인간 존재의 순수하고 고유한 정신적 차원으로 한정된다. 반면에 '문명'은 과학기술의 산물이자 보편적이고 축적되는 것으로 사회생활 중 물질적 · 정치적 · 경제적 · 기계적 · 인위적 범주에 귀속된다.[4] 이러한 독일식 구분에 기초해 주첸즈는 Kultur 개념, 즉 지식적 문화생활을 연구하는 영역이 '문화철학'이고, Civilization 개념, 즉 사회적 문화생활을 연구하는 영역이 '문화사회학'이라고 입론한다.

한 가지 짚고 넘어갈 것은 전통적으로 '문화'와 '문명'의 구분은 아직까지 특별한 합의점이 없는 게 사실이다. 주첸즈의 경우 문화와 문명의 구분은 독일식 이분법에 따라 문화학을 '문화철학'과 '문화사회학'으로 양분한다든지, 또는 문명은 각 문화유형이 미래 예술문화로 나아가는 데 필수적인 문화의 사회적 · 물질적 기초, 곧 과학문명을 지칭하는 정도로 활용된다. 그러나 주첸즈에게 문명은 궁극적으로는 상위의 '생명주의적 문화학'을 전제로 하는 '문화' 범주에 포섭될 뿐이다. 다만 본 연구에서는 전체 문맥적 특성상 '문화'를 야만과 대비되는 인류사회의 진보상태나 정신문화와 물질문화의 총체를 가리키는 '문명'과 같은 뜻으로 사용하고자 한다. 헌팅턴이 명시한 "유럽 공동체는 다시 중국이나 인도와는 구별되는 문화적 특성을 공유할 것이다. 그러나 중국, 인도, 유럽은 더 포괄적인 문화적 실체의 일부분이 아니다. 이들은 독자적인 문명을 이룬다. 문명은 따라서 가장 상위수준에 있는 사람들의 문화적 결집체이며 가장 광범위한 수준의 문화적 동질성이다."[5]라는 의미가 그것이다. 이렇게 되면 주첸즈가 세계문화유형과 세계문화구역을 논할 때 사용하는 문화는 '문명'의 개념임을 알 수 있다. 따라서 본고에서는 문화와 문명이라는 단어에 크게 구애받지 않고 현대적 개념일 때는 '문명'이라 하고 주첸즈의 문화학적 용어일 때는 그냥 '문화'라는 단어를 쓰기로 하겠다.

아무튼 주첸즈는 자신의 문화학체계에 유형학적 방법, 역사학적 방법, 인류학적 방법을 결합 · 운용함으로써 문화의 본질유형(유형학적 방법)과 그 표현형식(역사학적 방법), 더 나아가 문화유형의 지리상 분포(인류학적 방법)를 설명하려고 했다. 특히 주첸즈적 문화학의 성립근거는 '유형학적 방법'을 응용하는 데 있다. 이 관점에서 보면 문화학은 문화철학적 방법임과 동시에 문화사회학적 방법임을 간파할 수 있다. 때문에 문화학의 두 분과는 모두 '문화유형학'과 불가분의 관계에 있다고 할 것이다. 주첸즈는 '문화'와 '문명'의 독일적 개념상에서 이 유형학적 방법을 운용해 지식문화와 사회문화의 세부적 근본유형들을 이끌어낸다. 여기서 유형학적 방법이란 문화의 본질상 심리주의의 해석방법인 오귀스트 콩트(Auguste Comte, 1798~1857)의 '3단계 법칙'과 논리주의의 해석방법인 헤겔의 '3분 변증법'을 가리킨다. 주첸즈는 이 양자의 이론을 응용해 문화의 근본유형을 문화철학의 연구범위인 지식진화의 4유형, 곧 종교문화, 철학문화, 과학문화, 예술문화, 그리고 그 의존관계에 있는 문화사회학의 연구범위인 사회진화의 4유형, 곧 정치문화, 법률문화, 경제문화, 교육문화로 분류한다.[6] 그런데 지식문화의 4단계는 끊임없이 사회문화의 4단계에 영향을 미치며 모든 사회문화유형은 문화생명인 지식문화유형의 자기목적을 실현하기 위한 하나의 수단일 따름이다. 그의 문화학 범주인 문화철학(지식문화학)과 문화사회학(사회문화학)은 결국 연구영역을 달리한 '문화유형학'임을 확인할 수 있다.

이렇게 구상된 문화유형학은 세계문화의 유형과 지리적 분포 논의로 확장된다. 주첸즈의 '세계문화유형론'은 지식문화의 세 유형, 즉 미래의 이상세계인 예술문화를 제외한 종교문화, 철학문화, 과학문화에 기반을 둔다. 이 문화의 근본유형은 본질적 존재인 한편 역사적 존재이기도 하다. 특히 종교, 철학, 과학 이 세 유형의 지식문화는 구대륙 중 세계인구가 가장 많이 거주하는 세 문화구역인 인도, 중국, 서구에 각기 대응된다. 인류문화사의 발전단계는 예술문화를 논외로 하자면 크게 종교문화, 철학문화, 과학문화로 진화한다. 이 가운데 '인도문화'는 첫 번째 시기인 '종교시대'를, '중국문화'는 두 번째 시기인 '철학시대'를, '서양문화'는 세 번째 시기인 '과학시대'를 각각 대표한다.

시기 / 문화 구역	제1시기: 종교단계	제2시기: 철학단계	제3시기: 과학단계
인도: 종교	종교적 종교	철학적 종교	과학적 종교
중국: 철학	종교적 철학	철학적 철학	과학적 철학
유럽: 과학	종교적 과학	철학적 과학	과학적 과학

이와 같은 주첸즈의 '세계문화 3원론'은 앞서 언급한 바와 같이 문화학의 전체 생명선인 '지식문화'의 유형과 특질로부터 착상된 것이다. 사회문화의 지리학적 연구 역시 이 지식문화의 골격 속에서 탐구된다. 다만 본고에서는 그 논점상 지식문화 영역으로만 한정하고자 한다. 어쨌든 이와 관련된 주첸즈의 이론체계는 헤겔의 문화지리학의 형이상학적 이해를 통해 문화현상 중의 지리 공간적 차원에서 더욱 체계화된다. 헤겔은 『역사철학강의*Vorlesungen über die Philosophie der Weltgeschichte*』에서 "우리에게 민족이 어디에 존재하는지를 외면적으로 특정하는 것은 문제가 아니며, 다만 그 장소의 자연적 특징을 아는 것이 중요하다. 자연적 특징은 그 땅에서 태어난 민족의 특징과 성격과 밀접하게 관련되어 있기 때문이다."[7]라고 기술한다. 주첸즈는 이러한 헤겔의 견해를 채용해 세계문화의 민족은 반드시 하나의 특수적이고 외부적인 '지리적 기초'를 가진다는 사실을 간파해낸다. 헤겔은 또한 "세계사에 등장하는 개별민족의 특수한 원리 속에는 자연적인 요소도 동시에 포함되어 있다. 자연의 옷을 입고 나타나는 정신은 저마다 특수한 형태를 띠고 공존한다. 여기저기에 뿔뿔이 흩어져 존재하는 것이 자연이란 것의 존재방식이기 때문이다. 자연의 그러한 구분은 우선 민족정신을 낳은 특수한 가능성의 하나로 간주되어야 하는데 바로 그것이 민족정신의 지리적 기초이다."[8]라고 주장했다.

여기서의 '지리적 기초'란 인류문화와 상관관계에 있는 '기후', '지형' 등을 의미한다. 주첸즈는 기후와 지형으로 인해 민족과 문화가 상이하다는 일정부분 환경결정론을 고수한다. 이 관점에서 지식문화의 본질유형인 종교, 철학, 과학을 기후나 지형 등의 자연요소와 연결시켜 세계문화의 '3대 유형'으로 일반화하려고 했다. 먼저 그는 헤겔이 "남북의 극지대와 적도 부근에서 인간은 자유롭게 움직일 수가 없다. 추위와 더위가 너무나 혹독해서 정신이 독자의 세계를 구축하지 못하는 것이다"[9]고 한 논변을 세계문화의 '기후학'적 고찰에 원용해 한대와 열대는 세계문화의 민족적 지반이 될 수 없다고 규정한다. 미국의 지질학자 엘스워스 헌팅턴(Ellsworth Huntington, 1876~1947)이 "우리는 아주 북쪽이나 사막에서는 생활을 유지하기가 너무 어려워 사람들이 고통을 받고 고립되기 때문에 많은 사람이 살지 않는다는 사실을 알고 있다. 우리는 열대지역 거주자들이 느리고 퇴보적이라는 것을 알고 있으며, 이러한 특성이 연중 고온다습한 기후와 관련이 있다는 것도 거의 보편적으로 인정한다."[10]고 말한 의미가 그것이다. 주첸즈는 최종적으로 "세계문화의 출연무대는 원래 온대밖에 없다. 특히 북온대는 남온대와 비교해서 대략 그 크기가 여섯 배나 되므로 인구밀도도 크다. 그런 까닭에 결국 세계문화의 발원지가 된 것이다."[11]라고 단정한다. 이 주장 또한 "세계사의 진정한 무대는 온대에, 그것도 북반구의 온대에 있다"[12]는 헤겔의 문맥에서 크게 벗어나지 않는다.

주첸즈가 견지한 세계문화의 지리적 연구는 정작 인도, 중국, 서양으로 대표되는 구세계에 관한 것이다. 이러한 범주 설정은 헤겔이 세계사의 지리적 기초를 논함에 있어 구세계인 아프리카, 아시아, 유럽에 무게를 두었던 것과 궤를 같이한다. 다만 주첸즈는 헤겔이 그 논의 대상에 아프리카를 포함시킨 데 대해서는 선뜻 동의하지 않는다. "아프리카는 땅이 열대여서 우리들의 토론문제가 될 수 없다"[13]는 것이다. 구세계는 본질상 관찰대상인 세계문화역사의 무대다. 때문에 주첸즈는 구세계 속에 헤겔이 어쩌면 일부러 아프리카를 끼워 넣어 고지의 원리를 대표하게 함으로써 이른바 삼대주三大洲의 '정신적 성격' 학설이 이루어진 것이라고 판단했다.[14] 그러나 헤겔 자신도 분명히 "본래적 의미로서의 아프리카는 역사가 없는 폐쇄적인 사회고 지금껏 완전히 자연 그대로의 정신에 사로잡혀서 세계사의 문턱에 놓을 수밖에 없는 지역"[15]임을 시인하고 있다. 더 정확히 말해서 "아프리카를 역사의 바깥으로 밀어낸 뒤에야 비로소 세계사의 현실무대가 보이기 시작한다"[16]고 했다. 헤겔의 주관심사도 아시아와 유럽임은 물론이다.

이와 동일한 맥락에서 주첸즈는 신세계의 아메리카와 오스트레일리아도 또한 논외로 분류한다. 이들 신대륙은 유럽인에게 발견된 까닭에 서구의 '과학적 문화' 외에는 지금까지 어떠한 독립적인 문화도 부재하다는 것이 그 이유다.[17] 헤겔 역시도 같은 생각에서 신세계란 아메리카와 오스트레일리아가 불과 2, 3백 년 전에 알려진 데서 유래한다. 그런 까닭에 오늘날까지 세계사가 진행되어온 지반에서 제외하지 않으면 안 된다고 했다. 가령 "지금까지 아메리카가 획득한 것은 구세계의 반향에 지나지 않으며 낯선 세대의 표현에 불과했다. 미래의 나라로서 아메리카에 관해서는 현재 그다지 우리의 문젯거리가 되지 않는다."[18]고 못 박는다. 이와는 별개로 다시 구세계로 돌아와 주첸즈는 문화발전의 위치 차원에서도 문화의 본질과 진행이 '기후' 변천과 깊은 연관이 있음을 보여주려고 했다. 즉 "인도문화는 북위 30도의 남쪽에서 발육되었다. 땅은 열대에 가깝고 세계의 중요한 종교인 유대교와 기독교가 모두 건조한 땅에서 발생했고 회교 역시도 예외는 아니다. 중국문화는 북위 40도의 남쪽에서 발육되었고 그리스와 위도가 동일하다. 그런데 중국문화의 정신적 측면에 편중된 철학이 그리스의 철학사상과 상당부분 우연하게도 일치한다."[19]고 논증한다.

한편 주첸즈의 독특한 시각은 '지형학'적 입론에서 비교적 정치하게 드러난다. 헤겔은 세계의 모든 지역은 세 유형의 본질적 구분(지형의 3요소), 즉 "① 넓은 초원과 들판으로 이루어져 있는 물 없는 고지. ② 몇 줄기의 큰 강이 가로질러 흐르는 골짜기 사이의 평지. ③ 바다와 직접 이어져 있는 해안가"[20]로 나눠어 있다고 통찰한다. 그리고 이 구별은 "여러 자연적이고 우연적인 요소에서 고찰된 것이 아니라 사상에 의거하는 본질적 차이"[21]라고 덧붙인다. 주첸즈는 이와 같이 헤겔이 제시한 세계사의 지리적 조건 세 가지를 정리해 '고원', '평원', '연해지(해양)'로 재해석하고 여기에 근거해서 자신의 인문지리학적 견해를 피력한다. 결론부터 말하자면 문화의 지리적 기초로서 고지는 종교적 문화를, 평원은 철학적 문화를, 해양은 과학적 문화를 각각 발생시킨다. 즉 '고원문화'는 인도로서 지리적 특성상 종교적 문화를, '평원문화'는 중국으로서 지리적 특성상 철학적 문화를, '해양문화'는 서양으로서 지리적 특성상 과학적 문화를 각각 형성한다. 주첸즈는 이렇듯 세계문화를 기본적으로 지리적 3원론, 즉 인도, 중국, 서양이라는 세 근본단위로 파악하고자 했다. 그에 따르면 "이 지형상의 3요소를 대표하는 인도, 중국, 유럽은 모두 구세계에서 인구가 가장 많은 세 지역이다. 이 세 지역에 의해 발육된 3종류의 다른 문화는 매 문화마다 세계인구의 4분의 1에 영향을 준다."[22]고 했다.

먼저 주첸즈가 논구하는 '고원문화'를 살펴보자. 앞서 논급한 대로 헤겔은 지형의 첫 번째 요소를 넓은 황무지와 들판으로 이루어져 있는 물 없는 고지로 천명했다. 주첸즈는 여기에 기초해 "고원은 엄격한 의미에서 높은 산과 험한 고개의 제약 때문에 문화의 발생이 쉽지 않다. 가장 일찍 문화가 발생한 곳은 반드시 풍부하고 넉넉한, 비교적 넓은 저지에 가깝다."[23]고 했다. 그리고 인도의 '갠지스 강(Ganges R.) 유역'을 그 좋은 예로 제시한다. "인도의 지형은 천연적으로 고원에 가로막힌 형세인데 북방과 서북은 거대한 고지가 존재한다. 특히 히말라야 산이 티베트 고원과 등지면서 동쪽과 동남쪽을 향해 많은 큰 산맥과 이어져 있다. 남부는 데칸 고원이 있고 동고츠 산맥과 서고츠 산맥이 양쪽으로 둘러싸고 있다. 이것은 사면이 모두 산과 같아서 고대에 교통이 불편한 때에는 문화가 존재하지 않은 것은 당연하다. 그런데 매우 교묘하게도 온대선 내에 북부 고산과 남부 고원 사이에 끼어 그 일대의 면적이 넓은 저지, 이른바 갠지스 강 유역이 가로놓여 있다."[24] 주첸즈는 여기서 종전에는 단지 표면적 관찰로 인해 갠지스 강 유역의 문화가 고원문화임을 알지 못했다고 꼬집는다. 그러나 실제로는 "이 뚜렷한 인도식 문화는 바로 고원문화를 충분히 보여주는 변형된 표현"[25]이라고 단언한다.

이처럼 주첸즈는 인도는 지형의 첫 번째 요소인 '고지의 원리'가 우세하다고 판단했다. 나아가 이 "고원지대의 자연현상은 지나치게 단순해서 종교신앙 역시 매우 강렬하다"[26]고 했다. 몽골의 라마교, 서남아시아의 이슬람교 등이 그 예증이다. 그는 특히 석가모니의 가정이 고산에 있었다는 점 등을 들어 인도는 고원의 원리가 적용되는 대표적인 종교문화 구역임을 확신했다. 실제로 힘겨운 생존경쟁이 지배하는 궁핍하고 척박한 자연환경에서는 풍성한 문화를 기대할 수 없다.

더욱이 차원 높은 인간의 영적인 삶은 안전과 여가가 보장되는 자연조건이 전제되어야 함은 물론이다. 인도는 그에 부합되는 천혜의 자연환경을 가진 셈이다. 이런 점에서 사르베팔리 라다크리슈난(Sarvepalli Radhakrishnan, 1888~1975)은 "기진하게 하는 기후조건은 인도인들로 하여금 조용히 은거하고 싶은 성향이 자라나게 했을 것이다. 무성한 활엽수의 방대한 숲들은 믿음이 깊은 영혼이 그 속을 평화롭게 거닐며 신비의 꿈을 꾸며 환희의 노래를 부를 수 있는 좋은 기회를 제공했다."27 고 말한다. 그런가 하면 한편으로 주첸즈는 불변성이라는 고원문화의 한계 또한 놓치지 않는다. "인도의 종교신앙이 시작된 이후로부터 비록 종파는 번창했지만 지금까지 종교적인 생활방법이 바뀐 적은 없다. 종교 관념은 처음부터 정체되어 전진하지 못하고 있다."28 이러한 인식은 첫 번째 지대는 "평범하고 변화가 별로 없는 금속질의 고지대로서 내부로 틀어박혀 폐쇄되어 있다"29고 한 헤겔의 분석과도 일맥상통한다.

계속해서 주첸즈는 '평원문화'에 관해 서술한다. 헤겔은 지형의 두 번째 요소를 큰 하천이 관류하고 관개의 편의가 있는 협곡지대로 정의한다. 나아가 그것을 "문화의 중심지로서 폐쇄적인 독립을 유지하는 지역"30으로 특징지었다. 주첸즈는 이 과도지대는 다름 아닌 중국의 양쯔장(扬子江)과 황허(黃河)가 형성시킨 평온한 골짜기의 유역이 가장 좋은 예라고 생각했다. "중국 경내에는 세 줄기의 대하大河가 있다. 황허는 고지에서 아래로 빠르게 흘러 지나가는 지점으로 대체로 삼각주 성질의 평원이다. 양쯔강은 세 줄기의 강 중 가장 클 뿐만 아니라 고원을 벗어난 뒤 강 전체 또한 그것이 가장 길고 흘러 지나가는 지점은 구릉이 기복을 이루는 지구여서 중국의 가장 비옥한 지역이다. 주강(珠江)이 흘러 지나치는 유역은 하나의 양호한 내륙수로다. 또한 지도상에서 그것은 위도 20에서 40도 이상에 위치하여 기온이 온난함을 알 수 있다. 인류가 안정되게 살기에 가장 적당한 거주지인 까닭에 인구밀도가 가장 크고 문화 역시 가장 쉽게 발달했다."[31] 주첸즈에게 중국은 지형의 두 번째 요소인 '평원의 원리'가 두드러진 평원문화 다름 아니다. 때문에 바다에 대한 관심은 희박해 해양문화는 한사코 거부되어왔다고 진술한다.[32] 이 논단은 "바다를 이용해 육지의 한계를 뛰어넘는 시도는 아시아 여러 나라의 장엄한 건축물에는 결여되어 있다. 중국처럼 바다에 잇닿아 있는 나라가 있기는 하지만 이들 나라들에게 바다는 육지의 중단에 지나지 않는다."[33]고 한 헤겔의 견해를 반영한다.

사실 한 문명의 지리적 조건은 단순한 기후나 지형적 배경 이상의 의미를 갖는다. 조셉 니담(Joseph Needham)의 지적대로 예컨대 "지리적 요소는 중국문화와 유럽문화와의 차이의 형태, 나아가서는 그것이 포함하는 모든 것에 매우 중요한 관계를 가지고 있다".[34] 같은 맥락에서 주첸즈는 중국문화는 "높은 산과 험한 고개에 제약을 받는 '종교적 문화(인도)'와 다르고, 또한 연해의 생활과 교통의 발달로 이룩된 '과학적 문화(서양)'와도 다르다"[35]고 강조한다. 그리고 '평원'이라는 이 지리적 요소는 중국에는 중국문화가 '철학적 문화'로 규정되는 논거로 관철된다. 헤겔에 의하면 "이들 나라에서 사는 민족은 내부로 틀어박혀서 바다의 원리를 자기 것으로 삼지 않았거나, 문화의 형성기에 별로 바다에 눈을 돌리지 않은 탓에 항해가 문화에 영향을 끼친 흔적은 없다. 따라서 이 나라들과 다른 나라들과의 역사적 관계는 다른 나라가 먼저 손을 써야 성립되었다. 고지에 우뚝 솟은 산악지대, 고지 그 자체, 하천 유역 평지의 세 부분은 물리적으로나 정신적으로나 아시아의 특색을 이루는데 저마다 구체적인 역사의 요소가 되는 것이 아니라 세 가지가 서로 대립하고 관계하는 데서 아시아의 역사가 성립한다."[36]고 했다. 주첸즈는 여기서 중국문화가 왜 '철학적 문화'인지를 규명하는 근거를 찾으려고 했다. 그에게 "철학적 문화는 본래 중용적 문화이자 낮과 밤, 협곡평원과 산맥이 대립하는 변증법적 문화이기 때문이다".[37]

끝으로 주첸즈는 '해양문화'를 고찰한다. 헤겔은 지형의 세 번째 요소를 해안과 직접적인 관계를 갖는 연해지방으로 규정하고, 이곳은 "세계의 연결을 나타내며 그 연결을 유지하는 지대"[38]라고 밝힌 바 있다. 헤겔의 분석에 의거해보면 보통 물은 분리의 원리로 생각하기 쉽지만 실제로는 물만큼 결합력이 강한 것은 없다. 지중해 지방도 그것이 바다인 점에서 비로소 세계사의 중심이 될 수 있었다.[39] 어떤 면에서 유럽은 아시아와는 달리 바다와 매우 중요한 관계를 가지며 유럽의 국가들은 그 바다와의 관계 속에서 정체성을 획득해온 게 사실이다. 유럽은 4분의 3이 해안으로 경계지어져 있다. 이 해안의 지리적인 정확성은 경계가 아닌 개방, 연장이며 해양국들에게 젖줄을 제공했다. 평균적으로 유럽은 290평방킬로미터에 1킬로미터의 해안선을 갖는다.[40] 아무튼 주첸즈는 헤겔의 명제에 동의해서 "유럽은 각 나라마다 거의 모두 자신의 해안선을 가지고 있기 때문에 유럽의 문화는 바로 해양에 대한 관계가 낳은 문화"[41]라고 정리한다. 이를테면 유럽문화는 지형의 세 번째 요소인 '해양의 원리'가 지배한다고 인식했다. "유럽에서는 그렇게 고정적이고 고원적인 핵심이 없으며 이러한 핵심은 유럽에서는 부차적인 것에 속한다. 다름 아닌 평원의 원리도 뒤로 물러나야 한다. 유럽은 고원과 협곡평원과 같은 그러한 지역 대립은 없고 오직 바다가 육지보다 더욱 중요한 교통의 요로가 되어왔다. 이 수로교통의 시대에 지형상 지중해, 흑해, 발트해, 북해, 영국해 등 유럽만큼 이렇게 최적의 위치를 가진 대륙은 없다."[42]

이 일련의 논변은 유럽문화를 '과학적 문화'로 안치시키기 위한 예비적 장치임은 물론이다. 주첸즈는 "유럽문화는 이 지형의 세 번째 요소인 '바다'가 그 근본원리가 된다. 바다가 불러일으킨 활동은 전적으로 특유의 과학활동이며 바다는 완전히 독특한 문화정신을 이룬다."[43]고 했다. 그도 그럴 것이 바다는 인간을 정복과 약탈로 유혹하지만 영리와 무역의 욕구도 일으켜 준다. 육지와 골짜기는 인간을 땅에 묶어둔다. 때문에 인간은 이런저런 제약 안에서 살아갈 수밖에 없지만 바다는 인간이 그 울타리를 넘게 해준다.[44] 결국 주첸즈는 해양은 '과학적 문화'를 발생시키고 유럽이 그것을 대표한다고 보았다. 실제로 과학문화가 발흥시킨 근대세계는 바다에서 태어났다고 해도 과언이 아니다. 15세기 유럽의 대항해시대가 열리자 지금껏 각 대륙의 장벽이었던 바다는 문명권을 서로 조우하게 하는 소통로로 일신했다. 그러나 유럽의 해상 팽창은 한편으로 과학문화의 폭력성이 전 지구적으로 일반화되는 과정이기도 했다.[45] 그런 의미에서 주첸즈는 "지구상에서 지역이 서로 다른 사람들이 모두 항행에 막힘이 없어 공업이 발달하고 상업이 지구의 곳곳에 널리 퍼지게 했다. 부정적 측면에서는 식민지에 대한 제국주의의 침략을 야기했고 긍정적 측면에서는 이른바 과학적 문화를 발생시켜 종교적 문화와 철학적 문화를 대체시켰다."[46]고 평가한다.

3. 세계문화의 복수적 3원론

문화와 문명이 아닌 다른 체계로 인류사의 발전을 설명하기란 불가능할 것이다. 역사 속에서 문명은 시공간적으로 인류에게 가장 포괄적이고 광범위한 자기 동일성의 틀을 제공해주었다. 헌팅턴은 "한 개인이 속해 있는 문명은 그가 강렬한 귀속감을 느끼는 가장 광범위한 수준의 공동체다. 문명은 우리가 저 밖에 있는 '그들'과는 구별되게 그 안에 있으면 문화적으로 친숙감을 느끼는 가장 큰 '우리'다."[47]라고 규명한다. 이런 이유로 근현대 동서양의 걸출한 역사학자, 철학자, 사회학자, 인류학자들은 하나같이 문명을 심도 있게 비교 분석한 방대한 연구문헌을 내놓았다. 이와 병행하여 세계문명을 분류하고자 하는 시도 또한 멈추지 않았다. 이렇게 문명을 구분하는 연구노력 역시 '문명'의 정의만큼이나 복잡해 거의 매 학자마다 자신의 체계를 가질 정도로 그 관점이 다양하다. 예를 들면 역사를 통틀어 세계의 주요문명을 슈펭글러는 8개로, 아놀드 조셉 토인비(Arnold Joseph Toynbee, 1889~1975)는 21개(나중에 23개로 수정)로, 윌리엄 맥닐(William H. McNeill)은 9개로, 필립 백비(Philip Bagby)는 9개 혹은 11개로 각각 명시한다. 이와 함께 현재 세계에 존재하는 주요문명을 페르낭 브로델(Fernand Braudel, 1902~1985)은 9개로 파악했던가 하면 헌팅턴은 중화, 일본, 힌두, 이슬람, 정교, 서구, 라틴아메리카, 아프리카 등 모두 8개의 문명을 논의한다. 여기서 거론한 '문명권의 분류'에 대한 학설은 분명 '문명의 유형화'와 결부되며 그 기초는 문명의 복수론적 다원주의임은 두 말할 필요도 없다.

주첸즈 역시도 동서고금을 망라한 세계사의 문화구역을 24개 단위로 분류함으로써 '문명다원주의'에 합류한다. 그에게 인류문화는 모든 지식적이고 사회적인 생활방식의 총칭이다. 이 생활방식은 역사와 지리의 차이에 따라 각종 다른 문화특질의 역사, 체계, 내용, 형식으로 나타난다. 그러나 주첸즈는 문화단위를 구별케 하는 문화특질의 핵심은 단연 '문자'라고 단언한다. 그에 따르면 "인류역사시대의 문화구역은 문자의 발명으로부터 시작되었다. 인류에게 문자의 발명이 있었기 때문에 또 다른 시대를 이루고 또 다른 세계를 개척할 수 있었다".[48] 특히나 문화사회학상 모든 문화특질은 문자 발명 이후의 문화특질이며 그 문화특질에 의해 분포된 문화구역은 문자 발명 이후의 문화구역인 것이다.[49] 주첸즈의 관점에서 인류문화는 물질적 문화뿐만 아니라 최고의 심리로서 '지식적 문화'를 겸유한다. 이러한 지식적 문화가 발생하게 된 데는 문자의 발명이 기반이 된다. 한 민족에게 문자가 존재한다는 것은 이미 지식문화를 구비한 문화민족으로 진입했음을 의미한다. 이런 측면에서 주첸즈는 "우리가 주목하는 문화특질은 지식문화의 특질이고 우리가 생각하는 문화의 각각의 특질은 스스로 하나의 문화단위를 이루지만 이러한 문화단위는 반드시 지식적 문화단위여야 한다"[50]고 천명한다. 그리고 역사시대의 문화특질은 구체적으로는 인류의 지식문화와 사회문화를 가리키며 지식생활상 종교, 철학, 과학, 예술, 사회생활상 정치, 법률, 경제, 교육이 존재한다.

사실상 '문자'는 선사시대의 '자연(원시)민족'과 고대문명시대의 '역사민족'을 양분하는 핵심인자이기도 하다. 주첸즈가 문화사회학자로서 주로 문자 발명 이후의 역사문화에 역점을 두어 선사시대의 물질문화보다는 역사시대의 지식문화에 더 주목한 이유가 여기에 있다. 그는 인류가 동물과 구별되는 능력으로서 "첫째는 인류 사후의 존재를 믿는 종교적 능력이고, 둘째는 선악을 식별하는 도덕상 능력이다. 전자로 말하면 종교적 문화이고 후자로 말하면 철학적 문화다."[51]라고 명시한다. 이 두 가지는 '원시민족'과 '문화민족'의 등급을 분별하는 요소이기도 하다. 단적으로 말해서 "원시민족은 물질적 문화인 석기시대에 존재하지만 지식적 문화의 발생은 역사시대에 존재한다"[52]고 할 수 있다. 그 관건은 문자의 체계적인 활용에 있다. 원시민족문화에 비록 그림(畵像)을 통해 생각을 전달하는 방식으로 문자의 기능을 대신하기도 했다. 그러나 이러한 방식은 예컨대 '신이 사랑'이고 '성실이 최상의 정책'이라는 등의 인간의 고도의 정신세계를 표현하는 데는 역부족이다. 그런 까닭에 원시사회에는 충분한 지식문화가 자리 잡을 수 없었던 게 당연하다. 이로 볼 때 문화특질에 의해 분포된 문화구역은 단순한 원시민족의 문화구역이 아닌 '인류역사시대'의 문화구역임을 알 수 있다.

결과적으로 주첸즈는 세계사의 문화구역을 동서고금을 통틀어 문자발명과 지식문화 등의 문화특질에 따라 총 24개의 문화단위로 분류한다. 여기에는 각 문화단위인 문화특질과 관련하여 각자의 '문자'를 발명한 문화민족이 매 문화구역을 구분하는 표준이 됨은 물론이다. 더군다나 이 구분은 동서 여러 학자들의 견해를 검토한 뒤에 안출된 것이지만 각별히 슈펭글러와 토인비에게 힘입은 바 크다. 요컨대 주첸즈가 제시한 24개의 문화구역을 나열해보면, 인도드라비다문화, 인도아리안문화, 이집트문화, 바빌로니아수메르문화, 바빌로니아셈족문화, 히타이트문화, 헤브루문화, 페니키아문화, 중국문화, 일본문화, 인도차이나문화, 흉노족문화, 크레타문화, 그리스문화, 에트루리아문화, 로마문화, 페르시아문화, 아라비아문화, 멕시코문화, 마야문화, 잉카문화, 게르만문화, 슬라브문화, 서구문화다.[53] 그러나 이를 종합해보면 종국에는 중국, 인도, 서구 세 문화단위로 귀결된다. 이 가운데 문화의 독립으로 말하면 '종교문화'에 속한 체계이거나, 아니면 '철학문화'에 속한 체계, 혹은 '과학문화'에 속한 체계가 각각 존재한다. 또한 각 문화구역은 정지해 있지 않고 활동적이며 고립적이지 않고 상호 전파를 그 특성으로 한다. 그러므로 문화의 전파 차원에서도 '인도(종교)문화'에 의해 전파되었거나, 아니면 '중국(철학)문화'에 의해서, 혹은 '서양(과학)문화'에 의해 전파된 것으로 파악할 수 있다.[54]

그러나 이러한 '세계문화 3원론'은 지도화된 문명이라는 인문적 특성 때문에 복잡한 양상을 띤다. 이런 이유로 엘스워스 헌팅턴은 "지도화된 사상 중에서 문명이라는 인문적 특성은 가장 흥미롭고 설명을 요구하는 분포 특성이다. 그것을 설명할 유일한 방법은 상호 보완하는 요소 각각의 영향을 밝혀내는 것이다. 인종, 종교, 제도, 그리고 인간 재능의 영향 등이 고려되는 한편, 지리적 입지, 지형, 토양, 기후와 같은 물리적 조건들이 고려되어야 한다."[55]고 역설한다. 본래 '문명권'이란 "공통된 문명 요소들을 공유한 문명의 역사 · 문화적 및 지역적 범주를 말하는 것으로, 이러한 문명권은 문명 구성 요소의 특수성과 시대성 및 지역성을 보장하고 생명력을 유지해야 비로소 형성이 가능한 것이다".[56] 그러므로 문명의 분류와 유형화는 '문명'에 대한 보다 근원적인 성찰이 필요하다. 왜냐하면 세계문명(문화)유형은 현대문명의 다원주의적 세계상을 제시하는 데 간단명료하면서도 정확해야 하기 때문이다. 이러한 난제에도 불구하고 '3대 유형론'에 동조하는 시각들 역시 적지 않다. 필자가 아는 한에서는 동서이론으로서 칼 야스퍼스의 '기축시대'와 량수밍의 '문화의 3방향설'이 유력하다. 이 양자는 주첸즈의 세계문화유형론을 해독하고 보충하는 데 유용할 것으로 판단된다. 요컨대 세계문화 3원론의 역사철학적 기원에 관해서는 야스퍼스와, 이러한 각 문화단위의 특질에 관해서는 량수밍(막스 셸러의 '지식의 3형식' 포함)과 연결시켜 논해보기로 하겠다.

현대 독일의 실존주의 철학자 칼 야스퍼스는 『역사의 기원과 목표 *Vom Ursprung und Ziel der Geschichte*』에서 기원전 약 500년경을 인류의 정신적 발전에 중심축이 될 위대한 전통이 탄생한 시기로 보았다. 그는 이 시기를 '기축시대(BC 800~BC 200년)'로 명명하고 그 근원지를 현 문명의 세 지역인 '중국', '인도', '서양'으로 압축했다. 말하기를, "기축시대에 해당하던 나라들이 중국과 인도 그리고 서양이다. 이 세 나라들이 상호 접촉을 전혀 하지 않았다고 하더라도 그러한 기축시대가 보편사의 기초를 마련해주었고 모든 인간을 정신적으로 하나 되게 했다."[57]고 주장한다. 실제로도 중국의 유교와 도교, 인도의 힌두교와 불교는 물론이고, 나중에 랍비 유대교, 기독교, 이슬람으로 개화되는 근동의 유일신교, 그리스의 철학적 합리주의가 모두 이 시기에 태동했다. 야스퍼스는 인간의 '실존적 결단', 즉 개인 실존의 창조성이 역사를 발전시킨다고 보았다. 기축시대에는 이러한 실존, 초월자의 의식과 유관한 비상한 것들이 응축되어 나타났다. 이를테면 중국에서는 공자孔子, 노자老子, 묵자墨子, 장자莊子, 맹자孟子, 열자列子 등이 생존했는가 하면 인도에서는 우파니샤드의 신비주의자들, 붓다가 등장했다. 이란에서는 짜라투스트라(Zarathustra), 팔레스틴에서는 엘리아(Elias), 이사야(Jesaias), 예레미아(Jeremias) 등의 예언자들이 출현했다. 또한 그리스에서는 호머(Homer), 파르메니데스(Parmenides), 헤라클레이토스(Herakleitos), 소크라테스(Socrates), 플라톤(Platon) 등이 활동했다.[58]

보다시피 야스퍼스의 역사철학은 헤겔이 기독교 성자의 출생을 세계사의 기축으로 이해했던 것과는 성격을 달리함을 알 수 있다. 그는 종래 서구의 기독교 중심의 세계사에 반대하고 "경험적으로 통찰할 수 있는 모든 인간을 위한 세계사의 기축"[59] 개념을 도입, 인류사를 다원적으로 조망하는 하나의 전체상을 마련하고자 했다. 다시 말해 인간정신사의 획기적인 기축시대를 창안해 인류사의 전체적 포괄성과 결정적 통일성을 모색하고자 했다. 이렇게 축의 시대를 기점으로 구상된 세계사의 구조는 현존 문명의 복수적 의미를 지지하는 주첸즈의 '3유형론'과 상합된다. 슈펭글러는 『서구의 몰락*Der Untergang des Abendlandes*』에서 인류역사상 존재했거나 사멸한 문화들로 이집트, 바빌로니아, 인도, 중국, 고대 그리스·로마, 아라비아, 멕시코, 서구 총 8개의 고도문화를 제시한 바 있다. 슈펭글러는 예리한 세계사의 고찰을 통해 독립적이고 개성적인 유기체로 간주되는 이들 문화권들의 실체를 확인했던 것이다.[60] 그런데 주첸즈는 이 분류에 기초해서 '세계문화 3원론'의 현재적 타당성을 논증한다. 그의 생각을 옮겨보면 이집트문화, 바빌로니아문화, 그리스·로마문화는 똑같이 서구문화의 원천이다. 멕시코문화는 아라비아의 종교문화여서 거의 같은 위도에 위치한 인도문화에 포괄된다. 그러므로 결국에는 인도, 중국, 서구만이 '세계문화의 세 근본(3元)'이 되는 셈이다. 뿐더러 구세계 중 인구가 많은 세 지표로 말하더라도 오직 중국, 인도, 서구만이 존재할 따름이다.[61]

이렇게 전개되는 주첸즈의 문화유형론은 칼 야스퍼스가 기축시대를 통해 일깨우고자 했던 논지와 맥을 같이한다. 그러므로 야스퍼스의 '기축' 개념을 주첸즈의 '3원론'에 투영시켜 보면 그 역사철학적 기원과 정합성을 보다 완결된 형태로 보강할 수 있다. 논구컨대 이 '축의 시대'는 인류사에 있어 전前 단계인 고대 문명시대, 곧 '고도문화'의 존재를 그 성립배경으로 한다. 고대의 소위 고도문화란 메소포타미아,

이집트, 인도의 인더스 강 유역, 중국의 황허 유역의 고대 4대 문명을 가리킨다. 이 시기는 아직 실존의식, 즉 역사의식이 부재한 까닭에 야스퍼스는 "그러한 고도의 문화들은 우리들이 기축시대로서 현대화했을 뿐, 새로운 인간 존재, 심지어 우리들의 인간 존재를 정초했던 정신적 혁명을 여전히 성숙시키지 못하고 있었다"[62]고 평가한다. 그런데 고대 고도문화권의 여러 국가들에서 기축시대에 출현한 창조적 소수들이 반성적 · 비판적 · 초월적인 방법을 통해 자신들의 모태문명을 발현시켰다. "고대 고도문화 그 자체에서거나 그 주변에서, 다시 말하면 기원전 800년에서 기원전 200년이라는 기축시대에 인류의 '정신적 기반'이 마련되었다. 특히 상호 독립된 지역인 동서 분극의 서양과 인도, 그리고 중국에서 그러한 정신적 기반이 이루어졌던 것이다".[63] 이 기축시대는 고대의 고도문화 속으로 스며들었고 드디어 수용되었다. 심지어는 동일 민족이 새로운 양상을 띠게 되었거나 혹은 완전히 다른 민족이 대두했다고 하더라도 결국 그러한 고대의 고대문화를 몰락시키고 말았다. 고대의 문화들은 기축시대에로 진입, 새로운 단초로 수용된 요소들에서만 지속적으로 유지될 수 있었다.[64]

그렇다면 인류문명이 역사적으로 이 3세계로 존속해 현재적 문명으로 유형화된 까닭은 무엇인가? 기축시대는 공간적으로 한정적이지만 역사적으로는 포괄적이다. 모든 민족들은 기축시대의 정신적 발현을 경험하는 세계에 기반을 둔 '역사민족'과 그러한 정신적 발현을 경험하지 못하는 세계에 기반을 둔 '자연민족'으로 구별된다. 야스퍼스는 "무한한 가능성을 느낄 수 있는 기축시대의 '정신적 발현'이 일어난 이후, 새로 나타난 모든 민족들은 그들이 그러한 정신적 발현을 이해하는 강도에 따라 또한 그들이 공헌하게 되는 깊이에 따라 역사적으로 존재하게 되었다."[65]고 말한다. 그런데 이러한 '정신적 발현'의 대변혁은 인간의 신성화와 같다고 했다. 따라서 "정신적 발현 이후 오직 신성을 전수받은 인간과 민족들만이 참다운 역사의 흐름에 동참"[66]했던 것이다. 이를테면 기축시대가 전개되는 동안 제자리를 찾지 못한 민족은 수백 년 혹은 수천 년 동안 일종의 무역사적 삶을 사는 '자연민족'으로 남아 있었다. 기축시대의 중국, 인도, 서양이라는 3세계 이외의 세계에서 생존하던 사람들은 완전히 제거되어버렸거나 혹은 이 3세계의 정신적인 영향권 하에 들어가 역사를 수용하게 되었다. 반면에 지속적인 선사先史만을 가지고 있는 자연민족들에게는 그러한 정신적인 접촉 여하가 민족 사멸의 근거가 되었다. 기축시대 이후에 생존하던 모든 사람들은 자연민족의 상태로 그냥 있거나 혹은 새로운 비약의 정초가 되는 사건의 계기를 얻거나 둘 중의 하나였다. 기축시대는 모든 것을 동화시켰다. 이러한 기축시대에서부터 세계사는 오늘날까지 이어왔던 유일한 구조와 통일성을 가지게 된 것이다.[67]

이상으로 보건대 칼 야스퍼스는 주첸즈의 문화학이 해명하지 않고 남겨둔 '세계문화 3원론'의 현재적 기원문제를 성현으로 대변되는 인간 실존의 성숙기, 곧 '기축시대'를 통해 충분히 응답했다고 판단된다. 야스퍼스에게 개인의 완성, 완전한 실존의 자유는 역사의 기원이며 목표다. 그는 개인으로서의 실존을 역사창조의 에너지로 보고 '실존의 역사성'이 탄생한 시점을 기축시대라고 확신했다. 이 시대는 전체 속의 인간 존재가 비약을 감행하게 되었다. 이를테면 신성은 종교를 윤리화함으로써 승화되었지만 합리성과 합리적으로 밝혀진 경험의 측면에서 신화에 대한 로고스(Logos)가 시작되어 고대의 신화적 세계는 몰락했다. 또한 정신화 작용으로 명명되는 인간 존재의 전체 변혁이 이루어졌고 철학자가 등장해 인간은 자기 자신을 전체 세계에 대해 내적으로 대립 설정하여 자기 자신과 세계를 넘어서 있는 기원(Ursprung)을 자기 속에서 발견했다. 나아가 현대에 와서 이성과 인격이라고 불릴 수 있던 것의 계시성이 이 기축시대에서 발생했던 것이다.[68] 그런 면에서 야스퍼스는 "그 당시에 발생했고 또 그 당시에 창조되었으며 또한 사유되었던 그러한 척도에 따라서 인류는 오늘날까지도 살아오고 있다"[69]고 진술한다. 결국 이 기축시대에 '인도', '중국', '서양'이라는 3세계에서 발양된 인류정신의 자양분들이 지속적으로 정신적 · 도덕적 · 지성적 발현과 비약을 거듭해 오늘날 인류의 정신적 기반으로서 세 영역의 문화단위로 결정화된 것이다.

기실 주첸즈의 문화진화 개념에는 앙리 베르그송(Henri Bergson, 1859~1941)의 '지속(Duration)'과 헤겔의 '지양(Aufheben)'이라는 개념이 동시에 내포되어 있다. 달리 말해서 세계문화사의 근본현상에는 변증법의 '지양'적인 현상이 내재됨은 물론 그 발전변화의 흐름 속에는 일종의 '지속'적 근본현상이 담겨져 있다.[70] 이 지양과 지속의 개념은 크게 보아 야스퍼스가 말하는 발현, 비약, 존속과 동일한 문맥 속에 위치한다. 주첸즈는 이러한 문화의 발전법칙에 기초해 현존 세계문화구역의 문화특질을 지식적 문화, 즉 종교, 철학, 과학 유형으로 응축시킨다. 더욱이 이 문화특질들을 재차 야스퍼스의 역사철학에 적용시켜보면 그것은 문명의 세 기축지인 인도, 중국, 서양의 문화 정체성에 각기 호응한다. 말 그대로 지식문화의 세 근본(본질)유형은 야스퍼스가 주창하는 기축정신을 체현한 '역사민족'의 문화패턴 다름 아니다. 그에 대한 문제설정은 3세계로 대변되는 기축시대의 '동시성'과 '독자성'에 있다. 야스퍼스는 말하기를, "첫째는 그러한 동시성이 대단히 정확하다는 점, 그러나 둘째는 그러한 동시성이 전체 가운데서 의식적으로 사유하는 인간 존재의 정신사적 발전에 깊이 관계한다는 점 때문이다. 이미 고대 고도문화의 시원에서부터 유일한 것이었던 세 영역에서는 기원전 마지막 천 년 동안에 창조가 이루어졌고 거기에 인간정신의 모든 역사가 근거를 두게 되었던 것이다. 이러한 발전은 근원적으로 독자적인 것이었다. 실재적인 상호의 전달이나 자극은 전혀 없었다."[71]고 했다.

이렇게 볼 때 주첸즈의 '세계문화 3원론'의 역사적 진원지는 인류의 정신적 기반이 성취된 야스퍼스의 '기축시대'로 추정 · 보완할 수 있다. 이 기축시대의 동시적 · 독자적 시원성은 주첸즈가 견지하는 '세계문화의 지리적 분포'의 본질을 규명하는 데 중요한 명제가 된다. 주첸즈는 여기에 덧붙여 량수밍의 '문화의 3방향설'과 막스 셸러가 지식사회학에서 제시한 '지식의 3형식'을 원용함으로써 자신의 세계문화유형론에 대한 현재적 지평을 확보한다. 엄밀히 말해서 주첸즈의 문화사상은 중국사상사에 있어 량수밍의 문화이론을 계승해 발전시킨 것이라고 할 수 있다. 량수밍의 저작 『동서 문화와 철학東西文化及其哲學』(1921)은 '5 · 4 신문화운동'을 전후해서 폭발된 동서문화논쟁과 문화변혁에 대한 뜨거운 관심을 본격적으로 철학적 영역에서 쟁점화한 글이다. 이 책이 출판된 이후, 찬반 어느 쪽 할 것 없이 모두 이를 계기로 문화문제에 관한 토론이 환기되었다. 주첸즈 역시도 량수밍의 논의가 "문화철학의 출발을 위한 길잡이"[72]임을 부정하지 않는다. 특히 량수밍이 소위 "세 갈래 길(문화의 3방향)을 서양, 인도, 중국이 세 대표라고 한 것은 실제로 매우 타당성이 있다."[73]고 찬동한다. 그러면서도 량수밍이 토론한 것은 문화철학이 뼈대가 되지 않아 "여전히 지엽적인 동서양 문화문제에 불과할 뿐 근본적인 데서 착상해 동서양 문화를 비교한다거나 가장 절박한 문화문제를 토론하지는 못했다. 동서문화문제는 단지 문화문제 중의 한 부분임을 알지 못했다"[74]고 비판한다.

주첸즈는 당시 한창 열띤 토론의 대상이 되었던 '동서양 문화의 문제'에 관해서 이 문제를 해결하기 위해서는 선행적으로 무엇이 '동방(동양)'이고 무엇이 '서방(서양)'인지 하나의 표준을 정해야 한다고 인식했다. "내 생각에는 설명의 편리를 위해서 중국, 인도가 동방문화를 대표하고 유럽이 서방문화를 대표한다는 일반적인 해석을 채용함이 좋을 성싶다. 그러나 동방문화를 개괄적으로 말해 어떤 이는 단지 중국문화만을 위주로 하는가 하면, 어떤 이는 인도문화를 겸하여 논하기도 하는데 모두 일리가 있는 말이다. 다만 중국문화와 인도문화를 함께 섞어서 서구문화와 비교하는 식의 생각은 근본적으로 틀렸다고 보지 않을 수 없다."[75] 이 말에 비추어보면 주첸즈는 동방문화를 중국과 인도로, 그리고 서방문화를 서구로 나누는 데 대해서는 일정부분 동조하면서도 중국과 인도를 동질적인 하나의 문명권으로 고정시켜서 서구와 비교하는 식의 생각에는 반대하고 있다. 이것은 량수밍이 "이른바 동방문화는 동방 각 민족의 문화를 뒤섞어 개괄적으로 칭할 수는 없고 최소한 또는 아무리 많아도 중국, 인도 두 문화로 나누어 각기 다르게 말해야 한다"[76]고 한 인식과 맥이 같다. 결론적으로 말해서 주첸즈는 "세계는 유럽, 중국, 인도라는 문화의 3대 계통으로 구성되어 있다고 함이 옳다"[77]라고 한 량수밍의 견해를 받아들여 '세계문화 3원론', 즉 인도, 중국, 서양이라는 문화의 세 근본단위로 파악하고자 했다.

량수밍의 '문화의 3방향설'은 그 중심적 의미가 의욕(욕구)을 추구하는 '방향(路向)'이라는 점에서 인생의 의미와 가치의 탐색에서 출발하는 문화유형론임을 간파할 수 있다. 이 문화관의 기본 형태는 '의욕→태도

→근본정신→생활양식→문화차이'로 논리가 전개된다. 량수밍에게 문화란 '생활의 방법'이자 그것이 만들어낸 '인류생활의 양식'이다. 그리고 생활의 근본은 '의욕'에 있다. 문화의 차이란 그 의욕이 지향하는 방향이 다른 데서 연유한다. 구체적으로는 '생활에서 문제를 해결하는 방법(생활양식)'의 차이인 것이다. 량수밍은 모든 인류의 생활 태도는 대략 세 노선, 즉 "① 전진적인 추구, ② 자신의 생각에 대한 변환 · 조화 · 지중持中, ③ 자신을 돌려서 물러서는 추구"[78]라는 양식에서 벗어나지 않는다고 주장했다. 아울러 "이 세 가지 서로 다른 방향은 대단히 중요하며 우리가 문화를 관찰하는 모든 논법은 다 여기에 근거한다"[79]고 덧붙인다. 이 의욕의 근본방향이 바로 문화의 특질을 탐구하는 중요한 기제라고 할 수 있다. 결국 량수밍은 이를 기초로 하여 '문화의 3방향설', 이를테면 ① 서양문화는 '의욕의 전진적인 추구(意欲向前要求)', ② 중국문화는 '의욕의 자위 · 조화 · 지중(意欲自爲調和持中)', ③ 인도문화는 '의욕의 자신을 반성해 후퇴적인 추구(意欲反身向後要求)'라는 세계문화의 세 방면의 근본정신[80]을 도출해낸다. 이렇게 문화구역을 분획하는 문화특질은 모두 의욕이 취하는 세 갈래의 다른 방향에서 연원한 것임은 두 말할 필요도 없다.

주첸즈는 또한 여기에 더하여 막스 셸러의 '지식의 3형식'을 제시한다. 말하자면 이 지식의 3형식인 ① 실용적 지식: 서구의 자연 정복적 지식, ② 교양적 지식 또는 본질적 지식: 중국 및 그리스의 지배 계급적 지식, ③ 해탈적 지식: 인도의 불교적 지식[81]을 량수밍의 '문화의 3방향설'에 각각 대응시킴으로써 본질적이고 근원적인 자신의 '지리적 3원론'의 문화적 특질을 정형화한다. 이 두 동서양 학자의 이론은 주첸즈에게 개별 문화단위의 정체성을 규정하는 세계문화의 유형체계로 그

대로 수렴된다. 정리해보면 의욕의 자신을 반성해 후퇴적인 추구를 근본정신으로 하는 인도문화는 해탈적 지식으로서 주첸즈의 '종교적 문화'에 해당하고, 의욕의 자위 · 조화 · 지중을 근본정신으로 하는 중국문화는 교양적 지식으로서 주첸즈의 '철학적 문화'에 해당한다. 그리고 의욕의 전진적인 추구를 근본정신으로 하는 서양문화는 실용적 지식으로서 주첸즈의 '과학적 문화'에 귀속된다. 주첸즈는 세계문화와 그 문화특질을 단지 이 '3원론'으로만 설명하기에는 다소 무리가 따르지만 고등문화를 대표하는 유형이라는 측면에서는 오직 중국, 인도, 서구만이 존재한다고 판단했다. 더구나 이 세 종류의 고등문화는 주첸즈의 관점에서 비교적 독립적인 각각의 문화고 대등병칭적인 가치를 지닌다.[82] 여기서 '고등문화'란 "중국과 인도는 오늘날까지 존속한다는 이유로서뿐만 아니라 '정신적 발현'을 수행했다는 이유로서 서양에다 병렬시킬 수가 있다"[83]고 한 야스퍼스적 의미임은 물론이다.

4. 끝맺는 말

21세기 '문명'이 현실상황을 진단하고 미래세계를 조망하는 본원적 기제와 학문적 탐구로 안착하기까지는 지난한 문명사적 투쟁이 자리한다. 유럽인이 세계를 석권한 지난 19～20세기 200여 년 동안 세계의 문명은 오직 단수로서 서구문명만이 존재했다. 그런 차원에서 문명비평가 슈펭글러와 토인비는 서구의 지배이념이었던 단일문명론에 맞서 문명의 복수적 의미를 인정하고 확대했다. 칼 야스퍼스 역시도 서양과 비교할 때 중국과 인도가 참다운 역사를 가지지 못했다는 관념은 낡은 명제라고 비판하면서 "우리 인간이 역사적으로 여러 가지 다른 근원들에서부터 살아가고 있는 본래적이고 무제약적인 진리는 이제 발견되는 것이고 서로 귀를 기울이는 것이다."[84]고 했다. 이러한 주장들은 서구의 역사를 세계사 자체로 인식했던 서구의 지성계에 가히 혁명적인 인식의 전환을 불러왔다. 주첸즈의 '세계문화유형론'은 그러한 복수문명론의 지성사적 반향이라고 할 수 있다. 더구나 현대 문명학과 관련해 그의 '3원론'에 내포된 다원주의적 의미를 간과할 수 없다. 아울러 역사·지리상 인류의 문화와 문명을 유기적으로 통합해 설명할 수 있는 '포괄적인 문명관'이라는 점에서도 의미심장하다. 물론 그의 문화유형론이 현재적 세계문명을 지나치게 단순화한 면도 없지 않다. 그러나 세계를 진지하게 검토하고 그 속에서 유용한 이론이나 모델을 수립하고자 한다면 어느 정도 간결하고 추상적으로 처리된 세계상이 필요하다는 사실도 부정할 수 없다.

그런가 하면 주첸즈의 '세계문화 3원론'에 있어 그 현재적 기원문제는 야스퍼스의 역사철학이 주효하게 공헌한다는 조건에서 차치하더라도 한편으로 다음과 같은 결점이 발견된다. 주첸즈의 '세계문화의 지리적 고찰'은 독창적인 입론이라기보다는 헤겔의 분석을 모방하고 있다는 점에서 그 가치성은 재고되어야 한다. 더욱이 자신의 '지리적 3원론'을 입증하기 위해 헤겔의 '지형의 3요소'를 곡해한 면도 함께 비판되어야 한다. 헤겔이 의도한 세계사의 지리적 조건 세 유형은 한 지역(대륙)의 지형적 특징을 일반화해서 말한 것이 아니다. 그것은 특정지역 곳곳에서 발견되는 지형의 원리들을 유형화하기 위해 마련된 것이다. 헤겔은 "세 가지 계기가 등장하나 그것은 지역에 따라 때로는 두드러지게 때로는 그다지 눈에 띄지 않게 나타난다. 아프리카에는 고지가 대부분을 이루고 아시아는 하천지방과 고지가 반반이며 유럽은 고지대와 골짜기 평지와 해안지대가 혼합되어 있다."[85]고 논변함으로써 이를 확인해준다. 그러나 주첸즈는 헤겔의 이론을 구세계의 3대 문화단위를 구획하는 지리적 기초로 확대 해석하다 보니 치밀한 논리구조나 해석의 명료성이 다소 결여된 것이 사실이다. 더불어 문화의 본질과 발전은 실제로 지리적 조건인 기후나 지형과 상당히 연관성이 있는 것은 부인할 수 없다. 다만 그 자신도 문화의 근원은 생활경험으로서 "환경의 억압을 받으면서도 생의 돌진과 도약을 한다"86고 말한 바, 자연적 요소가 인간 삶의 방식을 규정한다는 식의 논리를 무리하게 강조하다보면 문화유형론이 자칫 인간을 빠뜨린 도식화와 형식화에 매몰될 수 있음을 경계하지 않을 수 없다.

금세기 인류사회의 여러 상황을 고려해볼 때 20세기 말 "사상 최초로 세계정치는 다극화, 다문명화되었다"87는 헌팅턴의 도발적 · 실험적인 선언은 이미 기정사실화되었다. 이제 문명학적 '다원주의'는 모든 인류에게 받아들여지는 기본상식이다. '문명다원주의'란 특권적 문명중심주의에 반대하고 다양한 문화적 가치들을 인정할뿐더러 그 특수적 개별성을 존중하는 것이다. 그리고 공통된 특징은 서구 중심의 일원적 역사관과 직선적 진보사관에 대한 거부로 나타난다. "인류의 역사는 같은 가치를 지닌 여러 문명들의 다원적인 변화과정이며 그 각각의 문명들은 하나의 독립적인 생명체와 마찬가지로 독자적인 성장의 과정을 밟는다"88는 것이다. 이와 결부되어 현 인류의 공통된 과제는 패권이 주도하는 일방적인 독단주의가 아닌 여러 지역의 문명들이 평등하게 교류하고 공존하는 공생공영의 실현에 있다. 그 극점에는 '문명다원주의'가 존재한다. 때문에 이러한 '다원적 문명의 공존'의 시대정신을 극대화할 수 있는 간결하면서도 유용한 '문명의 분류법'이 필요함을 절감하게 된다. 요컨대 문명의 다극화체제가 확실시되는 오늘날 주첸즈가 구도한 '세계문화 3원론'은 세계사 전체상을 조망하는 '다중심적 문명다원주의'의 중요한 모델이 될 수 있다. 더군다나 현대 문명대안론을 주도한 헌팅턴의 이론이 어떤 면에서는 다원주의의 옷을 걸친 서구문화쇼비니즘(chauvinism)에 기초한다는 사실을 감안해볼 때 주첸즈의 '동아시아 문화유형론'이 갖는 다원주의적 현재성은 더욱 각별하다.

제5장

세계문화의 지리적 분포

제5장
세계문화의 지리적 분포
탈오리엔탈리즘: 세계단위론적 접근

1. 문제 제기

'지역학(Area Studies, 지역연구)'은 학제 간 유기적인 연결관계를 통한 종합학문으로서 타인을 대상으로 정하고 그 타자성(otherness)에 대한 해명과 이해를 목표로 하는 새로운 지적 인식방법으로 시작되었다.[1] 그러나 이 인식방법의 계보는 명백히 근대 구미의 소산이다. 지역연구는 구미를 중심으로 한 근현대사의 어떤 역사적 요청으로 성립된 이래 다양한 학문영역에서 연구의 정당성 확보, 학문적 정립 등을 위한 부단한 노력과 수많은 시행착오를 반복하면서 오늘에 이르고 있다. 그것은 어떤 국가의 어떤 학계의 것이든 어떠한 방법론인가 하는 것보다 오히려 '도덕적인 범위'에서 시행착오를 반복해온 것이다. 지역연구와 제국주의사상이 '타자'를 설정해 이성의 야만화 차원에서 그것과 지적 혹은 인식론적인 관계를 가진다는 공통점은 우연한 일이 아니다.[2] 에드워드 사이드(Edward W. Said)가 자신의 저작 『오리엔탈리즘*Orientalism*』(1978)에서 지역연구를 '추악한 신조어(ugly neologism)'라고 신랄하게 비난했던 이유가 여기에 있다. 지역연구는 기본적으로 '약한 공간'인 비서구권 국가에 대해 구미라는 '강한 공간' 쪽의 지성주의적 문화로서 성립했다는 것이다. 이러한 단적인 지적은 지역학의 탄생 이면에 감추어진 타 지역에 대한 식민지 지배를 목적으로 하는 거대한 '제국주의적 세계인식의 구도'를 극명하게 보여준다.

이른바 '지역학'은 과거의 제국주의적인 지배논리를 정화하는 역사적 반성 위에서만 그 본연의 도덕화와 지성화라는 문맥 안에 안착할 수 있을 것이다. 이 논단은 지역연구가 타자를 지적 성찰의 대상뿐만 아니라 특정지역을 타자로 설정하고 관여하는 모든 주체도 지적 성찰의 대상으로 정립해야만 한다는 견해에 토대한다.[3] 종래의 '지역'구분이 국제관계상 종속체계(a subordinate system)와 기묘하게 겹치며 그 실제상들은 역사상 서양과 동양, 계몽과 미개, 선진과 후진, 중심과 주변 등의 이항대립적인 인식체계로 표출되어왔음은 주지의 사실이다. 그런 의미에서 지역연구에 '세계단위'라는 주제를 도입하려는 시도는 반전反戰적이고 혁명적이며 탈구축형(deconstruction)의 문제 제기라고 할 수 있다.[4] 오리엔탈리즘이 발명주의적 사상이며 서구가 만들어낸 자의적인 지역인식의 전형이라는 점에서 세계단위론은 '탈오리엔탈리즘(Post—Orientalism)'이라는 시대적 요청과 결부된다.[5] 이 대안적 지역연구는 서구적 문명, 지역, 근대국가 등과 같은 그 어떠한 근대적 구분틀과 무관한 세계단위를 지향한다. 또한 '세계단위'란 그 자체가 정확한 존재 이유를 갖는 지역단위로서 문화 · 사회 · 생태 시스템의 역학에 의해 존재한다고 생각하면서 객관적으로 구성될 수 있는 술어적 논리에 따른 주체의 최적最適권역의 질서체로 본다.[6]

본고는 이러한 세계단위론의 연속선상에서 강한 공간의 세계분할론적인 발상에 대항하는 동아시아적 지역관과 그 이론모델을 안출하기 위해 기획된 것이다. 구체적으로는 20세기 전반기 중국의 대표적인 문화학자 주첸즈(朱謙之, 1899~1972)의 문화유형학, 즉 세계문화유형과 그 지리분포 논의에서 모색해보고자 한다. 주첸즈는 문화(culture)를 "인류생활의 표현"7이라 정의함으로써 '문화학(Culturology)'을 영원한 창조와 진화인 '생명의 흐름(生命之流)'에 정초코자 했다. 이것은 동서양의 생명철학, 특히 유교儒敎 생명관과 그에 링크된 독일적 '문화(Kultur)' 개념의 영향으로 볼 수 있다. 그리고 인류문화사의 발전단계는 '문화 생명'과 연계된 종교시대 → 철학시대 → 과학시대 → 예술(공감)시대로 설정된다. 여하튼 주첸즈는 당시 서구제국주의의 지역구도와 이를 모방한 일제의 굴절된 전쟁주의적 지역인식을 목도하면서 그에 맞서 문화주의적 세계단위와 그런 '세계'성을 규명하는 학문적 노력을 경주했다. 그것은 다원주의적 '세계문화 3원론', 이를테면 '종교적 문화구역—인도', '철학적 문화구역—중국', '과학적 문화구역—서양'으로 압축된다. 이 세 문화지역(culture area)은 인구조밀지역에서의 '공간=지역단위' 인식이자 '시간=역사' 인식이다. 뿐더러 세계단위로서의 공통적인 세계관이나 가치관을 가진 인간집단이 거주하는 지리적 범위에 해당한다. 다만 이 연구에서는 기후, 지형, 풍토 등의 지리적 기초(자연조건)에 대해서는 논외로 하며8 문화(문명)학적 세계단위로서의 '세계관'에 주안점을 두고자 한다.

이와 관련해서 주첸즈가 시도한 '세계문화의 지리적 3원론'은 당대 동서양의 수많은 문화이론들이 동원되어 결정화結晶化된 것이다. 그 중에서도 기본골격은 량수밍(梁漱溟, 1893~1988)의 '문화의 3방향(三路向)설'과 막스 셸러(Max Scheler, 1874~1928)가 지식사회학에서 제시한 '지식의 3형식'이 원용된 것임을 논급하지 않을 수 없다. 전자(량수밍)로 말하면 서양문화는 첫 번째 방향인 '의욕(will)의 전진적인 추구(意欲向前要求)', 중국문화는 두 번째 방향인 '의욕의 자위 · 조화 · 지중(意欲自爲調和持中)', 인도문화는 세 번째 방향인 '의욕의 자신을 반성해 후퇴적인 추구(意欲反身向後要求)'라는 세계문화의 세 방면의 근본정신으로 정리할 수 있다. 이 문화관의 기본논리는 '의욕 → 태도 → 근본정신 → 생활방식 → 문화차이'로 전개된 것이다. 그리고 후자(막스 셸러)는 '실용적 지식: 서구의 자연정복적 지식', '교양적 지식 또는 본질적 지식: 중국 및 그리스의 지배 계급적 지식', '해탈적 지식: 인도의 불교佛敎적 지식'을 일컫는다.[9] 이 두 동서양 학자의 이론은 주첸즈에게 개별 문화단위의 정체성을 규정함과 동시에 본질적이고 근원적인 세계문화 3구역의 지리적 유형체계로 수용된다. 요컨대 '의욕의 자신을 반성해 후퇴적인 추구'인 인도문화는 '해탈적 지식'으로서 '종교적 문화구역'이고, '의욕의 자위 · 조화 · 지중'인 중국문화는 '교양적 지식'으로서 '철학적 문화구역'에 해당한다. 그리고 '의욕의 전진적인 추구'인 서양문화는 '실용적 · 자연정복적 지식'으로서 '과학적 문화구역'에 귀속된다.

이러한 주첸즈의 사유방식은 세계단위론자들이 내세우는 '대문명권'이라는 발상과 겹친다. 물론 여기에는 '세계관'과 '문명(civilization)'이 상호 분리될 수 없다는 논리가 전제된다. '세계단위'란 그곳의 주민들이 동일한 세계관을 공유하는 범위다. 또한 그 과정은 먼저 생태가 있고 그 위에 풍토가 만들어지는데 그렇게 형성된 몇 개의 풍토는 '외부문명'에 의해 결합되어 세계단위가 구축된다. 해당 연구자에 따르면, "우선 특정의 생태 위에 특정의 풍토가 생긴다. 그리고 그 풍토 자체가 단독으로, 때로는 그 몇 가지가 외부문명에 의해 결합되어 '세계단위'가 생겨난다. 여기서 외부문명이라는 것은 반드시 외부에서 온 문명을 의미하는 것은 아니다. 그 장場에서 생겨난 문명일 수도 있다. 이때 그 문명이 아주 강력할 경우 그것이 풍토에 강한 영향을 미쳐 종종 본래 풍토의 흔적을 지워버린다. 소위 '대문명권'이라는 것은 이런 경위로 만들어진 것이다."[10] 이렇게 인구조밀지역의 대문명권에서는 생태 · 풍토 · 외부문명 · 세계단위라는 사고방식 속에서도 '외부문명'이 압도적이다. 이때의 외부문명은 이미 그것을 자신의 몸 안에 도입해 거대하고 강력하게 키워낸 자신의 문명이다. 인도구, 중국구, 유럽구가 그에 해당되며 이 지역들은 내재화하고 거대화한 문명을 중시하는 관점에서 '세계단위'를 묘사할 수 있다.[11]

2. 종교적 문화구역—인도

일반적으로 세계단위론자들은 지역연구로서의 '인도'를 자연적 조건의 통합을 중시하는 지리구와 각종 문화적 요소의 중합重合을 중시하는 문화영역에 한정해서 여러 세계단위의 구성체로 파악하는 데 거부감을 표시한다. 이들은 전체로서 '단일의 세계단위'로 접근하는 것이 인도 지역연구에 합당하다고 주장한다. 그 기초는 힌두 이데올로기의 뒷받침에 근거한 '카스트(caste)'에 있다. 인도는 카스트에 따라 통일된 하나의 세계이고 그 자체가 하나의 세계단위인 것이다.[12] 보다 세부적으로는 통일성을 산출하고 인도를 하나의 세계단위로 되게 하는 것은 바르나(Varna: 色, 四姓) · 자띠(jati: 출생, 內婚 · 직업 집단) 제도가 지닌 세분과 통합 논리의 상자구조라고 결론짓는다.[13] 세계단위의 연구자들은 기본적으로 바르나가 통합의, 그리고 자띠가 세분의 이론에 입각하면서도 동시에 양자가 서로 상대의 기능을 내포한다고 논구한다. 결국 바르나·자띠 제도는 세분과 통합의 이론을, 말하자면 상자구조와 같은 모양을 지닌 제도라고 할 수 있다. 그리고 이 상자구조가 힌두사회를 하나로 통합시키고 통일성이 강고한 기초를 부여하고 있다는 것이다. '통일성 속의 다양성'이라는 인도 지역연구의 기본 접근법에 있어 '통일성'은 바르나·자띠 제도가 지닌 세분과 통합의 상자구조에 배태되고 있다고 할 수 있다.[14]

이렇게 카스트제도로 대변되는 인도 지역연구를 위한 준거틀은 결국 종교사회로서의 힌두적 통일공간이라는 대문명권에 귀착된다고 할 수 있다. 주첸즈 역시도 인도라는 '단위성—타자성'을 '종교적 문화'로 규정한다. 그 입론의 근거로 막스 셸러의 용어를 사용해 '해탈적 지식'에 대입시키지만 보다 근원적으로는 인생의 의미와 가치의 탐색에서 출발하는 '량수밍의 문화유형론'에 뿌리를 둔다. 최후의 유학자로 유명한 량수밍은 1920년대에 앙리 베르그송(Henri Bergson, 1859~1941)의 생명철학과 유가철학의 생명관념을 결합시켜 독특한 동서문화론을 펼쳤다. 그는 끝없는 '의욕'을 생활로 보고 문화를 '한 민족의 생활방식(양식)'이라 정의한다.[15] 그리고 이를 전제로 세계의 문화구역이 세 갈래인 인도, 중국, 서양으로 각기 상이하게 된 원인을 인생태도와 '의욕(욕구)'이 추구하는 다른 '방향(路向)' 때문이라고 여겼다. 그 중 '인도문화'를 다음과 같이 설명한다. "원래 인도인은 서방인처럼 행복을 추구하지도 않으며, 또 중국인처럼 주어진 처지에 안주해 만족하지도 않는다. 그들은 이 생활을 해탈하려고 노력한다. 앞을 향하지도 않고 중간을 취하는 것도 아니다. 그들은 방향을 틀어 뒤로 향한다."[16]고 했다. 결국 량수밍은 인도의 문화적 특질을 세 번째 방향인 "의욕의 자신을 반성해 후퇴적인 추구(意欲反身向後要求)'를 근본정신으로 한다"[17]고 인식했다. 즉, 인도인은 생활방식(문제해결의 방법)상 "문제에 부딪치면 이 문제 혹은 욕구를 근본적으로 취소하려고 한다"[18]는 것이다.

이와 같은 량수밍의 세계상은 동서양 문화비교 차원의 '3단계 문화발전설'과 맞닿아 있다. 량수밍은 동양주의를 지향하면서 인류문화의 발전단계를 3단계로 구분했고 매 단계마다 해결해야 할 문제를 제시했다. 그 최초단계(서양)로서 인류는 생존을 위해 필연적으로 마음을 자연계에 대처하는 쪽에 사용해 인간의 생활에 필요한 물질문제를 해결하는 것을 추구한다. 이것은 인생의 첫 번째 문제로서 '인간 대 물질' 간의 문제다. 이 첫 번째의 문제가 차츰 해결되면 인류는 계급이 분화되다가 점차로 소멸하는 국면에 들어선다. 이 제2단계(중국)에서는 인간과 인간 사이의 관계를 어떻게 처리할 것인가가 주된 문제로 떠오르게 된다. 이것은 두 번째의 문제인 '인간 대 인간'의 문제다. 또한 이 인생의 두 번째 문제가 거의 해결되면 인류생활은 옛사람들이 동경했던 대동大同세계, 태평太平세계로 이행한다. 이 시대에 들어서면 인류생활은 더 이상 물질문제나 인간과 인간 간의 문제에 국한되지 않는다. 이때는 인류 자신의 번뇌문제, 즉 늙고(老) 병들고(病) 죽는(死) 세 번째의 문제에 봉착하게 된다. 량수밍은 이 제3단계를 인도문화의 특징으로 기술한다. 이 단계에서의 절박한 문제는 인생에서 결코 자유로울 수 없는 생명문제의 해결에 있다. 그는 이로 인해 '출세간出世間의 학문'이 강구되었고 '인도의 불교문화(BC 500~AD 1100)'가 탄생한 것으로 보았다.[19]

주첸즈는 상기上記한 량수밍의 문화사상이라는 큰 틀 속에서 생명주의적 유교 아나키즘(Anarchism) 문화관을 확립했다. 그는 세계문화가 각기 달라진 이유를 민족의 타고난 성품과 역사상황의 차이로 간주했다.

그리고 이러한 인식에 기초해서 세계상 종교적 성향이 강한 민족은 단연 '인도인'과 유대인(Jew)이라고 단언한다. 물론 해탈적 지식은 유한자인 인류가 자신을 초월하기 위해 더 위대한 무한자의 천성天性을 동경하는 데서 비롯된다. 그러므로 세상에서 종교가 없는 민족은 존재하지 않을 것이다. 다만 주첸즈의 입장에서 타고난 성품과 역사상황으로 인해 인도는 '종교적 문화구역'이라고 판단했다. 설명하기를, "어느 국민이건 얼마쯤 종교적 발달을 가진다손 치더라도 국민의 타고난 성품과 역사상황의 차이 때문에 어떤 민족은 철학에 능하고 어떤 민족은 예술에 뛰어나며 어떤 민족은 과학, 공업을 주된 특기로 하기 마련이다. 마찬가지로 종교가 발달하는 쪽으로 치우친 민족도 있다. 전 세계에서 종교에 편중된 국민은 인도인과 유대인이 으뜸이다."[20]라고 했다. 그런데 주첸즈는 셈족(Semites)의 종교와 종교사상이 아리안족(Aryans)의 종교적 상상과 철리哲理에 비한다면 사실상 부족하다고 말한다. "그들(셈족)은 인생의 일상적 필요에 충실할 줄만 알아서 자신의 종교를 중심으로 삼아 다른 모든 종교는 배척한다. 반대로 아리안족의 종교인즉슨 종교사가史家들이 말한 대로 신비롭고 고상한 운치와 아득한 시상詩想 속에 심원한 철리가 더해져 있다."[21]

주첸즈는 여러 자료들을 논거로 들면서 인도종교는 아리안족의 가장 오래된 원시적 신앙을 보존하고 있으며 인도문화 또한 기타 아리안족의 문화와 비교해서 오래된 것임을 논증한다. 결국 인도종교에 관한 연구는 대체로 아리안족 종교 연구의 핵심을 이룬다고 보았다. 그는 다음과 같이 논변한다. "일반적으로 학자들의 소견에 근거해보면 인도언어의 연구는 언어학의 기본이 된다고 한다(유럽 각 국민의 언어와 인도·페르시아 두 국민의 언어는 언어계통상 동일하다). 동일한 맥락에서 인도종교의 연구도 기독교만이 유일한 종교라는 편견을 버리게 하고 일반적인 종교연구에 대한 흥미를 더욱 깊고 넓게 불러일으키게 만든다. 이를테면 비교언어학적 결과에 기초해보면 인도인이 페르시아인, 즉 이란민족과 갖는 친연관계(동일한 아리아인인데 하나는 인도로 갔고 하나는 페르시아로 들어갔다)를 밝힐 수 있다. 더욱이 인도, 게르만 민족의 친연관계를 설명해줄 뿐만 아니라 같은 선상에서 그들의 원시종교 상태의 상호유사성을 일깨워준다. 특히나 그리스 · 로마 신화와 고대 독일민족의 민간숭배는 하나하나가 모두 태고의 인도, 게르만 시대로부터 발생한 것이 분명하다는 사실을 보여준다."22

이와 함께 주첸즈는 인도종교의 영향에 대한 일본인 학자 시사끼 쇼우지(姊崎正治, 1873~1949)의 연구내용(『인도종교사』)을 논거로 제시하면서 종교연구도 마땅히 인도의 종교사가 중심이 되어야 한다고 역설한다. "인도종교의 영향에 관해서 말하자면 인도종교가 외국에 미친 영향 또한 매우 크다. 예를 들어 그리스 후기의 철학인 신플라톤학파(Neo—Platonism)는 인도종교의 감화를 깊게 받았다. 유출설, 윤회론은 모두 인도사상에서 나온 것이다. 초기의 기독교 역시 그 범위를 넘어서지 않는다. 예수의 염세적 관념, 요한의 출세간적 고행은 모두 인도의 흔적임을 알 수 있다. 그리고 로마의 정교正教의식, 곧 염주, 체발剃髮은 그 원천을 인도 밖에서 구할 수 없다."23 주첸즈는 인도의 종교사는 수천 년 간의 유구한 역사를 지니고 땅의 넓이만도 수만 리에 이르지만 그 가운데 종교적 형식과 종교적 견해가 아닌 것이 없다고 결론을 내린다. "인도는 문화사에 있어 몇 천 년(대략 3,000여 년) 동안 종교적 형식을 한 번도 벗어난 적이 없다. 종교가 모든 종류 · 형식에 있어 완전한 전형을 이룬다. 물론 인도에도 철학은 존재하지만 그것은 '종교적 철학'이고 인도의 각 종파가 사용하는 방법—요가방법—은 종교적 방법이다. 또한 각 종파가 토론한 문제—수행해탈, 유아무아有我無我, 우주연기緣起—는 모두 종교적 문제다. 때문에 인도는 '종교의 나라'이지 '철학의 나라'가 아니다."24

이러한 사유는 주첸즈가 설계한 치밀한 문화철학, 즉 종교, 철학, 과학 등 문화유형의 연쇄적 관계형식에 기초한다. 간략히 보아 인도의 종교는 종교적 측면에서 보면 단지 '종교적 종교'로서 문화유형의 원시적 종교신앙을 대표한다. 그러나 철학으로 논한다면 오직 '종교적 철학'만이 존재할 따름이지 '철학적 종교'는 아니다.25 이를 재차 량수밍의 관점에 대입해보면 "인도에는 개개의 철학자는 없지만 개개의 종교는 존재한다. 이른바 인도의 철학자가 모두 종교에서 구한다는 말은 상식이다."26 량수밍에게 인도철학은 인생의 세 번째 방향인 '의욕의 자신을 반성해 후퇴적인 추구'로부터 본체를 연구해 생활을 싫어하고 포기함으로써 생활을 멈추어 최후에는 본체를 실증하게 되며 이 본체론 위에서 비로소 새로운 방법을 찾아낸다고 말할 수 있다.27 본질적으로 인도철학의 형이상학은 단지 인도종교의 부속물로서 '종교적 철학'일 뿐이다. 량수밍은 주첸즈보다 먼저 인도가 종교문화임을 확신하고 "인도인의 문화에서 유일하게 흥성한 것은 종교다. 그리고 철학, 문학, 과학, 예술은 종교에 부속되어 있다"28고 천명한 바 있다. 그가 보기에 "세상에서 인도인만큼 종교를 갈구하고 열망하는 민족은 없었다. 세계에 종교가 기묘하게 번성하고 가장 진보한 지역은 인도 땅을 뛰어넘는 곳은 존재하지 않았다"29.

주첸즈도 량수밍과 동일한 입장에서 인도로 대표되는 '해탈적 지식'이란 '출세간주의'를 의미한다고 생각했다. 인도인들이 생활에 염증을 느껴 속세를 떠나려고 함은 '불사不死의 참생명'을 가장 심오하게 바라기 때문이라는 것이다. 그는 해탈적 지식인 '종교적 문화'를 다음과 같이 진술한다. "종교적 문화란 사람들에게 자살을 가르치지 않는다. 오히려 초월적 희망을 품게 하여 스스로 안위를 찾아 계속해서 생활할 수 있도록 한다. 종교적 '몰아沒我'는 개체를 단멸시키려고 하는 것이 아니라 개인을 원만한 무한無限 속에 융화시켜 '대아大我'를 실현해나가는 데 있다. 진정으로 종교적 출세간의 경험에 도달한 사람은 자신의 정감을 편안치 않게 하는 현존세계를 벗어나려고 힘써 노력한다. 그러나 현존세계 이외의 세계, 즉 자신의 정감을 편안토록 하는 초월세계에 대해서는 이 성과를 획득하기 위해 비록 많은 희생의 피를 흘리더라도 마다하지 않는다. 그들은 이 현존세계가 너무나도 고통스럽다고 생각하기 때문에 해탈을 바란다. 소승小乘의 『불본행집경佛本行集經』은 부처가 왜 출가해 득도했는지를 서술하고 있다. 이것은 종교의 참된 필요가 슬퍼하고 비참한 마음이 절실한 '해탈적 지식' 속에서 온다는 사실을 일깨워 준다."30

이러한 방식의 이해는 종교를 '출세간(出世)'으로 규정했던 량수밍의 종교 연구와 일치한다. 량수밍은 종교란 두 가지의 조건인 '사람의 정서와 의지 방면에서 위로를 주는 것'과 '사람의 지식작용을 초월(超外)하는 것'을 갖추어야 한다고 주장한다. 량수밍의 관점에서 이 두 조건은 분리될 수 없으며 반드시 "지식을 초월하는 길로 나아가 정서와 의지에 안위를 꾀하는" 행위만이 종교일 수 있었다.31 그에 따르면 "모든 종교는 이 한 가지로 귀결된다. 단지 이 일을 수행하는 방법이 다를 뿐이다. 어떤 사람은 예배를 하고 어떤 사람은 기도를 한다. 또 어떤 사람은 노래하거나 찬송하거나 청정하게 지내거나 고행하거나 금욕하거나 요가수행을 하는 등 헤아릴 수 없이 많은 종류가 있다. 그러나 통틀어 하나의 일—출세간(현존세계를 초월한 세계, 여기서 현존세계란 우리의 지식 속에 있는 세계다)에서 귀의처를 찾아 일삼는 것이다. 이 일을 하나 이루면 하나의 격려와 위안을 받을 수 있고, 그 일을 이루면 이룰수록 현세에서 더 멀리 떠나 초월로 나아간다. 그러므로 이 일을 '출세의 일(出世之務)'이라고 일컫는다. 종교는 출세를 일컫는다."32 이상의 내용을 현존세계를 정감이 편안치 않은 세계, 초월세계를 정감이 편안한 세계로 보았던 주첸즈의 종교 이해와 비교해보면 양자가 종교를 '출세간'이나 혹은 '해탈'이라 규정한 의미가 무엇인지 충분히 파악할 수 있을 것이다.

각설하고, 주첸즈는 인도의 종교문화는 종전에는 아리안족에게서 기원한 것으로 여겨졌지만 현재는 20여 년 동안 진행된 발굴 결과 인도의 아리안족 이전에 매우 높은 문화가 존재했다는 사실이 밝혀졌다고 소개한다. "이 민족은 몸이 단신이고 피부가 거무스레하여 니그로(negro)계통에 속한다. 처음에는 인도 북부에 거주했지만 후에 아리아인의 압박으로 인해 인도 남부로 이주했다. 사성四姓 중의 수드라(sūdra, 首陀羅)가 사실 이 드라비다족(Dravidians)에 해당한다. 인도어로 계급을 '바르나'라고 일컫는다. 이것은 본래 '색깔'을 의미한 것으로 아리아인이 자신들을 원주민인 흑인과 구별하려고 사용한 말이지만 실제로는 그들보다 앞서 존재한 '드라비다문화'를 가리킨다. 1922년 모헨조다로(Mohenjo-Daro) 등지에서의 발굴성과, 그리고 1925년의 보고서에 근거하자면 이 민족의 갈래이고 대형 목욕탕을 중심으로 하는 종교문화는 이후 불교문화와 매우 관계가 깊다는 사실을 알 수 있다."33 주첸즈는 이 발굴성과와 언어학상의 고증을 들어 인도는 서양과 동속인 인도유럽어족(Indo-European languages)이기는 하지만 엄격히 말해서 이 인도문화의 개척자는 아리안족의 '베다(Veda, 吠陀)문화(BC 2000~BC 500)' 이전 그 선주민인 니그로계통의 '드라비다인—흑인종'이 창조한 종교문화라고 판단했다. 그리고 이후 세계의 종교문화는 그 영향권 하에 있다고 주장한다.[34]

더욱이 주첸즈는 이러한 인도의 '드라비다인—흑인종'이 개척한 종교문화에 더하여 중국문화는 '황인종'에 의해 창조된 철학문화이고 서양문화는 '백인종'에 속한 과학문화라는 '문화3원론'에 대한 다소 비판의 소지가 있는 '문화인종설'로까지 확장시킨다. 그런데 여기서 특히 주목되는 점은 인도의 드라비다인이 창조한 이 문화는 여래如來 불교문화와 더 가깝다고 제기한 문제다.[35] 전통적으로 인도사상은 정통사상과 외도外道사상으로 분류된다. 이 둘을 구분하는 기준은 베다의 권위를 받아들이냐의 여부에 달려 있다. 즉 베다의 권위를 받아들이는 사상을 정통이라 하고 그것을 부정하는 사상을 외도라고 한다. 이른바 '육파六派철학'이 이 정통사상에 속하고 불교는 외도사상 중의 하나다. 이 외도사상의 시원은 아리아인들 중심의 정통사상과는 달리 토착적인 배경을 지닌다는 생각이 정설로 받아들여지고 있다.[36] 주첸즈는 이러한 사고의 연장선상에서 불교를 '반베다문화'로 분류한다. 그는 인도에 앞서 존재한 드라비다인의 배물교拜物教가 기점이 되어 베다시대의 다신교와 브라만교(婆羅門, Brahman)시대의 일신교로 이어졌다고 논증한다. 그리고 인도의 종교문화가 발전해온 역정은 베다시대로부터 계산해서 세 시기로 나눌 수 있다고 말한다.

주첸즈의 설명을 옮겨보면 다음과 같다. ① 베다문화(브라만문화): 베다에 근거하여 그 교의를 조직했던 정통파는 브라만교가 그 대표라고 할 수 있다. 그 나머지는 베다의 교의는 인정하면서도 직접적으로 계승하지 않은 파인데 상키야학파(Sāṁkhya, 僧佉派 · 數論派), 니야야학파(Nyāya, 尼

耶也派 · 正理論派 · 因明論派), 요가학파(Yoga, 瑜伽派), 바이셰쉬카학파(Vaiśeṣika, 吠世史迦派 · 勝論派) 등이 여기에 속한다. ② 반베다문화(불교): 브라만교를 부정해 불교 초기 500년 동안 '사제(四諦: 苦 · 集 · 滅 · 道)'가 널리 전해졌다. 이것이 소승법小乘法으로 브라만에 반대한 시기다. 인도의 불교는 두 시기로 나눌 수 있다. 붓다(Buddha, 佛陀)로부터 AD 2세기 나가르주나(Nāgārjuna, 龍樹)의 출세까지가 소승교小乘教시기고 나가르주나 이후부터가 대승교大乘教시기다. 소승이 앞이고 대승이 뒤인데 소승은 팔리어(Pali)로, 대승은 범어(Sanskrit)로 각각 되어 있다. ③ 신新베다(베단타학파): 나중에 베단타학파(Vedānta, 吠檀多派)가 흥기해서 또한 '부정否定의 부정'이 일어났다. 이때 \바다라야나(Bādarāyaṇa, 婆陀羅衍) 등이 출현해 거듭 교의를 발양시켜 현재의 새로운 힌두교(印度教)가 있게 된 것이다.37

이상의 내용을 근거로 해서 주첸즈는 인도문화사를 종교문화의 발전사라고 단정한다. 설사 철학적 측면에서 접근한다고 해도 인도문화는 '종교적 철학'일 따름이지 '철학적 철학'은 아니라고 거듭 말한다.38 여기서 '종교적 철학'이란 량수밍이 명시한대로 방법과 문제상 그 철학이 종교로부터 나왔음을 의미한다.39 같은 맥락에서 주첸즈는 본질적인 문화유형에 한정해볼 때 "인도문화는 철학을 지침으로 하지 않고 종교를 귀결점으로 한다는 사실을 알아야만 인도문화의 역사를 잘 이야기할 수 있다. 또한 그래야만 중국문화, 서양문화와 대비되는 인도문화의 독특성을 분명히 이해해 두루뭉술한 주장을 펴지 않을 것이다."40 라고 피력한다. 주첸즈의 입장에서 인도문화의 특색은 '해탈적 지식'에 있었다. 다만 이 해탈적 지식에는 깊음(深)과 얕음(淺)의 두 의미가 병존한다. 이른바 얕음의 의미는 소승의 『열반경涅槃經』에 열거된 자아自餓, 투연投淵, 부화赴火, 자좌自坐, 적묵寂默, 우구牛狗의 여섯 고행苦行외도가 그

예이고[41] 깊음의 의미는 반야의 공관空觀, 즉 '있는 바가 없고 얻을 수 없음(無所有不可得)'이 그 예라 했다. 이것은 종교지식문화의 궁극적 진리라고 할 수 있다. 그러나 주첸즈가 보기에 인도 종교문화의 최대 공헌은 그 영향을 세계로 전파했다는 데 있었다. 화엄華嚴, 천태天台, 선종禪宗 등 '중국불교'를 발생시켰고 서양의 '원시기독교'에도 영향을 미쳤다는 것이다.[42]

3. 철학적 문화구역—중국

이른바 '세계단위'란 주민이 동일한 세계관을 공유하는 범위를 지향한다. 동시에 그것은 생태, 풍토, 외부문명이 겹쳐진 위에 생긴 것이다. 특히 문명은 때로는 복수의 풍토를 결합시켜 하나의 새로운 지리적 범위를 만들기도 한다. 그 범위가 해당 지역주민에게 큰 의미를 가지게 될 때 그것을 '세계단위'라고 지칭할 수 있다. 따라서 세계단위는 주민에 의해 역사적으로 만들어진 의미공간이라 할 수 있다.[43] 이러한 문맥에서 세계단위론자들은 '중화中華세계'가 단일한 세계단위를 형성하고 있다고 주장한다. 이들의 주장을 구체적으로 살펴보면 중화세계는 그 기반에 다섯 가지의 서로 다른 생태구가 존재한다. '황토지대'를 중심으로 하여 북쪽에는 넓게 펼쳐진 '초원지대', 서쪽으로는 사막과 오아시스 지대, 남쪽으로는 삼림지대, 또 동쪽으로는 바다가 있다. 그리고 이 생태 각각에 대응하는 특유의 생업과 생활이 있어 개별적인 풍토가 생긴 것이다.[44] 그런데 중요한 것은 그러한 다양성 위에 "한漢문화라는 것을 눌러 덮어 그것이 뿔뿔이 흩어지려는 것을 억제하고 있다. 덮개를 씌워 뭉치고 있는 힘이 단순한 군사력은 아니다. 그보다는 '중화사상이라는 문명의 힘'이다. 인간이 생각해낸 이데올로기가 커다란 역할을 하고 있는 것이다."[45]

이처럼 중화세계는 한문화라고 하는 강력한 중심력에 의해 결합되고 완성된 사회를 가리킨다. 그것은 주민을 포함한 모두가 가치체계를 공유하는 안정된 세계인 것이다. 결국 중화세계란 '중화사상'으로 결합되고 그것을 공유하는 범위라고 할 수 있다. 여기서 말하는 중화사상 혹은 보다 넓게 중화문명의 주요 요소는 '유교사상'임은 물론이다. 관련 연구자의 설명을 빌리자면 "이 중화세계에서는 본인이 어떤 민족일까 하는 명제가 전혀 문제되지 않는다. 간단히 말해 양젠(楊堅, 541~604)과 리위안(李淵, 566~635)은 선비족이었을지도 모른다. 그러나 수隋와 당唐의 천자가 되었다. 좀 더 가까운 경우 청국淸國의 천자가 그랬다. 천자는 말 그대로 만저우(滿洲)족이었지만 자신이 유교를 중심으로 나라를 다스린다고 선언했을 때 한족들이 이를 수용해 전 중화세계의 정당한 천자가 되었던 것이다. 한자漢字를 필두로 여러 가지 한문화를 배우고 익히는 것, 그리고 유교와 같은 통치철학을 공유하는 것에 따라 생업과 언어와 육체적 형질이 다른 사람들이 하나의 세계를 완성하고 공존해나간다. 그것이 중화세계인 것이다".[46] 이 중화세계는 '문명에 뒷받침된 극히 교묘한 정치적 통치장치이기도 했다. 그럼에도 중국 지역연구자들은 "그것만으로 생태환경 등에 기인하는 지방의 차이를 모두 통합해 전체의 영역을 하나의 큰 문명권으로 일컬어지게끔 만들 수 있었다"[47]고 주장한다.

이로 보건대 중국에 있어 세계단위는 특이한 중화세계를 모체로 하는 하나의 문명권임을 알 수 있다. 현재의 중화세계는 통상 명대明代에 출현한 것으로 받아들여진다.[48] 그러나 역사상 중화세계는 한문화 중심의 가치체계를 가진 사람들이 거주하는 영역이고 그것은 '유교사상'

이 수용되는 범위와 일치한다. 유교는 중국을 하나의 '대문명권—세계 단위'로 결합시키는 힘이 되었고 중국은 그런 구조가 2000년에 걸쳐 역사 속에서 만들어진 복합적 지역에 해당한다. 주첸즈도 크게 보아 이 중국 지역연구자들과 의견을 같이한다. 그는 중국문화를 유교를 본질로 하는 '철학적 문화', 곧 '교양적 문화'로 규정한다. 막스 셸러의 용어를 빌리자면 '교양적 지식' 혹은 '본질적 지식'임은 물론이다. 주첸즈는 "이 지식에 있어 대단히 중요한 점은 적용되지 않은 곳이 없는 형이상학 방법으로서 종교와는 다르다"[49]고 했다. 참고로 1930년대 이후부터 중국의 문화학자들에게 본토문화(전통적 가치)는 일찍부터 새로운 '자문화의 미래상' 창출을 위한 참조체계로 타자화 · 객관화되었다. 따라서 주첸즈의 중국관은 특정지역(타자)을 탐구하는 현대적 의미의 '지역학' 범주에서 이탈되지 않는다. 다시 원점으로 돌아와 본질적 지식을 특질로 하는 중국문화는 '철학적 문화구역'에 해당한다. 주첸즈는 "중국이 조상에게서 물려받아 축적한 문화로서 가장 숭고하고도 절실한 것은 '사람(人)'을 본위로 하는 문화다. 때문에 본질적 지식이다."[50]라고 해명한다.

이러한 사고방식은 대국적으로는 량수밍의 문화사상과 궤를 같이한다. 량수밍은 중국문화를 세계문화의 두 번째 방향인 "욕구를 스스로 조절해 조화를 추구하고 중용의 태도를 견지하는 것(意欲自爲調和持中)을 근본정신으로 삼는다"[51]고 파악했다. 중국인은 문제에 부딪치면 해결하거나 국면을 개조하려 하지 않고 그 처지에서 자기만족을 구한다. 즉 문제에 대응하는 방법(생활방식)은 단지 자기 의욕의 조화일 뿐이라고 인식했다.[52] 주첸즈는 이러한 량수밍의 지역상像과 호응하면서 중국문화를 '본질적 지식'으로 규정한다. 더 나아가 '해탈적 지식'인 인도문화와 비교함으로써 종교와 철학의 방법이 상이함을 드러내어 중국의 문화적 특질을 보다 구체화하고자 했다. 그는 철학문화인 '정관淨觀'으로서의 중국을 종교문화인 '부정관不淨觀'으로서의 인도와 대비시켜 설명한다. 먼저 인도의 부정관인 ① 관신부정(觀身不淨, 이 몸은 부정한 것으로 알라는 것), ② 관수시고(觀受是苦, 감각적인 것은 모두가 고통스러운 것으로 알라는 것), ③ 관신무상(觀身無常, 이 몸은 항구성이 없어 끊임없이 변하는 것으로 알라는 것), ④ 관법무아(觀法無我, 모든 존재는 확정적인 我의 體가 없는 것으로 알라는 것)를 거론한다.[53] 그러면서 "이러한 방법에 의해 발생된 특수한 우주관이라면 자연히 우주는 죄악으로 충만하고 인간은 탐욕스러움은 물론 성내고 어리석은 존재로 여겨질 게 뻔하다"[54]고 지적한다.

이와는 반대로 주첸즈는 "중국문화를 대표하는 공가孔家인즉슨 형이상학적 관점에서 '생명의 아름다움(生命之美)'을 인식한다"[55]고 서술한다. 그리고 중국에서는 '정관'으로서 생명의 현실적 측면을 중시한다고 덧붙인다. 그는 그 논거를 『역경易經』에서 찾았다. 이를테면 ① 「대장괘大壯卦」에서 "바르고 크면 천지의 정감을 볼 수 있다(正大而天地之情可見矣)"라 함은 관신시정(觀身是淨, 이 몸은 정한 것으로 알라는 것)이다; ② 「함괘咸卦」에서 "그 감응하는 것을 관찰하면 천지만물의 정감을 볼 수 있다(觀其所感而天地萬物之情可見矣)"라 함은 관수시락(觀受是樂, 감각적인 것은 모두가 즐거운 것으로 알라는 것)이다; ③ 「항괘恒卦」에서 "그 항구성을 관찰하면 천지만물의 정감을 볼 수 있다(觀其所恒而天地萬物之情可見矣)"라 함은 관신유상(觀身有常, 이 몸은 항구성이 있는 것, 즉 생명은 영구히 유행하는 것으로 알라는 것)이다; ④ 「췌괘萃卦」에서 "그 모이는 것을 관찰하면 천지만물의 정감을 볼 수 있다(觀其所聚而天地萬物之情可見矣)"라 함은 관법유아(觀法有我, 모든 존재는 확정적인 我의 體가 있는 것으로 알라는 것)이다.[56] 이 일련의 철학문화로서의 '정관'은 생명의 진리를 존중해 인생은 살아볼만한 가치가 있다고 판단해 '교양적 지식'을 주장한다. 더불어 생명을 존중해 인생에 대해 긍정적인 태도를 취한다.

주첸즈는 이러한 유정有情세계에 대한 염원(欣求)을 중국문화의 특질로 간주했다. 그것은 종교문화로서의 '부정관'이 우주와 인생의 허망함을 몽환에 비유해 '환멸'과 '해탈적 지식'을 내세우고 인생을 허황된 꿈으로 여겨 인생에 대해 소극적인 태도를 취하는 것과는 근본적으로 다르다. 그렇다면 중국에 '종교문화'는 존재하지 않는 것일까? 주첸즈는 존재하기는 하지만 그것은 철학을 중심으로 하는 '철학적 종교'에 불과하다고 대답한다. 더불어 중국의 "종교는 '철학적 종교'라서 허무하고 적멸하며 아득하기 그지없는 공론空論과는 상이하다. 그들의 종교는 결코 우리들 유정 속의 현상세계를 뛰어넘어 존재하지 않고 이 유정 속의 현상세계 그 자체라고 할 수 있다. 그러므로 엄격하게 말해서 '종교'가 아닌 '철학'이라 한 것이다."57라고 설명한다. 그런데 여기서 중국 고대의 범신론(pantheism)을 '철학적 종교'로 특정한 것은 주목할 만하다. 주첸즈에 의하면 "『역경』, 「설괘전說卦傳」에 '신이란 만물을 신묘하게 함을 말한 것이다(神也者, 妙萬物而爲言者也)'라 했고, 「계사전繫辭傳」에서는 '신은 방소가 없고 역은 형체가 없다(神无方而易无體)'라 했다. 또한 『논어論語』, 「팔일八佾」에서는 '공자孔子가 제사를 지낼 적에는 조상이 앞에 있는 듯이 했고 신을 제사지낼 적에는 신이 있는 듯이 했다(祭如在, 祭神如神在)'라 했으며 『중용中庸』에서는 '지극한 정성은 신과 같다(至誠如神)'라 했다. 이러한 내용들은 모두 범신론의 증명이자 '사람(人)' 본위의 종교임을 말해준다."58라고 했다.

주첸즈는 결국 "중국에는 '자가(自家, 자기)정신'을 위주로 하는 '철학적 종교'만이 존재할 뿐이지 진정한 의식儀式적 종교는 존재하지 않는다"[59]고 결론을 내린다. 상기한 중국문헌에서의 '신'은 변화를 말한 것이고 단지 끊임없는 생명, 운동, 지속일 뿐이어서 '종교적 신'과는 다르다고 보았다. 아울러 신은 단지 자기정신의 산물로서 자신(自家)이 있고자 하면 있게 되고 자신이 없고자 하면 없게 된다는 것이다.[60] 량수밍도 "세계에는 중국인만큼 종교에 냉담한 민족도 없다. 중국은 스스로 종교를 만들어내지 않았고, 또 외래종교도 중국에 들어오면 반드시 그 모습을 바꾸거나 혹은 정신상 어떠한 관계도 맺지 못했다. 불교는 그 면모를 바꾸었고 기독교는 끝내 중국정신의 중심에 침투해 그 철학과 문학에 영향을 주지 못했다."[61]고 진술한 바 있다. 여하튼 주첸즈는 공자의 초자연적인 '괴력난신怪力亂神에 대한 금기(子不語怪力亂神. 『論語』, 「述而」)'를 전거로 들어 고대에 제사는 중시되었지만 종교는 없었다고 주장한다.[62] 그러나 이 발상은 중국에 종교 자체가 부재하다는 뜻은 아니다. 다만 "종교적 종교만큼은 인도로부터 왔고 인도문화에 의해 전파된 것"[63]임을 피력한 것이다. 량수밍이 "중국인의 사상은 분수를 지켜 편안히 머물고 만족할 줄 알고 욕심을 줄이고 본래적인 생명을 기르는 것이고 …… 또한 인도의 금욕사상도 없다. 스님과 도사가 결혼하지 않고 고행을 숭상하는 것은 인도문화의 모방이지 중국에 원래 있던 것이 아니다."[64]라고 한 의미가 그것이다.

다음으로 주첸즈는 전통적인 중국의 과학문화인즉슨 '철학적 과학'임을 규명한다. 이런 유형의 과학은 진정한 의미의 과학과는 상당한 차이가 있음은 물론이다. 주첸즈의 중국과학관은 량수밍이 "중국에는 서양식 학술사상 차원의 과학방법이 존재하지 않는다"[65]고 한 견해와 일맥상통한다. 량수밍은 중국은 "자연에 대해 분석적으로 관찰하지 않고 형이상학(玄學)적 직관의 길로 나아갔다. 또 자연을 제어하려는 생각이 없어 당연히 과학이 생겨날 수 없었다."66고 진단했다. 주쳰즈도 이 생각에 동의해 중국에 4대 발명이 있었지만 철학문화의 제한을 받아 크게 발전하지는 못했다고 여겼다. 그것은 실제적 연구에는 무관심하고 자연현상에 대해 오직 비유의 말만을 일삼는 '철학적 과학' 방법이 그 원인이라고 지목한다. 그에 따르면 "자연현상과 관련해서 '비유컨대 북극성이 제자리에 머물러 있으면 여러 별들이 그에게로 향하는 것과 같다(譬如北辰, 居其所而衆星拱之. 『論語』, 「爲政」)'라는 식의 말은 순수과학의 문제는 아니다. 중국에서 연금술이 발달한 적은 있었지만 연단煉丹사업은 문인들이 향을 피우고 악기를 연주하고 장기나 바둑을 두는 것과 같은 일종의 소일거리 정도여서 과학방법일 수는 없었다. 또한 인식의 대상으로 말하자면 가령 오행五行인 금金·목木·수水·화火·토土나 음양陰陽 따위는 모두 구체적인 사물이 아닌 추상적 의미여서 대상도 과학이 아니다."67

이렇게 볼 때 중국과학은 '철학적 과학'의 극한성 때문에 성공하지 못했다고 할 수 있다. 선약가仙藥家들의 과학사상은 철학형식에 갇혀 현재적 과학을 생산해내지 못했다. 그리고 송유宋儒가 격물格物을 내세우지만 그 '사물(物)'이란 것도 항상 인사人事를 지칭한 것이어서 자연과학에 어떠한 공헌도 없었다. 이런 이유에서 주쳰즈는 중국에서 그 본연의 진정한 '과학적 과학'은 '서양문화—외래과학'이 전파된 이후에야 발생되었고 그와 연계된 중국과학사의 전개 양상을 3시기로 분류해 설명한다. "명말의 쉬광치(徐光啓, 1562~1633)가 서양선교사들과 함께 천산수리天算水利의 여러 책들을 역술譯述한 것이 제1기이고, 청 강희康熙 때에 마태오 리치(Matteo Ricci, 利瑪竇, 1552~1610), 아담 샬(Johann Adam Schall von Bell, 湯若望,

1591~1666) 등을 참고해 『역상고성曆象考成』, 『의상고성儀象考成』의 여러 책들을 편찬한 것이 제2기에 해당한다. 그리고 동치同治 때에 쩡궈판(曾國藩, 1811~1872)이 장난(江南)제조창製造廠을 만들어 제조, 측량, 격치(格致, 청말에 물리, 화학 등 자연과학을 총칭한 말), 병서兵書 등을 번역한 것이 제3기에 해당한다. 이 이후로부터 중국은 이른바 과학이라고 하는 것이 존재하게 되었다."[68] 결론적으로 주첸즈는 중국에는 문화사에 있어 단지 범신사상만이 있었을 뿐 종교는 부재하고 수예手藝만이 존재할 뿐 과학은 없었다고 정리한다.[69]

그렇다면 중국문화의 본래적 정체성은 무엇일까? 주첸즈는 중국의 문화와 역사를 고찰한 결과 중국문화의 특질이 '인생'에 있다고 단언한다. 논변하기를, "중국에는 진정한 종교도 과학도 부재하며 오직 진정한 '인생철학', 즉 교양적 지식, 철학적 문화만이 존재할 뿐이다. 문화의 분파상 중국의 종교는 인도에서 전래된 것이고 과학은 서양에서 수입된 것이다. 중국에서 독자적으로 발전한 문화는 이 '철학적 문화'만을 꼽을 수 있다."[70] 중국에서 5,000년에 걸쳐 꽃핀 특수한 문화는 중국문화의 실제적 기초가 되는 철학이다. 이 철학은 "'신'이 중심인 '종교적 철학(인도형)'도, '물질'이 중심인 '과학적 철학(서양형)'도 아니다. 그것은 '사람'을 본위로 하는 '철학적 철학', 곧 생명론적 철학인 것이다".[71] 그런데 이 '본질적 지식'의 특징은 각 시대별로 인식이 다르다. 설명하기를, "송유는 '리理'라 했고 명유明儒는 '심心'이라 했으며 청유淸儒는 '인仁'이라고 했다. '리'가 천리, 이성, 우주론적 생명관이라는 생각은 18세기 유럽의 철학시대에 영향을 미쳤다. '심'이 도심道心, 인생론적 생명관이라는 생각은 일본의 도쿠가와(德川) 메이지(明治)유신의 철학시대에 영향을 끼쳤다. '인'이란 사람과 사람의 관계이고 사회론적 '생명관'이라는 생각은 무술유신시기 탄쓰퉁(譚嗣同, 1865~1898)의 '인학仁學'에, 또 신해혁명시기 쑨원(孫文, 1866~1925)의 '박애博愛'에 각각 영향을 주었다."72

이와 같이 중국의 '본질적 지식'은 시대별로 우주론적 · 인생론적 · 사회론적 차원에서 각기 인식을 달리한다. 그러나 중국문화의 '생명관적 철학'이라는 점에서는 공통점을 발견할 수 있다. 주쳰즈는 "중국문화의 특질을 현재적 시각에서 살아있는 언어로 나타내면 '정情'자와 '애愛'자"73라고 진술한다. 그는 중국문화를 철학으로 전제하고 동시에 중국의 형이상학을 '유정철학唯情哲學', 곧 '사랑(愛)의 철학'에 정초시키고자 했다. 특히 『주역周易』을 거론하면서 이 책을 관통하는 것은 '정情'자라고 말한다. "『주역』에서 인식하는 우주 본제는 도처에 존재하는 '정'이다. 모든 산천초목은 '정'의 화신이고 '참정의 흐름(眞情之流)'에서 유출된 것이다. 그러므로 '천지가 감응해 만물이 화생하고 성인이 인심을 감응시켜 천하가 화평하니 그 감응하는 것을 관찰하면 천지만물의 정을 볼 수 있다(天地感而萬物化生, 聖人感人心而天下和平, 觀其所感而天地萬物之情可見矣. 「咸卦彖」)'; '천지의 도는 항구해 그치지 않는다. 그 항구성을 관찰하면 천지만물의 정을 볼 수 있다(天地之道恒久而不已也. 觀其所恒, 而天地萬物之情可見矣. 「恒卦彖」)'; '췌란 바른 도로 모임이다. 그 모이는 것을 관찰하면 천지만물의 정을 볼 수 있다(萃聚以正也. 觀其所聚, 而天地萬物之情可見矣. 「萃卦彖」)'; '큰 것이 장성한다는 뜻이다. 바르고 커서 천지의 정을 볼 수 있다(大者壯也. 正大而天地之情可見矣. 「大壯彖」)' 라 했던 것이다."74

여기서 주쳰즈는 "본체란 우주 만물 사이에 존재하는 '참정의 흐름', 이른바 '가는 것이 이 물과 같구나. 밤낮을 그치지 않는도다(逝者如斯夫, 不舍晝夜. 『論語』, 「子罕」——)'"75라고 했다. 그는 우주의 본체란 '참정의 흐름'이며 '참정'이 우주와 인생의 본체라고 간주했다. 논구하기를, "고대의 철인은 대자연의 현상 앞에서 넉넉하고 잠심해 노닐면서 이르는 곳마다 모두 존재하는 본체를 직접 탐구했다. …… 만일 사람들이 대자연 속에서 묵묵히 체득할 수만 있다면 감성으로부터 생겨나온 이 노래, 이 읊조림, 이 휘파람, 이 춤은 언제나 참정에 맡기지 않은 때가 없다. 곧 본체가 아닌 때가 없고 천지와 동류同流하지 않은 때가 없는 것이다. 이전에 청밍다오(程明道, 1032~1085)는 사람들에게 천지의 생물과 기상을 관찰하도록 가르쳤고 천바이사(陳白沙, 1428~1500)는 처한 환경에 따라 천리를 체인토록 가르쳤는데 모두 이런 뜻이다."[76] 주쳰즈는 이 영원히 지속되고 창신創新되는 '참정의 본체'를 중국문화의 참된 대상으로 보았다. 『역경』이 바로 그러한 대상을 본떠서 우주의 여러 사물과 그 발전변화의 통칙을 탐구한 것이라고 할 수 있다. 그에 따르면 "『역경』은 몇 가지의 기본 관념, 즉 괘卦, 단彖, 효爻, 사辭, 상象을 포괄한다. 이 기본 관념들은 모두 '참정의 흐름'이라는 자연변화(변화법칙)를 명백히 말해주는 것일 따름이다."[77]라고 했다.

이 일련의 중국 형이상학은 궁극적으로는 인생철학상 '사랑의 철학'으로 귀결된다. 주쳰즈는 '참정'을 유가儒家적 '인仁'에 병치시키고 재차 그 '인'을 현대적 개념의 '사랑'으로 수렴한다. "천지만물은 '정情'이고 인생도 이 '정'을 가지는데 이것이 바로 '인仁'자다. 그러므로 인생에 하나의 정의를 내려서 '인이란 사람이다(仁者, 人也. 『中庸』; 仁也者, 人也. 『孟子』)'라고 한 것이다. 인생은 '인仁'이다. 이 '인'을 이해해야만 이 '사람'을 이해해 살신성인殺身成仁이 곧 살신성인人으로 되는 것이다. 그렇다면 '인仁'자의 의미는 무엇인가? '인'자는 '사랑'이다. 『역경』, 「계사繫辭」에 '자리에 편안해 인을 돈독히 하기 때문에 사랑할 수 있다(安土敦乎仁故

能愛)'고 했다. 『논어』에서는 '번지樊遲가 인을 묻자 공자는 사람을 사랑하는 것(樊遲問仁, 子曰愛人)'이라 했고, 또한 '널리 사람들을 사랑하되 어진 이를 친히 해야 한다(汎愛衆而親仁)'고 했다. 저우둔이(周敦頤, 1017~1073)는 『통서通書』에서 '사랑을 일러 인이라고 한다(愛曰仁)'라 했다. 한위(韓愈, 768~824)는 『원도原道』에서 '널리 사랑하는 것을 인이라 한다(博愛之謂仁)'고 했다. 이상을 보건대 '인'자가 '사랑'임을 알 수 있다."78 계속해서 주쳰즈는 "인생의 참된 의미는 사랑이고 수신修身, 제가齊家, 치국治國, 평천하平天下도 사랑일 뿐이다. 가장 절실한 개인의 사랑에서 시작해 인류 사랑에까지 미쳐 끝내는 『예기禮記』, 「예운禮運」의 대동大同적 이상에 도달하게 된다."79고 덧붙인다. 이 '대동세계—사해四海동포주의'가 다름 아닌 "인류애의 이상향임과 동시에 중국문화의 정수"80라는 것이다.

4. 과학적 문화구역—서양

일반적으로 세계단위의 연구자들은 인구조밀지역의 내재화하고 거대화한 '문명'을 중시하는 관점에서 대문명권의 3대 계통인 인도구, 중국구, 유럽구를 '세계단위'로 묘사할 수 있다고 말한다. 그러나 정작 이를 주창한 당사자는 "이 경우 유럽구만은 이러한 관점에 꼭 들어맞지 않을지도 모른다"81고 술회한다. 즉, "유럽이 참으로 사람들을 납득시킬 수 있는 조직의 철학을 제시했는지에 관해서 나 자신은 몹시 회의적이기 때문에 이렇게 말하는 것이다. 유럽은 하나의 문명권형 '세계단위'라기보다는 몇 개의 소규모적인 '세계단위' 군群으로 보는 편이 옳지 않을까."82라는 의구심을 토로한다. 그러나 이 문제를 풀기 위해서는 선행적으로 '유럽'이라는 말이 내포하고 있는 '복합성'을 정확하게 인지해야 한다. 사실상 유럽의 기원에는 독창적인 기본요소가 없다. 그리스 요소와 라틴 요소가 유럽대륙의 주변에서 유래하며 기독교 요소도 아시아에서 전래된 것이다.[83] 더구나 유럽은 생성을 위한 혼돈으로 변해왔으며 유지돼왔다. 그것은 지중해문화, 그리스문화, 라틴문화를 섞어놓았으며 헤브라이(Hebrai) 요소와 결합된 그리스 요소와 라틴 요소를 갖춘 동양에서 유래된 종교가 이 혼돈을 개화시켰기 때문이다. 그때부터 유럽은 조직상 무질서 속에 형성되었는데 동일한 풍토 속에 서로 경쟁하고 생활하는 매우 다양한 존재들로 연결되어 있고 상호반작용으로 구성되는 생태계의 방식으로 형성되었다.[84]

이로 보건대 유럽은 다양성 속에, 다양성에 의해서만 단일성을 갖는다고 말할 수 있을 것이다. 거듭 말해서 유럽(서구)문명은 거시적으로 '그리스 · 로마적 세계관(Hellenism)'과 '유대 · 기독교적 세계관(Hebraism)'의 상호 충돌과 융합이라는 문화 헤게모니 속에서 형성된 것으로 이해된다. 이 두 세계관은 서양에 '이성(ratio)'과 '신앙(fides)'이라는 문화 인자를 발아시켜 유럽의 중세 종교문화와 근대 철학문화를 형성시켰다. 이 양대 '문화 인자'의 상호 모순과 투쟁은 중세와 근대의 사상사를 관통하는 줄기로서 중세가 그리스 이성문화에 대한 기독교 신앙문화의 승리라면 근대는 그에 대한 역전을 의미한다.[85] 그럼에도 이 문화적 근원들은 균형 잡힌 종합을 이루기 위해 합쳐짐과 동시에 이 균형 잡힌 종합은 유럽문화의 공통점이며 특수한 토대다. 바로 이런 기반 위에 유럽은 민족국가, 민주주의, 인본주의, 합리성, 과학, 기술, 산업, 자본주의, 사회주의 등으로 특징지어지는 독창적인 문명을 탄생시켰다. 더군다나 오늘날 유럽은 막연한 문명의 국경들이기도 하다. 유럽문명은 세계도처에서 전개되었고 전개되고 있기 때문이다. 비서구의 문화나 종교들이 유럽의 문화나 종교에 저항하고 대적하려 할 때 유럽 민족국가의 형태를 차용하고 유럽에서 탄생된 과학, 기술, 군비 등을 발전시킨다. 이것은 세계 속에 분산되어 있는 대소용돌이의 독창적인 결과만이 아니며 그 자체가 지구적으로 되어버린 대소용돌이인 것이다.[86]

이 세계화된 유럽주의는 20세기 전반 '중국문화학'의 형성 지형에서도 핵심적인 문제였다. 중국 문화학자들의 공통된 명제는 그 위상이 세계사의 보편적 단계로 진입한 서구문화를 그것과는 이질적인 전통문화에 어떻게 수용할 것인가 하는 문제였다. 따라서 중국 현대 문화학의 탄생은 '전통적 가치'와 '근대적 가치'의 길항과 접합이라는 근현대 동아시아의 치열한 시대상을 반영한다. 당시 타자인 서구문화(과학, 민주)는 자아를 비추는 거울인 셈이었다. 주지하다시피 근대란 세계자본주의가 제국주의 단계로 들어온 시기다. 이러한 제국주의의 침략과 지배는 반半식민지, 반半봉건성을 심화시켰고, 그로 인해 야기된 민족의 정체성 위기는 반대급부로 서구문화의 본질을 규명하고자 하는 지식사조로 결집되었다. 주첸즈의 '유럽 인식'은 그 한복판에 위치한다. 이미 논급했다시피 주첸즈는 '유럽'을 막스 셸러가 제시한 '실용적 지식 혹은 자연정복적 지식'을 원용해 '과학적 문화구역'으로 규정한다. 그러나 이러한 발상은 량수밍이 서양문화를 첫 번째 방향인 "의욕의 전진적인 추구(意欲向前要求)를 근본정신으로 한다"[87]고 한 인식에 힘입은 바가 크다. 량수밍은 생활방식(문제해결의 방법)상 서양인이 "문제에 부딪치면 늘 전진해 착수하고 그 결과 국면을 바꾸어 자신의 욕구를 충족시키려고 한다"[88]고 말한다.

이와 같은 지역단위 구성에는 미묘한 문화와 문명에 대한 개념구분이 수반된다. 량수밍은 '인류생활의 방식(양식)'을 문화로 정의하고 별도로 '문명' 개념이 존재한다고 주장한다. 그는 문명이란 우리들이 생활

속에서 이루어낸 성과물에 해당한다고 하면서 생활에서 형체화된 제작품은 문명이고 생활상 추상적 방식은 문화라고 인식했다. 또한 각 문명의 차이는 성과물이 다르다는 것이고 그 성과물이 다른 데는 추상적 방식, 나아가 생활에서 문제를 해결하는 방법의 차이라고 보았다.[89] 량수밍은 이 사유형식의 연속선상에서 모든 인류의 생활은 대략적으로 "① 전진적인 추구, ② 자신의 생각에 대한 변환 · 조화 · 조절, ③ 자신을 돌려 물러서는 추구"[90]에서 벗어나지 않는다고 피력한다. 그에게 이 세 가지의 생활노선(방식)은 문화를 고찰하고 설명하는 근거가 됨은 물론이다. 이를테면 "생활의 근본은 의욕에 있고 문화는 생활의 방식일 따름이다. 그렇다면 문화의 차이가 의욕이 지향하는 방향이 다른 데서 연유함은 분명하다. 이 근본방향을 아는 것은 문화의 특색으로부터 그 원래의 출발점을 탐구함으로써 일목요연해진다."[91]고 했다. 이러한 인식에 기초해서 량수밍은 '자연정복', '과학방법', '민주주의'를 서양문화의 3대 특색으로 의제화하고 그 근본원천은 '의욕을 전진적으로 추구하는 서양인의 근본정신(방향)'에 있다고 논구한다.

이렇게 1920년대에 개진된 량수밍의 문화사상과 서양관은 1930년대 주첸즈의 문화학에 전승되어 '과학적 문화구역—서양'을 구상하는 발판이 된다. 여기서 특기할 점은 근현대 유럽문명의 본질을 종교성보다는 과학성에 초점을 맞추는 식의 발상은 분명 량수밍의 선행연구와 무관하지 않다. 량수밍은 서양문화를 설명하면서 자신의 '문화의 3방향설'을 대입해 '의욕의 전진적인 추구—헬레니즘(이성)', '의욕의 자신을 반성해 후퇴적인 추구—헤브라이즘(신앙)'이라는 양대 기층인자로 설정했다. 그는 서양문화의 '이성 인자'와 '신앙 인자'를 명시하고 현대 서양문화는 그리스 이성문화의 전통을 재창조함으로써 형성된 것이라고 설명한다. 바꿔 말해 '문예부흥' 이후 인생의 방향과 태도가 바뀌어 오늘날의 서양문화가 출현했다는 것이다. 량수밍에 의하면 "이른바 문예부흥이란 서양인이 그때부터 우리가 말하는 첫 번째 방향을 채택했음을 의미한다. 원래 서양인의 생활은 고대 그리스 · 로마시대에 첫 번째 방향을 걸었고 중세 1,000여 년 동안 세 번째 방향으로 전환했다. 그리고 문예부흥 시기에 결정적으로 첫 번째 방향으로 돌아와 옛사람들의 미진한 업적을 이어 서양 근대문명을 열었다."[92]고 진술한다.

주첸즈의 문화학적 유럽 지역연구는 상술上述한 량수밍의 문화관에 토대하면서도 보다 정치하고 진전된 형태로 진행되었다. 주첸즈는 근현대 서양문화의 특징을 량수밍이 호명해낸 '의욕의 전진적인 추구'라는 '헬레니즘(이성)'의 지반 위에서 막스 셸러의 '지식사회학—실용(자연정복)적 지식'과 협력해 자연정복적 문화, 곧 '과학적 문화구역'으로 풀어낸다. 더 직접적으로 말하자면 서양문화의 연원이 자연정복에 있다면 그 무기는 자연과학일 것이다. 자연과학의 연원이 그리스적 세계관에 있음을 적시한 것이다. 주첸즈는 과학문화의 가장 큰 특징은 찬란한 물질문명을 이룩하는 데 있다고 보았다. 이것은 서양문화의 실증주의와 실용주의가 환경을 개조할 것을 요구한 결과라는 것이다. 그러나 이것만으로는 과학의 근본원인을 해명하기에는 여전히 불충분하다고 판단하고, "과학이 과학문화인 이유는 과학방법을 응용함으로써 현상을 개변시키고 깨뜨려 분석해 연구하는 데 있다. 예컨대 프랜시스 베이컨(Francis Bacon, 1561~1626)이 말한 대로 '자연을 정복하고자 한다면 먼저 자연에 복종해야 한다'고 했으니 자연계를 인식하는 지식이야말로 근세의 자연과학을 성립시킨 원인이다"[93]고 논변한다.

주첸즈는 무엇보다 막스 셸러의 다음 말에 주목한다. "자연과학은 자연을 정복하기 위해 발생된 지식인 까닭에 '자연정복적 지식'이라 일컫는다. 자연과학의 가치는 지식 그 자체에 있지 않다. 지식의 외부에서 하나의 목적(자연정복의 의지)과 수단이 되어야만 효용이 발생한다. 그래서 또한 '기능(실용)적 지식'이라고도 한다."[94] 확실히 과학문화는 공리를 중시하는 문화와 분리될 수 없다. 또한 자연계를 인식하는 지식 역시 '자연정복적 지식'과 분리될 수 없을 것이다. 그러나 과학가치에 대한 주첸즈의 생각은 막스 셸러의 견해와는 반대로 '지식 그 자체'에 있었다. 주첸즈는 자연과학의 참된 가치는 효용성에만 있는 것은 아니라고 보았다. 우려하기를, "만약 효용으로 본다면 서양의 과학문화는 오직 비행기와 폭탄, 서양제의 소총과 대포만이 존재하는 것처럼 생각될 수도 있다. 바꿔 말해 무력적 문화 혹은 패도覇道적 문화만이 존재할 것이다."[95] 그러나 주첸즈의 입장에서 과학문화가 철학과 다른 이유는 현상적 · 사실적 · 실질적인 것을 연구한다는 데 있었다. 철학에서는 '순수한 유심唯心적 구조'의 위험성이 쉽게 노출되지만 과학에서는 이를 피할 수 있다는 것이다. 그러므로 과학을 너무 비하하거나 공리적이고 세속적 권력이나 이익만을 탐하는 분야로 치부하는 태도를 경계한다. 주첸즈는 학문과 진리를 탐구하는 진정한 과학정신을 환기시키면서 "최고의 명성을 떨친 과학자 위인들은 대부분 사실을 경애하고 진리탐구를 필생의 업으로 삼았다"[96]고 강조한다.

이렇듯 서양문화가 '과학적 문화'라고 한다면 종교적 문화, 철학적 문화란 존재하지 않는 것일까? 주첸즈는 당연히 존재한다고 대답한다. 다만 서양의 종교와 철학은 처음부터 '과학적 종교', '과학적 철학'일 뿐이다. 그리고 서양문화에 내재된 진정한 의미의 '종교성'과 '철학성'은 모두 외래문화에서 온 것이다. 먼저 그의 서양종교관을 살펴보면 그것은 량수밍이 "헤브라이즘은 동양에서 왔다. 아마도 고대의 인도와 관련이 있지 않을까 생각한다."97고 한 명제에서 출발한다. 주첸즈에 의하면, "우리가 서양의 종교를 논할 때 헤브루(Hebrew)의 종교인 기독교를 연상하기 쉽다. 그러나 이 사상은 세계 고등종교의 발생지인 동양에서 온 것이다. 그 현세적 행복에 반대하는 금욕주의로 보면 인도종교의 영향임은 의심할 여지가 없다. '인류의 타락', '하느님의 은전'과 같은 겸손한 교전敎典은 바로 아시아인의 종교적 특징으로서 서양의 종교라고는 할 수 없다."98 이런 맥락에서 기독교는 서양의 종교를 대표할 수 없음이 명백하다. 주첸즈는 오스발트 슈펭글러(Oswald Spengler, 1880~1936)의 『서구의 몰락*Der Untergang des Abendlandes*』(1918~1922)에 등장하는 '파우스트(Faust) 종교'를 서양의 종교, 곧 과학적 종교로 제시한다. 논하기를, "파우스트문화에서 그 정신의 근본특성은 가장 결연한 무한적인 의향 · 추구 · 몽상에 있으며 행위에서는 권력의지의 새로운 교의로 나타난다. 이것이 바로 서양 '과학적 종교'의 특질인 것이다."99

한편 주첸즈는 기독교의 근원이 멀리 동방에 있고 서양의 종교문화를 대표할 수 없음을 증명하고자 했다. 다시 말해 서양의 종교문화는 원천적으로 인도 종교문화의 영향임을 천명한다. 먼저 서양의 저명한 철학자 헤겔(G. W. F. Hegel, 1770~1831), 쇼펜하우어(A. Schopenhauer, 1788~1860) 등의 말을 열거하면서 이를 구체화한다. "헤겔은 자신의 『종교철학*Vorlesungsmanuskripte*』에서 유럽인의 종교가 초월적인 범위에 속하는 부분은 하나의 매우 먼 동방 특히 시리아(Syria)에서 왔다고 지적한 바 있다. 쇼펜하우어는 『의지와 표상으로서의 세계*Die Welt als Wille und Vorstellung*』에서 진실로 인도로부터 온 것이라 여겼다. 이 문제에 관해서는 전대에 이미 많은 사람의 토론을 거친 상태다. 독일의 하스(Hans Haas)가 지은

『불교와 기독교의 상호관계문제 서목*Bibliographie zur Frage nach d. Wechse—lbeziehungen zwischen Buddhismus und christentum*』(1922)에서 거론된 저자의 인명만도 5백 수십 사람이나 된다."100 이와 함께 주첸즈는 원시 기독교사의 연구는 3시기로 나눌 수 있다고 했다. 소개해보면, ① 기번(E. Gibbon)은 『로마제국쇠망사*History of the Decline and Fall of the Roman Empire*』에서 원시 기독교와 유대교의 관계에 주목했다. ② 몽슨(Theodor Mommson)은 『로마사*The History of Rome*』에서 그리스종교와의 관계에 관심을 가졌다. ③ 1893년 릴리(Arthur Lillie)는 『원시기독교가 불교로부터 받은 영향*The Influence of Buddhism on Primitive Christianity*』에서 인도 불교가 원시 기독교에 끼친 영향에 주목했다.101

더욱이 주첸즈는 수많은 학자들이 복음서의 근원인 소위 '시詩적 복음서'가 실제로 불교전설의 영향이라고 주장한 사실을 거론하면서 이 역시 타당한 이야기라고 수용한다. 그가 정리한 내용을 보면, "① 전파상에서 보면 에세네파(Essenes), 테라펜테파(Therapente) 등은 인도종교의 흔적이 남아 있다. ② 교의상에서 보면 윤회설, 염세설, 금욕설, 전쟁에 대한 세계주의적 태도 등은 모두 불교와 관계가 있다. ③ 종교의식상 관찰해보면 두 종교는 승려들이 동정을 중시한다거나 체발, 그리고 초, 향, 염주 등을 사용한다는 면에서 서로 일치한다."102 계속해서 주첸즈는 ④ 역사방법론상에 착안해 문헌, 민속, 고고 각 영역의 사료들을 들어 논증을 이어간다. 문헌학상에서 살펴보면 그리스의 밀린다왕(King Milinda) 때에 이미 불교의 영향을 받았다. 현존하는 팔리어(Pali language)본의 『밀린다팡하Milindapanha』와 동진(東晋, 317~419)의 번역본인 『나선비구경那先比丘經』이 그 증거다. 그리스인이 모든 종교의 소개자이므로 믿을 만하다. 민속학상에서 접근해보면 카를 카우츠키(Karl Kautsky)는 누가

(Luke)가 기록한 그리스도의 강생 이야기는 불교의 영향임을 증명한 적이 있다. 마지막으로 고고학상에서 살펴보면 아소카(Asoka)왕의 불교 전파는 그리스의 식민지인 야바나(Yavana, Yona)에서 새로 발견된 기념비를 통해 입증할 수 있다.[103]

다음으로 주첸즈의 서양철학관을 논해보자. 결론부터 말하자면 서양의 철학은 철학적 철학이 아닌 '과학적 철학'에 국한되며 실증론, 경험론, 기계론, 유물론, 자연주의 등이 그 예증이다. 그에 따르면 "서양의 철학은 영국의 베이컨, 토마스 홉스(Thomas Hobbes), 존 로크(John Locke), 데이비드 흄(David Hume), 그리고 실증론자 오귀스트 콩트(Auguste Comte), 허버트 스펜서(Herbert Spencer), 존 스튜어트 밀(John Stuart Mill)을 계승 발전시킨 것이다. 이들 경험론, 기계론, 유물론, 자연주의의 철학은 외계外界의 독립적 존재를 출발점으로 삼는다. 이렇게 독일 관념론과 대치되는 경험론의 철학사조는 처음부터 유럽의 철학계를 지배했다. 이 철학은 근본적으로 자연과학의 방법으로 인생을 통제한다."[104] 또 말하기를, "과학적 철학은 본질적으로 철학이 인생을 등한시하게 하고 자연과 유물唯物 연구에 경도되게 한다. 심지어 미국의 실험주의자 윌리엄 제임스(William James), 존 듀이(John Dewey) 등은 근본적으로 형이상학을 제거해 형이상학에 관해서는 대부분 문제 삼지 않았다. 독일에서의 관념론은 헤겔에 이르러 절정에 달했지만 좌파인 다비드 슈트라우스(David Friedrich Strauss), 루드비히 포이어바흐(Ludwig Feuerbach), 칼 마르크스(Karl Heinrich Marx), 페르디난트 라살레(Ferdinand Lassalle)는 절대적 관념론에서 절대적 기계론이나 변증법적 유물론으로 전향했다."[105]

이상의 논증을 통해 주첸즈는 서양의 철학은 '과학적 철학'만이 전부고 거기에는 진정한 의미의 '형이상학'은 부재하다는 사실을 보여주고자 했다. 이런 식으로 서양철학의 정통을 대륙의 합리론보다는 영국의 경험론에 맞추는 사고법은 분명 의구심과 논란의 여지를 남긴다. 그럼에도 이 논단은 충분한 역사적 맥락과 탄탄한 논리적 근거 속에서 개진된 것이다. 주쳰즈는 막스 셸러의 말을 빌려 "서양의 형이상학시대는 동양문화의 영향을 적지 않게 받아서 잠깐 동안 나타났다가 덧없이 사라져 버렸다. 현재는 벌써부터 '유물遺物'이 되고 말았다."[106]고 주장한다. 주쳰즈는 서양문화사에서 18세기 '철학시대—이성시대'는 중국철학의 영향임을 확신했다. 논지컨대 최초로 공자와 유교를 발견한 유럽인들로 알려진 가톨릭 예수회(Societas Jesu) 선교사들은 16세기부터 중국에 진출한 바 있다. 그리고 이들을 매개로 중국의 '유학 인문주의'가 유럽에 소개되었다. 더욱이 그에 대한 무신론 · 유물론적 인식문제로 폭발된 '중국전례典禮논쟁(Chinese Rites Controversy, 1645~1742)' 은 당시 서구 계몽사조 형성기에 중국철학을 유럽 담론장의 중심에 위치시켰다. 이 예수회 선교사들은 공교孔教에는 찬성했지만 송유宋儒 이학理學만큼은 반대했다. 그 대표적인 저작이 마태오 리치(Matteo Ricci, 利瑪竇, 1552~1610)의 『천주실의天主實義』, 니콜라 롱고바르디(Nicolas Longobardi, 龍華民, 1556~1654)의 『영혼도체설靈魂道體說』, 샤르므(Alexander de la Charme, 孫璋, 1695~1767)의 『성리진전性理眞詮』 등이다.[107]

주쳰즈는 특히 반이학운동이 유럽에 큰 영향을 미쳤다고 주장한다. 간추려보면 다음과 같다. 18세기 유럽사상계는 "중국철학을 받아들이든 거부하든 간에 모두 송유 이학이 토론의 핵심문제였다. 한편에서는 중국철학을 유물론 · 무신론으로 여겨 공격하는가 하면, 다른 한편에서는 중국철학을 유물론 · 무신론이라 인식해 환영했다. 어떤 이들은 중국철학의 이성설을 이단이라고 비판했으며, 또 어떤 이들은 이 이성설을 옹호해 중국철학을 곡해했다. 전자의 영향은 프랑스 니콜라 말브랑슈(Nicolas de Malebranche, 1638~1715)가 중국철학을 공격한 것이 그 예고, 후자의 영향은 그 예를 독일의 고트프리트 빌헬름 라이프니츠(Gottfried Wilhelm Leibniz, 1646~1716), 크리스티안 볼프(Christian Wolf, 1679~1754)가 중국철학을 옹호한 데서 찾아볼 수 있다. 말브랑슈의 비판은 프랑스 백과전서파의 무신론적 · 유물론적 철학에 영향을 주었으며, 라이프니츠, 볼프의 옹호는 독일 관념론의 고전철학을 형성시켰다. 그리고 전자는 프랑스의 정치혁명에, 후자는 독일의 정신혁명에 각각 영향을 미쳤다."108 이렇게 보면 서양의 철학시대는 중국의 철학문화가 전파되어 이루어진 것이 분명하다. 어쨌든 주첸즈는 서양문화를 19세기 이후 근대성(modernity)을 대표하는 과학문화로 인식했다. 여기에는 과학문화가 특성상 찬란한 물질문명을 이룩해 현재 세계정복의 경향을 띤다는 긴장감이 담겨 있음은 물론이다.

5. 끝맺는 말

일반적으로 현재적 의미의 지역학은 "특정지역에 대한 총체적이고 객관적인 이해를 통한 지속가능한 공존을 모색하는 학문"109으로 받아들여지고 있다. 이와 같은 지성적이고 도덕적인 정의와 의미를 부여하는 노력에도 불구하고 지역학이 순수한 세계인식의 한 부분이자 순수 아카데미즘의 범주에 자리집기에는 여전히 많은 난제들을 안고 있다. 그 주된 장애요인 중의 하나가 지역연구의 제국주의적인 추악성, 다시 말해 구미 패권적 국익에 봉사해온 정책과학이라는 혐의일 것이다. 이를 해소하기 위해서는 유럽의 식민지 지배와 미국의 전후戰後정책(냉전의 전략적 세계관)을 둘러싼 반성이 선행되어야 한다. 여기에는 20세기 초 일본군국주의가 팽배해짐에 따라 점령지에 대한 지배를 목적으로 실시된 해당지역에 대한 연구도 포함됨은 말할 것도 없다. 1907년에 창설된 남만저우(滿洲)철도주식회사의 조사부가 그 대표적인 실례일 것이다.[110] 더군다나 소련(러시아), 극동, 동남아시아, 남아시아, 근동, 구주(동구, 북구, 서구), 아프리카, 라틴아메리카 등의 세계의 지역구분이라는 이해에는 미국을 중심으로 하는 제2차 세계대전, 그리고 냉전이라는 과정 속에서 지역인식의 자의성이 이루어졌다. 전쟁 목적으로 종속시켰던 세계인식의 패턴이 전후 곧장 냉전상황을 맞이하게 된 20세기 최강의 강한 공간인 미국에 그대로 정착해버린 것이다.[111] 이러한 '지역'인식의 지배담론적 자의성이 현시대 세계화(globalization)로 인해 더욱 공고화되어 가는 추세는 실로 경계하지 않을 수 없다.

이와 관련해서 지역학에 내재된 '추악성의 본질'을 규명 · 교정하려는 일련의 세계단위론적 시도는 오리엔탈리즘의 문제설정과 동일문맥을 구성한다. 사이드는 오늘날 외국문화연구의 본질론상 가장 중요한 일은 "오리엔탈리즘에 대체될 수 있는 것이 무엇일까 하는 연구"[112]라고 말한다. 그 연구는 궁극적으로는 "어떻게 하면 타인을 억압하고 조작하는 것이 아닌 '절대적 자유와 자치(libertarian)'의 입장에 서서 상이한 문화와 상이한 민족을 연구할 수 있겠는가를 묻는 것이리라"[113]고 주장한다. 실제로 현금 세계문명은 타자와 호응하는 상호주체적인 대화와 화합이 기정사실화되고 있다. 이런 점에서 지역연구를 여러 문화권의 지속가능한 공존을 위한 세계인식의 새로운 방법으로서 자리매김하는 적극적인 이론구축이 시급하다. 20세기 전반 주첸즈가 구도한 '대문명권—세계단위'로서의 '세계문화의 지리적 3원론'은 여기에 부응할 수 있을 것이다. 특히 그것이 종래 지역인식의 구미형이나 이를 복사한 일본형의 제국주의적 구획개념에서 탈피된 동아시아 시각의 '탈오리엔탈리즘적 세계단위'라는 점에서 의미심장하다. 더불어 세계문화의 유형, 구조, 발전, 접촉(교류)이 구동하는 '문화학적 단위성'의 착상은 오늘날 인류사회의 장기지속적인 평화공존을 위한 새로운 지역연구의 방향설정에 귀중한 지적 영감과 좌표를 제공해준다.

제6장

중국문화의 지리적 분포: 남방문화운동

제6장

중국문화의 지리적 분포: 남방문화운동

세계단위론의 재발명주의적 접근

1. 문제 제기

'지역학(Area Studies, 지역연구)'은 19세기 이후 '근대 오리엔탈리즘(Orientalism)'이 본격화된 서구의 제국주의시대에 대외적인 식민지정책과 식민통치 수단으로 해당지역에 대한 관심에서 비롯되었다고 할 수 있다. 근대국가 세계시스템의 출현과 함께 식민지 대상지역의 민족과 문화를 국가적인 차원에서 대응하고자 하는 지역연구가 시작된 것이다. 1884년에 영국의 옥스퍼드대학(University of Oxford)에 개설된 민족학 강좌는 좋은 예일 것이다. 20세기 초에는 지역 이름으로 명명된 학제가 등장하면서 지역연구가 대학에 자리 잡기 시작했다. 대표적인 경우로 1916년에 설립된 영국의 SOAS(The School of Oriental and African Studies)를 꼽을 수 있다. SOAS는 교육, 연구, 도서관 등의 복합적인 기능을 갖춘 초대형 '지역학 산실'의 역할을 해왔다. 그럼에도 에드워드 사이드(Edward W. Said)는 『오리엔탈리즘*Orientalism*』(1978)에서 오늘날의 전문가들이 오리엔탈리즘보다는 '동양지역연구'라는 말을 선호하는 것은 "19세기부터 20세기 초엽까지의 유럽 식민주의의 난폭한 통치태도를 암시하기 때문이다"[1]라고 비판한다. 그는 이 시기에 오리엔탈리스트가 중요시된 데는 동양과 유럽 사이의 관계가 시장, 자원, 식민지를 추구하는 유럽의 한없는 확장에 의해 결정되었고 오리엔탈리즘이 학술적인 담론으로부터 하나의 제국적 제도로 스스로 완전히 변모되었기 때문이라고 꼬집는다.[2]

그러나 지역학을 정착시킨 데 결정적인 공헌을 한 것은 미국학계다. 제2차 세계대전과 함께 지역학의 판도는 미국 중심으로 바뀌었고 대규모 전쟁과 국제이해의 필요성으로 인한 해외지역연구의 발전을 불러온 것이다. 1943년 12월에 컬럼비아대학(Columbia University)이 일찍이 'Area Studies'라는 표현을 사용했다. 또한 같은 해 미국사회과학연구협의회(SSRC)가 『사회과학에서의 세계지역*World Regions in the Social Sciences*』이라는 보고서를 제출했다. 여기서 사용된 '세계지역(World Regions)'은 진정한 지역학의 '지역' 개념과 부합하는 모티브였다.[3] 이렇듯 미국에서 지역연구는 전쟁이라는 현실적 요청에 기인한다. 그리고 전후戰後 세계 각 지역들에 대한 관심이 사회과학과 결합함으로써 지역연구의 전형을 제시한 사례로 이해되고 있다.[4] 그러나 사이드의 지적대로 "19세기 초엽부터 제2차 세계대전까지는 프랑스와 영국이 동양과 오리엔탈리즘을 지배했다. 제2차 세계대전 이후에는 미국이 동양을 지배하게 되었고 과거의 프랑스, 영국과 마찬가지 방식으로 동양에 접근했다".[5] 그도 그럴 것이 지역연구는 "20세기 최강의 강한 공간인 미국이 동시대적 상황에서 만들어낸 세계적 대응을 위한 정책과학"[6]으로 파악된다. 좀 더 정확히 말하자면 전후 세계체제에서 미국의 헤게모니, 국가이익을 수호하기 위한 전략적인 냉전의 역학에 뿌리를 두고 있었던 것이다.

이처럼 지역학은 근현대 타지역에 대한 구미의 식민지 지배논리가 개입된 제국주의적 산물임을 부정할 수 없다. 더군다나 지역연구와 제국주의사상은 오리엔탈리즘의 연속선상에서 '타자'를 설정해 그것과 존재론적이고 인식론적인 관계를 가진다는 점에서 일치한다. 따라서 그것은 학문적 활동이라기보다는 "대체로 지배하기를 원하는 국가에 대한 국가정책의 수단으로서 이해되어야만 했다".[7] 그에 대한 교정노력은 지역연구에 있어 탈오리엔탈리즘(Post—Orientalism)의 '세계단위'를 의제화하려는 지적 모험에서 발견된다. 사실 '지역'이라고 하는 모티브를 매개체로 해서 세계를 바라보는 의미공간론적 인식론의 방법상 고려해볼 때 지역연구 특유의 인식방법의 구축은 무엇보다도 세계를 구성하는 '단위'성 논리의 해명에서 출발해야 할 것이다. 그러한 방향에서 가능한 지적 모색의 한 전범으로 '세계단위'론의 주장이 있다. 이 연구는 지역학 영역상 기존의 지역, 국가 등의 근대주의적 발명체를 부정하고 개성적인 '세계'성을 지닌 역사적 · 공간적 현실체로서의 세계단위를 찾아내려는 참신한 시도다. 그리고 '발명주의'는 그로부터 발제된 도발적 개념으로서 "근대주의적 사고양식의 한 유형이고 인간이 자기 자신의 생존과 이해利害에 관련된 세계에 대해 자의적인 이미지화를 행하려는 취향"[8]을 가리킨다.

세계단위론자들이 말하는 '발명'은 세계관의 허위의식적 허위화의 결정적 요인이며 사이드의 '상상적 지리학(imaginative geography, 심상지리)'이라는 개념과도 겹친다. 더욱이 20세기의 역사적 자기장 가운데 지역연구가 권력주체의 전략적 요청과 결부되어 편의주의적인 구획화가 강요된 상황에서 많은 '지역'이 발명되었다. 식민지 지배, 제2차 세계대전, 전후의 냉전 등 '지역의 발명'을 구하는 역사 역학은 끊이지 않았던 것이다.[9] 중화中華권 내부도 19세기 말 무렵부터 서구제국주의 열강의 세계분할권에 들어갔다. 대표적으로 영 · 불 간에 쓰촨(四川: 영국)과 윈난(雲南: 프랑스), 영 · 독 간에 창장(長江) 유역(영국)과 산둥(山東: 독일), 영 · 러 간에 창장 유역(영국)과 만리장성 이북(러시아) 등의 세력범위로 각각 구분 · 발명된 경우가 그 실례들일 것이다.[10] 아울러 여기에는 군국 일제의 점령지 지배를 목적으로 한 지역의 발명도 포함됨은 물론이다. 일본에서 최초의 지역연구는 만저우(滿洲)의 경영을 위해 '남만저우철도주식회사(만철, 1906년 설립)'가 행한 데서 기인한다. 만철 조사부가 이듬해인 1907년에 창설되어 정치경제정세조사, 자료수집 등의 작업을 일관되게 수행했다. 이 조사부는 근대 일본기업 최초의 지역연구 조사기관으로서 이후 조사대상지역을 만저우, 몽골, 시베리아, 러시아, 유럽 등으로 넓혀갔다. 1939년에는 이 조사부가 대규모로 개편되어 그 인력 규모가 2천명을 넘기도 했다.[11]

이상으로 볼 때 지역인식의 정상화는 근대주의의 단면인 '발명의 극복', 즉 전략적인 구획기호의 해체작업이 초미의 과제라고 할 수 있다. 따라서 "지역연구는 당분간 허실이 짜 만든 갖가지 발명체를 자연스런 모습으로 푸는 작업과 맞붙지 않으면 안 된다".[12] 본고는 이러한 문제인식에 적극 조응해서 세계를 바르게 구획하고 '세계의 단위성'을 보다 정확하게 파악할 수 있는 '효과적인 방법'을 안출하기 위해 기획된 것이다. 그 구체적인 연구수행은 발명주의적 세계지역(a world area)의 반대편에 존재하는 1930~40년대 중국 문화학자 주첸즈(朱謙之, 1899~1972)의 반제국주의적 문화지역(a cultural area) 구상, 이를테면 '중국문화공간(지리분포)설'을 재발명주의 차원에서 호명하고자 한다. 현금 유럽에서 지속가능한 보편적 공존의 가치를 추구하려는 지역연구의 목표가 '문화학(kulturwissenschaft)'을 통해 구현되고 있음은 주목할 만하다. 그런 점에서 주첸즈가 문화학 차원에서 개진하는 지역단위론은 시사해주는 바가 크다. 주첸즈는 자신의 '문화학—문화철학'의 최대 목적을 "문화의 지리상 분포를 분석해 중외中外문화 관계와 본국문화의 새로운 경향을 밝히고 미래의 세계문화 건설을 모색하고자 한다. … 가장 절박한 의도는 남방문화운동을 제창하는 데 있다."[13]라고 공언한다. 이와 같은 '문화구국계획—남방문화운동'은 세계단위의 연구자들이 재발명주의로서 주장하는 "잘못된 발명의 악폐를 정당한 발명의 의미론적 제시에 의해 극복하려는 시도"[14]임은 물론이다.

2. 중국문화의 특질과 지리분포

일군의 세계단위론자들은 인구조밀지역의 내재화하고 거대화한 '문명(civilization)'을 중시하는 관점에서 대문명권의 3대 계통인 인도구, 중국구, 유럽구를 '세계단위'로 묘사할 수 있다고 주장한다. 소위 세계단위는 동일한 세계관이나 가치관을 공유하는 지역이다. 이를 달리 표현해보면 '문화를 공유한다'는 의미일 것이다. 또 한편으로 생태, 풍토, 외부문명이 중첩된 역사적 의미공간이라고도 일컫는다. 그 대상을 전통적 기층문화에 한정하지 않고 외부문명의 영향도 중요시한다.[15] 이러한 시안을 동아시아 중국에 적용시켜보면 단일의 문명권형 세계단위를 안출할 수 있다. 논구컨대 중화세계는 그 기반에 다섯 가지의 서로 다른 생태구가 존재한다. '황토지대'를 중심으로 하여 북쪽에는 넓게 펼쳐진 '초원지대', 서쪽으로는 사막과 오아시스 지대, 남쪽으로는 삼림지대, 또 동쪽으로는 바다가 있다. 그리고 이 생태 각각에 대응하는 특유의 생업과 생활이 있어 개별적인 풍토가 생긴 것이다.[16] 그런데 중요한 것은 그러한 다양성 위에 "한漢문화라는 것을 눌러 덮어 그것이

뿔뿔이 흩어지려는 것을 억제하고 있다. 덮개를 씌워 뭉치고 있는 힘이 단순한 군사력은 아니니다. 그보다는 '중화사상이라는 문명의 힘'이다. 인간이 생각해낸 이데올로기가 커다란 역할을 하고 있는 것이다".[17]

여기서 말하는 중화사상 혹은 보다 넓게 중화문명의 핵심적 요소는 '유교儒教사상'임은 물론이다. 역사상 중화세계는 한문화 중심의 가치체계를 가진 사람들이 거주하는 영역이고 그것은 '유교사상'이 수용되는 범위와 일치한다. 세계단위론자들에 의하면 유교는 중국을 하나의 '대문명권—세계단위'로 결합시키는 힘이 되었고 중국은 그런 구조가 2000년에 걸쳐 역사 속에서 만들어진 복합적 지역에 해당한다. 주첸즈의 중국 지역관도 대국적으로는 이들의 견해와 일맥상통한다. 주첸즈는 중국문화의 특질을 유교를 본질로 하는 '철학적 문화', 곧 '교양적 문화'로 규정한다. 환언하자면 본질적 지식을 특질로 하는 중국문화는 재발명체로서 '철학적 문화구역'에 해당한다. 이러한 사유형식은 량수밍(梁漱溟, 1893~1988)의 '문화의 3방향(三路向)설'과 궤를 같이한다. 량수밍은 중국문화를 세계문화의 두 번째 방향인 "욕구를 스스로 조절해 조화를 추구하고 중용의 태도를 견지하는 것(意欲自爲調和持中)을 근본정신으로 삼는다"[18]고 파악했다. 중국인은 문제에 부딪치면 해결하거나 국면을 개조하려 하지 않고 그 처지에서 자기만족을 구한다. 즉 문제에 대응하는 방법(생활방식)은 단지 자기 의욕의 조화일 뿐이라고 인식했다.[19] 주첸즈는 이러한 량수밍의 지역상과 호응하면서 중국문화를 막스 셸러(Max Scheler, 1874~1928)가 지식사회학에서 제시한 지식의 3형식 중 '교양적 지식' 혹은 '본질적 지식'에 안배했던 것이다.[20]

주첸즈는 오귀스트 콩트(Auguste Comte, 1798~1857)의 '3단계 법칙'과 게오르크 빌헬름 프리드리히 헤겔(Georg Wilhelm Friedrich Hegel, 1770~1831)의 '3분分 변증법'을 차용 · 종합해 각각 '4단계 법칙'과 '4분 변증법'으로 발전시켜 이를 이론적 거점으로 삼아 문화학체계를 구축했다. 그는 시간과 공간 두 차원에서 '문화' 구조를 분석해 문화유형설, 문화분기分期원리, 문화분파分播이론, 문화단계창조(層創)진화이론 등을 제시했다. 잠깐 살펴보면 문화는 공간적 차원에서 4가지의 본질적 유형인 '종교', '철학', '과학', '예술'로 나눌 수 있다. 시간적 차원에서 이 4유형은 종(상하)적 발전의 관계가 존재한다. 여기에 종횡으로 교직交織하는 좌표계를 설계해 문화에는 상이한 시공에서의 상이한 특질과 발전경로가 있음을 설명한다. 그리고 예술(공감)문화가 동서양 문화의 최종 발전의 이상경임을 밝히려고 했다. 문화 형성의 영향요소인 지리환경을 들어 문화에는 지리공간상 분포의 차이가 있고 상이한 시공의 문화가 길은 달라도 예술문화라는 목적지가 같음을 입증하고자 했다.[21] 주첸즈에게 인류문화는 모든 지식적이고 사회적인 생활방식의 총칭이다. 이 생활방식은 역사와 지리의 차이에 따라 각종 다른 문화특질의 역사, 체계, 내용, 형식으로 나타난다. 그러나 그는 문화단위를 구별케 하는 문화특질의 핵심은 단연 '문자'라고 단언한다. 특히나 문화사회학상 모든 문화특질은 고대문명시대의 '역사민족'을 상징하는 '문자' 발명 이후의 문화특질이다.[22]

이로 보건대 문화특질로 인해 분포된 문화구역은 '인류역사시대'의 문화구역임을 알 수 있다. 주첸즈에게 인류문화는 물질적 문화뿐만 아니라 최고의 심리로서 '지식적 문화'를 겸유한다. 그는 "우리가 주목하는 문화특질은 지식문화의 특질이고 우리가 생각하는 문화의 각각의 특질은 스스로 하나의 문화단위를 이루지만 이러한 문화단위는 반드시 지식적 문화단위여야 한다"[23]고 천명한다. 그리고 역사시대의 문화특질은 구체적으로는 인류의 지식문화와 사회문화를 가리키며 지식생활상 종교, 철학, 과학, 예술, 사회생활상 정치, 법률, 경제, 교육이 존재한다. 결국 주첸즈는 세계사의 문화구역을 동서고금을 통틀어 문자발명과 지식문화 등의 문화특질에 따라 중국, 인도, 서구 세 문화단위로 설정한다. 이 가운데 문화의 독립으로 말하면 인도의 '종교문화체계'이거나, 아니면 중국의 '철학문화체계', 혹은 서양의 '과학문화체계'가 각각 존재한다. 또한 각 문화구역은 정지해 있지 않고 활동적이며 고립적이지 않고 상호 전파를 특성으로 한다. 그러므로 문화의 전파 차원에서도 '인도(종교)문화'에 의해 전파되었거나, 아니면 '중국(철학)문화'에 의해서, 혹은 '서양(과학)문화'에 의해 전파된 것으로 파악할 수 있다.[24]

주첸즈는 이상의 세계문화유형론을 재차 중국의 '철학적 문화구역'에 적용시켜 중국문화의 체계문제를 제기한다. 노가老家, 공가孔家, 묵가墨家를 서로 비교해 노가는 중국문화상 '철학적 종교'를, 공가는 '철학적 철학'을, 묵가는 '철학적 과학'을 각각 대표한다고 했다. 그리고 이 세 유파를 세계문화와 비교해보면 3가지 유형에 가깝다고 했다. 즉, "① 노가—종교형—인도의 종교문화에 가깝다. ② 공가—철학형—중국의 철학문화를 형성한다. ③ 묵가—과학형—서양의 과학문화에 가깝다."[25]는 것이다. 노자老子학설의 말류는 도교道教로 변모해서 종교노선을 걸었다. 이 유파는 최초에는 단지 청정무위清淨無爲였고 그 속에 약간의 장생불사長生不死를 담고 있었다. 그러던 것이 나중에는 장생불사만을 말하고 더 지나자 노자를 교주로 받들고 주문(부적)이나 기도 등 종교의식을 행하는 종파로 바뀌었다. 모두 노자가 종교형의 문화요소를 띤 연고다. 또한 원시묵학墨學이 유물론, 과학적 맹아를 지녀 별묵別墨시대에는 과학적 방법론이 성립되었고 물질과학에 공헌하고 상당한 성과를 거두었다. 그것이 가능했던 이유는 『묵경墨經』에 역학상 중력작용, 지렛대 원리, 광학상 빛의 직행, 방사, 요철렌즈의 허영虛影 등이 제시되어 있었기 때문이다. 환기컨대 주첸즈의 생각을 종합해보면 중국은 철학을 문화특질로 한다. 그러나 지식론, 우주론, 인생론, 사회론상 관찰해면 중국철학의 문화체계는 종교형인 노가철학이나 과학형인 묵가철학이 중국문화를 대표하기에는 불충분하다. 진정한 중국문화의 본위는 오직 공가철학이며 그것만이 중국 철학문화의 전체적 체계상 기본원형이 된다.[26]

한편 주첸즈는 인류문화의 형성원인과 구별을 외부의 자연환경, 곧 주로 지형과 기후로 귀결시킨다. 그는 온대, 특히 북온대를 세계문화의 발원지라고 생각했다. 그리고 세계문화를 고지, 평원, 해양이라는 '지형'에 의거해 3유형의 문화로 나누어 자신의 '세계문화 3원론'을 구성한다. 이 '3원론'은 문화학의 전체 생명선인 지식문화의 유형과 특질로부터 착상된 것이다. 이를테면 헤겔의 문화지리학의 형이상학적 이해를 통해 고원문화는 '인도'로서 지리적 특성상 종교적 문화구역을, 평원문화는 '중국'으로서 지리적 특성상 철학적 문화구역을, 해양문화는 '서양'으로서 지리적 특성상 과학적 문화구역을 각각 형성한다. 주첸즈는 여기에 더해 량수밍의 '문화의 3방향설'과 막스 셸러의 '지식의 3형식'을 원용함으로써 자신의 '세계문화 3원론'의 현재적 정체성을 정형화했다. 이 이론체계는 중국의 문화구역을 재발명하는 데 그대로 활용되어 남방문화운동을 호소하는 지접적인 이론근거인 '중국문화지형설'로 구체화된다. 주첸즈는 중국문화의 역사적 발전을 중국의 수3지리에 따라 북방의 황허(黃河)유역문화에서 발생해서 중부의 창장(長江)유역문화를 거쳐 남방의 주장(珠江)유역문화에서 진전된 것으로 여겼다. 그 지리적 기초는 세계문화의 분포와 동일하게 지형의 3가지 기본에 따라 구별할 수가 있다. 즉, 중국의 대지大地상 고지는 북부, 평원은 중

부, 해양은 남부에 각각 해당한다.27

주첸즈는 중국문화사에 있어 그 첫 페이지는 항상 '고지'에서 발생된 내용으로 장식된다고 말한다. 그리고 관련 서적들은 매우 많은 증거들을 들어 중국문화가 산봉우리에서 흥기한 것임을 설명해준다고 덧붙인다. 그 가운데서도 류이정柳詒徵의 『중국문화사中國文化史』(上册, 16~17쪽)를 논거로 내세우면서 "① 군주는 대대로 '임증林烝'이라 불린다. ② 당唐 · 우虞 때에 제후의 우두머리를 존중해서 '악嶽'이라 불렀다. ③ 순수巡狩하여 제후의 조회를 받을 때 반드시 '산악山嶽'에서 행했다. ④ 인민은 대대로 '구민丘民'이라 불린다. ⑤ 제왕된 자는 반드시 산에 올라서 봉선(封禪, 옛날 제왕이 태산에 가서 천지에 제사를 지내는 전례)을 행했다."28고 소개한다. 이렇게 주첸즈는 '북방 고지'가 중국문화의 발원지임을 밝히고 있다. 그리고 양한兩漢시대에도 중국문화는 변함없이 '북구'가 근거지였음을 설명한다. 이르기를, "'산둥(山東)에서는 재상이 나오고 산시(山西)에서는 장수가 나온다(『漢書』 卷69, 「趙充國傳贊」)'와 '관시(關西)에서는 장수가 나오고 관둥(關東)에서는 재상이 나온다(『後漢書』 卷88, 「虞詡傳」)'라는 속어가 있다. 이 곳 산둥과 산시는 화산(華山)이 경계가 되고 관둥과 관시는 한구관(函谷關)이 경계가 된다. 이로 볼 때 '고지'가 문화의 표준이 됨을 알 수 있다."29

계속해서 주첸즈는 중국문화의 근거지가 북부의 고지문화에서 중부의 평원문화인 '창장(長江) 유역'으로 옮겨가게 된 역사적 경로를 추적한다. 논구하기를, "고지문화는 지력地力 차원에서 관찰해보면 최초에는 자급자족할 수가 있었다. 그러던 것이 수隋 · 당唐 이후로는 미곡의 공급이 남방에 의지하지 않을 수가 없어서 하류河流의 운수가 크게 중요해졌다. 북부는 비록 황허가 있지만 황허는 '집안을 망치는 자식(敗家子)'

이라 불리다시피 항상 흉작지역이었다. 이와는 반대로 운하運河는 곡물을 북방으로 운송하기 위해서 판 것이다. 하류가 닿는 평원지역은 천하 재부財賦의 원천과 명맥임은 말할 필요도 없다. 그래서 남송南宋 때에는 '쑤창(蘇常)의 곡식이 익으면 천하가 넉넉해진다(陸游, 『渭南文集』)'와 '장저(江浙: 江蘇省과 浙江省)의 곡식이 익으면 천하가 넉넉해진다'라는 속어가 남아 있을 정도다."30라고 했다. 또한 주첸즈는 남송으로부터 원元, 명明, 청淸의 수대에 이르기까지 중국문화는 가장 풍요로웠던 '창장 유역'이 모두 그 근거지였다고 주장한다. 심지어 건륭乾隆이 장난(江南)에서 노닐던 시기에도 여전히 '장저는 인재와 문화가 집결되는 곳'으로 일컬어졌다고 고증한다.31

그런데 중국 중부의 평원문화도 영원불변한 것은 아니다. 주첸즈는 명대의 츄쥔(丘濬, 1420~1495)이 『광저우부지서서廣州府志書序』에서 '바다의 원리' 문제를 제기한 내용을 소개하면서 해양문화로서의 남부를 부각시킨다. 인용된 츄쥔의 말을 보면, "천하의 산은 모두 서북에서 발원해 분산되었다가 모여서 우뚝 솟아 큰 산맥을 이룬다. 천하의 내(川)는 모두 동남에서 굽이져 넓게 퍼졌다가 그쳐서 물이 괴어 바다가 된다. 광남廣南은 바다 사이에 위치해 천지산천의 극치에 달한 '기氣'를 받아들인다. '기'는 여기서 다해 거듭 배출되는지라 인물이 그것을 얻어 홀로 다른 나라와 다르다."32 주첸즈는 광의의 '세계 속 지역학(Global Study)' 차원에서 유럽문화를 '해양의 원리'가 지배하는 '과학적 문화구역'으로 보았다. 이와 동일한 문맥으로 협의의 '중국(국가)내 지역학(Local Study)' 차원에서 과학문화로서의 남방문화 성립을 주창한다. "당과 오대五代 시대는 영남嶺南은 만이蠻夷의 지역이었다. 명대에 이르자 해로海路의 교통이 점점 발달해 연해의 각지, 특히 광둥(廣東), 푸젠(福建)이 중서

中西무역의 근거지로 부상했다. 그리하여 경제사에 있어 이곳은 점차로 중요한 위치를 차지하게 되었다. 또한 서양문화의 영향을 최초로 받은 탓에 청말 쑨원(孫文, 1866~1925)의 혁명운동, 캉유웨이(康有爲, 1858~1927)의 유신변법운동도 광둥인이 중심이 되었다."[33] 주첸즈는 이를 토대로 근현대의 중국문화는 해양문화의 새로운 시대를 연 주장 유역의 '남방'이 근거지임을 확신했던 것이다.

이런 식의 발상은 지역연구가 어떤 면에서 공간적 속성인 '문화'에 의거해 고려할 때 가장 잘 정의될 수 있다는 주장과 접맥된다. 문화는 역사를 가지며 그것은 지리적 환경과 관련하여 존속하고 문학들을 산출하며 정치와 경제를 비롯한 다양한 방식으로 조직된다는 사고법이 그것이다.[34] 중국은 분명 공간적이고 역사적인 '문화'라는 공통의 요소로서의 통일성을 띤다고 할 수 있다. 그런 이유로 단일한 세계단위를 형성한다고 말해지는 것이다. 각설하고, 상술上述한 주첸즈의 논변을 간추려보면 황허유역문화기는 고대로부터 북송北宋 전까지고 창장유역문화기는 '송'에서 '청'까지며 주장유역문화기는 '청말'에서 '현대'까지라고 할 수 있다. 그런데 종교시기에서 철학시기, 과학시기로 발전해가는 '문화의 지리적 3주기'는 중국뿐만 아니라 서양이나 인도의 문화사에서도 동일하게 발견된다. 주첸즈에 따르면 "역사적 이론방법으로 고찰해볼 때 서양역사는 물력物力인 '경제'에 중점을 두기 때문에 경제투쟁의 역사로 나타난다. 중국역사는 인력人力인 '민족'을 본위로 하기 때문에 민족투쟁의 역사로 진행되었다. 마찬가지로 인도역사는 신력(神力, 종교단체)에 중심을 두는 까닭에 종교투쟁의 역사(예컨대 힌두교와 이슬람교)로 나타난다."[35]고 했다. 아무튼 중국문화의 역사발전과정을 '지리적 3주기'로 나누어 다음과 같이 표로 일목요연하게 제시한다.[36]

大事記 / 문화의 3주기						종교시기	철학시기	과학시기
제1주기	종교시기	黃河유역문화시대	제1小주기	중국문화의 제1차 독립발전기	BC 33세기부터 AD 3세기까지의 약 3600년	고대의 泛神사상 — 神農氏(天樂) —黃帝書(呂氏春秋 인용) — 殷·商시기 先祖에 대한 제사 — 商頌 — 갑골문자 — 周易 — 天道관념	春秋시대 — 天의 형이상학적 의미 — 老子(道) — 孔子의 易繫辭 — 戰國시대의 諸子百家 — 孟子—墨子	西漢 經學의 과학으로의 변모 — 서한 경학가의 陰陽學 精通 — 董仲舒 — 高相 — 京房 — 翼奉 — 東漢 儒者의 天文·星歷 정통(楊厚, 襄楷) — 張衡의 제작
						長江 유역으로 이동		
			제2小주기	중국문화의 인도문화전파기	AD 3세기부터 10세기까지의 약 1300년	魏晋·南北朝 때의 이민족 유입과 이민족 종교의 관계 — 佛教의 수입 — 石勒·石虎와 佛圖澄 — 苻堅과 鳩摩羅什 — 華夷同一論 — 朱昭之의 『難夷華論』	唐代 중국佛學의 인도불학에 대한 부정 — 玄奘이 칙명을 받들어 노자의 道德經을 번역함 — 唐 太宗이 노자를 부처와 같거나 그 위에 둠 — 唐代의 군주는 성이 '李'씨인 까닭에 특히 도교를 중시함 —唐 玄宗의 노자 도덕경에 대한 주석 — 兩京(唐代의 長安과 洛陽) 및 여러 州에 玄學을 두어 숭배함	中唐 五代의 疏證學時代 — 孔穎達의 『五經正義』 — 開元時代의 풍부한 藏書 — 唐末 雕板印書法의 발명 — 馮道 — "述數小學字書" — 五代監本

<table>
<tr><td rowspan="3">제2주기</td><td rowspan="3">철학시기</td><td rowspan="3">長江유역문화시대</td><td>제1小주기</td><td>중국문화의 제2차 독립발전기</td><td>AD 10세기부터 19세기까지의 약1000년</td><td>宋代의 중국문예부흥
— 우주철학시기
— 周易
— 生의 우주관
— 범신론
— 周濂溪, 邵康節, 張橫渠, 程明道, 程伊川, 朱晦庵, 陸象山, 楊慈湖, 鄭師山</td><td>중국계몽운동
— 인생철학시기
— 中庸
— 生의 인생관
— 낙천(樂)적 생활
— 陳白沙, 王陽明, 錢緖山, 王龍溪, 王心齋, 王東崖, 聶雙江, 羅念庵
— 東林學派(顧涇陽, 高景逸)
— 證人學派(劉蕺山) 唯情學派(惠棟, 戴震, 焦循, 阮元)</td><td>淸初 경세학파
— 사회정치철학시기
— 三禮春秋
— 生의 사회관
— 민족·민권·민생의 정치철학
— 고증학
— 顧炎武, 王船山, 黃梨洲, 顔習齋, 李剛主
— 今文學派</td></tr>
<tr><td rowspan="2">제2小주기</td><td rowspan="2">중국문화의 서양문화 전파기</td><td rowspan="2">19세기 아편전쟁부터 20세기(民國26년) 항전까지의 약 100년</td><td colspan="3">珠江 유역으로 이동</td></tr>
<tr><td>太平天國革命
— 기독교의 영향
— 天條書
— 幼學詩
— 天父下凡詔書
— 新旧遺詔聖書
— "討粤匪檄" 속의 태평종교관</td><td>戊戌維新과 辛亥革命
— 王韜, 薛福成, 張之洞, 李鴻章
— 康有爲
— 譚嗣同
— 梁啓超
— 嚴復의 서양명저 번역
— 孫中山
— 陳天華
— 胡漢民
— 劉師復
— 辛亥革命의 서양사상에 받은 영향</td><td>5·4운동부터 중국 國民黨의 새로운 건설까지
— 白話文운동 제창
— 구문화 반대
— 민주주의·사회주의
— 국민혁명의 흥기
— 사회과학운동의 새로운 흥기
— 과학과 인생관의 논전—중국사회사의 논쟁
— 전반서화론</td></tr>
</table>

제3주기	과학시기	珠江유역문화시대		중국문화의 제3차 독립발전기	현재	민국 26년 7·7 蘆溝橋事變으로 일어난 항전건국운동 — 三民主義 신과학 — 생명론 — 行의 철학 — 국방과학운동	평화건국강령	

어떤 의미에서 지역연구는 '공간=지역단위' 인식과 '시간=역사' 인식의 양면에서 도덕화와 지성화를 이루어내는 작업이다. 주첸즈의 지역인식은 이와 동일문맥을 구성한다. 중국문화가 당시 서구제국주의와 이를 모방한 일제의 굴절된 침략적 세계(지역)분할구도 속에서도 소멸되지 않고 오히려 왕성한 기상을 보이는 것은 전적으로 중국역사의 지리적 문화특질이 만들어내는 결과라고 인식했다. 즉, "중국에는 광대한 '문화공간'과 함께 장구한 '문화시간'이 존재한다. 중국이 항일전쟁에서 지금까지 패배하지 않은 것은 이 '문화공간'과 '문화시간'의 교호交互조건 때문이다. 중국의 장래는 우리가 이 문화공간을 어떻게 지켜낼 것인가 하는 문제에 달려 있다."[37]는 것이다. 주첸즈의 재발명주의적 지역인식은 문화의 유형설과 분기원리 등이 구동된 산물임은 당연하다. 논지컨대 중국문화는 '철학적 문화'이자 문화사로 보면 '철학적 문화사'라고 할 수 있다. 다만 이 철학문화의 발전에 있어 종적 방향에서 살펴보면 3단계인 종교시기, 철학시기, 과학시기, 정확하게는 종교적 철학시기, 철학적 철학시기, 과학적 철학시기를 거친다. 횡적 측면에서 살펴보면 '종교적 철학시기' 내에서도 1단계인 종교시기, 철학시기, 과학시기, 바꿔 말해 종교적 종교시기, 종교적 철학시기, 종교적 과학시기를 거친다. 기타 단계도 동일한 방식으로 유추해볼 수 있을 것이다.[38]

그러나 지금까지 기술한 내용은 단지 '지형적 원리'상에서 말한 것이다. 여기에 덧붙여 주첸즈는 '중국 역대 인물의 지리적 분포'를 논구해 중국문화의 중심이 고대에서 현대에 이르기까지 북쪽에서 남쪽으로 발전하고 있음을 증명하려고 했다. 그는 "량치차오(梁啓超, 1873~1929)가 역사통계학(『梁任公先生學術講演集』, 第3輯)을 제창한 이후부터 사학에서 통계적 연구법은 중국 역사가의 중요한 도구가 되었다"[39]고 말한다. 이 문제와 관련해서 모두 7명의 동서양 학자의 연구성과를 제시함으로써 그들이 역사통계학을 응용해 얻은 결론을 취하고자 했다.[40] 그 중에서도 중국인 학자 주쥔이(朱君毅, 1892~1963)의 『민국 15년 내 인물의 지리적 분포民國十五年內人物之地理的分布』를 높이 평가한다. 주첸즈는 이 소책자에서 "① 한漢으로부터 지금까지 중국인물의 변천은 서북쪽에서 동남쪽으로 쏠려서 마치 반월형半月形을 이루는 듯하다. ② 인물의 출현은 실제로 환경이 가장 큰 힘으로 작용한다."[41]라고 한 내용에 주목한다. 특히 열거된 숫자로부터 '중국 역대 인물의 지리적 분포', '중국 역대 문화의 지리적 분포'를 포착하고자 했다. 그 의도는 남방문화운동의 확고한 '과학적 기초—역사지리적 근거'로 활용하고자 하는 데 있었음은 재론의 여지가 없다. 먼저 주첸즈는 중국 역대 인물변천 추세도圖를 발췌, 명시한다. 그럼으로써 중국문화가 시대에 따라 북송 이전에는 황허 유역의 문화이고 청 이전에는 양쯔장(揚子江) 유역의 문화이며 최근 들어서는 주장 유역의 문화임을 밝히려고 했다.

(표1) 중국 역대 인물변천 추세도[42]

시대	前漢	後漢	唐	北宋	南宋	明	清	民國	최근(민국 15년 후)
인물이 가장 많은 省	山東	河南	陝西	河南	浙江	浙江	江蘇	江蘇	廣東

이와 함께 주쥔이의 글에 등장하는 민국 15년 내 다양한 '인물의 지리적 분포표'를 제시한다. 주첸즈는 이 자료들을 통해서 광둥을 중심으로 한 주장 유역의 남방문화가 '과학적 문화'이자 '산업적 문화'임을 입증하고자 했다.

(표2) 민국 실업實業인물의 지리적 분포표[43]

省	인원수	백분율(%)	등급	省	인원수	백분율(%)	등급
廣東	27	26.5	1	山東	1	0.9	11.5
江蘇	25	24.5	2	山西	1	0.9	11.5
浙江	21	20.6	3	湖北	1	0.9	11.5
河北	11	11.0	4	陝西	1	0.9	11.5
福建	6	5.9	5	雲南	1	0.9	11.5
安徽	2	1.9	7	遼寧	1	0.9	11.5
湖南	2	1.9	7	총수	102	99.6	14
國外	2	1.9	7				

(표3) 민국 교육인물의 지리적 분포표[44]

省	인원수	백분율(%)	등급	省	인원수	백분율(%)	등급
江蘇	19	26.7	1	雲南	3	4.2	7.5
浙江	13	18.2	2	湖北	2	2.8	11
河北	9	12.7	3	湖南	2	2.8	11
河南	5	7.4	4	廣東	2	2.8	11
江西	4	5.6	5	安徽	1	1.4	14
山東	3	4.2	7.5	遼寧	1	1.4	14
福建	3	4.2	7.5	國外	1	1.4	14
四川	3	4.2	7.5	총수	72	100	15

(표4) 민국 군사인물의 지리적 분포표[45]

省	인원수	백분율(%)	등급	省	인원수	백분율(%)	등급
河北	39	29.5	1	河南	3	2.2	13.5
安徽	13	9.8	2	湖南	3	2.2	13.5
山東	12	9	3	廣西	3	2.2	13.5
福建	9	6.8	4	貴州	3	2.2	13.5
江蘇	8	6.1	6	山西	2	1.5	16.5
四川	8	6.1	6	甘肅	2	1.5	16.5
遼寧	8	6.1	6	江西	1	0.7	19
浙江	4	3	9.5	陝西	1	0.7	19
湖北	4	3	9.5	吉林	1	0.7	19
廣東	4	3	9.5	총수	132	99.30	20
雲南	4	3	9.5				

이상 3종류의 표에 의거해 주첸즈는 중국문화의 지리적 분포를 해명한다. "북방은 황허 유역이 군사인물이 가장 많은 수를, 중부는 양쯔장 유역이 교육인물이 가장 많은 수를, 그리고 남방은 주장 유역이 실업實業인물이 가장 많은 수를 각각 차지함을 알 수 있다. 이렇게 되면 남방의 주장 유역이 '산업문화'와 '과학문화'를 대표한다고 우리가 줄곧 주장해온 의견은 무의식중에 역사통계적 증명을 얻게 된다."[46] 이 논변은 '남방문화운동—과학구국救國'의 이론적 근거를 마련하기 위한 예비적 장치임은 물론이다. 다음 말에서 선명하게 드러난다. "황허 유역이 비록 군사인물이 중심을 이룬다고 하더라도 과학이 발달하지 않아 반제항일反帝抗日전선에서 역으로 염치없는 군인의 무저항적 책략이 있게 되었다. 또한 양쯔장 유역이 교육인물이 중심을 이룬다고는 하지만 과학

이 발달하지 않아 학설과 사상이 단지 어떤 철학적 관념의 추상체계로 만 제한되었다. 결국 진정으로 반제항일을 하고자 한다면 우선적으로 주장 유역의 문화운동, 즉 과학적이고 산업적인 문화운동을 제창하지 않으면 안 된다."47 그러나 지형적 원리이든 역대 인물의 통계상이든 간에 이러한 논거는 단편적인일 수 있음을 지적해두고자 한다. 몇 가지의 지형원리나 통계치에 기대어 중국문화의 중심이 북방에서 남방으로 향한다는 주장은 일면 항일구망抗日救亡이라는 강한 가치론에 경도되어 자칫 객관적인 사실성과 예외성을 간과하는 단순 도식적 일반화의 오류를 범할 수 있기 때문이다.

3. 중국문화공간설: 남방문화운동

1) 중국문화의 현 단계

20세기 초 중국 지식인들이 '과학(賽先生, science)' 과 '민주(德先生, democracy)'로 대변되는 서양문명의 내재적 한계를 직시하게 된 계기는 1920년 3월 상하이(上海) 『시사신보時事新報』에 연재된 량치차오(梁啓超, 1873~1929)의 저서 「구유심영록歐游心影錄」(1918~1919)이었다. 이 책은 량치차오가 제1차 세계대전이 끝나고 폐허가 된 절망적인 유럽을 목도하고 과학만능적인 서구문명의 한계를 지적함과 동시에 중국문화의 부흥을 고취한 글이다. 그는 오스발트 슈펭글러(Oswald Spengler, 1880~1936)가 『서구의 몰락*Der Untergang des Abendlandes*』(1918~1922)에서 중국문화가 물질적 · 기계적 · 인위적 서양문명의 대안이 될 수 있다는 주장에 고무되어 중국의 전통문화를 정리하는 데 매진했다. 이렇게 독일의 '문화(Kultur)' 개념이 상승시킨 정신적 가치의 우위는 당시 량치차오를 매개로 중국 지식인들의 심상에 깊이 각인되었다. 이것은 남방문화운동의 창안자 주첸즈에게도 깊은 인상을 남겨 가까운 미래에는 정신과 생명을 본질로 하는 중국문화의 시대가 도래할 것이라는 믿음으로 귀착되었다. 그는 서구가 각종 생활이기利器인 물질문명을 창조해냈지만 반대급부로 세계대전이라는 다시없는 인류의 대재앙과 사회모순을 가중시켜 인간의 정신·생활상의 고통과 불안정을 초래했다고 판단했다. 그리고 머지않아 정신 지향적 중국문화가 서구의 물질 지향적 문화를 대체한다는 논리로 중국문화부흥을 예견했던 것이다.48

유럽문명은 크게 보아 '헬레니즘(Hellenism, 이성)'과 '헤브라이즘(Hebraism, 신앙)'의 상호교호交互 속에서 형성된 것임은 주지의 사실이다. 유럽은 이 양대 문화인자의 토대 위에서 정신성, 인본주의, 합리성, 민주주의, 민족국가, 과학, 자본주의 등의 덕목과 가치관으로 특징되는 독창적인 문명을 탄생시킨 것이다. 그러나 이런 점들 때문에 오히려 "유럽의 정수를 찾는다면 점진적으로 소멸되고 독창성이 없는 '유럽정신'만을 만나게 된다"49고 말해진다. 사실 유럽은 유럽적으로 조직되었다. 이 논단은 유럽을 조직하고 유럽의 독창성을 낳게 한 것에 의해 유럽이 정의된다는 의미다. 그러한 유럽정신은 근현대 세계를 유럽화시켰고 유럽주의를 세계화시켰다. 유럽적인 특징은 이제 더 이상 유럽만의 것이 아니게 되었다. 유럽은 세계 속에서 항상 차용되었고 질책을 받았지만 세계를 촉진, 성장시켰다. 그러나 또 다른 의미에서 '유럽성'을 파헤쳐 보면 본래적 덕목과 가치관이 아닌 반대의 속성을 엄폐하고 있음을 발견하게 된다. 유럽이 민주주의 혹은 이성이라고 한다면 그것은 한편으로 압제이기도 했고 이성의 사고 내에 포함된 신화이기도 했다. 때문에 에드가 모랭(Edgar Morin)은 "유럽은 혼란으로부터 막연한 경계들에서, 불안정한 기하학적 구조에서 무질서를 낳으며, 변화, 파괴, 변형으로 영향을 받은 불확실한 개념이다. 따라서 복잡한 정체를 애써 파헤치기 위해서는 그 불확실함, 막연함, 모순 속에 내포되어 있는 '유럽적인 사고'에 귀 기울이는 것이 필요하다."[50]고 지적한다.

주첸즈의 문화사상은 이러한 서구문명과 그 근간이 되는 근대성(modernity)의 내재적 한계를 직시하면서 형성되었다. 소위 근대란 유럽자본주의가 제국주의 단계로 들어온 시기다. 이 제국주의의 침략과 지배는 동아시아 중국의 반半식민지, 반半봉건성을 심화시켰고 그로 인해 야기된 민족의 정체성 위기는 반대급부로 서구문화의 본질을 규명하고자 하는 지식사조로 결집되었다. 가장 선구적으로 량수밍은 "서양문화를 연구하는 사람들은 서양문화의 자연정복, 과학, 민주주의의 모습만 보지 말고 인생태도, 생활방향에 유의해야 한다. 또한 서양문화를 중국에 도입하려는 사람들은 그 겉모습만 들여와 모방하려 하지 말고 반드시 근본적으로 그 방향, 태도에서 시작해야 한다."[51]고 말한다. 주첸즈의 서양관은 이러한 '서양인의 근본정신(방향)'이라는 량수밍의 지반 위에서 막스 셸러의 '지식사회학—실용(자연정복)적 지식'을 수용해 '자연정복적 문화—과학적 문화'로 규정한다. 또한 주첸즈는 현대를 과학시대로 통찰하면서 "철학문화인 중국, 종교문화인 인도는 얼마간 서양 과학문화의 색채를 띠는 것은 당연하다. 그러나 과학문화는 결국 과학문화여서 그것이 철학문화와 종교문화를 과학화할 수는 있지만 철학문화나 종교문화를 결코 대체할 수는 없다. 이 때문에 서양문화가 현대의 모든 문화구역을 동화시킨다고 하더라도 인도의 종교문화, 중국의 철학문화는 여전히 소멸되지 않는다."[52]고 단언한다.

주첸즈는 중국문화에 방점을 두어 그것은 현대일수록 더욱 새롭게 흥기하는 왕성한 기상을 떨칠 것이라고 주장한다. 문화의 독립적 현상으로 볼 때 중국문화는 영원히 지속되고 불멸한다는 것이다. 문화구국계획인 '남방문화운동'은 이러한 사고의 연장선상에서 개진된 것이다. 이 남방문화운동은 1930~40년대 서구와 일본 제국주의의 침략에 대한 중국의 항전건국시기의 저항 이론이라고 할 수 있다. 주첸즈는 1932년부터 광둥성 광저우(廣州)에 위치한 중산(中山)대학에서 20년 동안 교편을 잡으면서 남방문화건설에 크게 기여했다. 무엇보다도 항전 요구에 부응해 문화구국, 과학구국의 계획을 세워 남방문화운동을 적극 창도한 것은 유명한 사건 중의 하나다.[53] 그것은 1931년 일본군의 만저우(滿洲)침략전쟁인 '9 · 18사변'이 직접적인 계기가 되었다. 그는 술회하기를, "민국 20년 가을 이래로 제국주의자들이 우리에게 안겨준 모욕은 늘 나의 삶에 치욕스러움을 느끼게 해왔다. 상하이(滬)에서 베이징(平), 또 베이징에서 광둥(粵)에 이르기까지 도처에 중화민족이 멸망의 길로 치닫는 것을 보면서 몸서리쳐질 정도다."[54] 이 절체절명의 위기에 봉착한 중국은 항일구망이 당시 시대적 과제였다. 정치구국, 교육구국, 문화구국, 과학구국 등의 사회사조가 형성된 것도 이 시기다. 다만 "주첸즈의 경우처럼 문화구국과 과학구국을 위해 실행 가능한 구체적인 방안을 제공하고 적극적으로 실천함과 동시에, 다른 한편으로 이론상에서 그에 대해 과학적 논증을 실행한 이는 그리 많지 않았다".[55]

그런데 이와 같은 문화구국계획은 '문화'와 '문명'이라는 미묘한 개념구분의 지반 위에서 착수된 것임은 특기할 만하다. 주첸즈는 동서양의 생명철학을 기반으로 문화를 생명주의적 '생활'로 간주했다. 더불어 현재 서구문화인 문명을 문화의 물질적 기초로 보고 미래세계를 '예술문화'로 상정해 '생명성'을 강조한다. 이런 방식의 논법들은 모두 유학의 생명관과 연결된 독일적 '문화' 개념의 반향으로 볼 수 있다. 그리고 당시 서양과 일본의 제국주의에 대항하면서 보여주는 문화학적 중화 민족주의 성향은 보편성보다는 개별적 · 고유적 · 민족적 성격을 띠는 독일적 문화 개념과 무관하지 않다.[56] 특히 슈펭글러는 문화의 단계를 문화와 문명으로 구분해 문화는 종교적 · 정신적인 것이고 문명은 과학적 · 물질적인 것이라고 생각했다. 또한 문화가 과학적 단계에 이르면 물질이 과도하게 발달해 생명력을 잃고 멸망한다고 했다. 그러나 주첸즈의 관점에서 문명은 문화의 한 단계로서 이 단계는 더 높고 더 완전한 새로운 단계를 실현하기 위한 하나의 준비과정에 불과하다. 그는 문명을 문화의 최후단계로 보았던 슈펭글러의 생각에 반대하고 "문명은 바로 문화의 물질적 기초인 까닭에 문명은 문화의 종점이 아니라 도리어 문화의 새로운 기점이 된다"[57]고 주장한다. 이르기를, "문화와 문명의 문제는 예술문화가 흥기해서 과학문화를 대체한다는 바로 그 문제인 것이다. 문명의 본질은 과학적이지만 문화의 본질은 예술적이다. 문명과 문화의 차이는 과학과 예술의 차이다."[58]

이로 보건대 슈펭글러가 말한 '문명의 몰락'은 결국 동양사상에 근접하는 '예술문화'의 출현을 의미한다고 할 것이다. 이러한 주첸즈의 사유방식은 동서양의 예술관에서 선명하게 드러난다. 주첸즈는 중국예술과 서양예술의 차이를 사의寫意적 측면이 강한 '철학적 예술', 사실寫實적 측면이 강한 '과학적 예술'로 각기 구분한다. "중서中西 예술의 근본적 차이는 전자가 철학적 예술이라면 후자는 과학적 예술이다. 철학적 예술이 상상과 꿈의 의미를 함유한다면 과학적 예술은 대부분 자연의 모방에서 온다. 철학적 예술이 정서표현이 주가 되어 '사의적 측면'

으로 기운다면 과학적 예술은 자연묘사가 중심이 되어 '사실적 측면'으로 기운다."[59] 또한 예술적 홍취의 차이를 회화의 예를 들어 설명한다. "회화에는 본디 '내용에 주의하는 것', 그리고 '화면에 주의하는 것' 두 종류가 있다. 전자가 '마음(心)'을 중시한다면 후자는 '눈(眼)'을 중시한다. 전자의 경향은 중국화고 후자의 경향은 서양화다."[60] 이것은 중국이 '문화' 개념과 친연성을 갖는 '철학적 예술'이고 서양이 '문명' 개념에 가까운 '과학적 예술'이라는 말의 다른 표현이다. 다만 주첸즈는 진정한 세계의 새로운 예술은 '예술적 예술'의 출현을 기다려야만 한다고 생각했다. 이 '예술적 예술'의 출현은 동서양 예술의 조화세계고 그 정서와 이성, 마음과 눈이 조화·융합되는 신시대가 실현됨을 뜻한다.[61]

그건 그렇고 주첸즈에게 문화란 본질적인 차이 때문에 종교, 철학, 과학, 예술로 나타난다. 이를 지역단위론으로 치환해보면 문화의 이상향인 예술문화로 수렴되는 다원주의적 '세계문화 3원론', 즉 '종교적 문화구역—인도', '철학적 문화구역—중국', '과학적 문화구역—서양'으로 압축된다. 또한 이들 문화의 주기는 공통적으로 종교시기→철학시기→과학시기→예술시기로 이행된다는 점에서 동일하다. 그러나 진보의 정도가 다른 까닭에 단계적으로 인도는 종교→철학→과학→예술로, 중국은 철학→과학→예술로, 서양은 과학→예술로 나아가게 된다.[62] 이 도식은 인도의 종교문화, 중국의 철학문화는 이미 존재했던 문화고 서양의 과학문화는 현재의 현존하는 문화며 예술문화는 미래에 존재할 문화임을 보여준다. 문화란 본래 '생활'이어서 불변의 존재가 아니며 문화생활은 영원히 창신創新하고 변화하는 중에 있다. 다시 말해 문화 그 자체는 '변變'과 '동動'의 표현인 까닭에 문화는 과거의 모습 외에 어느 정도의 창조와 생성이 발생한다. 주첸즈에 따르면, "중국문화는 철학을 대표하지만 철학문화는 발전과 진화 속에서 반드시 엄격하게 과학문화의 세례를 받아 예술문화를 목표로 나아가야 한다. 마찬가지로 인도의 문화부흥은 종교문화를 기초로 해서 발전과 진화 속에서 현 단계인 과학문화의 세례를 받아야만 예술문화로 원만하게 나아갈 수 있다. 서양문화는 이미 과학적 기초를 가진 탓에 문화의 이상향과는 본래부터 비교적 가까운 편이다."63

상기한 세계문화구역의 인식체계는 중국문화구역을 재설정(재발명)하는 데 동일논법을 구성한다. 그 핵심적 논지는 인류의 보편문명인 예술세계에 도달하기 위해서는 선행적으로 '물질적 기초'가 필요하다는 것이다. 주첸즈의 말을 보면 "만약 과학문화의 현 단계가 철저히 실행되지 않는다면 이상적 예술문화, 즉 중국문화가 추구하는 새로운 문화의 경지는 결코 비장군처럼 하늘에서 갑자기 내려오지는 않을 것이다. 우리는 물론 필연세계를 싫어하지만 필연세계는 자유세계에 도달하는 하나의 계단에 해당된다. … 예술문화에 도달하기 전에 우리는 반드시 과학적 문화세계를 거쳐야만 한다. 확실히 과학적 문화단계를 지켜서 막다른 곳까지 이르러야만 예술적 세계로 전화轉化할 수 있다. 이것이 우리가 중국문화의 부흥을 제창하는 최대 목표다."64 덧붙여 그 자신이 주창하는 것은 과학문화, 곧 '실용적 지식'이지 천쉬징(陳序經, 1903~1967)의 전반서화全般西化형 문화학 이론에서 발견되는 '개인주의'가 아님을 분명히 한다. "우리들은 수학, 물리학, 화학 등의 과학이 중국의 인애仁愛적 인생관과 병립할 수 없다고는 결코 생각하지 않는다. 뿐더러 서양의 개인주의적 인생관을 근본적으로 뒤집고서 하나의 더욱 넓고 큰 인생철학의 건설을 도모해서는 안 된다고도 생각하지 않는다. '교양적 지식'과 '실용적 지식'은 분리될 수 없다. 중국의 문화부흥에는 확실히 과학의 새로운 기초가 요구되지만 과학문화를 받아들인다는 것이 이 때문에 그 원래 가졌던 위대한 문화정신을 잃어버리고서 개인주의의 길로 들어선다는 의미는 아니다."[65]

이처럼 주첸즈는 거시적으로는 전반서화가 중국문화의 유일한 활로임을 인정한다. "과거의 문화를 존중해야겠지만 과거의 문화는 오늘날 나의 창조활동을 거친 뒤라야 존재의 의미를 가진다. 따라서 모든 참된 문화는 현대적 문화, 현대에 적합한 문화다. 그렇지 않다면 과거문화로서 단지 찌꺼기이자 생명이 없는 미이라일 뿐이다."[66] 그가 판단하기에 생명성과 현재성을 지녀야만 참된 문화일 수 있었다. 진단하기를, "문화의 미이라는 자신도 오히려 보증하기 힘든 형편인데 어떻게 민족부흥의 가장 밝고 분명한 가로등 역할을 해줄 수 있겠는가?"[67] 그런 점에서 주첸즈는 무엇보다도 맹목적인 복고운동을 단호히 배척했다. "만일 문화부흥이 오직 과거의 고古문화를 재차 받아들인다거나 과거 봉건식의 문화를 회복하는 것이라고 한다면 이러한 복고운동은 문화의 파산, 민족의 멸망을 선포하는 것이나 진배없다!"[68] 또 말하기를, "중국문화의 황금시대는 과거가 아닌 미래에 달려 있다. 과거의 것은 이미 지나갔다. … 중국문화의 부흥은 회색의 고전문화에 있는 것이 아니라 20세기 후의 '예술문화'에 있다. … 철학(인생철학)은 본디 중국문화의 큰 특색(근본특질)임에는 틀림없지만 과거의 수천 년 동안 누적된 철학문화가 현재에도 억압의 힘으로 전해져 영원히 저 '자왈子曰', '시운詩云' 아래에 얽매여 해방될 수 없게 만든다. 그런 까닭에 '복고'적 방법은 구훙밍(辜鴻銘, 1857~1928)의 『춘추대의春秋大義』에서의 언론처럼 근본적으로 반대해야만 한다."[69]

이 일련의 논변에 비추어볼 때 주첸즈가 주창한 '문화구국론'은 보편문명으로서의 상위의 예술 · 생명 · 공감문화가 상정된 전통문화의 재창조라는 논리구조에서 이탈되지 않음을 알 수 있다. 그에게 민족문화의 부흥이란 판본 상에 기록된 선진先秦 제자諸子의 문화가 아니라 중국의 문화정신을 지칭한다. 다시 말해 살아있는 문화를 창조한다는 뜻이지 죽은 문화를 그대로 좇는다는 뜻이 아니다. 현대의 중국문화는 서양문화의 침입으로 파산의 지경에 이르렀다. 그러나 현 단계에서 서양의 과학문화는 중국의 철학문화를 기사회생시키는 약과 침이다. 현대문화는 중국 고古문화의 한 부정이다. 그러나 이 부정 자체가 제2의 부정이 되어 '부정의 부정'의 변증법을 이룬다. 즉 서양문화의 침입은 중국문화를 부흥시켜 새로운 예술적 문화세계로 이행케 하는 하나의 요소(Moment)이자 과정이라는 것이다.[70] 주첸즈는 이를 '지속(Duration)'과 '지양(Aufheben)'이라는 문화의 근본현상으로 설명한다. "변증법적 법칙에 의하면 문화 그 자체도 부단한 '지양작용'을 거친다. 과학문화(문명)로부터 지양해 예술문화(문화의 본의)가 된다는 것은 종교문화로부터 지양해 철학문화가 되고, 철학문화로부터 지양해 과학문화가 됨과 같다. 물극필반物極必反! 문화란 영구히 지속되는 것이 아니다. 그 자체의 모순이 발생될 때 중요한 위치를 잃지 않으면서 반대물로 변하는 것이다."[71]

2) 문화구국: 남방문화운동

주첸즈는 철학문화의 '장구한 시간성'과 '광대한 공간성'을 중국의 세계단위를 결집시키는 핵심요소로 거론한다. 아울러 그것은 다른 문화권과의 차별성을 갖게 만듦은 물론 타민족의 억압이나 자체 내구성의 소진에 의한 멸망을 막아주는 원천이라고 주장한다. 그는 모든 문화는 공간이 근거가 된다는 '문화공간설'을 내세우며 문화공간의 광대함은 중국 문화생명의 중요한 조건이고 중국문화는 고대로부터 지금까지 북에서 남으로 발전해왔다고 보았다. 그리고 문화공간상 관찰해보면 3시기로 나눌 수 있다고 했다. 중국문화사의 첫 번째 주기는 '황허유역문화기'고 두 번째 주기는 '창장유역문화기'다. 그리고 당대 세 번째 주기의 발전은 주장유역문화기다. 주쳰즈는 서술하기를, "중국의 점유지는 가장 넓은 까닭에 끝없는 문화공간이 발전의 기초가 되어 황허 유역의 문화공간이 그 중요성을 잃을 때 창장 유역의 문화공간이 대체해 일어난다. 또한 창장 유역의 문화공간이 사라질 때는 곧바로 주장 유역의 문화공간이 홍기해 그것을 대신한다."72 그런데 이러한 문화공간의 '양'적 문제는 문화시간의 '질'적 문제와 밀접한 상관성을 갖는다. "중국의 모든 문화는 무한한 경험 속에서 얻어진 것이기 때문에 쉽게 소멸되지 않는다. 더구나 문화공간의 광대성으로 인해 문화시간이 연장되는데 이것이 양적 변화가 질적 변화에 영향을 주는 것이다. 또한 문화시간의 장구성으로 인해 문화공간의 주위에 투사작용을 발생시키는데 이것이 질적 변화가 양적 변화에 영향을 주는 것이다."73

여기서 주쳰즈는 특별히 '중국민족과 이민족 간의 투쟁'을 각 주기 속에서 발생되는 이론적 모순현상으로 설정하고 자신의 주장을 펼쳐나간다. "중국역사는 언제나 지속적으로 순환하는 큰 프로그램에 의해 만들어진다. 큰 프로그램이란 … 중국역사가 인력人力으로서의 '민족' 문화사인 까닭에 이민족의 침범과 인구의 남천南遷, 대규모의 토목공사는 중국역사상 주기적인 현상이다. 그러나 인구가 남천하든 아니면 이민족이 유입하든 간에 중국문화는 변함없이 하나의 새로운 국면을 유지해 두 번째의 문화부흥을 추구한다."74 주쳰즈는 이렇게 중국문화가 부단히 창신되는 원인을 중국의 넓고 큰 '문화공간'에서 찾았다. 그의 논설을 따라가 보자. "박대博大한 문화공간은 끊임없이 문화를 생산하기 때문에 오호五胡가 중국을 어지럽혀 진실晉室이 남천한 뒤 황허 유역에는 이미 중국문화가 보이지 않았다. 그러나 창장 유역에는 오히려 새로운 모습이 나타났다. 황허 유역은 중국의 첫 번째 주기인 '종교시대'를, 창장 유역은 중국의 두 번째 주기인 '철학시대'를 각각 대표한다. 중당中唐 이후 중국문화는 이미 남쪽인 중원中原, 즉 창장 유역으로 이동했다. 요遼, 금金, 원 이민족이 압박한 뒤에는 북방민족이 끝없이 남천해 창장 유역은 중국문화의 집결지가 되었다. 창장 유역의 문화공간이 우리 민족에게 생양生養과 휴식의 장소를 제공해 중국문화는 결코 재난으로 멸망하지 않았다. 창장 유역의 풍요로움은 북방의 쇠퇴를 보충해 두 번째 주기의 문화가 발생된 것이다."75

그러나 주첸즈는 19세기 아편전쟁 이후로부터 중국문화는 창장 유역에서 주장 유역, 바꿔 말해 철학문화에서 과학문화의 시대로 이행되었다고 주장한다. 그 역사상황에 관해서 "홍콩, 광둥, 푸젠, 장시(江西), 구이저우(貴州), 윈난, 쓰촨 등 각 성의 인재들이 점점 많아졌을 뿐만 아니라, 중원의 인재 배출도 모두 남방문화의 기치 아래(三民主義문화) 귀속되어 남방문화의 세례를 받았다. 태평천국혁명, 신해혁명은 주장유역문화를 대두시켰는데 항전군과 이후 중원문화를 함락시킨 계기가 된 것은 서남西南문화였다. 서남문화는 신생新生한 힘으로 홀연 중국문화무대에 등장했다."76고 기술한다. 이 중국문화의 지리적 주기설은 주첸즈가 '남방문화운동'을 제창하는 이론적 배경이었다. 그 동기를 설명하면서 "세 번째 주기의 중국문화부흥이 과학시대의 문화고 서남에서 발동된 것을 목도했기 때문이다. 물론 문화의 본질상에서 말하면 중국은 철학문화에 의해 분포된 것이지만, 문화의 발전상에서 말하면 현재는 도리어 과학시대여서 마땅히 과학문화를 제창해야 한다."[77]고 천명한다. 결국 남방문화운동의 요지는 중국문화에 물질적 기초를 부여해 그로 인해 세 번째 주기의 중국문화부흥, 곧 항전건국을 달성하는 것이다. 주첸즈는 "항전건국은 역사상 페이수이(淝水)대전에 해당한다. 이 페이수이 싸움이 중국문화를 첫 번째 주기에서 두 번째 주기로 이동시켰다면 항전구국은 중국문화를 두 번째 주기에서 세 번째 주기로 옮겨가게 할 것이다."[78]라고 전망한다.

이와 같이 주첸즈의 '남방문화운동'은 상술한 '문화공간설'이 투영된 강렬한 중국적 현실인식 속에서 축조된 것이다. 특히 그는 9 · 18사변을 목도하면서 중국정부의 무저항정책, 중국군대의 연이은 패퇴, 중국인의 무감각적 타협에 비분강개했다. 그리하여 당시의 민족전쟁을 '문화전쟁'이라 통찰하고 "중국을 구하고자 한다면 근본적으로 문화로부터 착수해야 하며, … 민족이 부흥하지 못한 이유는 문화가 부흥되지 않은 데 있다"[79]고 선언했다. 이 '문화(구국)계획'은 쑨원의 '실업계획'에 자극받았지만 보다 근원적으로는 자신이 입론한 문화학적 진리정신에서 발로된 것이다. 주첸즈는 "문화가 한 민족활동의 목적이자 원동력을 가리킨다면 우리가 학문을 탐구하는 시대에 짊어져야 할 책임은 말할 필요도 없이 중화민족문화의 부흥을 분기시키는 데 있다"[80]고 역설한다. 여기서의 '민족문화부흥'이란 결국 중국 철학문화의 과학화로 귀결된다. 이 과학화가 '민족문화—남방문화'의 창조인 것이다. 주첸즈에 따르면, "중국문화의 유일한 활로는 과학을 받아들이는 것일 뿐이다. 그러나 과학문화의 유일한 희망은 오직 남방에만 존재하는 까닭에 문화의 지리적 분포로부터 '남방문화운동'을 제창하는 것이다."[81]라 했다. 그는 남방문화를 '과학적 문화', '산업적 문화', '혁명적 문화'로 인식해 당대 중국문화가 나아갈 방향으로 제시했던 것이다.

이 남방문화운동에는 미래 예술문화를 향한 중국문화의 창조적 활동이 지속되려면 필히 '물질적 기초'가 요구된다는 이론적 논거가 전제된다. 그렇다면 중국문화의 현 단계를 누가 철저히 수행할 수 있겠는가? 주첸즈는 "남방의 청년들이 전적으로 이 책임을 스스로 짊어져야 한다"[82]고 명백하게 대답한다. 그 이유를 들어 "중국문화의 지리상 분포에 의거하자면 남방문화만이 '실용적 지식', 즉 과학문화의 건설사업에 혼신의 힘을 다할 수가 있기 때문이다. 환언컨대 남방문화만이 중국문화에 하나의 물질적 기초를 제공할 수 있다. 그래서 나는 지난 한때 중국 유일의 희망은 오직 남방뿐이고 남방에만 존재한다고 선언한 것이다."[83]라고 했다. 주첸즈는 현금 민족문화의 창조가 남방문화의 창조와 다르지 않다고 판단하고 "오직 과학문화만이 중화민족에게 한 가닥 삶의 희망을 줄 수 있다. 그러나 과학문화의 분포는 오직 남방뿐이고 남방에만 존재하므로 내가 남방문화의 건설운동에 뛰어들기로 결심했다."[84]고 토로한다. 그런가 하면 남방문화의 창조인 '과학문화의 길'을 제시하면서 "오늘을 기점으로 해서 모두들 과학연구에 뜻을 세우기를 바란다. 과학연구의 포부를 가진 청년만이 남방문화의 진정한 창조자가 될 수 있고 중화민족을 부흥시켜 찬란하고 영광스런 새로운 중국을 건설할 수가 있다!"[85]라고 강조한다.

주첸즈는 이 남방문화의 창조를 두 방면, 이른바 시간적 측면과 공간적 측면으로 나누어 설명한다. 첫째는 시간적 측면의 관찰이다. 문화의 진화는 역사철학상 '3단계의 법칙'에 의거한다. 그는 콩트의 3단계의 법칙인 '신학', '형이상학', '실증과학'을 재차 쑨원의 인류진화의 단계인 '알지 못하고 행하는 것(不知而行的)', '행한 다음에 아는 것(行而後知的)',

'안 다음에 행하는 것(知而後行的)'과 각각 대응시켜 과학발명 이후가 '안 다음에 행하는 시기'에 해당한다고 했다. 특히 그 착안점을 남방문화의 창조에 두어 이 시기가 콩트의 실증적 혹은 과학적 단계이자 현재의 문화시대라고 규정한다. 다음 말에서 확인할 수 있다. "우리들 현재의 문화시대가 모든 이론기초로 삼는 것은 신도 아니고 추상적 관념도 아니다. 그 3단계 중의 제1시기와 제2시기는 훨씬 전에 지나갔다고 생각한다. 지금은 오직 관찰을 위주로 해야 하며 사용하는 방법은 전적으로 과학적이어야 한다. 이것이 바로 과학적 문화의 형성인 것이다."86 잘 알다시피 콩트는 인류지식의 3단계 외에도 물질적 진화상 '군사시대', '법률시대', '산업시대'라는 3단계 법칙을 제시한 바 있다. 여기에 입각하자면 과학문화는 동시에 물질생활 방면에서는 '산업문화'로 나타난다. 그런데 "남방문화란 지식의 진화로 말하면 '과학적 문화'고 물질의 진화로 말하면 '산업적 문화'인 것이다".87

거듭 강조컨대 현대는 산업시대로서 경제가 모든 것을 지배하는 시대다. 쑨원이 기기機器가 발명된 후는 번화繁華시대라고 한 구분이 여기에 해당한다. 이 번화시대는 경제시대인 까닭에 참된 과학문화가 아니면 안 된다. 이런 이유로 주첸즈는 당시의 중국현실을 다음과 같이 개탄한다. "눈을 돌려서 오늘날의 중국을 한번 보게 되면 물질상 진화란 제국주의가 마련해준 생산품을 사용하므로 마치 이미 번화시대로 나아간 것처럼 보인다. 그러나 지식상의 진화인즉슨 구미와 비교해보면 그 뒤떨어짐이 어느 정도까지인지 가늠하기조차 어렵다. 중국민족이 과학문화를 더 이상 창조하려들지 않는다면 이러한 모순현상 아래서 제국주의 경제적 침략은 말할 것도 없고 필시 망국의 비운을 맞이하게 될 것이다."88 동일한 맥락에서 제국주의가 제공한 "과학문화의 산물을 지나치게 누린 나머지 우리들 자신이 직접 과학문화를 창조해야 함을 알지 못한다. 이것은 얼마나 치욕스러운 일인가!"[89]라고 꼬집는다. 이러한 제반 문제인식 속에서 주첸즈는 "분기하라! 친애하는 광둥의 청년들이여! 물질적 가난은 오히려 가난이 아니다. 지식상의 가난이야말로 진정한 민족의 가난이다. 우리가 힘써 나라를 구하고자 한다면 무엇보다도 지식상의 가난을 먼저 구제해야만 한다. 우리들이 학문을 탐구하는 목적도 여기서 벗어나지 않는다."[90]라고 충언을 아끼지 않았다.

둘째는 공간적 측면의 관찰이다. 주첸즈는 중국문화의 지리상 분포로 볼 때 '남방'은 본래 '과학문화의 분포구'를 대표한다고 확신했다. 중국문화와 그 남북문제를 다루면서 문화의 시간 · 공간상 북방의 황허 유역을 종교문화, 중부의 양쯔장 유역을 철학문화, 남방의 주장 유역을 과학문화로 분류한다. 그런데 중국문화의 역사적 발전은 북방에서 발생해 중부를 지나 남방에서 진전된다. 이것은 '남방문화운동'의 이론적 배경임은 앞서 지적한 바 있다. 이 남방문화운동이 표면상으로는 중국문화의 남북문제에 관한 것이지만 실제로는 전통성과 근대성에 대한 문화적 관계설정이 핵심임을 알 수 있다. 아무튼 미래세계인 예술형(감상적 지식 · 표현적 지식)을 제외하면 그 밖의 세 유형은 막스 셸러가 제시한 '지식의 3형식'과 유사하다. 주첸즈는 "중국문화의 지리분포만을 두고 말한다면 내 생각에는 북방의 황허 유역은 '해탈적 지식(종교)'을, 중부의 양쯔장 유역은 '교양적 지식(철학)'을 각각 대표한다. 그리고 남방의 주장 유역은 '실용적 지식(과학)'을 대표하며 과학적 문화 분포구가 여기에 해당한다."[91]라고 진술한다. 물론 그는 균형감을 잃지 않고 "공간상에서 말한다면 이 세 지식은 각각 그 특수한 문화패턴을 형성한다. 또한 그로 인해 각자 특수한 문화가치를 지녀서 각종 특수한 문화단체로 나타난다. 결국 북방이든 중부이든 관계없이 그 고유한 문화를 발휘해서 최고의 통일문화를 완성해야 한다."[92]고 부연한다.

그러나 시대적 환경과의 관계상 중국문화의 현 단계에서는 실제로 '실용적 지식'에 그 혼신의 힘을 기울여야 한다. 이 점에서 주첸즈는 북방과 중부는 '과학문화의 건설사업'에 적절치 않다고 판단했다. 말하기를, "북방문화인 '해탈적 지식'이 비록 문화의 기점이기는 하지만 너무 낡았다는 사실을 마땅히 알아야 한다! 반대로 중부인 양쯔장 유역이 분명 교육상의 인물들을 많이 길러내어 학설과 사상이 발달하고 거주민의 국가 관념이 투철하다는 사실은 인정할 수 있다. 그렇기는 하지만 이 우수한 문화는 자연 조화적중調和適中으로 기울기 쉽다. 정치상에서는 애써 진보를 추구하지만 극단을 꺼린다. 문화상에서도 단지 '적응'적인 환경만을 추구하고 창조적이지는 못하다."[93] 주첸즈는 "적극적으로 창조할 수 있을 뿐만 아니라 정치상 혁명의 문화를 실현할 곳은 본래 남방뿐이고 남방에만 존재한다"[94]고 결론을 내린다. 그런가 하면 "남방의 과학문화는 현재 미성숙한 상태고, 심지어 제국주의의 경제적 침략으로 인해 기형의 매판적 문화가 형성되었다. 매판문화와 과학문화의 구별은 전자가 자각적이지 못한 문화라면 후자는 자각적인 문화라는 데 있다"[95]고 지적한다. 그는 이와 관련해 광둥청년의 분발을 촉구하면서 "지금 이미 새로운 문화창조의 필요성을 자각한 이상, 우리들은 즉각 힘써야 한다."[96]고 강변한다.

더불어 주첸즈는 남방문화의 본질이 '민족적 무산계급문화'이자 제국주의에게는 '혁명적 문화'임을 강조한다. "문화사회학의 관점에서 보면 중국에서 오로지 민족의 무산계급(大貧)과 반半무산계급(小貧)만이 산업문화를 창조할 수 있고 과학문화를 운용할 수 있다. 그런 까닭에 남방문화의 본질은 민족의 무산계급문화며 제국주의에 대해서는 혁명적 문화임은 재론할 필요도 없다."[97] 그에 반해서 북방과 중부는 '혁명문화'로서는 부적절하다고 진술한다. "반강권의 전선에서 '북방'은 절망적이고 '중부'는 타협적인 성질이 강해 민족의 저항능력이 드러나기에는 충분치가 않다. …… 비록 남방문화가 아직 성숙한 상태는 아니지만 미래 중국의 흥망존속에 있어 일대 관건이 아닐 수 없다. 만약 남방에 희망이 없다면 중국 또한 희망이 없고 우리들의 생존노력은 모두 무의미하게 된다."[98] 실제로 근현대기 중국 과학문화의 분포가 남방에만 존재했는지, 또는 그것이 혁명문화인지에 대해서는 여러 논란의 여지를 남긴다. 그럼에도 "과학성이란 객관적 실재에 합일되는 것을 말하며 혁명성이란 인간이 인간을 착취하는 잘못된 제도를 소멸시키려는 투쟁에 있다"[99]라는 측면을 감안해볼 때 주첸즈적 통찰력을 한사코 외면할 수만은 없을 것이다. 더욱이 남방문화의 본질을 제국주의에 대항하는 과학적 · 혁명적 문화로 제시하는 등의 문화구국계획은 당시 일촉즉발의 위기상황에 처한 절박한 동아시아 중국적 처방전(prescription)이라는 점에서 더욱 그렇다.

4. 끝맺는 말

현대 세계의 단위가 된 과정은 확실히 발명주의의 도장이 찍혀 있다. 소위 극동, 동남아시아, 중동, 아프리카, 라틴아메리카 등의 세계지역은 근현대사의 과정에서 구미인에 의해 발명된 지역단위들인 것이다. 지역연구에서 발명주의적 사고법은 권력주체를 정당화하는 수많은 논리를 제공해왔다. 이를테면 "식민지 획득에 분주하게 뛰어다닌 제국주의 국가든지, 또는 그러한 제국주의에 저항해 민족독립운동을 격렬하게 전개한 현지 민족주의든지, 발명주의에의 탐닉이라는 점에서는 같은 굴의 너구리였다. 발명주의는 그 정도로 근대주의적 세계관의 핵심부를 좀먹고 있었던 것이고 그것은 전략사고뿐만 아니라 학문세계에까지 영향을 미쳤던 것이다".[100] 이것이 현재 지역연구가 "정책과학인가 아니면 순수한 세계인식의 한 부분인가 하는 영원히 반복될 수밖에 없는 번민이 따라다니는"[101] 이유일 것이다. 발명주의는 세계인식의 한 방법으로서 사이드가 『오리엔탈리즘』에서 논급한 자의적인 공간감각, 즉 '심상지리'와 무관하지 않다. 사이드는 "역사적 실체는 말할 필요도 없고, 지리적 실체이자 문화적 실체이기도 한 동양, 서양이라고 하는 장소, 지역적 · 지리적 구분은 모두 인간이 만든 것"[102]이라고 주장한다. 무엇보다도 서양의 동양인식을 특정해서 "동양은 이제 하나의 신화라고 하기보다도 서양의, 특히 미국의 이해관계가 교차하는 지역이 되어왔다"[103]고 지적한다. 이러한 발상은 세계단위론자들이 "근대사상의 일면에서 어떤 종류의 '타인'을 자의적 · 인위적으로 '발명'하는 기호가 포함되어 있다"[104]고 비판한 문제의식과 궤적을 같이한다.

이로 보건대 '발명의 극복'은 향후 지역연구가 해결해야 할 중요한 과제가 아닐 수 없다. 본고는 '강한 공간'의 근현대사적 세계인식(지역관)의 자의성, 편의성을 엄하게 추궁하고 이를 교정하기 위해 기획된 것이다. 지역학 영역상 기존의 지역, 국가 등의 근대주의적 발명체를 부정하고 역사적 · 공간적 현실체로서의 '세계단위'를 의제화하려는 연구 경향은 이를 반영한다. 특히 지역이 개념학상 인지개념이라는 점에서 이 세계단위론의 '재발명주의'는 하나의 지역단위를 지역주민 자신들의 언명으로 새로 그리려고 하는 주체성의 표현이자 그 목표는 독자적 정체성으로 맺어진 통일된 의미공간으로 재창안하는 데 있다.[105] 주쳰즈의 문화학적 지역구상은 이와 같은 재발명주의적 정론正論의 한복판에 위치한다. 물론 보편적 동아시아성 영역인 '중화'를 근대 국가(민족)주의적 중화민족이라는 틀 속에 귀속시켜 "중국은 역사가 가장 장구하고 점유지가 가장 넓으며 인구도 최다인 독립국가다"[106]라는 식의 논법은 분명 한계로 지적될 수 있다. 또한 그 논지전개가 문화구국으로서의 일정부분 감정적인 성격을 띤다는 점도 부인할 수 없다.[107] 그럼에도 '중국문화공간설—남방문화운동'은 제국주의시기 구미 열강과 군국 일제의 식민주의적 세계분할론을 정면으로 반박하면서 출현한 인류보편의 공감(예술)문화가 동반된 '탈오리엔탈리즘적 저항담론'임을 기억해야 한다. 동시에 그것이 세계의 단위성을 비교적 올바르게 파악하고 중화세계의 성립과 발전을 '공간(지역단위)'과 '시간(역사)' 인식상에서 보다 도덕적이고 지성적으로 해명하고자 하는 격상된 '재발명체'라는 사실도 함께 평가되어야 할 것이다.

제7장

문화사회학: 문화학적 정위定位

제7장

문화사회학: 문화학적 정위定位

동아시아 문화학 영역의 확보

1. 문제 제기

현대 '문화학(kulturwissenschaft)'은 단 · 복수로 존재해 이미 학문들의 경계를 안팎으로 넘나들며 여러 문제들을 종합 재구성하는 인자로서 지대한 영향을 미치고 있다. 더군다나 1980년대 독일에서는 정신과학의 문화주의적 전환이 활성화되어 문화학은 이제 현대 학문분과로서 확고한 위치를 점하게 되었다.[1] 그런데 이러한 작업들은 학문의 주변부가 아닌 학문의 중심부 엘리트들에 의해서 이루어지고 있다는 사실에 주목할 필요가 있다. 문화학 개념의 일반화와 학문분과는 대학은 물론이고 고등연구기관에서 인문학의 위기를 극복하기 위한 전략의 중심적인 기획 개념으로 등장했다. 인문학의 문화학적 일신은 전통적 신념과 가치의 해체로 인해 초래된 공허한 관념적 인문학을 재생시켜 현대화할 것이라는 믿음상에 구축된 것이다. 이렇듯이 '문화학'이 급부상하게 된 데는 인류의 역사가 현대 후기 산업사회로 접어들면서 내몰린 문학,

사학, 철학으로 대변되는 인문학의 정체성 위기에서 찾을 수 있다.

이로 비추어볼 때 주첸즈(朱謙之, 1899~1972)가 "현대의 학술계는 철학, 역사학, 사회학, 교육학을 막론하고 모두 이미 문화주의적 경향이라는 데는 견해가 일치한다. 철학적 측면에서는 문화철학으로, 역사학적 측면에서는 문화사로, 사회학적 측면에서는 문화사회학으로 각각 표현되고 교육학적 측면에서는 역시 문화교육학으로 표현된다."[2]고 역설한 논변이 의미심장하게 다가온다. 주첸즈는 20세기 초 중국의 위기상황을 목도하면서 민족이 부흥하지 못한 이유는 '문화(culture)'가 부흥되지 않은 데 있다고 진단했다. 때문에 쑨원(孫文, 1866~1925)이 '실업계획'을 단행했던 것처럼 제국주의 강권에 맞서 중국을 구하고자 한다면 근본적으로 문화로부터 착수해야 한다는 '문화계획'을 실행하고자 했다. 예컨대 문화에 관한 일련의 저술, 학술강연, 구국적 남방문화운동 등의 문명개조 활동이 그 구체적인 실천이었다. 이러한 문제의식 속에서 기획된 『문화사회학文化社會學』은 주첸즈의 학문세계에 있어 '전기사상—아나키즘시기'에서 1949년 '후기사상—마르크스 · 레닌주의시기'로 접어들기 직전에 입론된 문화주의 단계의 최후저작 중의 하나다.

이 『문화사회학』은 1935년 출간된 『문화철학文化哲學』에 비해 시기적으로 비교적 간극이 벌어진 1948년에 집필된 것으로 『문화철학』의 자매서이자 속편이다. 이 두 책은 동일한 태도, 방법, 체계 하에서 구성된 것이지만 예술시대를 지향하는 『문화철학』은 '지식적 유형'을, 미적 사회주의를 지향하는 『문화사회학』은 '사회적 유형'을 각각 분석하고 연구한 점이 다르다.[3] 그런데 주첸즈는 "문화학은 매우 분명하게 문화철학과 문화사회학을 포괄한다"[4]고 피력함으로써 이 양자를 포섭하는 상위의 '문화학'을 기획했다. 이를테면 문화학, 문화철학, 문화사회학이 비록 그 명칭은 다르다고 할지라도 본질상에서는 문화의 역정, 유형, 법칙, 집단생활의 산물을 연구하는 학문이라는 점에서는 동일하다. 통합해서 말하면 문화학이고 분리해서 말하면 문화철학과 문화사회학인 것이다.[5] 이러한 문화사회학을 포괄하는 '문화계획'의 실행은 21세기 현대 보편적 세계조류를 포괄할 뿐만 아니라 동양 고유의 독특한 문화적 특수성을 담아내는 '동아시아적 문화학 건립'이라는 시대성과도 부합된다.

21세기 현대는 일반적으로 탈형이상학적 시대이자 실체로서의 문화에 대한 상호이해의 시대로 특징된다. 오늘날 이 제반 문제가 큰 시대적 흐름으로 부상한 것이다. 이러한 정세에 발맞추어 국내에서도 그에 관한 국외의 이론이나 연구모델 들이 다각도로 연구 · 소개되고 있다. 그 연구분야의 내용이나 종류에 있어서도 문화철학, 문화변동, 문화비평, 문화과학 등의 용어를 비롯해서 철학적 · 사회학적 · 인류학적 · 역사학적 · 교육학적 방법론에 이르기까지 다양하다. 또한 여기에 편승해 독립된 학문영역으로서의 '문화학'이 확고하게 자리를 잡아가는 추세다. 그러나 그 연구는 대부분 동양적 전개양태는 배제된 채 서구편향적인 문화학 탐구에 국한되어 있다. 이런 점에서 '동아시아적 문화학' 영역 확보라는 보다 진전된 연구노력이 절실해 보인다. 이것은 현시대 인문사회학의 '문화주의적 전환'이라는 문제인식과도 상통한다. 본 논고에서는 그 실마리를 주첸즈의 문화사상에서 모색해보고자 한다. 무엇보다도 동서양 생명주의적 문화독법 차원에서 『문화사회학』을 중심으로 그와 접맥된 문화학의 전체구조 및 핵심내용을 고찰할 것이다. 다만 세부적인 각론에 대해서는 그 방대한 사상체계를 감안할 때 지면의 요건상 다른 논제로 별도의 글을 기약할 수밖에 없다.

2. 문화와 문화학

주첸즈는 현대 중국 '문화학(Culturology)' 형성기에 중요한 위치에 있는 학자다. 그는 중국 문화학자 '황원산(黃文山, 1901~1988)'[6]의 문화학 정립론을 받아들여 '쑨번원(孫本文, 1891~1979)'[7]의 문화사회학과 량수밍(梁漱溟, 1893~1988)의 문화철학, 그리고 동서양의 문화교육학 이론을 통섭하는 야심찬 통합적 학문영역인 '문화학'을 구축하고자 했다. 특히 교우관계에 있던 황원산에게서 고무된 바 크다. 황원산은 오랫동안 '문화학'이라는 독립된 학문분과를 건립하고자 애썼으며 인류학, 사학, 사회학 등의 각 학문영역의 지식을 응용해 문화현상을 종합적으로 연구할 것을 주장했다. 그는 사회진화란 문화의 발전일 뿐이며 문화의 발전은 사회진화에 근원하는 한편 그 방향을 지배한다고 인식했다. 주첸즈는 이러한 황원산의 학술적 견해에 동의해 문화학을 별도의 독립과학으로 발전시키고자 했다. 그러나 황원산이 현대 인류학이 이미 인류문화를 연구하는 과학인 이상 '문화사회학'의 창립은 필요치 않다고 한 주장에 대해서는 일정한 거리를 두면서 동조하지 않았다.

주첸즈는 오히려 "인류의 '문명'과 '문화'는 사회학의 합리적이고 가장 중요한 분과임"[8]을 의심하지 않았다. 뿐더러 "문화사회학과 문화철학이 문화학의 한 분과에 동속된다"[9]는 사실을 적극 인정하고 강조했다. 삶의 총체적 방식인 문화를 단지 '문화' 개념의 정신적 의미만을 탐구하는 본원적인 철학의 연구대상에 한정한다면 국가적 · 시민적 문화 개념인 문화사회학은 포기되어야 마땅할 것이다. 그러나 주첸즈는 자신의 문화학 이론에 입각해 문화사회학의 건립이야말로 현재 가장 절박한 시대적 요청임을 역설했다. 즉 "문화의 범위는 지식생활에서 사회생활로 나아가므로 문화의 연구는 철학 외에 더욱 필연적으로 문화의 과학적 연구와 관련된다. 또한 과학연구가 존재해야만 완전히 사회적 문화기초를 발견해낼 수가 있다."[10]는 것이다.

주지하다시피 현대의 문화학은 대체로 복합적이고 상호적인 문화중첩 속에서 "문화의 이론과 체계적이고 역사적으로 연구할 재료가 되는 대상영역을 발전시킨다는 점에서 문화 전체를 자신의 연구를 위한 대상이자 범위로 삼는다".[11] 문화학에 대한 주첸즈의 이해 역시 여기에서 크게 벗어나지 않는다. 그러면서도 그는 문화학을 전체적으로 '문화철학'과 '문화사회학'이라는 두 하위영역으로 분류한다. 이르기를, "많은 사람들이 이 새로운 문화사회학을 이른바 문화학이나 문화철학으로 오해하기 쉽지만 그 명칭이 서로 통한다고 하더라도 실상은 그 함의가 다르므로 분별하지 않을 수 없다"[12]고 했다. 그런 까닭에 주첸즈의 문화사회학에 대한 이해는 상위의 문화학 범주에 동속된 문화철학과 대비시켜 고찰하는 것이 효과를 극대화할 수 있다. 그도 그럴 것이 문화철학은 그의 문화학을 구축하는 데 가장 근원적이면서 종합적인 인자로 기능하기 때문이다.

그런데 주첸즈가 문화학을 문화철학과 문화사회학으로 분류한 기준은 바로 문화연구의 '대상'구분에 따른 것이다. 그는 '문화(Kultur)'와 '문명(Civilization)'이라는 서구적 개념을 차용해 문화학, 즉 '문화철학'과 '문화사회학'의 하위분과가 성립하는 근거를 마련하고자 했다. 더 정확히 말해서 이 양 분과는 문화와 문명 개념에 대한 근대 독일인의 이분법적 관념 속에서 추출된 것이다. 이것은 "19세기 독일의 사상가들은 기계, 공학, 물질적 요소와 결부되어 있는 문명과 한 사회의 가치관, 이상, 지적으로 높은 수준에 있는 예술적 · 윤리적 특질과 결부되어 있는 문화를 엄격하게 구분했다"[13]는 이해방식에 기초한다. 이를테면 주첸즈의 관점에서 'Kultur' 개념, 곧 지식적 문화생활을 연구하는 것이 '문화철학'이라고 한다면, 'Civilization' 개념, 곧 사회적 문화생활을 연구하는 것이 '문화사회학'인 것이다. 이러한 개념규정 이면에는 말한 대로 전통적으로 독일의 철학이나 사회학에서 널리 통용되는 견해로서 문화는 인류의 정신적이고 가치적인 소산이며 문명은 물질적이고 기술적인 소산이라는 대치적 개념군이 존재한다.

사실 '문화학'의 발생은 태생적으로 서구의 근대적 문화와 문명 개념을 전제로 한다. 주첸즈의 문화학 역시도 이 두 낱말을 둘러싸고 전개된 구미의 복잡한 개념논쟁의 지적 침전물에 바탕을 둔다. 일반적으로 영국과 프랑스에서는 이 두 개념을 특별히 구별하지 않은 채 문명을 대체로 문화와 동일시한다. 그러나 독일어권에서 '문화'는 그 개념의 발전사와 의미적 용법에 있어 문명과 현격한 차이를 보인다. 특히 제1차 세계대전을 기해 독일의 민족주의적 '문화'이데올로기가 출현함으로써 문화와 문명의 적대적 분열이 초래되어 그 절정에 달했다. 당시 독일의 보수주의 지식인들은 18세기부터 침전된 대립관계에 새로운 자극을 가하여 독일인이 발현시킨 문화는 인류의 문화를 밝혀줄 참된 가치가 있는 반면에 문화의 한 형태인 문명은 기계적 · 기술적 수단이나 상업주의를 지칭한 것으로 인간성과 인류역사에 큰 위협으로 작용한다고 주장했다.

이 독일인의 문명에 대한 문화의 적대감과 우열의식은 제2차 세계대전 이후에는 사실상 그 수명을 다해 더 이상 통용되지 않는다. 그러나 여전히 전통적으로 '문화'란 문명의 사회적 영역을 제외한 관념, 이상, 예술, 문학, 도덕, 철학 등과 같은 사회적으로 축적되고 차용될 수 없는 인간존재의 순수하고 고유한 정신적 차원으로 한정된다. 이에 반해서 '문명'은 과학기술의 산물이자 보편적이고 축적되는 것으로 사회생활 중 물질적 · 정치적 · 경제적 · 기계적 · 인위적 범주에 귀속된다. 이처럼 독일의 근대적 문화 개념은 말 그대로 반계몽주의적이고 낭만주의적이다. 그들은 계몽주의적 진보 신념에 회의해 유기체적으로 발전하고 통일되는 정신문화를 신뢰했다.[14] 이 낭만주의 경향은 "요한 고트프리트 헤르더(Johann Gottfried von Herder, 1744~1803)에서 시작하여 독일 관념론을 거쳐 프리드리히 니체(Friedrich Nietzsche, 1844~1900), 오스발트 슈펭글러(Oswald Spengler, 1880~1936)에 이르러서는 문명에 의해 훼손되지 않은 삶을 최고의 가치로 여기면서 서구의 근대문명을 비판하는 관점으로 발전했다".[15]

주첸즈의 문화학은 이러한 독일적 '생(生)의 문화관'에 입각해서 장 자크 루소(Jean—Jacques Rousseau, 1712~1778), 게오르그 짐멜(Georg Simmel, 1858~1918), 빌헬름 딜타이(Wilhelm Dilthey, 1883~1911), 앙리 베르그송(Henri Bergson, 1859~1941), 베네데토 크로체(Benedetto Croce, 1866~1952), 슈펭글러 등의 '생명주의파'에 근거한다. 주첸즈는 무엇보다도 "독일 학술이론을 중점적으로 받아들였기 때문에 그의 문화사상은 두드러진 사변적 경향과 '생'과 '정(情)'을 추구하는 생명철학적 특징을 띤다".[16] 그러므로 문화란 정태적이지 않고 생명을 가진 영원히 창신(創新) · 진화하는 존재다. 주첸즈는 '문화'를 인간만이 가진 특수한 산물이자 인류가 환경에 대응하는 총괄적인 성과로 파악했다. 아울러 그것은 죽어 있는 것이 아니라 살아서 움직이는 생명을 가진 유기체이기 때문에 그 자체가 창조할 수도 진화할 수도 있다고 여겼다. 즉 "문화의 본질을 구성하는 것은 인류생활의 깊숙한 곳, 저 영원히 창조하고 영원히 진화하는 '생명의 흐름(生命之流)'에 근원한다"[17]는 것이다. 그에게 문화의 본질은 생명임과 동시에 생활 그 자체라고 할 수 있다.

이러한 사고는 량수밍의 문화관을 계승한 것이기도 했다. 량수밍은 주지하다시피 베르그송의 생명철학과 유가儒家철학의 생명관념을 결합시켜 자신만의 독특한 도덕적 형이상학을 건립해 20세기 중국철학사에서 현대 신유학의 독자적 영역을 구축하는 데 공헌했다. 1920년, 주첸즈는 베이징(北京)대에서 교편을 잡고 있던 량수밍과 친교를 맺고 서로 허물없는 친구로 지낼 것을 약속했다.[18] 당시 량수밍은 주첸즈에게 동서양 문화관과 베르그송의 생명철학에 대한 인식에 극대한 영향을 미쳤다. 뒷날 주첸즈는 이 베르그송의 이론을 역사, 문화 영역에 이식해 인류문화의 진화를 해석하게 되는데 그 이론적 기초는 이때 형성된 것이다. 량수밍이 『동서 문화와 철학東西文化及其哲學』(1921)에서 문화를 "인류생활의 양식"[19]이라 하여 현대 신유학을 개척했다면 주첸즈는 문화를 "인류생활의 표현"[20]이라 정의해 동아시아 생명주의식 유교아나키즘 문화관을 확립했던 것이다.

여하튼 주첸즈의 문화와 문명에 대한 개념 분석은 기본적으로 슈펭글러의 세계문화형태학을 매개로 한 독일식 구분에 기초한다. 아닌 게 아니라 슈펭글러에게 문화는 종교적 · 철학적 체계와 관련된 가장 높은 단계의 생물체로서 "들꽃처럼 숭고한 무목적성 속에서 성장하고 식물이나 동물과 마찬가지로 요한 볼프강 폰 괴테(Johann Wolfgang von Goethe, 1749~1832)의 살아 있는 자연에 속하며 아이작 뉴턴(Isaac Newton, 1642~1727)의 죽은 자연에 속해 있지 않다".[21] 또한 개별 세계문화들은 유기체적인 성장단계를 밟으며 각 문화의 노년기가 바로 죽음을 의미하는 '문명'이다. 생명인 문화는 문명으로 퇴화하고 문명의 몰락은 피할 수 없다. 주첸즈는 이러한 슈펭글러의 생철학적 문명비판론에 의탁해 문화와 문명의 독일적 개념 차이를 다음과 같이 지적한다. "문화란 인류내면의 영적이고 정신적인 수양과 그 사업이며 모든 일체 종교적이고도 예술적인 가장 완벽한 인류생활의 상태다. 이와는 반대로 문명은 외면의 교육과 질서, 현대의 공업과 기계 등에 관한 것이다."[22]

이와 같이 주첸즈는 문화논의에 있어 생명적이고 체험적인 가치에 뿌리를 두는 경향을 계승하여 최종적으로 문화를 '인류생활의 표현'으로 규정함으로써 이를 자신의 '생명주의적 문화학' 구성의 전체적 범주틀로 삼는다. 나아가 이 논단은 문화와 문명에 대한 독일식의 양분적 관념을 바탕으로 인류생활의 두 측면을 대표하는 '표현'이라는 문화의 정의로 이어진다. 여기서 인류생활의 두 측면이란 결국 '문화(Kultur)'의 정신적 문화 개념에서 도출된 '지식생활'이 한 축을 형성한다면, '문명(Civilization)'의 사회적 문화 개념에서 도출된 '사회생활'이 다른 한 축을 형성한다. 이것은 그의 문화학에 있어 지식생활을 연구하는 '문화철학'과 사회생활을 연구하는 '문화사회학'이 분과되는 기준점이 된다. 결국 문화철학의 연구영역이 독일인이 제창한 정신적 · 지식적 '문화' 개념에 근거한 것이라면 '문화사회학'은 독일인의 적대적 자의식이 투영된 프랑스인을 비롯한 영국인과 미국인의 물질적 · 사회적 '문명' 개념에서 확보된 것이다.

그러나 주첸즈는 "이른바 문화의 내용은 본래 이 양대 부분을 포괄하지만 용어습관에 비추어보면 그처럼 오직 사회조직 발달만을 가리키는 문명을 그 가운데에 덧붙여 넣은 것"[23]이라고 말한다. 또한 문화사회학은 넓게는 "문화철학의 연구영역 밖에 존재하는 단지 문화학일 뿐"[24]이라고 했다. 이렇게 볼 때 문화사회학의 영역인 사회생활적 '문명' 개념 역시도 상위의 생명주의적 문화학을 전제로 하는 '문화' 범주에 포섭됨을 알 수 있다. 그에게서 "모든 문화와 문명은 '생'의 과정의 산물이자 생의 무한 다양성의 표징에 불과할 따름이다".[25] 그러나 주첸즈는 기본적으로 문명을 문화의 물질적 기초로 보고 미래세계를 '예술문화'로 상정해 생명성을 강조한다. 이러한 논법은 모두 유교의 생명관과 친연성을 갖는 독일적 문화 개념의 선호와 무연하지 않다. 그는 실제로 유교를 정점으로 하는 동서양의 생명철학에 근거해서 문화를 생명주의적 생활로 간주했다.

결국 주쳰즈는 이 생명주의에 입각한 문화의 정의를 토대로 인류 지식생활의 문화범주인 '문화철학'과 인류 사회생활의 문화범주인 '문화사회학'을 포괄하는 종합적인 문화학을 건립하고자 했다. 더욱이 이러한 양분적 문화 정의는 재차 "인류생활 각 방면의 표현"26이라는 문화유형으로 확장된다. 그는 문화의 본질상 심리주의 해석방법인 오귀스트 콩트(Auguste Comte, 1798~1857)의 '3단계 법칙'과 논리주의 해석방법인 게오르크 빌헬름 프리드리히 헤겔(Georg Wilhelm Friedrich Hegel, 1770~1831)의 '3분分 변증법'을 응용, 문화의 근본유형을 문화철학의 연구범위인 지식생활상 4단계, 곧 종교(신학), 철학(형이상학), 과학, 예술, 그리고 그 의존관계에 있는 문화사회학의 연구범위인 사회생활상 정치(군사), 법률, 경제(산업), 교육을 첨가하여 문화의 8가지 유형을 완성해낸다. 주쳰즈의 말에 의하면 "콩트는 사적史的 심리주의의 입장에서 3단계 법칙을 제시해 문화를 해석했다. 독일에서는 헤겔이 사적 논리주의의 입장에서 3분 변증법을 제시해 또한 문화를 해석해냈다. 우리는 이 양가의 학설을 상호 보충하고 상호 발명해내기만 한다면 가장 정확하고 믿을 만한 '문화유형학'을 건립할 수 있다."27고 했다.

그런데 이 문화유형학은 실제로는 콩트의 '3단계 법칙'과 헤겔의 '3분 변증법'에 '예술적 단계'와 '몰자적 단계'를 각각 첨가시켜 '4단계 법칙'과 '4분 변증법'으로 변형 · 발전시킨 것이다. 말하자면 콩트 모형의 제1단계 신학, 제2단계 형이상학, 제3단계 실증 · 과학, 제4단계 예술을 각각 헤겔 모형의 몰자(종교적 관념 형태), 즉자(철학적 관념 형태), 대자

(과학적 관념 형태), 즉자대자(예술적 관념 형태)에 대입시켜 완성한 것이다. 주첸즈는 시기적으로 콩트는 제3단계에 살았기 때문에 실증적 · 과학적 단계를 종점으로 삼을 수밖에 없었으며 헤겔은 시기적으로 제2단계에 살았기 때문에 즉자적 단계를 기점으로 삼을 수밖에 없었다고 그들의 한계를 지적한다.[28] 그러나 이것은 지식문화유형에 국한될 뿐이고 사회문화유형은 직접적으로는 근대 사회학의 창시자 콩트가 제창한 '3단계 법칙'에 근거한다. 콩트는 사회동학動學 차원에서 인류 지식진화의 지식사관과 병행하는 인류 사회진화의 '사회사관'을 해명하려고 했다. 간략히 말해서 그의 사회동학은 인간문명의 주요변동이 연속적으로 발생하는 추상적 질서, 즉 '계승의 법칙'을 탐구하는 것이라 할 수 있다. 이러한 계승의 법칙을 발견하려는 노력의 일환으로 인류생활의 진화를 '지식적 진화'와 '사회적(물질적) 진화' 두 측면에서 관찰한 것이다. 주첸즈는 이를 다음과 같이 도식화한다.[29]

	지식적 진화	물질적 진화	이론적 기초	역사과정	시대적 구분
제1단계	신학시대	군사시대	상상	인지人智발전의 시작	상고부터 중세까지
제2단계	형이상학시대	법률시대	추론	인지발전의 과정	문예부흥부터 18세기까지
제3단계	실증적 또는 과학적 시대	산업시대	관찰	인지발전의 귀착점	19세기

콩트의 시각에서 모든 과학적 인식이 비과학적 사고와 인식에서 출발하는 것임은 관찰 가능한 하나의 사실에 해당한다. 콩트는 이 관찰을 사회발전의 법칙성으로 서술했다.[30] 이러한 태도는 과거 사회학의 신

학적이고 형이상학적인 잔재를 청산하고 과학적이고 실증적인 사회학을 창시할 수 있다는 믿음을 보여준다. 이 믿음이 결국 인류의 지식적 진화와 사회적 진화를 추적하는 '3단계설'로 결정화된 것이다. 그러나 주첸즈는 이 양자의 상호관계에 대한 콩트의 명확한 설명이 없다고 판단했다. 때문에 주첸즈는 여기에 앙리 세(Henri Sée, 1864~1936)와 에모리 보가더스(Emory Stephen Bogardus, 1882~1973)의 견해를 보충해 이 양종삼급률兩種三級律의 근본개념은 하나이면서 둘이고 둘이면서 하나라고 규정한다. 이 양자의 관계가 완전히 상응한다고 보고 사회문화의 3유형인 정치(군사), 법률, 경제(산업)를 지식문화 3유형인 종교(신학), 철학(형이상학), 과학(실증학)에 각각 부속시킨다.[31] 이와 같은 종속관계는 결국 사회문화 유형에 대한 지식문화유형의 파생구조 다름 아니다. 예컨대 종교는 정치생활을, 철학은 법률생활을, 과학은 경제생활을, 그리고 새로이 첨가된 예술은 교육생활을 각각 발생시키는 것이다.[32]

주첸즈에게 문화학의 성립근거는 이렇게 '유형학적 방법'을 응용하는 데 있다. 이 관점에서 보면 문화학은 문화철학적 방법임과 동시에 문화사회학적 방법임은 물론이다. 때문에 문화학의 두 분과는 모두 '문화유형학'과 불가분의 관계에 있다고 할 것이다. 그러나 문화철학은 지식적 문화유형학으로서 지식문화의 본질과 그 유형을 설명하고 종교, 철학, 과학, 예술 등 각종 지식생활에 대해 근본적인 연구를 실행한다. 그에 반해서 문화사회학은 사회적 문화유형학으로서 사회문화의 본질과 그 유형을 설명하고 정치, 법률, 경제, 교육 등 각종 사회생활에 대해 근본적인 연구를 진행한다.[33] 그런 만큼 이 종합적 성격의 문화학을 해석내기란 쉽지 않아 보인다. 주첸즈는 이 복잡한 난제를 '역사진화의 방법'을 도입함으로써 해결하고자 했다. 그가 콩트의 '지식성장의 3단계 법칙'을 부인하는 막스 셸러(Max Scheler, 1874~1928)의 지식사회학과 관련해서 "역사주의에 반대하는 셸러의 논조는 확실히 근본적인 착오"34 라고 비판한 이유도 여기에 있다. 어쨌든 포괄적인 문화학에 귀속되는 문화철학과 문화사회학은 한 마디로 연구영역을 달리한 '문화유형학' 임을 확인할 수 있다.

더 나아가 주첸즈는 이 문화의 본질적 유형과 여기에 역사진화의 방법을 채용한 그 '표현형식'에 대한 독특한 견해를 피력한다. 문화의 기본유형은 본질상에서 말하면 독립적인 일종의 특수한 문화학으로 다른 것과는 구별된다. 각 유형의 본질적 생명은 독립해서 스스로 존재하는 초시간적인 성질을 갖는 것이다. 이 논단을 문화개념학적 관점으로 확장해보면 "정치의 본질은 종교개념화이고 법률의 본질은 철학개념화이고 경제의 본질은 과학개념화이고 교육의 본질은 예술개념화"35 라는 논리적 필연성을 포괄한다. 그러나 형식(역사)상에서 보면 그것은 시간의 변화에 의거함은 물론 순차적으로 다른 문화생명을 취함으로써 그 표현의 형식을 삼는다. 때문에 한 유형이 다른 각 유형과 맺는 관계를 말하고자 한다면 당연히 본질상의 관계가 아닌 형식상의 관계에 초점을 맞추어야 한다. 각 유형의 표현형식(역사진화의 법칙)은 여타 다른 문화생명과 상호관계를 일으키므로 시간과 역사를 초월하지 않으면서 시간과 역사 속에서 존재하여 역사의 동적 관계를 이룬다.

3. 사회학과 문화사회학

'사회학(sociology)'의 탄생은 중세 봉건사회에서 탈피해 근대 시민사회로 접어드는 18세기 후반에서 19세기 초반의 변화, 진보, 비판적 사고가 응축된 서구 시민계층의 지적 혁명기에 자리한다. 사회학은 '문화학'이 근대 유럽의 계몽주의시기 시민계층과 시민사회의 운명을 반영하는 서구의 문화와 문명 개념에 기초한다는 점에서 그것과 생성시점이 일치한다. 이 때문에 문화학이 '문화(문명)'를 매개로 사회학을 포섭할 수 있다고 말하는 것이다. 그러나 이러한 논의가 이루어지기까지는 사회학 자체의 지난한 역사발전이 있었다. 사회학은 사회변화와 인간행위의 원인에 대한 지적인 연구작업으로서 그것은 본디 세계를 이해함에 있어 중세의 종교적 믿음과 해석에 반대하는 합리적인 계몽주의시대의 철학과 과학에 토대한다. 사회와 사회학은 현대를 특징짓는 자유, 평등, 이성, 개인, 여론, 과학, 시장 등과 함께 근대 계몽주의의 중요한 가치이자 유산이라고 할 수 있다. 이렇게 근대적 의미의 '사회' 개념은 시민계층이 주도하는 과학적 · 문화적 · 정신적 변혁과정 속에서 점차 선명하게 드러났다. 사회학은 근대사회의 반영이며 사회가 인식 가능한 시민사회와 산업사회로 이행한 뒤에야 그 변화의 원인을 통찰하는 '지적 도구'가 작동할 수 있었다.

그런데 여기서 '지적 도구'란 과학적 관찰방법과 실험자료에 기초한 사회학적 이론정립을 의미한다. 이 지점에서 우리는 사회학의 창시자로 불리는 실증철학자 프랑스의 콩트와 대면하게 된다. '사회학'이란 학문명칭은 바로 그가 1838년 『실증철학강의*Cours de philosophie positive*』 제4권에서 처음으로 'Sociologie'라는 용어를 사용한 데서 유래한다. 엘리아스(Norbert Elias)의 지적대로 콩트는 사회에 관한 과학이 물리학, 생물학 등의 개념영역 하에 들어오는 것이 아닌 전혀 새로운 종류의 과학임을 깨달았기 때문에 새로운 명칭을 발견하게 된 것이다.[36] 잘 알다시피 콩트는 사회학적 방법론을 심각하게 고민한 최초의 사회사상가로서 근대사회의 정신적인 혼란을 과학과 진보라는 이념으로 해결하려고 했다. 그는 뉴턴의 과학혁명에 깊은 영향을 받아 자연과학의 엄중한 과학적 방법을 사회연구에도 동일하게 적용하는 소위 사회과학을 창조하고자 했다. 즉, 사회를 이해하는 데 과학적 · 실증적인 접근방법이 질서정연한 사회적 · 역사적 진보를 담보할 수 있으며 "사회학은 물리학, 화학, 생물학에 이어 마지막으로 발전하는 모든 과학 중 가장 중요하고 복잡한 과학"37임을 확신했다.

그러나 사회학의 창시를 어느 한 특정인에게서 발견하고자 하는 태도는 옳지 못하다. 사회학적 사유는 유럽계몽주의 지식인들, 가령 토머스 홉스(Thomas Hobbes, 1588~1679), 존 로크(John Locke, 1632~1704), 루소의 근대 자연법사상을 비롯한 영국의 경험적 사회론이나 프랑스의 백과전서파에게서 이미 내재되어 있었다. 그리고 이것이 밑거름이 되어 19세기 중반 이후 프랑스의 콩트, 영국의 허버트 스펜서(Herbert Spencer, 1820~1903), 독일의 로렌츠 폰 슈타인(Lorenz von Stein, 1815~1890), 미국의 레스터 프랭크 워드(Lester Frank Ward, 1841~1913) 등에 의해 본격적으로 제창된 것이다.38 이 사회학의 초기 이론가들은 절대주의적 국가체제와 그 기저인 공동체적 관계들이 와해되면서 부각된 근대 시민사회에 비상한 관심을 기울이는 한편, 그에 관한 과학적 자기인식으로서의 사회학 체계를 수립하고자 노력했다. 이들은 사회현상 전반에 걸쳐서 종합적 인식을 지향하여 법률학, 경제학, 정치학 등 개별 사회과학의 독자성을 부정하고 전체 사회라는 보다 포괄적인 차원에서 그 성과들을 사회학 안에 전부 수용하려고 했다. 즉 사회학을 백과전서적 제왕과학으로 보는 '종합사회학'39의 입장을 취했다.

주첸즈의 '문화사회학'은 자신이 구축하고자 한 문화학과 함께 이러한 서구의 사회학적 지성사라는 전체적 맥락 속에 착근되어 있다. 그는 현 자신의 시대에 입각해서 콩트 이래 100여 년 동안의 사회학사를 모두 4시기로 분류한다. 그 발전순서를 보면 첫째는 생물학적 사회학, 둘째는 심리학적 사회학, 셋째는 특수과학적 사회학 또는 경제학적 · 통계학적 사회학, 넷째는 문화적 사회학이 그것이다. 더욱이 주첸즈는 사회학사의 연구에 있어 이 심리주의 방법인 4단계설 말고도 논리주의 방법인 변증법적 3단계설을 소개한다. 먼저 사회학과 역사철학의 관계 차원에서 사회학사의 발전을 '종합적 · 분석적' 경향의 차이에 따라 첫째, 종합적 혹은 역사철학적 사회학; 둘째, 특수과학적 사회학; 셋째, 새로운 종합적 혹은 역사철학적 사회학으로 나눈다. 그 다음으로 사회학과 문화철학의 관계 차원에서 또한 자연과 문화의 대립 개념에 따라 첫째, 자연적 사회학; 둘째, 심리적 사회학; 셋째, 문화적 사회학으로 나눈다.[40] 이처럼 주첸즈는 사회학사를 연구함에 있어 심리주의 방법(4단계설)을 적용하든 아니면 논리주의 방법(변증법적 3단계설)을 적용하든 간에 현대의 사회학은 분명히 '문화사회학'의 단계임을 분별해낼 수 있다고 판단했다. 단적으로 말해서 "철학사에서 보면 문화철학이 철학발전의 필연적 산물인 것과 같이 재차 사회학사에서 보면 문화사회학은 바로 사회학 발전의 필연적 산물"[41]이라는 것이다.

통상 문화사회학은 "짐멜과 막스 베버(Max Weber, 1864~1920)의 사회학을 이어받아 막스 셸러, 알프레드 베버(Alfred Weber, 1868~1958), 카를 만하임(Karl Mannheim, 1893~1947) 등에 의해 발전된 독일의 문화사회학을 지칭한다".[42] 그 이유는 문화사회학이 형식사회학의 반성에서 출발한 사회학의 한 분야이기 때문에 독일에서 먼저 개화한 것이다. 따라서 그것은 독일학풍의 영향을 강하게 받아 대체로 역사적이고 관념적인 색채가 강하다. 이렇게 사회학사의 발전을 독일의 관념론적 역사주의에 한정해보면 먼저 제1단계인 역사철학적 종합사회학에서 제2단계인 특수과학적 형식사회학으로 전환한다. 그리고 제3단계에 해당하는 '문화사회학'은 형식사회학에서 재차 지양되어 출현한 그야말로 문화사실에 근거한 새로운 역사주의적 사회학의 경향인 것이다. 이것이 제1단계의 종합적 · 역사철학적 범위에서 벗어나 있음은 물론이다. 여기서 종합적 성격이란 개별 사회과학의 인식초점이 사회현상의 일면을 분담해 전체로 확대한 것이라면 문화사회학은 전체에서 출발해 특수와 연결된 입체적 관련성에 맞춰 사회생활의 내용인 문화를 연구하는 과학임을 표명한 것이다. 주첸즈는 "문화사회학은 과거의 형식사회학을 부정하고 새로운 종합사회학, 즉 새로운 역사철학으로 복귀한 것"43이라고 했는데 이것은 현대 사회학의 방향이 새로운 역사주의적 '문화사회학'으로 귀결되고 있음을 논변한 것이다.

사실 형식사회학은 종합사회학의 극복을 목표로 19세기 말에서 20세기 초에 걸쳐 주로 독일을 중심으로 전개되었다. 이 유파는 독일의 짐멜에서 시작되어 레오폴드 폰 비제(Leopold von Wiese, 1876~1969) 등이 계승 · 발전시킨 것이다. 형식사회학이란 명칭은 짐멜이 사회학을 사회화의 내용이 아닌 형식을 인식하는 과학이라고 정의한 데서 기인한다. 그는 종합적 과학이라는 콩트와 스펜서의 입장을 거부하고 사회학 역시 독립적인 개별과학으로서의 고유한 영역을 가져야 한다고 주장했다. 사회의 설명원리도 기존의 생물학에서 심리학적 개념으로 바뀌어 사회의 본질은 구성원들 간의 심적 상호작용으로 이루어진 객관적 통합체로 파악되었다. 짐멜은 사회생활의 내용은 그 다양한 내용을 결정화하고 포괄하는 보편적인 지배, 복종, 경쟁, 분업, 모방 등의 사회형식에 대한 분석을 통해 보다 효과적으로 탐구될 수 있다고 생각했다. 그는 형식주의적 사회학이나 사회의 기하학을 추구한다고 비판받기도 했지만 이러한 새로운 접근방식들 때문에 역설적이게도 독일 '문화사회학'의 형성에 중요한 이론적 기초를 제공한 인물로 평가된다.44

결과적으로 '문화사회학'은 사회화의 내용을 등한시한 채 그 형식에만 치중하는 이러한 형식사회학의 결함을 극복하기 위해 등장했으며 사회생활의 구체적인 내용인 정치, 경제, 법률, 종교, 교육 등의 문화를 그 사회적 기반이나 환경 속에서 일정한 견해와 입장으로 관찰하고자 한 것이다. 다시 말해 형식사회학이나 심리학적 사회학에 반대해 사회현상의 탐구대상을 문화로 보고 각종 문화영역을 사회학적 관점에서 설명하고자 했다. 여하튼 '문화사회학'은 현대 사회학의 새로운 경향을 대표하며 그에 따라 현대적 사회학자 역시도 문화적 사회학자임은 부정할 수 없다. 주첸즈는 이 문화사회학파를 중국 사회학의 정초자 쑨번원이 그의 저서 『세계 사회학의 유파와 그 현상世界社會學之派別及其現狀』에서 제시한 의견에 동의해 양대 유파, 즉 독일의 '역사학파'와 미국의 '인류학파'로 구분한다. 말하자면 독일의 경우에는 막스 베버, 베르너 좀바르트(Werner Sombart, 1863~1941), 막스 셸러, 알프레드 베버, 에른스트 트뢸치(Ernst Troeltsch, 1865~1923), 슈펭글러 등을 꼽을 수 있다. 그리고 미국은 윌리엄 필딩 오그번(William Fielding Ogburn, 1886~1959), 멜빌 장 허스코비츠(Melville Jean Herskovits, 1895~1963) 등이 여기에 속한다.

주첸즈에 따르면 이들 모두가 현대 문화사회학의 주류임에는 분명하지만 그 기초, 방법, 동기 상에서 분석해보면 현격한 차이가 드러난다고 했다. 기초상에서 보면 독일의 역사학파가 콩트의 사회동학, 즉 '역사철학'을 배경으로 출현한 것이라면 미국의 인류학파는 문화 차원에서 인류 공통의 법칙성을 찾으려고 한 '문화인류학'의 산물이다. 방법상에서 보면 독일의 역사학파는 '철학적 역사법'을, 미국의 인류학파는 '과학적 역사법'을 각기 응용한다. 전자가 설명적 · 종합적이고 이해와 개념을 중시한 반면에 후자는 분석적 · 기술적이며 현지조사와 자료수집을 중시한다. 끝으로 동기상에서 비교하건대 독일의 역사학파는 '반동'으로 발생한 까닭에 부정적 · 회의적 · 혁명적인 사상으로 경도되었다. 이것은 원래 관조적 과학으로 현대의 개조문제와는 무관하며 제1차 세계대전의 패전 이후 전통적 헤겔식의 민족우월주의와 관념론 철학에 대한 동요와 회의를 표현한 것이다. 반대로 미국의 인류학파는 완전히 '자발'로 발생한 까닭에 긍정적 · 각성적 · 건설적 사상으로 경도되었다. 이들에게는 문화가 사회생활을 지배하며 문화개조는 곧 사회개조를 의미했다. 이런 점에서 이 학파는 자기의식의 발로라는 분명한 실천적 동기를 띠었다.[45]

그런데 주첸즈는 독일의 역사학파보다는 미국의 인류학파에게서 문화사회학의 본래적 면모를 찾았다. 그는 말하기를 "우리는 독일의 문화사회학을 문화사회학 중 역사학파라고 칭하면 원래 문제가 없다. 만약에 엄격히 말한다면 미국의 인류학파만이 진정한 의미의 문화사회학이고 독일 가령 막스 베버와 트뢸취의 종교사회학, 슈펭글러의 세계사형태학, 막스 셸러의 지식사회학은 솔직히 문화사회학이라기보다는 문화철학이라고 하는 편이 더 낫다."[46]라고 했다. 주첸즈에게 이 두 유파의 관계는 문화와 문명의 서구적 개념 구분에 따른 '문화학' 구성, 이른바 문화철학과 문화사회학을 양분하는 기준점과 동일하다. 말하자면 "독일의 슈펭글러 등이 연구한 문화는 Kultur, 즉 지식생활의 문화에 가깝고, 미국의 오그번 등이 연구한 문화는 Civilization, 즉 사회생활의 문화에 가깝다"[47]는 인식이 그것이다. 결국 독일의 역사학파가 문화철학적 문화사회학이라고 한다면 미국의 인류학파는 문화사회학적 문화사회학이라고 할 수 있다.

이러한 양대 학풍의 문화사회학적 특수한 위치에도 불구하고 본질상에서 보면 이들은 문화사회학의 일체양면一體兩面임과 동시에 상호보완적 관계를 이룬다. 그런 점에서 주첸즈는 "문화의 실상은 철학적 대상임과 동시에 과학적 대상임을 인정해야 한다"[48]고 갈파한다. 특히 독일의 문화사회학이 철학 형이상학적 성격 때문에 문화사회학에서 다소 이탈되어 있기는 하지만 실제로는 미국의 그것과 비교해 보아 "조금도 손색이 없을뿐더러 상반상성相反相成의 묘미가 있다"[49]고 했다. 주첸즈는 현대 문화사회학의 주류인 역사학파와 인류학파의 방법, 곧 그 두 장점만을 종합해 새로운 가치의 문화사회학을 창조하고자 했다. 그리고 이 두 유파에 대한 비교 · 분석은 사실 상위의 문화학적 구도상에 존재하는 '사회문화적 유형학'을 안출하고 해석하기 위한 선행적 고찰임에 유념해야 한다. 문화사회학은 방법론적 관점에서 문화철학과 연구대상을 달리하는 '문화유형학'임은 물론이다.

주첸즈에게 문화사회학은 문화유형을 논구하는 횡적 방면의 연구임과 동시에 문화분기分期의 원리를 논구하는 종적 방면의 연구다. 전자가 '문화사회정역학靜力學'으로서 문화사회에 대해 보편적으로 그 구성조직 방면을 연구해 문화사회의 유형을 발견해내는 것이라면 후자는 '문화사회동역학動力學'으로서 문화사회에 대해 그 역사적 변천 방면을 연구해 문화사회의 법칙을 발견해내는 것이다.[50] 이러한 발상에는 콩트의 사회학 이론이 깊이 개입되어 있다. 콩트는 사회를 하나의 유기체적 전체, 곧 여러 부분이 서로 밀접하게 연관되어 있는 하나의 체계(system)로 이해했다. 그의 관점에서 사회학은 유기체적인 사회조직에 관한 연구로서 사회질서의 원리분석을 과제로 하는 '사회정학靜學'과 사회진보의 원리분석을 과제로 하는 '사회동학' 두 부문으로 나누어진다. 특히 콩트는 후자와 관련하여 인류 지식진화의 '지식사관'뿐만 아니라 이 지식진화와 병행하는 사회진화의 '사회사관'을 증명하고자 했다.

주첸즈는 이러한 콩트의 사회학 이론을 배경으로 문화사회정역학의 방법에 '유형학적 방법'을 배속한다. 그럼으로써 추상적 · 철학적 문화유형설인 독일 역사학파와 구체적 · 과학적 문화유형설인 미국 인류학파의 이론을 원용해 상호 절충할 것을 주문한다. 문화사회학이 "만일 유형적 방법을 근거로 삼는다면 반드시 추상적 형식에 주의할 뿐만 아니라 더욱이 구체적 사실에 주의해야 한다"[51]는 것이다. 또 한편으로 주첸즈는 문화사회동역학의 방법에 '역사학적 방법'과 '인류학적 방법'을 배치한다. 이 역시 독일 역사학파와 미국 인류학파의 장점을 겸용해야 함은 두 말할 필요도 없다. 이를테면 "역사학 방법으로 문화진화의 법칙을 연구하고 인류학 방법으로 문화관계의 법칙을 연구한다. 이 두 동적 법칙학을 합해야만 비로소 우리의 새로운 문화사회학의 방법론을 성공시킬 수 있다."[52]고 했다.

주첸즈는 이 세 방법인 '유형학적 방법', '역사학적 방법', '인류학적 방법'을 결합, 하나의 특별한 학문체계를 구성해 사회문화의 본질과 그 유형을 설명하고 정치, 법률, 경제, 교육 등을 근본적으로 연구한다. 또한 지식문화 인자와의 상호협력 속에서 사회문화의 지리상 분포를 분석하고 그 변천과 진화의 원칙을 탐구해 동서양의 사회생활역사를 비교했다. 이 제반 연구과정을 통해 그는 최종적으로 현재를 개조하고 미래를 예측함은 물론 미래의 '문화사회'를 건설하는 것이 문화사회학을 건립하는 진정한 목적임을 천명한다.[53] 여기서 미래의 문화사회란 사실 문화인격과 문화의지를 근간으로 하는 문화교육학의 '문화주의사회'에 대한 염원을 내포한다. 주첸즈는 "우리들의 이상적인 사회는 문화주의의 사회이다. 그러나 문화주의사회는 결국에는 인격의 사회인 것이다. 문화인격의 새로운 유형은 문화사회의 새로운 유형을 만들기 때문에 문화의지의 양성은 인격교육의 목적이 된다."[54]고 했다. 여기에 더하여 "문화의지가 확립될수록 문화교육의 이상사회에 더욱 쉽게 도달할 수 있다"[55]고 강조한다. 그의 문화과학 저작의 최후 목표였던 '문화교육학'은 문화사회학의 결론이기도 했다. 때문에 주첸즈는 "문화교육학의 목적이 바로 문화사회학의 목적이며 문화사회학 연구의 종점이 또한 우리들 문화교육학 연구의 출발점이 된다"[56]고 말하는 것이다.

끝으로 덧붙이자면 주첸즈가 구상한 사회문화학은 단순히 문화영역의 입문수준에 그치지 않고 지식문화학과 긴밀히 연결되어 있는 종합적인 성격을 띤다. 그는 자신의 '문화사회학'은 사회문화를 연구하는 보편적인 과학으로서 그 범위가 광범위해서 수많은 예비학문이 요구된다고 피력한다. 무엇보다도 복잡한 사회학의 문화영역 문제와 관련해서 문화사회학을 온전히 이해하고자 한다면 다음 세 종류의 예비학문을 검토할 것을 제안한다. 첫 번째 학문은 정치적 정치를 논하는 정치학 개론, 법률적 법률을 논하는 법률학 개론, 경제적 경제를 논하는 경제학 개론, 교육적 교육을 논하는 교육학 개론이다. 두 번째 학문은 정치 그 자체의 발달단계를 논하는 정치사, 법률 그 자체의 발달단계를 논하는 법률사, 경제 그 자체의 발달단계를 논하는 경제사, 교육 그 자체의 발달단계를 논하는 교육사다. 세 번째는 종합적 측면에서 인류문화의 발전과정을 논하는 역사철학, 그리고 종합적 측면에서 지식문화유형과 그 상호관계를 설명하는 문화철학이다.[57] 이로 보건대 주첸즈의 '문화사회학'은 각 사회문화유형의 역사적 발전을 서술하는 '종합사회문화사'임을 확인할 수 있다.

4. 사회문화유형학

주첸즈는 문화학의 하위영역으로서 사회문화 4유형의 상호관계, 그리고 각 사회문화유형이 지식문화유형과 갖는 논리상 관계를 정치하게 논구함으로써 문화유형학으로서의 문화사회학을 정교화하고자 했다. 그 구동력은 문화사회의 정태적 또는 동태적 시각을 전제로 하는 '역사진화 방법'이다. 특히 단계 창조적 진화를 응용해 문화의 시간지속 속에서의 모든 단계적 발전을 분석해내려고 했다. 그에 따르면 "사회문화유형의 분석은 각종 문화를 동일한 유형으로 구별하면서 각종 문화진화의 단계를 현시顯示하는 것이다. 환언하면 사회문화를 4유형, 곧 정치, 법률, 경제, 교육으로 나누고 이 4유형의 발전으로서의 역사 4단계를 나타내는 것이다."[58] 이런 점에서 주첸즈는 자신의 "문화사회학은 사회문화의 유형학임"[59]을 분명히 한다. 그리고 "이 새로운 사회문화유형학은 실제로 세 방법인 유형학적 방법, 역사학적 방법, 인류학적 방법을 포괄한다".[60] 그는 이 세 방법을 운용해 문화의 본질유형(유형학적 방법)과 그 표현형식(역사학적 방법), 더 나아가 문화유형의 지리상 분포(인류학적 방법)를 설명하려고 했다.

주첸즈에게 지식문화유형과 사회문화유형의 제반 교호交互관계는 사회의 각종 문화형태(문화의 사회성)는 물론이고 역사의 각종 문화시대(문화의 역사성)를 창조한다. 이를 가능케 한, 곧 종횡 양 방면으로 파악되는 유형학적 방법은 실은 그 자신이 창안한 '발생식 법칙'을 적용한 것임에 유념할 필요가 있다. 이 관점에서 그는 일반문화학자들의 기존 퇴적식 문화분류는 "사회문화 각 부분의 발생적 관계를 나타낼 수 없을뿐더러 더욱이 사회문화유형과 지식문화유형의 논리적 관계를 나타내기도 부족하다"[61]고 비판한다. 그리고 클라크 위슬러(Clark Wissler, 1870~1947)의 9

가지 보편적 문화모형설, 쑨번원의 14가지 문화특질설 등이 여기에 포함된다고 지적한다. 그에 반해서 발생식은 "지금까지의 인류문화에 대한 퇴적적 견해를 타파하고 문화의 창발(突創)적 진화를 간파하는 데에 있다. 그것은 다만 하나의 계승적 연장(Extension, 延長)형식일 뿐만 아니라 생명의 무궁한 발전이다."[62]고 주장한다. 이러한 발생식 법칙은 현실역사에서는 각종 문화유형의 연쇄적 관계형식으로 포착된다. 구체적으로 주첸즈는 문화의 8가지 본질유형이 역사의 발전 속에서 어떻게 연쇄적 관계형식을 발생시키는지 고찰한다. 이 관계형식들은 결국 사회문화유형과 지식문화유형의 상호 긴밀한 협력과 착종 속에서 다양한 정 · 동태적 문화사회학 유형으로 결정화된다.

먼저 사회문화유형의 상호관계를 살펴보면 정치가 법률, 경제, 교육과 맺는 관계는 정치 그 자체가 역사발전 과정에서 정치적 정치, 법률적 정치, 경제적 정치, 교육석 정치로 분화된다. 마찬가지로 법률이 정치, 경제, 교육과 맺는 관계는 법률 그 자체가 역사 발전과정에서 정치적 법률, 법률적 법률, 경제적 법률, 교육적 법률로 표출된다. 경제, 교육이 각 사회문화학과 갖는 상호관계 역시도 이와 동일하다. 이렇게 주첸즈는 사회생활상 4유형(단계)을 서로 연쇄적으로 배합해 사회문화 16유형(단계)을 도출해낸다. 그러나 이것은 이론상 존재하는 사회문화의 순수유형일 뿐이다. 인류의 실제적 사회제도와 각종 사회단체는 반드시 여기에 지식체계가 투영되어 이루어지는 것이다. 아무튼 문화사회의 정태상 "정치적 정치형은 정치문화의 원형이고 법률적 법률형은 법률문화의 원형이고 경제적 경제형은 경제문화의 원형이고 교육적 교육형은 교육문화의 원형이다".[63] 또한 그 동태상 사회문화의 각 단계는 기능적으로 지식문화의 각 단계와 상호 깊은 연관성을 갖는다. 특히 과학적 과학단계, 즉 경제적 경제단계는 현대의 사회생활에 해당되고 예술적 예술단계, 즉 교육적 교육단계는 인류문화사회생활의 최후목표가 된다.[64] 이상을 표로 나타내보면 다음과 같다.

문화단계 / 문화유형	제1시기: 정치(종교)단계	제2시기: 법률(철학)단계	제3시기: 경제(과학)단계	제4시기: 교육(예술)단계
정치(종교)	정치적 정치 (종교적 종교)	법률적 정치 (철학적 종교)	경제적 정치 (과학적 종교)	교육적 정치 (예술적 종교)
법률(철학)	정치적 법률 (종교적 철학)	법률적 법률 (철학적 철학)	경제적 법률 (과학적 철학)	교육적 법률 (예술적 철학)
경제(과학)	정치적 경제 (종교적 과학)	법률적 경제 (철학적 과학)	경제적 경제 (과학적 과학)	교육적 경제 (예술적 과학)
교육(예술)	정치적 교육 (종교적 예술)	법률적 교육 (철학적 예술)	경제적 교육 (과학적 예술)	교육적 교육 (예술적 예술)

주첸즈는 인류의 모든 문화체계는 목적적 측면과 수단적 측면이 동시에 존재한다는 인식 속에서 문화 전체를 양면으로 분류해 관찰한다. 그 하나는 지식문화인 인류사회사상의 연원에 관한 것이고, 또 하나는 사회문화, 곧 그 사회사상의 연원들로부터 표현되어 객관적인 각종 사회제도를 이루는 것에 관한 것이다. 이 사회제도는 원래 인류가 이를 통해 사회사상을 안배하고 실현함은 물론 인류의 지식생활을 만족시키는 수단이 된다.[65] 이런 점에서 사회문화유형은 지식문화유형에 의해 결정되는 의존적 관계에 있다고 하겠다. 주첸즈는 "사회문화유형으로 말하면 지식문화가 목적이 되고 지식문화유형으로 말하면 사회문화유형이 수단이 된다. 인류사회생활은 각종 사회제도에 의거해 부지중에 지식생활을 위해 작동한다. 즉 인류문화의 목적을 달성하기 위해 작동한다."[66]고 피력한다. 더욱이 그에게서 정치, 법률, 경제, 교육으로

대표되는 사회문화유형은 문화구조로 볼 때 본질상 모두 독립된 일종의 특수한 사회문화로서 다른 유형과는 명확한 구분선이 있다. 반면에 문화 개념의 형식상에서 접근해보면 이 4유형의 문화는 역사발전에 따라 차례대로 지식문화를 부단히 흡수해 각자의 문화 개념을 구성한다.

주첸즈는 개념과 구조를 포괄하는 사회제도의 분석을 통해서 이와 같은 자신의 제반 사회문화학적 이론들을 논증한다. 이를테면 정치제도의 경우 개념상 정치 개념의 사적史的 발전에 따라 종교적 정치 개념, 철학적 정치 개념, 과학적 정치 개념, 예술적 정치 개념이 존재한다. 그러나 구조상 정치는 특별한 '권력'을 가지며 특정한 토지, 인구, 통치기관의 사회조직생활이다. 법률제도의 경우 개념상 법률 개념의 사적 발전에 따라 종교적 법률 개념, 철학적 법률 개념, 과학적 법률 개념, 예술적 법률 개념이 존재한다. 다만 구조상 법률은 개인이나 단체의 행위를 제어하는 사회의 '규범력'으로서 그것은 징벌과 장려를 운용해 인류정의와 안전희망을 만족시키는 사회질서생활이다. 경제제도의 경우 개념상 경제 개념의 사적 발전에 따라 종교적 경제 개념, 철학적 경제 개념, 과학적 경제 개념, 예술적 경제 개념으로 나뉜다. 그러나 구조상 경제는 공업조직, 재산과 실물의 특질인 의식주와 교통, 용구, 무기, 직업 등을 포괄한다. 이것은 사회생존제도가 음식과 생계 의욕에 집중되어 사회의 '생산력'으로 나타난다. 마지막으로 교육제도의 경우 개념상 교육 개념의 사적 발전에 따라 종교적 교육 개념, 철학적 교육 개념, 과학적 교육 개념, 예술적 교육 개념이 존재한다. 다만 구조상 교육은 특수한 인류의 '사랑의 힘(愛力)'을 갖추고 있다. 그것은 사회문화제도로서 수많은 서로 관련이 없는 문화형식, 지식적인 것과 물질적인 것을 포괄한다. 이러한 제도는 문화의욕에 집중되어 있다.[67]

물론 사회문화로서의 이러한 각종 사회제도는 지식문화의 영향과 지배를 받는다. 주첸즈에 따르면 "사회문화유형이 지식문화유형을 결정하는 것이 아니라 지식문화유형이 사회문화유형을 결정하는 것이다."[68] 그는 이 일련의 객관적 · 물질적 사회구조, 사회제도에 대한 지식문화의 영향관계를 문화사회학자 막스 베버의 성찰을 통해서 단적으로 보여준다. 그가 파악하기에 '종교' 인자가 경제현상에 영향을 미친다는 베버의 학설은 지식문화유형이 사회문화유형을 결정한다는 자신의 주장을 입증해주는 한 실례였다. 그러나 베버가 제창한 근대자본주의의 프로테스탄트(Protestant)기원설은 '종교적 경제 개념', 곧 경제사의 제1단계를 설명하는 데 불과하다. 그것은 철학적 경제 개념, 곧 경제사의 제2단계에서는 더 이상 통용되지 않는다. 주첸즈는 이때는 종교가 경제현상에 미치는 영향은 이미 쇠약해졌으므로 별도의 '철학' 인자로 설명해야 한다고 판단했다. 이와 동일한 맥락에서 과학적 경제 개념, 곧 경제사의 세 번째 단계는 '과학' 인자가, 그리고 '예술적 경제 개념', 곧 경제사의 제4단계에서는 '예술' 인자가 실제로 미래 경제조직의 형식을 각각 결정한다고 보았다.[69]

그러나 이러한 설명은 단지 개념의 형식상 관계일 뿐 본질적 관계는 아니다. 여기서 주첸즈가 상정하고 있는 사회문화유형과 지식문화개념의 대응적 관계를 놓쳐서는 안 될 것이다. 이른바 종교적 경제 개념, 철학적 경제 개념, 예술적 경제 개념은 그 본질이 모두 경제가 아니다. 경제의 본질적 유형, 즉 경제 그 본연의 정체성은 언제나 과학적 문화개념과 합치된다. 주첸즈는 이에 대해 "본질적 관계에서 말하면 경제본질의 생명은 독립자존의 초시간적 논리성을 띤다. 그리고 이 독립자존과 초시간적 성질로서의 경제문화유형은 사실 지식문화유형 가운데 오직 과학문화와만 호응할 수 있다. 환언하면 사회문화의 경제유형과 지식문화의 과학유형은 본래 일체양면일 뿐이다."[70]고 했다. 이렇듯이 문화심리학(문화개념학)적 관점에서 보면 각 사회문화의 본질적 유형은 실제로 각 지식문화의 유형적 개념과 친화성을 갖는다. 주첸즈는 그 관계성을 정치의 종교개념화, 법률의 철학개념화, 경제의 과학개념화, 교육의 예술개념화로 각각 규정한다. 이를테면 지식생활상의 종교문화는 사회생활상에서는 사회문화유형의 정치생활로, 지식생활상의 철학문화는 사회문화유형의 법률생활로, 그리고 지식생활상의 예술문화는 사회문화유형의 교육생활로 각기 나타난다는 것이다.[71]

이러한 사고는 예술가의 시대임과 동시에 교육가의 시대인 미래의 '문화사회'를 예단하는 논리상에서도 그대로 표출된다. 주첸즈의 미래 통찰은 '교육적 예술개념화'의 논단상에서 전개된다. 논구컨대 그에게 교육의 문화적 가치는 '사랑(愛)'이고 예술의 문화적 가치는 '아름다움(美)'으로 집약된다. 예술의 문화가치인 '아름다움'은 문화와 생명의 다른 표현이다. 그러나 교육은 문화(생명)를 교육애의 대상으로 삼지만 그 자체가 문화는 아니다. 교육의 실체는 일종의 방법, 곧 '사랑의 힘'이다. 이를테면 "정치는 권력, 법률은 규범력, 경제는 생산력을 행사하는 것과 같이 교육은 사랑의 힘을 가진다".[72] 교육은 생명력을 본질로 하는 이 '사랑의 힘'을 통해서 예술적 사회문화를 성취하는 것을 목적으로 삼는다. "사회문화와 지식문화는 사실 목적과 수단의 관계를 이룬다"[73]는 의미가 여기에 있다. 주첸즈는 이상의 내용을 "생명은 교육의 본질이고 문화는 교육의 기초고 사랑은 교육의 방법이고 아름다움은 교육의 목적이다"[74]라고 정리한다. 더욱이 교육애의 대상인 문화, 곧 "생명의 사랑에 있어 그 핵심은 아름다움의 특질을 갖추고 있기 때문에 '아름다움의 사랑(愛美)'은 생명에 도달하는 방법임"[75]을 강조한다. 결국 교육은 사랑이고 사랑 그 자체는 모든 것을 감동시키는 무궁한 힘을 지닌다. 사랑은 아름다움의 기교이자 수완이고 아름다움은 사랑의 본체다. 이상적 예술세계는 오직 사랑이 존재해야만 도달할 수 있다. 주첸즈가 이상시하는 미래의 문화사회건설은 오직 예술 · 교육의 공효로 성취되는 것이다.[76]

한편 주첸즈는 이상의 사회문화유형과 지식문화유형의 상호관계를 인류학적 방법과 관련된 지식문화특질의 지리관과 배합해 정치하게 열거한다. 이것은 본질적 대응관계보다는 형식적 연쇄관계에 주목한 것이다. 이를 표로 간략히 정리해보면 다음과 같다.[77]

지식문화 사회문화	종 교(인도)	철 학(중국)	과 학(서양)	예 술(이상세계)
정 치	종교적 정치 개념(인도식 정치=해탈적 정치=무치無治=신권정치)	철학적 정치 개념(중국식 정치=본질적 정치=자치=인권정치)	과학적 정치 개념(서양식 정치=실용적 정치=물치物治=물권정치)	예술적 정치 개념(이상적 정치=감상적 정치=미치美治=생명권 정치)
법 률	종교적 법률 개념(인도식 법률=해탈적 법률=신력神力의 법률)	철학적 법률 개념(중국식 법률=본질적 법률=추상력의 법률)	과학적 법률 개념(서양식 법률=실용적 법률=화폐력의 법률)	예술적 법률 개념(이상적 법률=감상적 법률=생명력의 법률)
경 제	종교적 경제 개념(인도식 경제=해탈적 경제=절욕론絶欲論)	철학적 경제 개념(중국식 경제=본질적 경제=절욕론節欲論)	과학적 경제 개념(서양식 경제=실용적 경제=이욕론利欲論)	예술적 경제 개념(이상적 경제=감상적 경제=초욕론超欲論)
교 육	종교적 교육 개념(인도식 교육=해탈적 교육=신의 사랑)	철학적 교육 개념(중국식 교육=본질적 교육=인간의 사랑)	과학적 교육 개념(서양식 교육=실용적 교육=물질의 사랑)	예술적 교육 개념(이상적 교육=감상적 교육=생명의 사랑)

이 연쇄적 관계형식은 재차 문화사회정태상 64종의 사회유형으로 분화된다. 주첸즈는 사회문화 16유형에 지식문화 4유형을 상호 배합해 64종의 사회유형으로 확장시킨다. 말하자면 사회문화유형학을 일차적

으로 정치형, 법률형, 경제형, 교육형으로 분류하고, 이 각 기본유형에 보다 세부적인 16종의 사회유형을 각기 안배해 총 64종을 도출한다. 모두 생략하고 현대문명의 특징인 '경제형'을 그 예로 들어보면 그것은 종교정치적 경제형(인도경제의 제1시기), 종교법률적 경제형(인도경제의 제2시기), 종교경제적 경제형(인도경제의 제3시기), 종교교육적 경제형(인도경제의 제4시기); 철학정치적 경제형(중국경제의 제1시기), 철학법률적 경제형(중국경제의 제2시기), 철학경제적 경제형(중국경제의 제3시기), 철학교육적 경제형(중국경제의 제4시기); 과학정치적 경제형(서양경제의 제1시기), 과학법률적 경제형(서양경제의 제2시기), 과학경제적 경제형(서양경제의 제3시기), 과학교육적 경제형(서양경제의 제4시기); 예술정치적 경제형(인·중·서 경제 제1시기의 이상세계), 예술법률적 경제형(인·중·서 경제 제2시기의 이상세계), 예술경제적 경제형(인·중·서 경제 제3시기의 이상세계), 예술교육적 경제형(인·중·서 경제 제4시기의 이상세계)으로 나열된다. 이러한 관계형식을 동일하게 기타 정치형, 법률형, 교육형에 대입해보면 그 전체적 윤곽을 파악할 수 있을 것이다.[78]

그런데 여기서 주목되는 점은 이 64종의 사회문화유형은 64종의 제각기 다른 사회문화단체를 포괄한다는 사실이다. 이러한 각 사회유형은 반드시 시간(과거, 현재, 미래), 공간(인도, 중국, 서양), 내용(종교, 철학, 과학, 예술)의 제한을 받고 사회유형의 소속을 결정한다. 아울러 이들 사회유형은 매 특수한 유형마다 모두 특수한 사회단체를 구성한다.[79] 그럼에도 불구하고 사회유형의 결정인자인 시간, 공간, 내용은 종국에는 모두 지식체계의 영역임을 알 수 있다. 주첸즈는 인류의 모든 사회제도와 사회단체는 그에 상응하는 지식문화 개념이 존재함은 물론 반드시 지식문화유형에 의해 결정된다고 주장한다. 이를테면 "문화사에 있어 종교시대는 모든 사회제도가 종교화하여 정치는 종교적 정치, 법률은 종교적 법률, 경제는 종교적 경제, 교육은 종교적 교육이 된다. 문화사에 있어 철학시대는 모든 사회제도가 철학화하여 정치는 철학적 정치, 법률은 철학적 법률, 경제는 철학적 경제, 교육은 철학적 교육이 된다. 이를 사회단체로 미루어보면 동일하게 종교시대에는 종교적 정치 단체, 종교적 법률 단체, 종교적 경제 단체, 종교적 교육 단체를 형성한다. 철학시대에는 철학적 정치 단체, 철학적 법률 단체, 철학적 경제 단체, 철학적 교육 단체를 형성한다. 이런 방식으로 유추해보면 사회유형과 지식유형의 복잡한 교호관계에 의해서 64종의 사회기본유형, 즉 64종의 사회단체가 형성된다."[80]는 것이다.

결국 이들 복잡한 사회제도와 각종 사회단체는 본질적으로 인류정신의 고유한 성향임과 동시에 지식체계가 결합된 표현물임을 간파할 수 있다. 주첸즈의 논변대로 "인류지식의 모든 활동은 반드시 인류의 사회단체에서 이루어지기 때문에 우리가 사회제도는 지식체계에서 발원하고 이른바 인류의 4대 제도인 정치, 법률, 경제, 교육 이 일련의 사회활동은 언제 어디서나 반드시 지식체계와 서로 결합해 각종 사회단체를 형성한다고 말하는 것이다".[81] 여기서 인류의 지식체계란 4대 영역인 종교, 철학, 과학, 예술로 귀결됨은 물론이다. 주첸즈는 이를 막스 셸러의 지식사회학 이론을 빌려 자신이 고안한 '감상(欣赏)적 지식(예술)'을 포함한 '해탈적 지식(종교)', '본질적 또는 교양적 지식(철학)', '실용적 또는 정복적 지식(과학)'으로 더욱 구체화한다. 그는 말하기를 "이것은 바로 인류정신 속에 본유하는 4종의 상이한 인식형식, 곧 지식본질의 4대 유형이다. 이 4대 유형은 인식정신의 행동 속에서 전혀 각기 다른 4종의 부류, 4종의 목표, 4종의 동기, 더 나아가서는 4종의 인격형, 4종의 사회단체인 것이다. 이 각기 다른 기초로 인해서 종교, 철학, 과학,

예술이 이루어진다."[82]고 했다. 주첸즈는 셸러가 『사회학과 세계관*Zur Soziologie und Weltanschauung*』 제1책에서 서술한 인식의 3형식을 인식의 4형식으로 보완해 다음과 같이 제시한다.[83]

인식형식	① 종교적 인식형식 (해탈적 지식)	② 철학적 인식형식 (본질적 또는 교양적 지식)	③ 과학적 인식형식 (실용적 또는 정복적 지식)	④ 예술적 인식형식 (감상적 지식)
동기	제도濟度	경탄	지배	애미愛美
목표	구인救人 및 그 단체	최고 인격의 완성	현상적 관계의 인식	표현
방법	희망, 공포, 사랑, 의욕, 인식 등	내성內省본성	관찰, 실험, 귀납 등	서정적 직관
지도자	성자	현자	학자	예술가
사회단체	교회종파, 신앙단체	학파	대학, 전문학교, 학사회 등의 과학적 공화국 및 그 조직	예술단체

사실 주첸즈의 '감상적 지식'은 에두아르트 슈프랑거(Eduard Spranger, 1882~1963)가 『삶의 형식들*Lebensformen*』에서 주장한 문화심리 6모형 중 '미적 인간형(심미형)'에서 채취한 것이다. 잘 알려진 대로 슈프랑거는 개성의 이상적 유형으로 '이론적 인간형', '경제적 인간형', '미적 인간형', '사회적 인간형', '권력적 인간형', '종교적 인간형' 6가지로 나눈 바 있다.[84] 주첸즈는 이 모델을 원용해 막스 셸러의 지식사회학의 한계를 극복하고자 했다. 그는 먼저 셸러의 지식사회학을 콩트의 3단계 법칙과 견주면서 이 양자의 상호보충성을 강조한다. 셸러의 경우처럼 인류정신의 본성에서 인식적 3형식, 즉 문화본질의 3유형을 간파할 수 있는가 하면 콩트의 경우처럼 표면지식의 물질적 단계 법칙, 즉 문화본질의 역사성을 발견할 수 있다는 것이다. 콩트가 문화의 역사적 진화단계

를 간파했다면 셸러는 문화의 본질적 유형을 꿰뚫어보았다고 할 수 있다. 그러나 주쳰즈는 콩트가 그랬듯이 셸러 역시도 단지 인식의 3형식만을 알았을 뿐 이 3형식 외에 인류정신의 본질 속에 원래 존재하는 '예술적 인식과 사고'를 감지하지 못했다고 똑같이 비판한다.[85] 그가 판단하기에 셸러는 슈프랑거의 심미형, 곧 예술적 인식과 사고가 예술가를 창조할 수 있다는 사실에 무관심한 것이다.

이상의 논의에 덧붙여 주쳰즈는 인류문화의 창조는 무수한 인격유형과 사회유형이 교호 착종해서 이루어진 결과라는 견해를 견지한다. 이것이 그가 "64종의 사회단체는 사회유형의 사회단체이면서 또한 지식유형의 사회단체"[86]라고 말하는 이유다. 보편적 개인 하나하나가 어떤 사회유형에 집중적으로 흥미를 갖고 끊임없이 이 사회단체활동에 참여할 때 이것이 바로 슈프랑거가 말한 개성의 이상적 기본유형, 즉 이른바 '인격형'을 만드는 것이다. 그러나 주쳰즈는 슈프랑거의 퇴적식 분류의 한계를 지적하면서 자신의 발생식 분류, 즉 개성의 이상적 기본형식을 지식생활상 종교형, 철학형, 과학형, 예술형으로, 사회생활상 정치형, 법률형, 경제형, 교육형으로 나눌 것을 제안한다. 그는 설명하기를 "이른바 사회문화의 건설은 이 8종의 인격형을 그 창조자, 개변자, 보존자, 모방자로 삼아 이루어진 것이다. 이른바 64종의 사회단체의 건립 역시 이 무수한 사회 속의 인격형, 그리고 그 인격형의 교호활동에 의한 결과임은 말할 필요도 없다. 그들의 접촉과 상호작용, 암시와 모방, 경쟁과 충돌, 순응과 동화로 인해서, 나아가 그들이 협력한 정신으로 인해서 인류의 모든 공동단체가 창조되는데 이 공동단체가 이른바 문화사회이다."[87]고 했다. 그리고 이 문화사회는 역사성을 띠기 때문에 각 시대의 문화사회는 그 시대에 맞는 문화역사를 창조한다.

주첸즈는 문화사의 제1시대는 지식생활상 종교시대임과 동시에 사회생활상 정치(군사)시대고, 제2시대는 지식생활상 철학시대임과 동시에 사회생활상 법률시대고, 제3시대는 지식생활상 과학시대임과 동시에 사회생활상 경제시대임을 천명한다. 이렇게 되면 사회형태사관적 해석에 따라서 문화사의 제1시대는 교회, 종교신앙 단체가 중심이 되는 종교시대임과 동시에 또한 정치와 군사단체가 중심이 되는 정치시대다. 제2시대는 각 학파를 중심으로 하는 철학시대임과 동시에 법률가단체가 중심이 되는 법률시대다. 그리고 현대문명에 해당하는 제3시대는 과학단체, 즉 대학, 전문학교, 학사회 등이 중심이 되는 과학시대임과 동시에 은행산업의 각 경제단체가 중심을 이루는 경제시대다. 때문에 현대사의 해석은 과학단체와 경제조직의 사회형태에 의해서만 설명이 가능하다. 그러나 문화사의 전체로 볼 때 이 제3시대만으로 완결되지 않는다. 주첸즈의 문화학적 논리구도에는 예술가, 교육가가 대두하여 '예술'과 '교육'으로 모든 것을 주도하는 미래사회가 내장되어 있다. 문화사의 제4시대는 음악과 춤 이러한 미적 동기가 결합된 예술단체가 중심이 되는 예술시대임과 동시에 교육가와 인도가 단체가 만든 교육시대임은 더 말할 나위도 없다.[88]

그렇다면 주첸즈 문화학의 최종 지향점인 이상적 '사회문화'는 구체적으로 어떤 모습일까? 그것은 교육의 문화가치인 '사랑'과 예술의 문화가치인 '아름다움'의 교직이 만들어낸 문화사회 다름 아니다. 그는 먼저 "과학적 문화유형은 필연의 세계에 있지만 우리들 사회문화의 이상유형인 예술시대는 자유의 세계다"[89]라고 전제한다. 그리고 이 자유세계를 유교 유토피아인 공자孔子의 대동大同세계에서 찾는다. 주첸즈는 『예기禮記』, 「예운禮運 · 대동」에 의탁해 미래사회의 축도를 다음과 같이 디자인한다. "이 예술미세계에서의 천하는 하나같이 계급도 종족의 경계도 사라진다. 전인류 사이에는 기뻐서 춤을 추고 삶의 흥취가 넘쳐 흐른다. 각자가 능력에 따라 일하고 자기가 필요한 만큼 가진다. 나아가 전세계의 인류가 모두 연합해 사랑과 진실이 숨 쉬는 단체, 광범하고 안정된 노동 대가정을 조직한다. 이른바 '사람들이 오직 제 어버이만을 친애하는 것이 아니고 오직 제 자식만을 사랑하는 것도 아니다(人不獨親其親, 不獨子其子)'고 했는데 이 얼마나 사랑이 넘치는 세계인가. 그러나 이 사랑의 세계에 정치, 법률, 경제가 결코 존재하지 않는 것이 아니다. 이때 정치는 사랑과 아름다움의 정치고 법률은 사랑과 아름다움의 법률이고 경제는 사랑과 아름다움의 경제다. 사회 전체의 문화는 모두 만인의 안락을 종지로 삼을뿐더러 인류생명의 근본정신을 위해 만인의 안락을 요구한다. 이것은 얼마나 '미선상락美善相樂'한 문화사회가 아닌가!"[90]

이와 같이 주첸즈의 '문화학'은 사해동포주의로서 인류애의 생명주의에 기초한다. 그것은 동서양의 여러 생명철학이 협력하지만 그 원형은 결국 '유교생명주의'로 수렴된다. 주첸즈는 중국문화의 특질을 현재의 생동하는 언어로 표현하면 '정情'과 '애愛'라고 했다. 특히 유학의 인학仁學 차원에서 전통적 유가 개념인 '인仁'을 '정'과 동일시해 '사랑(愛)'으로 부활시킨다. 나아가 예술세계의 기본 요칙을 "참정의 흐름(眞情之流)"[91]으로 해석해 '예술' 인자를 제반 인류문화유형 속에 편재하는 생명소로 안치시킨다. 이것은 주첸즈가 꿈꾸는 미래의 이상사회가 생명과 사랑에 정초된 예술과 교육의 문화세계라는 사실과 무연하지 않다. 잘 알다시피 동아시아의 "유가는 정감情感을 생명 속에서 가장 중요한 문제로 간주해 2,000년간 끊임없이 토론했을 뿐만 아니라 매우 높은 단계에까지 제고시킨 전체 유학의 핵심내용이다".[92] 주첸즈 역시도 미래 문화

(생명)주의사회와 관련해서 "인격의 참뜻은 정감의 제고, 자아의 완전한 실현, 특히 문화의지의 확립에 있다"[93]고 말한다. 요컨대 '사랑'과 그 지식원형인 '아름다움'의 특질이 인류문화의 제반영역에 포진된 세계, 이른바 교육시대 혹은 예술시대가 바로 '대동세계'인 것이다. 그것은 구체적으로 "지식생활상 종교는 예술적 종교, 철학은 예술적 철학, 과학은 예술적 과학임은 물론, 사회생활상 정치는 예술적 정치, 법률은 예술적 법률, 경제는 예술적 경제, 교육은 예술적 교육"[94]으로 귀착된다.

5. 맺음말

21세기 서구중심주의의 세계사적 철수단계인 세계화(Globalization)의 패퇴는 중국을 비롯한 동아시아 중심의 새로운 '아시아태평양시대'를 독려하고 있다. 이로 볼 때 현대 동아시아의 아이덴티티(identity)를 읽어내는 독자적 문화학 구축은 그 어느 때보다도 절실한 문제가 아닐 수 없다. 중국의 경우 '문화학' 연구는 리다자오(李大釗, 1889~1927)가 이 용어를 처음 사용한 것을 기점으로 쑨번원, 량수밍, 주첸즈, 황원산, 린후이샹(林惠祥, 1901~1958), 천쉬징(陳序經, 1903~1967) 등이 문화학의 토착화에 많은 공헌을 했다. 그 중에서도 주첸즈는 현대 중국문화학의 정초자로서 매우 중요한 인물로 평가된다. 그의 문화사상이 5 · 4 신문화운동 이후 중국에서 생산된 일련의 문화논의들을 온축한다는 점에서 더욱 그렇다. 다만 애국애족적 구망救亡이라는 당시의 현실적 절박성으로 인해 그의 문화론에 유전되는 쇼비니즘(chauvinism)적 중화민족주의의 답습이나 예술문화고정론, 나아가 유가의 대동세계를 예술문화로 연결시켜 너무 이상시한 점 등은 한계로 지적되기도 한다.[95] 그럼에도 불구하고 필자가 주첸즈를 주목하는 이유는 20세기 초 중국과 동아시아의 시대적 위기상황을 치열한 '문화적 탐색'을 통해 해결하고자 하는 구도자적 삶 때문이다. 특히 제국주의시기 동아시아문화의 파산을 목도하면서 일구어낸 기품 있는 저작과 입론 들은 오늘날 '동아시아적 문화학' 확보라는 당면과제에 귀중한 지적 좌표를 제시해준다.

오늘날 문화학의 개념과 학문분과는 현대 인문학의 현주소와 미래에 대한 성찰 속에서 중심범주를 이룬다. 더군다나 현금 인문학의 정체성 위기는 그와 연관된 각 학문분야의 '문화주의적 전환'을 촉진시키고 있다. 이런 점에서 주첸즈의 여러 문화학적 시도는 현재에도 유효할뿐더러 우리에게 깊은 인상을 남긴다. 무엇보다도 '문화학'의 제반 연구기획은 현대 동서양 인문학 위기의 문화주의적 해법모색에 하나의 모델이 된다는 측면에서 그 현재적 의미를 간과할 수 없다. 주첸즈는 문화담론의 세계적 조류를 놓치지 않는 예언자적 식견으로 '문화학'을 하나의 완성된 학문체계로 구성하고자 했다. 여기에는 전통문화의 현대화에 대한 깊은 고뇌가 반영됨은 물론이다. 더욱 특기할 점은 그의 문화사상은 21세기 공감(empathy)시대를 예비하는 동아시아 문화학의 선취先取라는 점에서도 의미심장하다. 미래학자 제러미 리프킨(Jeremy Rifkin)은 금세기는 적자생존과 경쟁의 문명에서 네트워킹의 3차 산업혁명과 분산자본주의시대를 주도하는 호모 엠파티쿠스(Homo—Empathicus)의 공감적 문명으로 이행되고 있다고 주장한다.[96] 실제로 주첸즈가 상정한 '사랑'과 '아름다움'의 생명주의적 융합세계, 즉 교육과 예술의 문화사회는 리프킨이 말하는 '공감문명'과도 무관하지 않다. 이와 관련해 주첸즈의 '예술문화'가 구도하는 자유문명세계가 현 인류사회에 장애 없이 온전히 구현되기를 희망하면서 이 장을 마치고자 한다.

제8장

사회문화학과 반전反戰사상

제8장

사회문화학과 반전反戰사상

반군수자본주의문화론을 중심으로

1. 문제 제기

현 인류문명의 죽음과 공멸의 표징인 '전쟁의 시장화'가 인간의 생명을 담보로 세계 곳곳에서 독버섯처럼 번지고 있다. 소위 평화의 이름으로 전쟁을 즐기는 '군산복합체(military—industrial complex)'는 국가의 안보를 수호하는 군부와 이 군부를 위해 각종 무기장비를 만들고 그것을 팔아서 배를 채우는 방위산업체의 결합을 뜻한다. 그것은 각 나라의 국방부를 중심으로 전쟁을 통해 이익을 얻는 '군수(전쟁)자본주의' 기업체 집단이 대표적이다. 이 죽음의 전쟁상인과 무기시장은 경제와 정치를 병들게 할뿐더러 우리의 영혼마저도 파괴한다. 이 점에서 드와이트 D. 아이젠하워(Dwight D. Eisenhower, 1890~1969)는 일찍이 1961년 『고별연설 *Farewell Radio and Television Address to the American People*』에서 "이 군산복합체가 의식적이건 무의식적이건 간에 부당한 영향력을 획득하려는 데 대해 우리는 경계해야만 한다. 이 오도된 세력이 급격히 팽창하여 파멸적인 결과를 초래할 가능성은 현재에도 존재하고 있으며 앞으로도 계속해 존재할 것이다."[1]라고 경고한 바 있다. 아울러 장래에 이윤의 가능성 때문에 훨씬 더 대규모의 군비지출을 위한 강력한 로비활동이 출현함은 물론 그 특수이익도 커진다고 덧붙인다. 그는 방대한 군사조직과 대규모의 군수산업이 결합하여 국가의 방향성을 왜곡시키는 체제의 탄생과 그 위험성을 예견한 것이다. 아이젠하워가 고별연설을 한지 반세기가 지난 지금 미국의 외교정책은 군과 군수산업의 집단에 지배당하고 있다. 그의 우려가 급기야 현실화된 셈이다.[2]

이 전쟁자본가들은 세계 어디서라도 전쟁을 일으키려고 호시탐탐 기회를 노리고 있다. 그리고 자신들의 이익과 목적을 달성하기 위해서는 사람의 고통 따위는 그것이 설령 자국민이라 하더라도 안중에도 없다. 심지어 군산복합체와 관련된 무기제조업자, 군부, 부패한 정당과 조직 등의 사악한 연합은 세계를 핵전쟁의 위기로 내몰면서 인류의 생존마저도 위태롭게 만들고 있다. 그와 더불어 정의와 평화 또한 전쟁자본과 그 힘의 논리 앞에서 철저하게 무시될뿐더러 모욕당하고 있다. 그런데 이 '위험의 세계', 곧 국방매파(hawks)와 전쟁수혜기업의 시대는 2001년 9.11 뉴욕테러사건을 기화로 재가동된 것이다. 당시 미국 신보수주의자들(neocons)은 국민들의 두려움과 애국심을 악용, 테러와의 범세계적 전쟁을 선포하여 거대한 군사기구를 유지하는 일로 먹고 사는 군산복합체를 살찌웠다. 그도 그럴 것이 최근 이 테러와의 전쟁은 신보수주의자와 기업들이 군비증강이라는 수지맞는 사업을 정당화하기 위해 만들어낸 허구에 지나지 않는다는 견해가 우세하다. 로버트 쉬어(Robert Scheer)의 음산한 증언대로 "미국 대형교회에서 숭배하는 여타 종교와 마찬가지로 군국주의 교파는 사이비 종교적 목표와 상업적 탐욕을 충족시킨다. 이들의 신은 독실한 애국주의자와 탐욕스러운 은행가의 결합체다. 9.11 이후 7년 동안 조지 W. 부시(George Walker Bush)는 이 복음을 설파했으며 헌신적이고 열성적인 군납업체 신도는 기부금을 갖다 바쳤다"3.

그런데 현대 군산복합체의 특징은 국제화의 뚜렷한 강화로 요약된다. 아닌 게 아니라 냉전기 주로 초국적기업의 활동을 통해 실현된 군사와 경제의 연계강화는 무기거래량의 급격한 증가가 말해주듯이 자본주의국가의 경제적 · 정치적 군사화에 막대한 영향을 미쳐온 게 사실이다. 그러던 중 20세기 말 몰타(Malta)체제로 대변되는 탈냉전시대의 개막은 군산복합체의 존재근거를 잃게 만들었다. 그러나 팽창한 군사예산의 진짜 목적인 탐욕은 그대로 남았다. 9.11의 비극은 화수분 같은 선물이었다. 소위 테러와의 전쟁은 냉전을 훌륭하게 영구적으로 대체한 것이다.[4] 더군다나 최근 이 피로 연명하는 괴물 전쟁자본주의는 안보의 민영화 추세에 편승하여 어둠의 전사들을 거느린 '용병산업', 곧 자신들에게는 이데올로기도, 조국도, 신도 없으며 오직 달러만 존재할 뿐이라는 'PMC(Private Military Company: 민간군사기업)'의 형태로 진화해 인류문명의 미래에 더욱 어두운 그림자를 드리우고 있다.[5] 실제로 군산복합체는 거대한 국방예산으로 지탱되는 군수산업의 존재, 군수지출의 지속과 함께 생겨나는 군부와 대기업 간의 공동 이해관계의 발생, 이것이 냉전과 탈냉전의 대외정책을 규정하게 되며 그에 따른 자본의 문명화 작용보다 파괴적 작용의 증대, 결과적으로 군사적 긴장구조를 통한 세계적 군사화의 증대에 기여해 근대 세계체제의 기본질서를 잠식하는 역할을 해왔다.[6]

이렇게 전쟁구조를 재생산하는 자본주의적 산업화의 증대, 근대국가의 억압성 증대에 비례하여 과학과 기술의 도구화, 수단화의 강화가 산업적으로 정형화된 메커니즘이 바로 '전쟁(군수)산업'인 것이다. 근대성의 본질이 단 하나의 변동원리만으로는 설명될 수 없는 것과 마찬가지로 이 '전쟁의 산업화' 역시 근대성의 다면적 위기현상의 산물이라고 할 수 있다. 앤서니 기든스(Anthony Giddens)의 분석에 따르면 근대성의 제도적 복합체는 자본주의, 산업주의, 감시, 군사적인 힘이라는 네 차원으로 구성된다. 여기서 폭력의 근대화로 대변되는 '군사적 힘'은 여타 근대성 차원에서 제기되는 세계화의 위기, 가령 자본주의의 세계자본주의경제체제, 산업주의의 국제적 노동분업, 감시적 힘의 민족국가체제화를 압도하는 경향을 띠면서 그것은 국제동맹과 무기흐름 등을 통해 세계적인 군사질서로 조직화되고 있다.[7] 때문에 A. 부주에프(A. Buzuev)는 군산복합체를 "자본주의세계의 군사화를 강화하는 데 자신의 기득권을 갖는 모든 경제적 · 정치적 · 군사적 세력과 조직의 국제적 결사체"[8]라고 규정한다. 이들 전쟁기업은 인류의 소중한 생명과 보편적 인권을 짓밟는 공공의 적인 것이다. 아우슈비츠, 난징(南京)대학살, 르완다, 보스니아, 세계무역센터 파괴 등은 우리가 그 실체에 대한 비판적 인식의 끈을 놓쳤을 때 어떤 일이 벌어지는지 계시하는 음울한 사건들이다. 그럼에도 기든스의 지적대로 "사회학의 창시자들 중 아무도 '전쟁의 산업화' 현상에 대한 체계적인 주의를 기울이지 않은 것"[9]이 사실이다. 더욱이 그 전쟁체계를 구동하는 인간의 문화적 본질과 사회체계에 대한 해명과 대안이 부재하다는 점도 함께 논의되어야 할 것이다.

이 지점에서 주쳰즈(朱謙之, 1899~1972)의 '문화학'에 내포된 평화사회학으로서의 '전후戰後문화—반군수자본주의문화론'을 거론해볼 수 있을 것이다. 그것이 전통유가儒家사상과 접맥된 동아시아적 반전문화론이라는 점에서 더욱 의미심장하다. 이 평화사상은 문화학의 최종 지향점인 동서생명주의가 융합된 이상세계의 실현체라고 할 수 있다. 특히 유교생명주의 차원에서 교육의 문화가치인 '사랑(愛)'과 예술의 문화가치인 '아름다움(美)'의 교직交織이 창조한 '대동大同세계'로 수렴된다. 이 숭고한 문화사회는 사회문화학상 경제시대에서 교육시대로, 지식문화학상 과학시대에서 예술시대로의 전환이라는 지난한 문화학적 사유의 지형 속에서 도달된다. 주첸즈에게 문화학은 크게 지식적 문화유형학인 '문화철학'과 사회적 문화유형학인 '문화사회학'으로 양분된다. '전후문화론'은 총체적 문화학 구조 속에 있지만 구체적으로는 후자인 평화사회학적 의미와 접맥되어 있다. 이것은 사회학이 다른 사회과학의 개별적 · 전문적 일부문인 동시에 각 영역에 포괄적으로 미치는 일반적 · 종합적 인식을 지향하는 독특한 위치에 있다는 사실과 무관하지 않다. 이런 측면에서 주첸즈의 현실인식과 관련된 군수(軍火)자본론이 그가 구축한 정치한 문화학적 체계, 나아가 그 하위분과인 문화사회학의 경제문화론을 통해서 도출된다는 점에 주목하고자 한다. 물론 그 연구수행은 지식문화학과(문화철학)의 유기적 관계 속에서 사회문화학(문화사회학)에 내장된 반전反戰사상을 현재화하는 데 있다. 그것은 결국 '반군수자본주의문화론'에서 극대화될 것이다.

2. 사회문화학과 경제문화

주첸즈는 동서생명주의에 기반을 둔 '문화학'을 전제로 사회문화 4유형을 인체에 비유해 "사회문화의 첫 번째 유형인 '정치'는 용모에, 사회문화의 두 번째 유형인 '법률'은 근골에, 사회문화의 세 번째 유형인 '경제'는 근육에, 그리고 사회문화의 네 번째 유형인 '교육'은 정신에 각각 해당한다"[10]고 말한다. 이렇듯 사회문화유형학으로만 보면 '교육'이 가장 중요한 위치를 차지할뿐더러 어떤 면에서는 문화에 가장 근접한다. 정치는 사회권위를, 법률은 사회정의를, 경제는 사회복지를 각각 반영하지만 교육이 반영하는 것은 다름 아닌 '사회문화'이기 때문이다. 이 4가지는 하나라도 빠질 수 없는 상반상성相反相成의 관계에 있다. 또한 정치가 권력을, 법률이 규범력을, 경제는 생산력을 행사한다면 교육은 '사랑의 힘(愛力)'이다. 교육의 본질은 생명이고 사랑이다. 사랑에는 반드시 대상이 있고 문화는 그 교육애의 대상인 것이다.[11] 주첸즈는 "교육은 생명이고 문화이고 사랑이고 아름다움이고 그것은 하나의 거대한 상像이다. … 모든 지식적 · 사회적 문화형식은 이 거대한 상을 완성할 사명을 띠고 있다. 그러므로 현재로 말하면 교육과 문화의 관계는 바로 문화가 그 자신과 갖는 관계라고 말하는 것과 같다."[12]라고 논변한다. 그런 까닭에 문화사회학의 결론은 문화과학 저작의 최후목표였던 '문화교육학'과 매우 밀접한 관계에 있다고 말하는 것이다.

그러나 지식문화와 사회문화는 목적(내용)과 수단(형식)의 관계에 있다. 이런 점에서 사회권위는 종교가 내용이고 정치는 형식이다. 사회정의는 철학이 내용이고 법률이 형식이다. 사회복지는 과학이 내용이고 경제가 형식이 된다.[13] 이와 동일하게 사회문화는 예술이 내용이고 교육이 형식이다. 주첸즈는 전체 문화체계에 있어 "지식생활의 종교, 철학, 과학, 예술은 목적적 체계이고 정치, 법률, 경제, 교육은 단지 수단적 체계일 뿐이다. 수단적 체계에는 사회생활의 목적을 반영하는데 이것이 바로 사회권위, 사회정의, 사회복지, 더 나아가서는 전체의 사회문화(교육의 목적)다."[14]고 했다. 이를 지식유형과의 관계로 말하면 '권위'는 종교의 사회적 산물이고 '정의'는 철학의 사회적 산물이고 '복지'는 과학의 사회적 산물이고 '문화'는 예술의 사회적 산물이다. 다만 정치, 법률, 경제, 교육 그 자체 내에서는 수단만 보고 목적은 보지 않는다. 때문에 정치는 '권력'을 통해 종교화의 '사회권위'를 달성하는 것이 목적이 된다. 법률은 '규범력'을 통해 철학화의 '사회정의'를 달성하는 것이 목적이다. 경제는 '생산력'을 통해 과학화의 '사회복지'를 달성하는 것이 목적이다.[15] 이와 마찬가지로 교육은 '사랑의 힘'을 통해 예술화의 '사회문화'를 달성하는 것이 목적이 된다.

재차 각 사회유형의 상호관계로 보면 권위는 정의를 낳고 정의는 항상 권위에 의존한다. 정의는 복지를 낳고 복지는 항상 정의에 의존한다. 또한 복지는 문화를 낳고 문화는 항상 복지에 의존한다. 그런가 하면 정의가 주도하는 시대에는 정의적 권위가, 복지가 주도하는 시대에는 복지적 권위, 복지적 정의가 각각 형성된다. 그러나 이른바 교육시대만이 궁극적으로 문화가 주도하는 시대, 즉 문화적 권위, 문화적 정의, 문화적 복지를 이룰 수 있다.[16] 이러한 문화사회 목적인 간의 상호연쇄적인 관계와 관련해서 새로운 미래의 문화시기는 경제시대가 아닌 경제시대의 반면反面, 곧 교육시대임을 확인할 수 있다. 사실 주첸즈의 문화진화 개념에는 앙리 베르그송(Henri Bergson, 1859~1941)의 '지속(Duration)'과 게오르크 빌헬름 프리드리히 헤겔(Georg Wilhelm Friedrich Hegel, 1770~1831)의 '지양(Aufheben)'이라는 개념이 동시에 내포되어 있다. 바꿔 말해 세계문화사의 근본현상에는 변증법의 '지양'적인 현상이 담겨져 있지만 그 발전변화의 흐름 속에는 일종의 '지속'적 근본현상이 담겨져 있다.[17] 그런 까닭에 경제시대 다음에는 이 경제시대의 부정, 즉 법률시대 부정의 부정, 정치시대 부정의 부정의 부정이 이루어져 교육시대가 조성되는 것이다. 이때 정치사관, 법률사관, 경제사관은 넓은 의미의 문화사관의 지배를 받아 오로지 진리의 상대성만이 존재하여 단지 문화시대를 해명할 수 있을 뿐이다.

한편 '경제문화' 유형에서 보면 경제는 이미 논급한 바와 같이 '사회복지'에 근거해 존재한다. 즉 정치가 사회권위에, 법률이 사회정의에 의거하는 것과 같이 경제는 '생산력'을 통해 사회복지로 나아간다. 이런 의미에서 주첸즈는 "경제문화는 어떤 치부(致富)의 기술이 아니라 생산력을 운용해 사회복지를 달성하는 수단의 한 체계다"[18]라고 역설한다. 더군다나 복지는 사회문화유형의 최종 지향점인 '문화'를 생산하고 그 문화의 의존처이기 때문에 경제의 중요성을 간과할 수 없을 것이다. 그럼에도 주첸즈는 경제시대에는 사회복지를 지향하는 정당한 문화현상과 그에 반하는 부당한 문화현상이 있음을 놓치지 않는다. 그가 보기에 "부당한 것은 독점과 향락을 다투어 추구하여 물질적 생활이 인간의 생활을 지배하는 것이다. 정당한 것은 새로운 문화방식, 곧 관학적觀學적 · 유물적 경제문화를 창립해 우리들이 더욱 쉽게 사회복지의 목표를 향해 나아가도록 하는 것이다".[19] 다만 이 시대의 특징이 유물주의이기 때문에 유물사관이 경제시대의 부당한 문화현상에 저항하는 첨병역할을 한다. 주첸즈는 모든 경제시대의 사회주의 혁명가, 즉 칼 마르크스(Karl Heinrich Marx, 1818~1883), 프리드리히 엥겔스(Friedrich Engels, 1820~1895), 블라디미르 레닌(Vladimir Il' ich Lenin, 1870~1924), 피에르 조제프 프루동(Pierre—Joseph Proudhon, 1809~1865), 표트르 알렉세예비치 크로포트킨(Pyotr Alekseyevich Kropotkin, 1842~1921) 등은 경제적 공리功利관념에서 완전히 벗어난 순수한 사랑의 '문화'로부터 배태된 지식인들이라고 생각했다. 이들의 존재는 문화단계인 교육단계와 침략단계인 경제단계 간의 부단한 투쟁이 이 경제시대의 진정한 문화계급투쟁임을 일러준다

는 것이다.[20]

이와 같이 현대 사회생활의 근본조건은 문화를 위시한 권위, 정의뿐만 아니라 무엇보다도 '복지'를 요구하므로 경제유형이 절대적으로 필요하다고 할 것이다. 그러나 사회사에 있어 경제단계는 분명 생명적 문화형식인 '교육단계'로 진입하기 위한 물질적 문화형식임에 틀림없다. 주첸즈는 경제와 교육의 관계를 물질생산의 생산관계와 정신생활의 관계, 물질문화와 정신문화의 관계로 파악했다. 이러한 사고는 교육이 문화적이라면 경제는 반문화적이라는 인식에 토대한다. 그는 경제와 교육을 기본적으로 모순적 · 대립적 관계로 설정해 "경제시대는 문화가 전혀 없지만 교육시대는 철저히 문화다. 경제시대는 인간이 비인간이 되지만 교육시대는 그 비인간이 인간으로 바뀐다"[21]고 설명한다. 그러나 주첸즈가 구상한 문화학적 미래사회에는 이 사회문화의 교육시대에만 그치지 않고 지식문화의 '예술시대'가 상정되어 있다. 말하자면 현대문명을 지칭하는 문화사의 제3시대는 지식생활상 과학시대임과 동시에 사회생활상 경제시대다. 그에 반해서 미래문명인 제4시대는 지식생활상 예술시대임과 동시에 사회생활상 교육시대인 것이다.[22]

주첸즈에게 지식문화유형과 사회문화유형의 제반 교호交互관계는 사회의 각종 문화형태는 물론이고 역사의 각종 문화시대를 창조한다. 이 명제는 경제문화에서도 그대로 적용된다. 경제문화는 횡적 측면에서 관찰하면 경제문화의 4기형이고 종적 측면에서 관찰하면 경제문화의 4단계다. 이것은 경제문화의 발전, 즉 제1시기 종교적 경제단계에서 제2시기 철학적 경제단계, 제3시기 과학적 경제단계, 나아가 제4시기 예술적 경제단계까지를 포괄한다. 그런데 이와 같은 경제와 지식문화 각 유형의 관계에는 '본질적 관계'와 '역사(형식)적 관계'의 차이가 존재한다. 주첸즈의 입장에서 "경제는 과학을 지식상의 원시기형基型으로 삼아 지식생활상에서의 과학시대는 동시에 곧 사회생활상의 경제시대다. 그러므로 경제는 과학과는 실제로 본질상의 관계고 종교, 철학, 예술 각 문화유형과는 역사상의 관계에 불과하다".[23] 그는 이 두 가지의 문화관계를 분명히 이해하려면 경제사상사를 연구하는 것이 가장 바람직하다고 말한다. 경제사상사는 경제문화의 역사상 관계, 곧 제1시기 종교적 경제시대에서 제4시기 예술적 경제시대에 이르기까지 어떠한 발전경로를 거치는지 알려준다. 아울러 제3시기에 있어 '경제'와 '과학' 문화의 본질적 관계를 간파할 수 있도록 해준다는 것이다. 그가 기술하고 있는 경제학의 역사적 발전단계를 표로 나타내보면 다음과 같다.[24]

시대구분	중세기	18세기	19세기		현대
방법	상상적 방법	추상적 연역법	귀납적 역사법 (심리주의)	변증역사법 (논리주의)	문화과학 방법
근본개념	①수數·형衡·도度는 하나님이고 이를 통해 만물의 공구 안배 ②자선과 빈민구제	①자유경쟁 ②개인 이기심이 출발점 ③보편절대적 경제법칙	①경제생활의 역사적·통일적 형성관 ②경제법칙의 상대성 ③사회 제諸현상의 상호관계적 인식.	①자본주의 사회의 발생·운동·몰락 법칙의 이론적 설명 ②상품생산의 분석에서 이론 경제학 건립	①대동大同공산사회 ②전세계의 지극히 공평하고 효율적인 협동제도와 신용제도
중요저작	『신학대전』 『유토피아』	『경제표』 『국부론』 『인구론』 『경제학과 과세원리』	『정치경제학의 국민적 체계』 『역사방법에 근거한 국가	『자본론』 『경제학비판』 『공산당선언』 『가족사유재산과 국가의	『빵의 쟁취』 『농촌공장과 수공장手工場』 『길드사회주

		『경제학원리』	경제학강의요강』 『현재와 미래의 국민경제학』 『역사방법에 입각한 경제학』 『국민경제학개론』 『사회정책연구』 『국민경제학의 성립』 『사회주의사회』 『민주주의』 『강단과 국가사회주의』	기원』 『경제학입문』 『금융자본론』 『자본주의 최후단계의 제국주의』 『과도기의 경제학』 『유한계급의 경제이론』	의와 노동』 『길드사회주의』 『길드의 국가』 『신용기관의 사회화』
중요학자	Thomas Aquinas Thomas More	Quesnay Turgot Adam Smith Malthus Ricardo John Stuart Mill	List Roscher Hildebrand Knies Schmoller Brentano Bücher Wagner	Marx Engels Rosa Luxemburg Hilferding Lenin Bucharin	Kropotkin Sorel Tylor Cole Penty C. H. Douglas
학파	기독교파	영국고전학파 중농학파	역사학파	유물사관파	①무정부주의파 ②공단주의파 ③길드사회주의파 ④협동주의파 ⑤신용경제학파
시기	종교적 경제학 시기	철학적 경제학 시기	과학적 경제학 시기		예술적 경제학 시기
	제1시기	제2시기	제3시기		제4시기

이상의 표에서 보다시피 경제사상사의 4시기, 즉 종교적 경제학에서 철학적 경제학, 과학적 경제학, 예술적 경제학에 이르기까지 매 시기의 경제사상은 문화의 전 체계에 침투해 그 시기의 문화유형의 특질을 획득한다. 주첸즈는 이에 대해 "종교적 경제학 시대에 경제는 종교와 결합해 종교사회의 사회복지 수단을 획득한다. 철학적 경제학 시대에 경제는 철학과 결합해 철학사회의 사회복지 수단을 획득한다. 과학적 경제학 시대에 경제는 과학과 결합해 과학사회의 사회복지 수단을 획득한다. 마찬가지로 예술적 경제학 시대에는 경제는 예술과 결합해 예술사회의 사회복지의 한 수단을 획득함은 말할 필요도 없다."[25]고 설명한다. 그는 문화의 수단종합체 차원에서 각 시기의 경제마다 그 성향에 맞는 '사회복지'적 경제 목적이 있다는 사실을 밝힌 것이다. 그런데 이것은 경제가 지식문화 각 유형과 갖는 단지 상대적이고 역사적 관계에 방점을 두어 진술한 데 불과하다. 원래 지식문화는 목적적 체계고 사회문화는 수단적 체계며 사회문화유형은 끊임없이 지식문화유형의 영향과 지배를 받는다. 경제 역시도 예외는 아니어서 지식문화에 부속되어 그 변동에 의존한다. 즉 종교적 지식에 의한 종교적 경제문화, 철학적 지식에 의한 철학적 경제문화, 예술적 지식에 의한 예술적 경제문화가 각각 조성되는 것이다.

그러나 여기서 창조된 경제문화는 진정한 의미의 경제문화체계라고 할 수 없다. 주첸즈는 경제가 과학과 절대적이고 본질적인 관계에 있다는 점에서 "진정한 경제문화체계는 오직 사회사의 제3시기인 경제시대에서만 나타날 뿐"[26]이라고 주장한다. 실제로 문화개념학적 관점에서 보면 종교적 경제 개념, 철학적 경제 개념, 예술적 경제 개념은 단지 개념의 형식상 관계일 뿐 본질적 관계는 아니다. 경제의 본질적 유형,

즉 경제 그 본연의 정체성은 언제나 경제의 과학개념화라는 과학적 문화 개념과 합치된다. 결국 경제적 문화 개념은 본질상 지식생활상의 과학적 문화 개념과 서로 대응됨을 알 수 있다. 그가 "경제시대는 지식문화상의 과학시대이고 환언하면 경제문화는 과학문화의 산물이다"[27]고 한 의미가 그것이다. 예컨대 유물사관파의 주장들은 경제사회가 과학적 문화체계의 산물임을 증명해주는 확실한 증거다. 주첸즈는 여기서 머물지 않고 현대 경제사상에 있어 그 주요 학파의 이론은 상당부분 예술적 경향을 띤다고 논구함으로써 제3시기의 극단적 경제이론을 개조하는 제4시기 예술적 경제사조의 출현을 예견한다. 이 신경제학의 대두는 심수心手일치의 노동을 중시하고 통일된 전세계의 지극히 공평하고 효율적인 신용제도와 협동제도를 확립해야 하는 과제를 안고 있다고 보았다. 아울러 이 미래세계의 "과학문화는 결코 소수의 자본가 손에 있는 것이 아니라 만인이 모두 그 장점을 향유할 것이다. … 기계의 필연세계는 빠르게 지양되어 새로운 기계는 매우 아름다운 자유세계의 예술이 된다."[28]고 전망한다.

끝으로 덧붙이자면 주첸즈는 인류학적 방법과 관련된 지식문화특질의 지리관과 배합해 경제문화의 지리적 분포에 주의를 기울인다. 그는 먼저 경제사의 제1시기는 소비경제시기로서 소비론이, 제2시기는 교환경제시기로서 교환론이, 제3시기는 생산경제시기로서 생산론이 각기 그 시대의 중심문제라고 전제한다.[29] 그리고 이를 재차 문화의 지리유형에 대입해 논구한다. 이를테면 인도는 종교적 경제형을 대표하고 배불리 먹고 무사함을 사회복지로 삼는 소비사회형이다. 중국은 철학적 경제형을 대표하고 유무상통有無相通을 사회복지로 삼는 교환사회형이다. 서양은 과학적 경제형을 대표하며 생산증대를 사회복지로 삼는 생산사회형이다.[30] 주첸즈는 여기에 소비, 교환, 생산 각 사회형을 종합하는 '예술적 사회형'을 더해 경제의 4종류의 기본형태를 완성한다. 이 예술적 경제형은 사실 인도, 중국, 서양 3자 모두가 지향하는 공공경제의 이상형이다. 다만 인도, 중국은 경제발전상 반드시 현 단계인 과학적 경제형식을 거쳐야만 한다. 이른바 예술적 경제형은 분배의 경제, 세계대동의 경제, 종합형태의 경제, 생명과 예술 생산력을 중심으로 하는 경제다. 주첸즈는 이 시대의 도경圖景을 "이때는 협력하여 상인기업가를 대신하여 세계의 생산자와 소비자는 미감美感표준을 제고시킨다. 그때는 모든 제품은 미적 평가의 지배를 받아 유달리 정교하고 우수하며 아름답다. 기계 돌아가는 소리는 조화롭고 부드러운 음악의 리듬으로 바뀐다. 뿐더러 이때의 과학은 최고의 생산법을 운용하여, 예컨대 화학을 통해 토양, 공기, 물 등의 여러 원소 속에서 종합적 식품을 만들어낸다."[31]라고 묘사한다.

3. 현실인식: 군수자본주의경제시대

전쟁의 시장화를 획책하는 '군산복합체'는 근대세계의 형성에 중요한 요소로 작용했다. 이것은 전쟁의 산업화가 대체로 18세기 후반부터 나타났고 20세기에 그 절정에 달한 것만 보아도 알 수 있다. 이로 보건대 인류문명을 위협하는 전쟁의 자본화 현상은 '근대성(modernity)'의 위기와 무연하지 않다. 서구에서 발원한 근대성은 태생적으로 폭력성을 내포한다. 그리고 이러한 폭력성을 재생산하는 사회적 메커니즘은 필수조건으로 근대적 전쟁구조와 충분조건으로 군수산업체계 속에서 작동되어왔다. 현대문명이 당면하고 있는 국가 간 군사경쟁, 세계적 군사력 팽창, 경제의 군사화, 핵무기 등의 실재성은 근대성의 절박한 위기를 여실하게 보여준다. 주첸즈의 문화사상은 20세기 전반 이러한 서구 문명과 그 근간이 되는 근대성의 내재적 한계를 직시하면서 탄생한 것이다. 그는 현대문명에 대해 "대전 이후의 선혈鮮血 속에서 현재의 네 기사騎士가 쏟아져 나왔다. 첫째는 경제테러, 둘째는 흉작, 셋째는 메마른 감정, 넷째는 호전주의의 재생이 그것이다. 문명은 돈 냄새, 시끄러움, 물질주의로 변했고 문화(Civilization) 역시 변해서 매독화(Syphilization)되었다. 이것이 문명의 진짜 위기로서 세계 각국의 사상가가 모두 문명의 장래를 우려하게끔 만드는 부분이다. 그리하여 그들은 큰 소리로 '지금 우리들은 또 어디로 가는 것인가?'라고 외치는 것이다."[32]고 진단한다.

주첸즈는 이러한 인류사회의 제반 균열현상들을 목도하면서 기계적이고 물질적인 서구과학기술문명의 폐단을 비판한다. 특히 그의 현실인식은 서구 근대성의 총체적 파국, 즉 당시 대량학살과 인간성의 파괴를 자행했던 양차 세계대전이라는 문제의식 속에 자리한다. 그 매서운 칼날은 '군수자본론'에 입각한 서구문명의 호전적 · 정복적 · 침략적 · 약탈적 · 제국주의적 성향에 맞춰졌다. 이러한 도발적 문명비판은 2차 세계대전(1939~45)시기 나치즘(Nazism)을 통해 타락한 서구 중심적 이성과 문명에 대항해 막스 호르크하이머(Max Horkheimer, 1895~1973)와 그의 동료 테오도어 아도르노(Theodor Wiesengrund Adorno, 1903~1969)가 발제한 "왜 인류는 진정한 인간적 상태에 들어서기보다 새로운 종류의 야만상태에 빠졌는가"[33]라는 학문적 긴장감과 동일선상에 위치한다. 실제로 자기파괴적인 계몽(이성)의 개념은 현대문명의 모순성을 통찰하는 중요한 키워드다. 호르크하이머 등이 논증한 바와 같이 진보적 사유로서의 계몽은 본래 인간에게서 공포를 몰아내고 인간을 주인으로 세운다는 목표를 추구해왔다. 그러나 완전히 계몽된 지구에는 비약적인 문명의 발전과 진보에도 불구하고 재앙만이 승리를 구가했다.[34] 이들은 기술진보가 절정에 달한 시대에 가공할 만한 야만상태를 빚어낸 현대는 어떤 시대며 인류는 어떻게 이러한 상황에까지 이르게 되었는가를 해명하고자 했던 것이다.

주첸즈 역시도 이와 동일한 맥락에서 현대를 전쟁을 통해 이윤을 착취하는 '군수자본주의경제시대'라고 비판한다. 이 군수자본론은 서구 자본주의적 근대성의 극단적인 호전성을 겨냥한 학적 체계임은 더 말할 필요도 없다. 단적으로 말해서 비판에 인색하고 반성에 무능력한 계몽의 한계는 무방비상태로 전쟁자본주의로 전이된다는 것이다. 그는 자신의 사회문화학적 이론들을 통해서 전쟁의 자본화 현상이 횡행하는 현실이 어떻게 발동되었는지를 추적한다. 그 논점은 현대와 경제시대의 상관성을 해명하는 데서부터 출발한다. 물론 세계사적인 현대는 영국 산업혁명 이후의 세계근대사고 사회경제사적 현대는 자본주의경제제도의 현 단계인데 이 또한 결국에는 세계 산업혁명을 경계로 한다. 그러나 주첸즈에게 관건은 무엇보다도 문화사적 현대를 규명하는 데 있었다. 말하자면 문화분기分期의 원리에 따라 현대를 과학인자와 경제인자가 모든 것을 지배하는 문화사의 제3시기인 지식생활상 과학시대와 사회생활상 경제시대임을 확정한다. 현 사회문화를 구성하는 바탕은 종교나 철학도 아니고 정치, 법률도 아니다. 그것은 인류의 현 생활을 가능케 하는 과학전환과 경제조직이다. 때문에 현 단계의 역사해석은 당연히 과학단체와 경제조직의 사회형태에 의해서만 해석될 수 있다.[35] 이 입론은 문화의 본질적 유형, 곧 지식문화유형과 사회문화유형의 '본질적 관계'에 근거해서 얻은 결론이다. 다만 현시대에는 과학이 물질생활상의 경제시대에, 경제도 지식생활상의 과학시대에 이미 진입한 점으로 보아 이 두 문화유형은 본질적 관계이자 동시에 역사적 관계이기도 하다.

이렇게 주첸즈는 경제유형으로 인류사를 모두 설명해낼 수는 없지만 현대역사의 한 단계를 설명하기에는 충분하다는 생각을 견지한다. 그런데 그가 정의하는 현대는 실제로는 '자본주의'의 출현 시점과 궤를 같이한다. 때문에 현대를 경제문화사상上 '자본주의경제시대(공업과학시대)'로 압축할 수 있다. 이것은 종국적으로 현대가 군수자본주의경제시대(군사공업과학시대)임을 천명하기 위한 논거가 된다. 여하튼 자본주의란 말 그대로 자본이 지배하는 사회체제를 뜻하며 근대사회를 이해하는 데 대단히 중요한 핵심어다. 이 말은 통상 19세기 중반에 와서야 사상가들의 기록에 본격적으로 등장한다.[36] 주첸즈 역시 "경제적 문화사는 오직 경제시대만 존재하는 것이 아니다. 종전의 경제 또한 정치문화와 법률문화 하에 통제된 적이 있었다. 그 시대의 생산력은 정치생활과 법률생활을 조성하는 중요한 수단일 뿐이었다. 경제를 위한 경제, 재부를 위한 재부는 19세기 경제시대가 시작된 이후에야 존재했다."[37]고 말한다. 여기서의 경제시대란 당연히 '자본주의경제'를 지칭한다. 주첸즈는 이 자본주의 태동의 원초적 동인을 경제문화사 차원에서 과학문화 영역인 '기술진보'와 연계시켜 논의한다. 아울러 이 논제를 다루기에 앞서 다양한 경제표준을 자신의 경제문화체계에 맞춰 다음과 같이 배열함으로써 경제사의 궤적과 경제단계의 특성을 관찰하고 분석한다.[38]

문화단계 / 경제발달단계	제1시기	제2시기	제3시기
	종교적 경제시기	철학적 경제시기	과학적 경제시기
	수요需要시대	안적安適시대	번화繁華시대
생산형태 List	어렵상태 목축상태 농업상태	농공업상태	농공상업상태
생산요소 Roscher	자연	노동력	자본
교환 Hildebrand	자연경제	화폐경제	신용경제
생산에서 소비까지 이루어지는 간격 Bücher	봉쇄적 가내경제	도시경제	국민경제
사회화 Sombart	개인의 자급경제 시대	과도적 경제시대 (경제단위의 협력 활동)	사회경제시대
경제체의 크기 Schmoller	촌락이나 시장경제	도시경제 영지경제	국민경제에서 세계경제까지
노동조직 Muller—Lyer	가족제도	공업조직	자본조직에서 사회주의조직까지
개인생산과 사회생산의 비교 Engels	자기경제 교환경제 (A) 우연적	(B) 일상적 교환경제 (C) 필연적	자본주의경제
물건, 화폐의 동태 Spengler	전원경제	화폐도시경제	화폐독재시대
생산기술 Veblen	원시시대 야만시대	수공업시대	기계방법시대
직업과 기술의 진보 Ely	어렵단계 목축단계 농업단계	수공단계	공업단계 ①보편경쟁 ②집중 ③종합
경제체의 진보 Glas	채집경제 농촌유동경제 정주촌락경제	도시경제	대도시경제

그러나 기술진보에 의거한 경제문화의 진화 3단계는 직접적으로는 소스타인 베블런(Thorstein Bunde Veblen, 1857~1929)의 이론모형에서 연원한다. 주첸즈는 경제진화와 문화의 관계에 주목하면서 "베블런에 의하면 경제학은 진보의 과학이고 경제제도의 전개과정으로부터 발생적(genetic) 연구를 해야 한다고 했다. 그가 경제현상, 경제제도를 사회문화 발육의 발전과정 중의 한 면이라고 인식한 것은 전적으로 옳다."[39]고 긍정한다. 그리고 베블런의 경제발전단계학설을 "① 원시시대(the savage): 약 1만년 혹은 1만 2천년으로 후기 석기시대에서 중세 이전까지의 대체로 유사有史 이전 시대에 해당한다. ② 야만시대: 중세기(middle ages)와 이보다 앞선 약간 시기다. ③ 수공업시대: 대략 영국에서는 중세기부터 18세기 말엽까지고 미국과 유럽대륙에서는 19세기 중엽까지다. ④ 기계방법시대: 이 시대는 기계공업사를 포괄하는 시기와 서로 일치한다."[40]고 정리한다. 주첸즈는 이 모델에 착안하여 원시시대와 야만시대를 하나로 묶어 종교적 경제단계인 원시(자연)기술경제에 배속한다. 그럼으로써 역사상 경제문화는 생산 방법과 공구의 발전에 따라 '제1시기는 종교적 경제단계: 원시기술경제'[41], '제2시기는 철학적 경제단계: 수공기술경제'[42], '제3시기는 과학적 경제단계: 기계기술경제'로 진화한다고 정식화한다. 이를 다시 세계경제문화로 말하면 제1시기는 인도의 종교적 경제사가, 제2시기는 중국의 철학적 경제사가, 제3시기는 서양의 과학적 경제사가 각각 그 대표인 것이다.

주첸즈에게 경제사관은 실제로 과학사관의 진정한 인식으로 설명될 뿐이다. 경제문화는 과학문화에 의해 영향을 받고 생산되는데 구체적으로는 전자는 후자의 발명과 전파에 의존한다. 이런 점에서 그는 "발명은 확실히 과학지식의 결과고 과학의 발명이 만약 증가할 수 있다면 생산 방법과 도구 역시도 자연스럽게 진보한다."[43]고 판단했다. 이 논단은 과학문화의 '기술진보'에 따라 경제문화는 3단계로 진화한다는 자신의 신념을 뒷받침하는 논거가 된다. 가령 경제제도가 "부단한 생존요구에 의한 결과"[44]라는 측면에서 경제문화는 오스발트 슈펭글러(Oswald Spengler, 1880~1936)의 '삶의 전략으로서의 기술'[45]로 대변된다. 주첸즈는 과학의 본질을 막스 셸러(Max Scheler, 1874~1928)의 '실용적 혹은 정복적 지식'으로 보고 "과학은 반드시 실용을 요구하는 것은 아니지만 결국 뜻밖에도 실용으로 나아가 과학발명의 지능을 통해 현존의 문화를 기초한다. 이러한 지능인자와 문화인자가 결합되면 자연스럽게 기술적 진보가 이루어진다. 기술진보는 생산 방법과 도구의 진보이기 때문에 기술진보는 필연적으로 한 사회의 문화총체(Culture complex)에 극대한 영향을 미친다."[46]고 주장한다. 더불어 그는 쑨원(孫文, 1866~1925)의 용어를 빌려 인도의 종교적 경제형은 수요需要시대를, 중국의 철학적 경제형은 안적安適시대를, 서양의 과학적 경제형은 번화繁華시대를 각각 대표한다고 전제한 다음, 번화시대인 서양경제만이 경제(과학)원형이기 때문에 서양경제의 진화사만이 진정한 의미의 본질적 '경제진화사'라고 말한다.[47]

이처럼 기술관점상의 경제문화사는 사실 '전쟁의 자본화'를 비판하기 위한 예비적 장치다. 현대적 의미의 전쟁은 자본주의 역사와 불가분의 관계에 있다. 주첸즈는 자본주의를 경제문화사 제3시기인 과학적 경제단계, 즉 '기계기술경제시대'에 발생한 것으로 인식했다. 물론 제2시기 수공기술경제시대에도 일부 도시에서는 공업생산경제형태가 수공업에서 자본주의로 발전한 양상도 보였지만 그것은 여전히 수공업적 조직형태일 뿐이다. 그가 보기에 "수공업시대와 자본주의시대의 근본적 차이는 기술영역의 문제에 있었다. 기술방법의 변천, 즉 동력기계가 출현한 이후에 수공업은 기계에 의해 정복되었고 자본적 기업이 그로부터 크게 발전해 완전히 새로운 '경제시대—자본주의시대'가 된 것이다."[48] 주첸즈는 이 자본주의사회의 장점을 특히 '노동생산력'의 제고로 간주한다. 즉 "수공업, 농업에 기계의 사용이나 화학의 응용, 증기항해의 실시, 철로와 전보의 창설, 전 대륙의 굴착, 이러한 경제영역 내에서의 적극적인 건설사업은 어느 것인들 우리를 신복하게 하지 않은가? 그 생산과 관리 방법으로 논하면 가장 좋은 계산과 관리제도 채택 등은 과학상의 조예를 알 수 있다."[49]는 것이다.

주첸즈는 경제문화사의 제3시기인 이 자본주의(기계기술경제) 역시도 재차 3분기로 분화된다고 주장한다. 제1분기는 석탄동력시대인 면직업 위주의 공업자본주의(마르크스시대), 제2분기는 석유동력시대인 은행업 위주의 금융자본주의(레닌시대), 제3분기는 전기동력시대인 군수(무기)업 위주의 군수자본주의(주첸즈시대)로 발전해나간다는 것이다. 먼저 그는 "1754년 이후 과학과 공예혁명은 인류 경제생활을 비교적 높은 새로운 단계인 공업자본제도를 이끌어냈다. 공업자본제도는 농업사회와 자유수공업에 일대 타격을 가하여 봉건영주의 경제적 기초를 완전히 전복시켰다."[50]고 전제한다. 계서제 신분적 질서를 무너뜨리는 자산계급의 민주혁명이 발생된 것이다. 그 경제적 토대인 공업자본주의의 특징을 "자본정책상 공업자본주의이고, 생산성격상 자유경쟁, 생산력의 팽창, 낮은 물가이고, 정치성격상 민주정치(정치적 민주정치: 공업자산계급민주정치)이고, 은행성격상 대차貸借경영기이고, 산업성격상 방직업이다"[51]라고 서술한다. 그러나 자산계급은 농업의 지주계급을 소멸시키고 공업자본사회를 건립했지만 '경제적 계급성'은 여전히 상존하고 있었다. 이를테면 자산계급은 막대한 재산을 축적한 반면에 무산계급은 산업화가 진행될수록 고된 노동과 저임금에 시달리는 상업자본주의의 희생양으로 전락했다. 빈부계급을 고착화시키는 부조리한 사회구조가 본격화된 것이다.

이런 의미에서 주첸즈는 사회의 계급투쟁, 분배의 사유화, 불합리한 노동, 공황과 실업 등의 자본주의제도의 어두운 면을 공격하면서, "자본제도의 현저한 폐단은 사회주의자들이 탄핵한 것만 보아도 이미 무수하다. 그 가운데 중요한 두 가지는 생산적 무정부상태와 사회적 계급분화를 꼽을 수 있다. 그들이 기계를 이용하여 노동자에게서 이윤을 최대한도로 착취할 때 사회는 자산계급과 무산계급이라는 두 적대적 단계투쟁을 야기한다."[52]고 지적한다. 이러한 계급의 부단한 충돌은 자본주의가 제국주의로 발전하는 '재정자본계급시대'에 더욱 두드러졌다. 잘 알다시피 19세기 후반에서 20세기 초에 과학적 · 기술적 진보의 충격 속에서 자본주의가 제국주의로 성장해가는 자본주의 생산양식의 새로운 현상이 나타났다. 레닌의 '제국주의론'에 의거해보면 당시 자유경쟁자본주의가 독점자본주의(제국주의)로 변모해가는 새로운 발전단계에 진입한 것이다. 특히 '신용' 개념에 의한 통일적으로 구성된 경제사회가 목도되었는데 주첸즈는 이 시기를 '금융자본주의시대'로 위치시킨다. 그는 이 금융자본주의의 특징을 "자본정책상 재정자본정책, 즉 은행자본이 공업자본과 융합된 정책이고, 생산성격상 독점, 생산력의 발달정지, 물가의 하락정지이고, 정치성격상 신민주정치(경제적 민주정치: 재정자산계급민주정치)이고, 은행성격상 공상工商경영기이고, 산업성격상 은행업이다"[53]라고 정의한다.

그러나 '자본주의' 발전은 이 레닌시대의 금융자본주의에서 완결되지 않는다. 주첸즈의 논점은 자본주의의 폐해가 극대화되는 '군수자본계급시대'로 옮겨간다. 물론 1917년 러시아 무산계급의 공산혁명을 계기로 경제진화가 새로운 시대로 접어들었음을 체감한다. 그럼에도 불구하고 그는 소련을 진정한 공산주의국가나 사회주의국가로 여기지 않았다. 소련의 경제는 단지 자본주의경제의 내재적 모순으로 출현한 데 불과하다는 것이다. 이를테면 "사회주의경제의 성격상 그것은 단지 과도기적 군사사회주의경제일 뿐이다. 비록 자본주의경제시대의 반작용으로 발생했지만 그 자체는 여전히 국가자본주의의 모태 속에서 성장한 것이다. 그러므로 현대는 아직도 자본주의경제의 시대라는 것이 나의 대답이다."[54]고 했다. 이러한 시각에서 주첸즈는 현대(1930~40년대)를 자본주의의 제3분기인, 즉 모든 것이 전쟁능력에 집중되어 있는 '군수자본주의경제시대'라고 규정한다. 이 시대는 순수자본주의적 형식을 띠면서도 다른 점은 과거에는 공업이나 금융이 중심이었다면 현재는 '군수(무기)'가 그것을 대신한다. 또한 현대는 오직 경제능력만이 절대적인 요소는 아니며 이 경제능력은 반드시 군사능력을 통해야 한다. 그는 이 군수자본주의의 특징을 "자본정책상 군수자본정책이 금융자본주의와 융합한 정책이고, 생산성격상 독점과 경쟁의 새로운 종합이고, 정치성격상 독재정치(군수자산계급민주정치)이고, 은행성격상 군사공업 경영기이고, 산업성격상 군수업이다"[55]라고 정리한다.

실제로 주첸즈의 '군수자본론(국방경제학이론)'은 지성사적으로 마르크스의 '생산경제학이론'과 레닌의 '신용경제학이론'의 변증법적 지양이라고 할 수 있다. 주첸즈는 19세기 "마르크스의 『자본론*Das Kapital*』은 공업자본주의경제시대를 인지하기는 했지만 신용경제에 관해서는 논하지 않았거나 논하더라도 자세히 다루지는 못했다. 레닌의 『제국주의, 자본주의의 최고단계로서*Imperializm, kak vysshaia stadiia Kapitalizma*』

(1917)는 금융자본주의경제시대와 1914~18년 유럽대전의 경제원인이 금융자본주의에 의한 것임을 간파하기는 했지만 1939년의 제2차 세계대전이 자본주의가 군수자본주의시대로 발전한 데 따른 것임을 알지 못했다. 그런 까닭에 그가 제기한 자본주의 최후단계의 제국주의론은 아무래도 시기적으로 너무 이른 감이 있다."[56]고 한계를 지적한다. 레닌의 입장에서 제국주의는 "독점과 금융자본의 지배가 이루어지고 자본수출이 중요한 의미를 획득하며 국제 트러스트(trust)들에 의한 세계 분할이 시작되고 자본주의적 최대 열강들에 의한 모든 영토의 분할이 완결된 그런 발전단계의 자본주의다".[57] 결국 제국주의는 새로운 생산양식이 아니라 자본주의 발전의 최후단계로서 사회주의로의 대체를 위한 주객관적 조건이 성숙할 때까지 부패하고 사멸해가는 자본주의인 것이다. 주첸즈는 이러한 레닌의 견해는 제국주의의 중간단계일 뿐이라고 판단했다. 때문에 금융자본주의경제 뒤에 반드시 '군수자본주의'라는 새로운 경제단계를 첨가해야 한다는 입장을 고수했다.

주첸즈가 처한 시대상황이 제2차 제국주의전쟁기인 점을 감안해보면 군수자본론이 지향하는 그 함축적인 의미를 이해할 수 있다. 자본주의 생산양식의 기생성은 '경제의 군사화'에서 가장 극명하게 표출된다는 비판적 인식이 그것이다. 그는 당시 세계의 전쟁내막을 폭로한 존 건서(John Gunther, 1901~1970) 등의 연구물에 힘입어 자신의 뜻을 더욱 확장해나간다. "금융자본주의시대는 은행자본의 안전을 유지하기 위해 비교적 평화적인 경제기구에 마음이 쏠렸다. 때문에 표면상에서는 오히려 군비감축에 마음이 있었던 것이다. 그러나 시기적으로 현대에 이를수록 경제시대는 이미 낭비의 소멸과 경제기구를 조장하는 쪽으로 흐르고 있다. 금융자본이 군수자본을 통치하는 시대가 아니라 군수자본이 금융자본을 통치하는 시대가 된 것이다. 현대의 거대 군수상인들은 모두 자신의 군수은행을 가지고 있다. 예를 들면 프랑스의 파리연합은행, 미국의 모건(Morgan)재단, 독일의 독일은행은 모두 군수상인이 설립한 금융기관인 것이다."58 금융자본주의가 약탈적 침략정책을 옹호함으로써 제1차 세계대전(1914~18)을 초래했지만 국제금융과 무역의 안정을 위해서 어느 정도는 평화유지가 필요하다는 데 공감했다. 반면에 군수자본주의는 기필코 최대한도로 국제전쟁을 충동질하여 군수공업을 발전시키려고 획책한다. 군수상인이 현대 국제적 금융과 정치를 지배하고 사회여론까지 매수하는 상황에서는 더욱 그렇다.

주첸즈는 이들 군수자본가들이 전쟁을 조장하는 정치기구를 옹호한다고 폭로한다. 즉 아돌프 히틀러(Adolf Hitler, 1889~1945), 베니토 무솔리니(Benito Andrea Amilcare Mussolini, 1883~1945), 일본군벌에게 정권을 조성해줌으로써 제2차 세계대전이 초래되었다는 것이다. 그는 이 전쟁의 경제적 배경을 자신의 군수자본론과 연계하여 다음과 같이 논증한다. "독일의 경우 크루프(Krupp)사는 사실 히틀러정부가 배후 조종자다. 국사당 운동이 성공한 이유는 군수자본주의가 기초가 되었기 때문이다. 그들은 자신들이 소유한 신문을 모조리 히틀러에게 증여해 선전에 이바지했다. 아울러 히틀러와 국사당을 위해 운영헌납금을 징수했고 히틀러는 정권을 장악한 뒤에 '군수를 제조하는 자는 평화의 유지자다'라고 공개적으로 선언했다. 그 자신도 크루프사의 중요한 주주가 되었다. 이탈리아의 경우 무솔리니는 1919년에 파시스트(Fascist)를 조직했는데 그 경비는 수많은 군수회사가 포함된 실업연합회와 야금업연합회에서 나왔다. 또한 '초등학생은 왼손에 책을 쥐고 오른손에는 총을 쥐어라'라는 파쇼(fascio)교육은 군수자본주의가 통치하는 사상적 반영이다. 일본의 경우 군수자본주의자 미쓰이(三井)그룹을 동아시아의 평화를 어지럽히는 원흉으로 지목할 수 있다. 이 군수자본주의자들은 전쟁 속에서 이윤을 짜내려고 하기 때문에 전쟁을 조장한다. 그 결과 마침내 1939년 제2차 세계대전이 야기된 것이다."59

주첸즈는 이 시기는 정치상 필연적으로 '독재제도'가 조성되며 여기에는 '민주독재'와 '국가독재'의 구별이 있다고 했다. 민주독재는 미국이 좋은 예로서 민영의 군수자본주의세력을, 국가독재는 독일이 이 경우로서 국가경영의 군수자본주의세력을 각각 대표한다. 그렇다면 소련은 어디에 해당할까? 소련은 명의상 '민주독재(민주주의)'지만 실제로는 '국가독재'라고 대답한다. 논구하기를, "군수자본주의시기인 현대에서도 모순이 없지는 않다. 이러한 모순현상은 한편으로 독일, 이탈리아와 같은 군수자본주의로 나타나는가 하면, 또 한편으로는 소련과 같은 군사사회주의로 나타나기도 한다. 군사사회주의는 단지 사회주의의 시작일 뿐이지 사회주의의 원형이라고는 할 수 없다. 소련은 전쟁의 이윤을 분배하는 군수상인은 존재하지는 않지만 소련정부 그 자체가 바로 군수자본주의집단인 것이다. 이 특이한 군수자본주의가 사실은 특이한 경향, 즉 '군사사회주의'를 만든다. 이 점에서 보면 소련의 현 단계 경제는 세계군수자본주의에서도 반작용을 일으킬 수 있는 가능성을 담지하고 있다. 소련 역시도 제3기 자본주의경제시대(군수자본주의경제시대)의 내재적 모순의 산물임을 의심할 수 없다."60고 했다. 이렇게 보면 현대 서양의 정치는 군수자본주의의 통치 하에 있을 뿐만 아니라 오로지 독재정치만이 존재한다고 하겠다.

요컨대 레닌은 자본주의의 제국주의적 발전구조를 분석하면서 제국주의의 억압적 · 부패적 특성을 식민전쟁의 지속적 창출구조에서 찾았다. 이를 바탕으로 경제와 군사의 결합에 관한 구체적인 메커니즘에 대한 분석으로 발전한 것이 다름 아닌 '경제의 군사화' 개념이다. 이것은 높은 이윤을 확보하기 위해 이용되는 전쟁과 경제의 군사화를 자본주의의 최대 이윤획득의 수단으로 인식한 이오시프 스탈린(Iosif Vissarionovich Stalin, 1879~1953)의 논의에 대한 수정과 재검토를 거쳐 그 의미가 정립되었다.[61] 주첸즈는 이러한 지적 흐름을 비판적으로 계승해 기계기술경제(자본주의)를 재차 3분기로 나누어 현대를 최종적으로 경제사 제3시기 중 제3분기, 즉 군수자본주의시대이자 기계기술의 전기동력시대로 확정한다. 기계기술의 발전에 있어 동력상 석탄동력은 공업자본주의사회를, 석유동력은 금융자본주의사회를, 전기동력은 군수자본주의사회를 각각 발생시킨다. 현대는 전기동력이 지배하는 시대며 "육상과 공중 전쟁의 기계화는 이미 강한 전기동력의 요소를 내포한다".[62] 그런데 여기서 주첸즈는 전기동력의 무기화는 그 가공할만한 위험성 때문에 전쟁에 대한 강력한 저항을 불러일으킴으로써 세계의 '보편적 평화'가 실현된다고 예단한다. 이것이 그가 "경제문화와 과학문화가 합작해 수습할 수 없는 시대로 떨어지면 경제사상사의 종소리가 울려 우리에게 새로운 예술적 혹은 교육적 경제시대, 곧 '아름다움'과 '사랑'의 경제시대가 도래할 것임을 알려준다"[63]고 말한 이유다.

4. 전후戰後문화: 반군수자본주의문화론

일반적으로 군수산업은 제국주의국가 간의 영토분할을 둘러싸고 벌어진 제1, 2차 세계대전의 전시체제를 기화로 확고한 입지를 굳힌 것으로 이해된다. 레닌을 비롯한 사회주의파의 경제학자들은 이 시기 제국주의단계는 자본주의의 최고 · 최후 형태임을 정식화했다. 그들은 노동자와 자본가, 식민지와 제국주의, 사회주의와 제국주의, 제국주의와 제국주의라는 일련의 대립구도는 결국 자본주의국가를 종결시킬 것으로 판단했다. 그러나 현실은 제1차 세계대전(금융자본주의) 이후에도 자본주의는 전혀 기세가 꺾이지 않았다. 더군다나 전쟁기간 중 무기상인들은 오히려 막대한 전쟁이윤을 챙겨 전후에도 자신들의 새로운 활로와 발전을 모색해나갔다. 주첸즈는 그로 인해 금융자본주의의 신용경제를 넘어서는 군수자본주의의 새로운 체계가 형성되었다고 보았다. 이것이 제2차 세계대전이 발발하게 된 경제배경이다. 때문에 그는 "레닌의 신용경제학이론이 분명히 마르크스의 생산경제학이론보다 진일보한 것이기는 하지만 레닌은 여전히 최현대의 경제학이 신용경제학이론에서 국방경제학이론으로 진입했음을 알지 못했다"[64]고 말한다. 또한 이를 과학사에서 관찰해보면 공업자본주의시대는 자연과학이, 금융자본주의시대는 사회과학이, 군수자본주의시대는 군사과학(국방과학)이 각각 연구의 중심을 이룬다고 했다. 그 가운데서도 특히 1933~39년 사이에 군사기술상 최대의 혁명이 일어나 군사공업과학의 새로운 단계에 도달했다고 강조한다. 자연과학이 '정'의 단계이고 사회과학이 '반'의 단계라면 군사과학은 양자를 종합하는 새로운 단계에 해당하는 셈이다.[65]

이 시대 상업과 공업의 첨예한 구별은 기본적으로 경제의 병적 제도를 인지케 만든다. 현대 경제문화의 특질을 슈펭글러의 경제사적 형태학에서 접근해보면 '화폐(신용경제)독재시대'라고 할 수 있다. 슈펭글러는 "도시가 지배하는 국가와 함께 출현한 것은 화폐의 도시경제고 이것이 문명의 새벽과 함께 일어나 세계도시적인 데모크라시(Democracy)의 승리와 동시에 화폐의 독재가 된다"[66]고 했다. 이것은 기술적 사상과 화폐적 사상의 대투쟁으로서 공업과 금융의 대립, 생산경제와 침략경제의 대립이 극도로 첨예화된 때를 가리킨다. 자본주의의 최후단계인 제국주의시대, 즉 이 금융자본주의시대는 고도로 발전된 금융이 생산경제의 토지로부터 완전히 관계를 끊고 신용경제가 세계를 지배하는, 다시 말해 침략경제가 생산경제를 압도하는 때를 의미한다. 마르크스주의자들이 "자연과학이 주로 사회의 생산력에 관심을 쏟는 반면에 사회과학은 생산관계와 그 생산관계를 유지하고 정당화하기 위해 고안된 이데올로기적 상부구조를 다룬다"[67]고 말한 의미가 그것이다. 20세기 전반 경제문화의 모순성은 여기서만 그치지 않는다. 주첸즈는 또한 군사과학과 연계시켜 "금융자본과 전쟁공업의 상호 의존성으로 인해 별안간 급속하고 잔혹한 군수자본주의사회가 출현한다"[68]고 폭로한다. 이 경고는 현대 과학기술문명에 대한 "기계기술이 물질적 진화를 이룩했지만 이러한 진화는 기형적이고 괴상망측한 전쟁의 도구를 가속적으로 제조한 데 불과하다"[69]는 절체절명의 위기감을 표명한 것이다.

아닌 게 아니라 제1차 세계대전 이후 당시의 체제 하에서는 모든 사람을 위한 번영의 달성에는 아무런 전망도 없고 오직 특권의 소수를 위한 번영만이 가능하다는 사실이 점점 더 명백해졌다. 이런 왜곡된 인식은 더 많은 대중들이 한 종족이나 문화가 세계를 힘으로 지배할 권리를 가진다고 주장해오던 난폭하고 무지하며 불안정한 사람들에게 귀 기울이게 만들었다. 이성, 도덕, 정의, 민주주의 등을 노골적으로 경멸하는 이념은 처음에는 이탈리아의 파시즘(Fascism), 다음에는 독일의 나치즘과 결부되기에 이른다. 파시즘과 나치즘은 두 차례에 걸친 세계공황의 정치적 산물이며 그 이데올로기는 실제로는 자본주의의 부패가 의식되었다는 하나의 징후였다.[70] 이 자본주의의 부패성은 그 단면인 '전쟁의 자본화' 행태에서 남김없이 목도되었다. 당시 황칭화(黃慶華)의 증언에 따르면 "총포가 크림보다 중요하고 심지어 총포가 빵보다 더 중요한 현 세계에서 확실히 전 세계의 운명과 생사권은 몇몇 제국주의국가의 군수상인들이 장악해 국가의 부침, 민족의 생존이나 괴멸은 이 한 줌의 불량배들에게 농단되고 있다. 세계의 정치, 경제, 문화의 제반 문제들은 이들이 모두 획책한 것이다. 그들은 생산적 철강공업을 파괴적 철강공업으로 바꾸고 생산적 노동력을 살인무기의 제조에 이용한다. 더욱이 침략적 마왕이 민가를 습격해 재물을 약탈하도록 하는 짓을 서슴지 않는다. 그들에게는 적이나 친구도, 국적도 없을뿐더러 소위 인도주의적 양심조차도 부재하다."[71]고 질타한다.

주첸즈는 20세기 전반 제국주의시대 세계문명의 군국주의화라는 타락상에 직면해 자신의 군수자본론을 현실인식에 그대로 투영시켜 사회문화학적 미래세계를 조망한다. 그것은 파시즘적 군수자본주의에 저항하는 전후戰後문화, 즉 '반군수자본주의문화론'에서 극점을 이룬다. 그에게 '전후문화'란 "군수자본주의문화의 한 부정, 환언하면 '반군수자본주의문화'에 해당한다".[72] 군수자본주의문화의 본질이 전쟁이라면 반군수자본주의문화의 본질은 '평화'다. 결국 전후문화란 평화사회학적 의미에서 '평화의 문화'고 그 본질은 '세계의 평화'를 가리킨다. 주첸즈의 반전사상은 이러한 사유형식에 토대해서 형성된 것이다. 그러나 이 평화시대는 군수자본주의시대의 '세계문화투쟁'을 통해 성취된다. 기술하기를, "만약 단순히 생산관계로 말하면 공업자본시대는 경제계급투쟁을 발생시킨다. 그 모순은 자산계급과 무산계급이 대립해 그 결과 계급의 자유쟁취, 즉 착취의 반면이 이루어진다. 금융자본시대는 민족계급투쟁을 발생시킨다. 그 모순은 국제자본계급(제국주의)

과 국제무산계급(식민지나 반식민지의 민족)이 대립해 그 결과 민족의 독립쟁취, 즉 독점의 반면이 이루어진다. 군수자본시대는 '세계문화투쟁'을 발생시킨다. 그 모순은 침략계급(파쇼전선)과 반침략계급(민주전선)이 대립해 그 결과 인류의 평화쟁취, 즉 전쟁의 반면이 이루어진다."[73] 주첸즈는 이러한 미래의 평화(무계급)사회를 통치권력(계급)의 변천이라는 정치문화사 차원에서 다음과 같이 예시한다.[74]

제1시기	제2시기	제3시기	제4시기
종교혁명	정치혁명	사회혁명	미래사회
성직자전제정치↔군주귀족군벌전제정치	군주귀족군벌전제정치↔자산계급전제정치	자산계급전제정치↔무산계급전제정치	무계급사회(권력과 전제정치 문제의 소멸)

한편 현대적 의미의 군산복합체의 등장은 서유럽 근대국가의 출현시기와 궤를 같이한다. 군산복합체와 결합된 근대전쟁은 서구 근대국가 형성에 지대한 영향을 미친 것이다. 이를 두고 찰스 틸리(Charles Tilly, 1929~2008)는 전쟁이 국가를 만들고 국가가 전쟁을 만든다고 말한다. 초기 자본경제와 결합된 전쟁은 근대국가 건설의 기초인 셈이다. 뒤집어 보면 자본주의 역시도 미셸 보(Michel Beaud)의 지적대로 "국민국가의 구조 속에서, 동시에 제국가의 형성이 시작될 때 발전했다."[75] 자본주의는 민족적 부르주아지(bourgeoisie)가 주도한 한편 '민족국가'에 의해 유지되고 보호되어온 것이다. 그런 점에서 근대국가의 출현시기와 자본주의적 생산양식의 형성시기가 일치하는 것은 단순한 우연이 아니다. 자본주의가 근대국가를 필요로 한 만큼 근대국가도 자본주의를 필요로 했다.[76] 더욱이 근대적 민족국가의 형성은 국가에 의한 '폭력의 독점화'를

의미한다. 자본주의는 국가로의 폭력을 독점적으로 승인했고 폭력을 독점한 국가에 의한 근대적 의미의 전쟁수행은 근대적 자본주의 발전의 동인이 되었다. 때문에 산업주의와 자본주의 등의 이념적 내용 자체에 이미 폭력적 억압을 수반하는 군사적 힘이 내재하며 근대국가는 이 폭력적 힘의 독점적 구현물로 파악된다. 다시 말해 폭력의 공공적 독점을 기반으로 근대국가는 필수요건으로서 전쟁구조를 유지시켜 온 것이다.[77] 무엇보다도 자본의 탐욕을 안고 부화한 '군수자본주의'는 태생적으로 근대 국가주의와 그 충성심의 가면을 쓴 전쟁주의에 기생한다.

이러한 근대국가 세계시스템의 모순성이 역사상 최고조에 달한 때가 바로 주첸즈가 '군수자본주의경제문화시대'로 규정한 1930~40대 제2차 세계대전을 전후로 하는 시기다. 국제적 독점체로 새롭게 부상한 군수자본주의는 지극히 대결적이고 분쟁적인 국가(state)를 통해 현실역사에 기능하고 구동했다. 레닌은 "제국주의란 세계를 분할 · 재분할하려는 강대국들의 격렬한 투쟁이다. 그러므로 그것은 모든 나라의 군국주의화를 더욱 촉진하는 것으로 귀결될 수밖에 없다."[78]고 주장한다. 주첸즈가 자신의 반군수자본론을 '국가' 분석으로부터 시작한 것도 이 때문이다. 그에게 유럽의 발명품인 근대국가는 군수자본가의 탐욕을 발동하는 발현체로 이해되었다. 이를테면 "국가는 원래 일종의 수단으로서 본질적으로 무력에 의지하려고 하기 때문에 국가로부터 국가주의—제국주의—침략전쟁으로 변신해 각 방면에서 저주의 대상이 되어왔다"[79]는 것이다. 그런 까닭에 세계평화를 본질로 하는 이상적인 미래세계가 도래하면 지금과 같은 무력적인 국가형태는 자연히 소멸될 것으로 보았다. 그렇다고 국가를 전적으로 부정하는 것은 아니었다. 주첸즈는 그 대안으로 '국가단계설'을 제시해 '국가'를 미래문화(전후문화)인 세계평화를 실현하는 중요한 수단으로 여겼다. 물론 여기서의 국가란 세계문화를 창조하는 '신식국가'를 의미하며 구식국가와는 구별된다. 즉 "구식국가는 전쟁을 배태하지만 신식국가는 오히려 평화를 배태한다"[80]고 했다. 그는 전후문화의 핵심인 이 신식국가를 구체화하기 위해 국가의 등급을 '국가', '보수적 국가', '세계문화를 창조하는 국가'로 구분해 설명한다.

제일유형의 국가는 전인류 역사상 별로 중시할 것이 못되는 독립하지 못한 국가다. 심지어 야만이거나 민족이 노예화된 국가다. 아프리카 중남 각 부락의 야만국가, 영국에 예속된 인도 이외의 왕공국, 아시아의 괴뢰국(만주국), 유럽의 도박국 모나코, 비주권국, 피보후국, 병탄·멸망되어 식민지가 된 국가, 제국주의 압박 하에서 점차로 소멸되어가는 약소민족 등이 그 예들이다. 제이유형의 국가는 문화를 보존하는 국가인데 문화보존의 임무로 인류역사에 공헌한다. 한 민족의 과거 혹은 현재의 예술, 법률, 풍속, 종교, 과학의 보존을 근거로 다시 세 종류로 나뉜다. ① 종교국가: 역사적·현재적 문화국가로서는 인도, 이집트, 바빌로니아, 유태, 페르시아, 아라비아인데 지금은 문화가 모두 정체된 국가다. 이 국가형식은 족장국, 신정국, 전제국으로 나타난다. ② 민족국가: 현재적 문화국가로서는 터키, 스웨덴, 노르웨이, 덴마크, 핀란드, 폴란드, 체코슬로바키아, 유고슬라비아, 네덜란드, 벨기에, 프랑스, 스페인, 포르투갈, 그리스 등이다. 모두 민족이 자주독립된 국가다. 이 국가형식은 공화국, 민주국, 법치국으로 나타난다. ③ 제국: 한 전승민족이 여러 전패민족들을 통치하는 세계적 국가기구를 지칭한다. 역사상의 문화국가로서는 로마제국, 몽골제국이고 현재적 문화국가로서는 '히틀러제국', '일본제국', '이탈리아파쇼국'이다. 이 국가형식은 침략국, 군국주의국, 제국주의국으로 나타난다.[81] 이들 제국주의국가는 군수자본주의시대의 필연적인 산물임은 물론이다.

마지막으로 제삼유형의 국가는 평화를 배태하는 신식국가, 즉 제국주의국가를 부정하고 세계문화를 창조하는 국가에 해당한다. 주첸즈는 이를 제이유형인 보수적 국가와 상세히 대비시켜 논하면서 자신의 반군수자본주의문화론의 실현체로서 정형화한다. "제삼유형의 국가는 '세계문화의 국가'라고 부를 수 있다. 보수적 국가와 다른 점은 세계역사의 '국가인격'을 갖추었다는 데 있다. 이는 더욱 높은 등급의 평화국가를 의미한다. 종교국가와 비교하면 종교국가는 단순히 민족종교를 보존하지만 그것은 종교나 저 세계정신을 대표하는 신교(新教)를 초월한다. 민족국가와 비교하면 민족국가는 단순히 자신의 본 민족의 국가만을 관리하지만 이것은 민족주의로부터 발전해 세계대동의 달성이 목적이기 때문에 민족국가와는 다르다. 또한 제국과 비교하면 제국은 침략성질의 전투국가이므로 파시즘이지만 그것은 반침략성질의 평화국가이므로 민주주의다."[82] 주첸즈는 제2차 세계전쟁을 민주와 파쇼 간의 싸움, 제삼유형의 '세계문화를 창조하는 국가'와 제이유형 가운데 '제국국가' 간의 싸움으로 바라본다. 결국 세계문화를 창조하는 국가가 최후에는 승리함으로써 나치와 파쇼의 전제정치는 최종적으로 괴멸될 것이라 확신했다. 그리고 제삼유형의 국가를 연합국 중의 4대 동맹국, 즉 중국, 미국, 영국, 소련으로 상정한다. 이들 국가의 형식은 연방국, 사회주의국, '천하天下국'으로 나타난다. 여기서 연방국은 영국과 미국을, 사회주의국은 소련을, 천하국은 중국을 두고 말한 것으로 보인다.

특기할 점은 소위 보수적 국가, 즉 종교국가, 민족국가, 현대제국은 결국 국가 그 자체를 최후목적으로 삼는 국가주의(Nationalism)적 국가유형이다. 그러나 제삼유형의 국가는 국제주의, 사회주의, 대동주의의 국가다. 그것은 국가가 목적이 아니고 국가는 수단일 뿐이다. 이 신식국가는 세계문화의 창조를 위해 불가피하게 무력을 필요로 하지만 그것은 국제적 정의와 평화를 보위하기 위한 장치이지 국가 그 자체의 목적을 위한 장치는 아니다. 주첸즈는 이러한 전제 속에서 군수자본주의시대인 제2차 세계대전의 역사상황과 그 의미를 다음과 같이 기술한다. "이번 제2차 세계대전 중에 제이유형의 국가 가운데서도 나치와 파쇼의 제국집단이 존재하는가 하면, 나치와 파쇼의 침략 하에 있는 민족국가집단이 존재한다는 사실이 분명히 드러났다. 물론 이러한 민족국가들 중에서도 민족국가의 제창으로 인해 대외적 영토확대를 위한 침략을 감행함으로써 제국주의 기치하의 반역사적 세력으로 탈바꿈한 민족국가도 있지만 대다수의 민족국가는 민주와 자치의 실현을 위해 제삼유형의 국가 기치 아래에 굳건히 서 있다. 그리고 자기민족의 생존을 보위하기 위해서 나치와 파쇼의 제국집단과 전쟁을 치르는 것이다. 이처럼 제이유형 국가의 중간적 모순현상은 제삼유형의 국가가 최대다수의 민족국가를 단결시켜 연합국이 되도록 만들었다. 그리하여 세계정복을 기도하는 저 야만적이고 잔인한 군수자본주의에 대항해서 함께 분투하게 한 것이다."[83]

이런 의미에서 주첸즈는 제2차 세계전쟁을 문화전쟁이자 국가해방전쟁임을 강조한다. "이번 세계대전 최후의 효과는 의심할 것도 없이 문화에 귀결됨을 알아야 한다. 그러므로 이번 전쟁은 문화전쟁이라고 말할 수 있다. 구미 350년 민족주의와 사회주의의 성패와 흥망은 모두 여기에 달려 있다. 중국의 5,000년 유구한 문화와 그 도덕정신의 흥패 역시도 금번 전쟁으로 시금석을 삼아야 한다. 이 싸움이 침략주의자의 마수에 실패하지 않는다면 인류문명은 더럽혀지지 않을 것이며 중국문화도 더욱더 발전할 것이다."[84] 이 '문화전쟁'의 사상은 20세기 말 새뮤얼 헌팅턴(Samuel P. Huntington, 1927~2008) 등이 주창한 문명패러다임(civilizational paradigm)의 선구를 이룬다는 점에서 미래의 깊은 통찰력이 담겨있다. 여하튼 주첸즈는 전후에는 "국가주의와 제국주의가 소멸함과 동시에 민족주의, 국제주의, 사회주의, 대동주의 국가가 그것을 대신할 것"85임을 단언한다. 그럼으로써 연합국사업에 참여한 각 국가와 식민지 국민은 자연스럽게 세계문화를 창조하는 국가의 영도 아래 세계의 모든 사람이 자유로운 세계를 함께 만들어갈 것이라고 전망한다. 아울러 이 자유세계는 자유국가가 기초이므로 자유국가는 자유세계의 일익을 담당해야 한다고 역설한다. 이렇듯이 자유국가가 자유세계를 관장하는 까닭에 자유를 구속하는 일은 존재하지 않는다. 반대로 더 높은 국가의 자유, 즉 영원한 평화에 도달한다. 주첸즈는 이 때문에 자유국가를 기본단위로 하는 '자유연합'을 전후문화를 실현하는 중요한 수단으로 여겼던 것이다.86

그렇다면 전후문화의 완전한 구현형태는 무엇일까? 그것은 결국 유교생명주의의 '대동세계'로 귀결된다. 주첸즈는 인류문화가 지향하는 목표는 국가가 아니라 '대동세계'라고 천명한다. 국가란 다가올 전후문화를 구현하는 중요한 수단일 뿐 인류문화의 최후 이상은 아니다. 그럼에도 불구하고 그는 국가와 세계평화를 충돌관계로 간주하여 국가를 부정하려는 견해에는 기본적으로 동의하지 않았다. 말하기를 "프란츠 오펜하이머(Franz Oppenheimer, 1864~1943)와 엥겔스 등의 …… 국가부정론은 미래세계를 두고 말한 것으로 『예기禮記』「예운禮運 · 대동」의 이른바 '대도가 실현되면 천하는 공평해진다(大道之行, 天下爲公)' 내지는 『논어論語』의 '온 세상 사람들이 다 형제다(四海之內皆兄弟也)'라는 뜻과 차이가 없다"87고 했다. 실제로 주첸즈가 꿈꾸는 이상향으로서의 대동세계는 쑨원사상과 접맥된다. 쑨원은 민생주의론에서 서구의 사회주의와 공산주의를 '대동'이라는 중국의 민족적 유토피아(Utopia)사상과 동일시해 중국적 사회주의사상을 견지했다. 그런데 주췐즈의 저작들 중 『대동공산주의大同共產主義』, 『국민혁명과 세계대동國民革命與世界大同』, 『대동에 이르는 길到大同的路』 등의 저서들은 『예기 · 예운』과 『주례周禮』의 탁고개제托古改制 방식에 의거, 유교유토피아의 정치와 사회 이상을 선양함으로써 쑨원을 필두로 하는 국민당 좌파에게 희망을 걸었다. "금후 국민군의 큰 책임은 '동양 왕도王道의 간성이 되어(『中山叢書』 三)' 대동세계를 실현한 것이며 그때 군대의 완전한 폐지의 목적이 이루어진다"[88]고 한 의미도 그것이다. 그의 전기사상인 문화주의시기에 구상했던 사회문화학의 미래 유토피아세계 역시도 이러한 학문적 궤적 속에 위치한다. 대동세계에 도달하는 인류역정을 정치권력의 역사관으로 치환해보면 다음 표와 같다.[89]

권력의 역사관		1. 무력(군사)	2. 통치력 (권정權政)	3. 군중의 힘 (정당)	시대구분
제1시기	종교 혁명	노예의 군대: 봉건세력을 위한 전쟁	군주, 귀족, 군벌 과두정치	보황保皇당	11세기 후반에서 12세기 후반까지
제2시기	정치 혁명	고용의 군대: 식민지 확장을 위한 전쟁	자산계급민주정치	자유당	16, 17, 18세기
제3시기	사회 혁명	노동자의 군대: 노동자의 이익을 위한 전쟁	무산계급민주정치	공산당	1917년 러시아혁명부터
	국민 혁명	국민의 군대: 제국주의와 군벌의 타도를 위한 전쟁	주권재민정치	국민당	중국은 현대에서
제4시기	대동 세계	군대의 완전한 폐지	전인全人정치	당이 폐기되고 전세계가 모두 대동주의자가 된다	최대한 100년 내에 반드시 실현

이처럼 주첸즈가 구도한 이 인류 이상의 대동사회는 교육의 문화가치인 '사랑'과 예술의 문화가치인 '아름다움'의 교직이 만들어낸 문화사회 다름 아니다. 그에 의하면 "교육의 문화가치는 '사랑'이고 그 지식원형인 예술의 문화가치는 '아름다움'이다. 이 사랑과 아름다움의 교직이 미래의 문화사회를 만든다".[90] 여기서 '아름다움'은 사랑의 본체로서 문화와 생명의 다른 표현임에 유념할 필요가 있다. 교육은 생명력인 '사랑의 힘(愛力)'을 통해서 예술적 사회문화의 성취를 목적으로 한다. 이런 의미에서 '아름다움에 대한 사랑(愛美)'은 생명에 도달하는 방법임을 알 수 있다. 이 일련의 문화론은 동서양의 여러 생명철학이 협력하지만 그 원형은 결국 '유교생명주의'로 수렴된다. 주첸즈는 유학의 인학仁學 차원에서 전통적 유가 개념인 '인仁'을 '정情'과 동일시해 '사랑'으로 부활시킨다. 나아가 "예술세계의 기본 요칙은 바로 '참정의 흐름(眞情之流)' "[91]이라 하여 '예술'인자를 제반 인류문화유형 속에 생명소로 편재시킨다. 그런데 미래의 문화생명사회인 대동세계는 바로 이러한 예술과 교육의 특질, 즉 생명을 본질로 하는 '아름다움'과 '사랑'의 공효로 성취되는 것이다. 여기에 근거하여 주첸즈는 "이 이상사회는 예술적 사회이고 교육적 사회다. 그러나 예술적 사회는 오직 예술적 방법으로 도달하고 교육적 사회는 오직 교육적 방법을 통해서만 이룩할 수 있다. 이 때문에 모든 정치적 폭력은 피할수록 좋다. 전쟁, 유혈혁명을 바라지 말고 우리는 오직 끊임없이 사랑을 위해 문화가치를 추구하고 사랑을 위해 문화생명을 쟁취하는 것이 바로 진정한 의미의 교육이다."[92]라고 논변한다.

주첸즈는 현대문명의 여러 모순현상들을 사회문화학상 경제단계에서 교육단계로, 지식문화학상 과학단계에서 예술단계로 전환하는 과정에서 겪는 시련과 고난이라고 진단한다. 이것이 경제와 교육은 지식생활상 "마치 과학과 예술의 관계처럼 처음부터 모순적 · 대립적이다"[93]라고 말한 이유다. 슈펭글러는 일찍이 제1차 세계대전을 겪으면서 서구의 몰락은 문화범주인 종교문화에서 문명범주인 과학문화로 전환하는 데 따른 필연적인 귀결로 보았다. 그러나 주첸즈는 이를 수정하여 문화와 문명의 관계를 예술(교육)문화가 흥기해 과학(경제)문화를 대체하는 문제로 간주했던 것이다. 이러한 인식은 침략단계인 경제와 과학이 물질적 문화형식이자 필연세계라고 한다면 문화단계인 교육과 예술은 생명적 문화형식이자 자유세계라는 논지와 동일논법을 구성한다. 주첸즈는 생명과 자유가 충만한 '대동세계'가 구현되면 이때의 '평화'란 단순히 전쟁준비나 휴전 정도가 아닌 전쟁의 완전한 소멸을 의미한다고 주장한다. 그런 점에서 "이렇게 더없이 좋은 아름답고 선한 문화사회에서 국가의 무력이 더 이상 쓸모가 있겠는가?"94라고 반문한다. 주첸즈는 제2차 세계대전을 거쳐 동맹군은 진정한 민주적 호조互助의 정신으로 연합하여 왕도로써 나치와 파쇼와 같은 모든 패도覇道를 제압할 것으로 낙관했다. 즉 "선이 악을 이기면 자연스럽게 온 세상이 화목하여 좋은 이웃처럼 서로 평등하게 함께 지낼 것이다. 이것이 바로 중국유가의 인성본선人性本善철학의 실현이다."95라고 했다. 말 그대로 동아시아 성자 공자의 낙원이 도래한다는 논리다.

더구나 주첸즈는 전후문화의 실체로서의 '대동세계'는 전후의 피할 수 없는 논제가 될뿐더러 실제로 실현가능할 것이라고 전망한다. 구체적으로는 국제주의, 사회주의, 대동주의가 제국주의를 극복할 것이며 마침내 군수자본주의도 사라진다. 그러나 이와 같은 '전후문화론'은 비판의 여지를 남긴다. 앨빈 토플러(Alvin Toffler, 1928~2016)의 연구에 따르면 2차 대전이 끝난 후 1945～90년의 전체 2,340주 중에서 지구상에 전쟁이 전혀 없었던 기간은 기껏해야 도합 3주에 불과했다. 그러므로 1945

년 이후 지금까지의 기간을 '전후시기'라고 부르는 것은 아이러니가 아닐 수 없다. 더욱이 토플러는 전쟁은 부를 창출하는 새로운 방법이기 때문에 끊임없이 일어날 것이라고 전망한다.[96] 이러한 지성적인 경고는 존 데스먼드 버날(John Desmond Bernal, 1901~1971)의 다음 말에서도 확인된다. "나치스의 야만성을 불러일으킨 상황은 여전히 존재하며 그와 다른 형태를 띠고 아직도 활발하게 작용하고 있다. 위선으로 가리우고 거대한 선전기구의 도움을 받아 힘에 의한 구제라는 낡은 사상이 되살아났다. 실질적인 목표는 변하지 않은 채 존속한다. 그 목표란 여전히 미국의 거대한 기술능력에 바탕을 둔 압도적인 군사력을 이용해 대기업의 세계지배를 회복하는 것이다. 최근의 과학기술—세균무기, 원자폭탄, 수소폭탄 등이 계속해서 개발되고 있는 것은 바로 이러한 목적을 위해서다. 그것이 우월민족이나 서구문명 혹은 민주주의나 자유세계 등의 어떤 이름으로 행해지든 간에 파괴를 통한 지배라는 사고방식은 동일하다."[97] 이 탐욕스런 전쟁상인의 잔인한 사업은 21세기 오늘날에도 진화를 거듭해 더욱 가속적인 현재진행형으로 남아 있다.

이렇게 볼 때 주첸즈의 전후전망은 분명 시대적 한계를 노정한다. 이미 살펴본 대로 주첸즈는 제2차 세계대전 시기를 전쟁을 본질로 하는 '군수자본주의경제시대'로 규정한다. 또한 이 시대는 필연적으로 제국주의국가를 낳아 세계문화투쟁을 발생시킴으로써 인류는 끝내 '평화의 세계'를 쟁취한다고 예견했다. 그러나 역사는 그의 생각과는 전혀 다른 방향으로 전개되었다. 군수자본주의는 파시스트전쟁에 의한 세계지배야욕의 시대가 종료된 이후에도 여전히 지속되고 있다. 결국 주첸즈가 말하는 소위 문화전쟁은 군수자본주의에 기초한 신제국주의 탄생의 서막임을 부정할 수 없다. 따라서 그가 제삼유형의 '세계문화를 창조하는 국가'를 연합국 중의 4대 동맹국, 즉 미국, 영국, 소련, 중국으로 비판 없이 단정하여 이 동맹국들의 국가형태를 너무 이상시한 점은 무리가 따른다. 현대사가 말해주듯이 이들 강대국은 1945년 이후 동서냉전체제라는 새로운 국제질서를 조성해 또 다른 군수자본주의적 제국주의로 군림했다. 아울러 그 호전적인 패권주의의 모습은 구세계의 파시즘적 상황과 크게 다를 바 없었다. 물론 주췌즈 역시도 미국을 민영의 군수자본주의세력으로, 그리고 소련을 국가경영의 군수자본주의세력으로 각각 지목한 바 있다.[98] 그럼에도 불구하고 이러한 부정적이고 고압적인 요소들이 향후 냉전시기 미소 양대 구도의 새로운 강권주의질서를 구획하는 중요한 요인이 된다는 사실을 문화학적으로 예측하고 경고하는 데는 인색했다.

5. 맺음말

주췌즈의 '전후문화—반군수자본주의문화론'은 기존연구의 방대한 학술적 근거로 형성된 것이지만 기본적으로는 슈펭글러의 『서구의 몰락*Der Untergang des Abendlandes*』(1918～22)과 레닌의 『제국주의, 자본주의의 최고단계로서』라는 저작의 영향이 주효하게 작용했다. 이 두 저술은 암울한 제1차 세계대전을 배경으로 서구의 '과학기술문명—자본주의문화'의 파행을 지켜보면서 그 문제의식을 안고 태어났다. 때문에 이 책들은 주췌즈에게 '서구적 근대성'의 폐단을 직시하게 하고 '현대'라는 시대인식의 단초를 열어준 중요한 모티브가 되었다. 특히 사회문화학상 군수자본론은 레닌의 제국주의론의 토대 위에서 전개되었다. 말하자면 레닌이 입론한 독점자본주의론을 자신의 사회문화학적 차원에서 계승한 것이다. 레닌은 제국주의의 역사적 위치를 제1차 세계대전을 정점으로 최고의, 그리고 최후단계의 사멸하는 자본주의이자 사회주의혁명의 전야로 보았다. 주췌즈는 이러한 레닌의 견해를 수정하여 제국주의는 독점금융자본주의에서 끝나는 것이 아니라 그 다음단계인 '군수자본주의경제시대'가 존재함을 논증했다. 제2차 세계대전은 이 군수자본계급이 획책한 것이며 레닌은 본 대전이 발발하기 전에 이미 생을 마쳤기 때문에 군수자본주의의 존재를 간파하지 못했다는 것이다. 아울러 레닌의 사회주의혁명을 문화학적 체계에 수렴, '사랑'과 '아름다움'의 유교생명주의가 이끄는 교육문화와 예술문화 혁명으로 치환해 자신만의 독특한 미래세계를 구도했다.

이처럼 주첸즈는 당시 전쟁으로 파괴되고 손상된 인류의 인성을 새로운 유형의 '문화(생명)의지'로 충만한 인격으로 개조하고자 했다. 그 처방은 문화주의사회를 표방하는 '문화계획'임은 물론이다. 그는 전쟁자본주의시대가 조장하는 인간교육의 파국에 직면해 문화주의를 고창함으로써 생명 중심의 문화인격을 회복하려고 했다. "미래사회는 원시자연주의자의 사회와는 결단코 다르며 문화주의자의 사회다. '문화의지'는 사람을 향상 · 발전시키고 활활 타오르는 문화열정을 기르게 하여 문화세계의 위대한 사업에 참여토록 만든다. 이것이 이른바 인격이다. 현대교육이 인격을 도야시킨다고는 하지만 실제로는 인격을 파괴하고 모욕한다."[99]고 했다. 무엇보다도 파시스트전쟁시기 사람들이 "인성이 악하다고 인정하고 전쟁과 파괴를 극력 주장하면서 눈 하나 깜작하지 않고 사람을 죽이는 파시스트의 신봉자로 변해가는"[100] 상황에서는 더욱 그렇다. 주첸즈는 이처럼 부정적 · 비관적 · 자살적 인생관이 횡행하던 당시 인류사회를 생명주의에 정초된 새로운 예술과 교육의 '문화주의사회'로 탈바꿈시키려고 했다. 이것이 바로 유교아나키즘(Anarchism)적 대동세계로 형상화된 것이다. 호르크하이머 등이 논증한 바와 같이 전쟁과 전쟁산업은 감정이나 비이성의 산물이 아니라 이성과 합리성의 결과물이다. 전쟁이성은 강철 같은 파시스트의 악령, 곧 "계몽의 지칠 줄 모르는 자기파괴"101 그 자체인 것이다. 따라서 우주의 생명(참정)에 연원하는 주첸즈의 '문화주의'는 죽음의 전쟁문화에서 생명문화로의 재생을 추동하며, 여기에는 "죄악이자 대란의 근원인 이지理知"102의 전쟁자본주의에 대한 강력한 비판과 제동이 함축되어 있다.

그런 의미에서 주첸즈는 인류의 생명과 문명을 지키기 위해서는 기필코 새로운 경제세계를 탄생시켜야 한다고 주장한다. 그 완성은 쑨원이 말하는 민생주의, 그 민생주의가 도달하고자 하는 대동세계를 실현하는 것이다. 때문에 "우리는 이 시대에 마땅히 분발해 세계의 반침략국가와 연합하고 현대경제를 개조함으로써 세계대동에 도달해야 한다"103고 강조한다. 이것이 그가 전쟁을 잉태하는 군수자본주의적 구식국가의 독성을 논파하고 침략단계인 과학적 경제 뒤에 문화단계인 '예술적 경제'를 장치한 이유다. 본래 주첸즈에게 경제는 단순히 돈벌이의 수단과 방법이 아닌 '생산력'을 통해 과학화의 '사회복지'를 실현하는 데 목적이 있었다. 그러나 "현대의 자본주의경제, 더 나아가 군수자본주의경제는 단지 소수의 기업가, 무기상인 자신의 경제목적에만 관심을 기울일 줄 알아서 결국은 전 사회의 소비자가 현대 공업제도의 고효율이 제공하는 사회복지를 누릴 수 없게 만든다"104고 비판한다. 그에 반해서 자유세계인 '예술적 경제단계'에 도달하게 되면 "진정한 인간의 경제생활은 인간 스스로 진보해 창조하는 정당한 노동에 기초하여 어떠한 강요된 노예적 자본주의의 기계기술로부터도 벗어나고자 한다. 대규모의 기계생산은 반드시 노동자 마음의 유쾌함과 서로 결합되어 있어야 한다. 미래의 사람들은 다량의 생산물을 얻기 위해 노동하는 것이 아니라 자유로운 창조의 기쁨을 위해 노동한다."105고 내다보았다.

주쳰즈의 '반군수자본주의문화론'은 현대문명의 저층에 깔려 있는 전쟁의 시장화라는 자본주의적 근대성의 극단적인 폐해를 적시해주는 저항의 항변이다. 그 목표는 아이젠하워가 "상호 간의 차이점에서 발생하는 불화를 무기에 의해서가 아닌 지성과 숭고한 목적에 의해서 조정하는 방법을 우리 모두가 배워나가야 한다"[106]고 역설한 논변과도 겹친다. 세계의 전쟁자본가들은 지금도 자신들의 허기진 배를 채우기 위해 국익이라는 미명 아래 고도의 세련된 계몽의 언어를 구사하며 가장 야만적인 살육의 축제를 획책하고 있다. 우리는 이제 국가주의 이면에 감춰진 그들의 추악한 음모와 탐욕을 읽어내야 한다. 더불어 그들이 선동하는 애국주의의 자장에 이끌려 전쟁주의에 맹목적으로 동조하는 우리 안의 근원의식에 대한 뼈아픈 반성도 함께 이루어져야 한다. 그런 점에서 주쳰즈가 독일, 이탈리아, 일본의 파시스트제국을 "현대 군수자본주의문화의 전형임과 동시에 보수과학문화의 국가"[107]로 규정함은 예나 지금이나 매우 적확하다고 판단된다. 현세기 강력한 군사력과 군수산업을 배경으로 군림하고 있는 여러 강대국들의 오만한 패권주의적 행태는 그가 현대를 '군수자본주의경제문화시대'로 규명하면서 통렬하게 공격했던 바로 그 제국주의국가 모습의 연속이기 때문이다. 더욱이 현재 동북아시아 3국이 근대국가체제를 고수하면서 반목과 충돌을 거듭하고 있는 상황에 비추어볼 때 주쳰즈의 문화학이 갖는 '동아시아적 반전평화사상'으로서의 의미는 쉽게 희석될 수 없다. 요컨대 '전후문화론'은 단순히 제2차 세계대전 이후에만 국한되지 않으며 그것은 문화학적 진리정신에서 안출된 영원한 현재적 의미의 평화와 자유의 신념체계라고 할 수 있다.

〈참고문헌〉

제1장 | 총론

朱謙之, 『朱謙之文集』 第1卷, 「一個唯情論者的宇宙觀及人生觀」, 福州: 福建教育出版社, 2002.

朱謙之, 『朱謙之文集』 第3卷, 「周易哲學」, 福州: 福建教育出版社, 2002.

朱謙之, 『朱謙之文集』 第6卷, 「文化哲學」, 福州: 福建教育出版社, 2002.

朱謙之, 『朱謙之文集』 第6卷, 「文化社會學」, 福州: 福建教育出版社, 2002.

이우성, 「동아시아와 한국」, 『동아시아학의 모색과 지향』(김시업 · 마인섭 편), 서울: 성균관대학교 출판부, 2005.

전홍석, 「朱謙之의 생애와 그 학문적 발자취」, 『동양철학연구』 제60집, 동양철학연구회, 2009.

Bell, Daniel. *The Coming of Post-Industrial Society: A Venture in Social Forecasting* / 다니엘 벨, 『탈산업사회의 도래』, 김원동 · 박형신 옮김, 서울: 아카넷, 2006.

Rifkin, Jeremy. *The Empathic Civilization: The Race to Global Consciousness in a World in Crisis* / 제러미 리프킨, 『공감의 시대』, 이경남 옮김, 서울: 민음사, 2010.

董德福, 「朱謙之生命哲學初探」, 『天津社會科學』, 1996年 第1期.

劉林睿, 「朱謙之文化思想與南方文化運動」, 『學術硏究』 第11期, 嶺南文化硏究, 2013.

趙立彬, 「西方理論與朱謙之的文化學思想: 以『文化哲學』爲中心」, 『中山大學學報(社會科學版)』 第46卷, 2006年 第1期(總199期).

제2장 | 생애와 학문적 발자취

朱謙之, 『朱謙之文集』 第1卷, 「回憶」, 福州: 福建教育出版社, 2002.

朱謙之, 『朱謙之文集』 第1卷, 「奮鬪廿年」, 福州: 福建教育出版社, 2002.

朱謙之, 『朱謙之文集』 第1卷, 「一個哲學者的自我檢討」, 福州: 福建教育出版社, 2002.

朱謙之,『朱謙之文集』第1卷,「世界觀的轉變」, 福州: 福建教育出版社, 2002.
朱謙之,『朱謙之文集』第1卷,「一個唯情論者的宇宙觀及人生觀」, 福州: 福建教育出版社, 2002.
朱謙之,『朱謙之文集』第1卷,「政治幻想的三部曲」, 福州: 福建教育出版社, 2002.
朱謙之,『朱謙之文集』第1卷,「革命哲學」, 福州: 福建教育出版社, 2002.
朱謙之,『朱謙之文集』第2卷,「謙之文存二集: {附錄}學者朱謙之」, 福州: 福建教育出版社, 2002.
朱謙之,『朱謙之文集』第3卷,「周易哲學: 通訊代序」, 福州: 福建教育出版社, 2002.
朱謙之,『朱謙之文集』第6卷,「文化社會學: 後序」, 福州: 福建教育出版社, 2002.
朱謙之,『朱謙之文集』第7卷,「比較文化論集: 中國文化之本質, 體系及其發展」, 福州: 福建教育出版社, 2002.
朱謙之,『朱謙之文集』第9卷,「韓國禪教史」, 福州: 福建教育出版社, 2002.
陳獨秀,『獨秀文存』卷2,「虛無主義」(民國叢書編輯委員會 編,『民國叢書』第一編 92, 上海: 上海書店, 1989 影印本).
양재혁,『동양철학 서양철학과 어떻게 다른가』, 서울: 소나무, 1998.
유명종,『중국근대정치사상사』, 대구: 이문출판사, 1994.
조세현,『동아시아 아나키즘, 그 반역의 역사』, 서울: 책세상, 2001.
주첸즈,『중국이 만든 유럽의 근대: 근대 유럽의 중국문화 열풍』, 전홍석 옮김, 파주: 청계출판사, 2003・2010.
김원열,「皇道 儒敎의 사유체계와 방법론적 문제점에 대한 비판 — 관념적 사유체계와 형이상학적 방법을 중심으로」,『황도유교비판』, 비판철학회 제2회 학술발표 자료집, 서울, 비판철학회, 2004.
다카하시 도루,『다카하시 도루의 조선유학사: 일제 황국사관의 빛과 그림자』, 이형성 편역, 서울: 예문서원, 2001.
양재혁,「박종홍과 그의 皇國철학」,『박종홍철학비판』, 비판철학회 제1회 학술발표 자료집, 서울, 비판철학회, 2002.
전홍석,「朱謙之 문화철학의 현대 문명 담론적 현재성: 서구패권적 문명패러다임에 대한 동양의 대안 담론으로서의 가능성」,『東洋哲學硏究』, 第58輯, 2009.
李怡,『近代中國無政府主義思潮與中國傳統文化』, 武漢: 華中師範大學出版社, 2001.
蒙培元,『情感與理性』, 北京: 中國社會科學出版社, 2002.

蔣俊 · 李興芝, 『中國近代的無政府主義思潮』, 濟南: 山東人民出版社, 1991.
全洪奭, 「朱謙之"文化哲學"硏究」, 『中國哲學史』(季刊: 2008年 第2期), 2008.
黃心川, 「序」, 『朱謙之文集』 第1卷, 福州: 福建教育出版社, 2002.
黃心川, 「序二」, 『中國哲學對歐洲的影響』(朱謙之), 石家莊: 河北人民出版社, 1999.
黃夏年, 「前言—朱謙之先生的學術成就與風範」, 『朱謙之選集』(黃夏年 編), 長春: 吉林人民出版社, 2005.

제3장 | 문화철학: 문명담론적 현재성

梁漱溟, 『梁漱溟全集』 第1卷, 「東西文化及其哲學」, 濟南: 山東人民出版社, 1989.
朱謙之, 『朱謙之文集』 第1卷, 「政治幻想的三部曲」, 福州: 福建教育出版社, 2002.
朱謙之, 『朱謙之文集』 第2卷, 「謙之文存二集: 戰後文化展望」, 福州: 福建教育出版社, 2002.
朱謙之, 『朱謙之文集』, 第2卷, 「謙之文存二集: 戰後文化展望」, 福州: 福建教育出版社, 2002.
朱謙之, 『朱謙之文集』 第6卷, 「文化哲學」, 福州: 福建教育出版社, 2002.
朱謙之, 『朱謙之文集』 第6卷, 「文化哲學: {附錄}南方文化之創造 ——廣州市立一中講演」, 福州: 福建教育出版社, 2002.
朱謙之, 『朱謙之文集』 第6卷, 「文化社會學: 後序」, 福州: 福建教育出版社, 2002.
朱謙之, 『朱謙之文集』 第7卷, 「比較文化論集: 序」, 福州: 福建教育出版社, 2002.
朱謙之, 『朱謙之文集』 第7卷, 「比較文化論集: 世界史上之文化區域」, 福州: 福建教育出版社, 2002.
朱謙之, 『朱謙之文集』 第7卷, 「比較文化論集: 中國文化之本質, 體系及其發展」, 福州: 福建教育出版社, 2002.
박홍규, 『윌리엄 모리스 평전』, 서울: 개마고원, 2007.
양재혁, 『동양철학 서양철학과 어떻게 다른가』, 서울: 소나무, 1998.
정수일, 『고대문명교류사』, 서울: 사계절출판사, 2002.
崔洪植, 『梁漱溟의 文化哲學에 관한 硏究』, 成均館大 大學院 博士學位論文, 2002.
강정인, 「문명충돌론」, 『사상』 제15권 제1호, 2003, 225쪽.
권용옥, 「양수명 동서문화관의 현대적 의의」, 『중국학연구』 제21집, 2001.
권용옥, 「양수명의 文化三路向說에 대한 연구」, 『중국학연구』 제23집, 2002.

권영애, 「5 · 4시기 문화 보수주의의 담론구조 고찰」, 『중국어문논총』 18, 2000.
김교빈, 「문화열과 현대중국」, 『현대중국의 모색』, 동녘, 1994.
김의수, 「문화 다원주의와 21세기 인류의 철학적 지향」, 『시대와 철학』 18, 1999.
김명섭, 「탈냉전기 국제정치학의 문명패러다임」, 『한국정치학회보』 제37집 3호, 2003.
양준희, 「비판적 시각에서 본 헌팅턴의 문명충돌론」, 『국제정치논총』 제42집 1호, 2002.
이한구, 「문명의 공존과 그 조건」, 『인문과학』 31, 2001.
Böhme, Hartmut · Matussek, Peter · Müller, Lothar. *Orientierung Kulturwissenschaft* / 하르트무트 뵈메 · 페터 마투섹 · 로타 뮐러, 『문화학이란 무엇인가』, 손동현 · 이상엽 옮김, 서울: 성균관대학교 출판부, 2005.
Croce, Benedetto. *The Aesthetic as the Science of Expression and of the Linguistic in General* / 베네데토 크로체, 『크로체의 미학』, 이해완 옮김, 서울: 예전사, 1994.
Elias, Norbert. *Über den Prozeβ der Zivilisation I* / 노르베르트 엘리아스, 『문명화과정 I』, 박미애 옮김, 서울: 한길사, 2007.
Fukuyama, Francis. *The End of History and the Last Man* / 프랜시스 후쿠야마, 『역사의 종말』, 이상훈 옮김, 서울: 한마음사, 1997.
Huntington, Samuel P. *The Clash of Civilizations and The Remaking of World Order* / 새뮤얼 헌팅턴, 『문명의 충돌』, 이희재 옮김, 서울: 김영사, 1998.
Jenks, Chris. *Culture* / 크리스 젠크스, 『문화란 무엇인가: 문화의 사회학적 개념』, 김윤용 옮김, 서울: 현대미학사, 1996.
Marcuse, Herbert. *Eros and Civilization: A Philosophical Inquiry into Freud* / 허버트 마르쿠제, 『에로스와 문명』, 김인환 옮김, 파주: 나남출판, 2004.
Müller, Harald. *Das Zusammenleben der Kulturen: Ein Gegenentwurf zu Huntington* / 하랄트 뮐러, 『문명의 공존』, 이영희 옮김, 파주: 푸른숲, 2002.
Said, Edward W. *The Crisis of Orientalism* / 에드워드 사이드, 『도전받는 오리엔탈리즘』, 성일권 편역, 서울: 김영사, 2001.
Spengler, Oswald. *Der Untergang des Abendlandes: Umrisse einer Morphologie der Weltgeschichte* / O. 슈펭글러, 『서구의 몰락 1』, 박광순 옮김, 서울: 범우사, 1995.
善峰, 『梁漱溟社會改造構想硏究』, 濟南: 山東人民出版社, 1996.
熊呂茂, 『梁漱溟的文化思想與中國現代化』, 長沙: 湖南教育出版社, 2000.

馮波,『中西哲學文化比較硏究』, 北京: 北京廣播學院出版社, 2003.

제4장 | 세계문화유형론: 문명(문화)다원주의

梁漱溟,『梁漱溟全集』 第1卷,「東西文化及其哲學」, 濟南: 山東人民出版社, 1989.
朱謙之,『朱謙之文集』 第6卷,「文化哲學」, 福州: 福建教育出版社, 2002.
朱謙之,『朱謙之文集』 第7卷,「比較文化論集: 世界史上之文化區域」, 福州: 福建教育出版社, 2002.
정수일,『문명담론과 문명교류』, 파주: 살림, 2009.
주경철,『문명과 바다』, 서울: 산처럼, 2009.
이한구,「문명의 공존과 그 조건」,『인문과학』 31, 2001.
전홍석,「朱謙之 문화철학의 현대 문명 담론적 현재성: 서구패권적 문명패러다임에 대한 동양의 대안 담론으로서의 가능성」,『동양철학연구』 제58집, 동양철학연구회, 2009.
전홍석,「동서 '문화·문명'의 개념과 그 전개: 현대 문명담론의 개념적 이해를 중심으로」,『동양철학연구』 제63집, 동양철학연구회, 2010.
전홍석,「주쳰즈 문화학의 현대 반전사상적 의미: 반군수자본주의문화론을 중심으로」,『동서철학연구』 제72호, 한국동서철학회, 2014.
Hegel, G. W. F. *Vorlesungen über die Philosophie der Weltgeschichte* / G.W.F. 헤겔,『역사철학강의』, 권기철 옮김, 서울: 동서문화사, 2014.
Huntington, Samuel P. *The Clash of Civilizations and The Remaking of World Order* / 새뮤얼 헌팅턴,『문명의 충돌』, 이희재 옮김, 서울: 김영사, 1998.
Huntington, Ellsworth. *Civilization and Climate* / 엘스워스 헌팅턴,『문명과 기후』, 한국지역지리학회 옮김, 서울: 민속원, 2013.
Jaspers, Karl. *Vom Ursprung und Ziel der Geschichte* / 칼 야스퍼스,『역사의 기원과 목표』, 백승균 옮김, 서울: 이화여자대학교 출판부, 1987.
Morin, Edgar. Penser *l' Europe* / 에드가 모랭,『유럽을 생각한다』, 임문영 옮김, 서울: 문예출판사, 1997.
Needham, Josep. *Science and Civilization in China* / 조셉 니담,『중국의 과학과 문명 I』, 이석호 외 옮김, 서울: 을유문화사, 1997.
Radhakrishnan, Sarvepalli. *Indian Philosophy I* / 라다크리슈난,『인도철학사 I』, 이거룡

옮김, 서울: 한길사, 1999.
Spengler, Oswald. *Der Untergang des Abendlandes: Umrisse einer Morphologie der Weltgeschichte* / 오스발트 슈펭글러, 『서구의 몰락 2』, 박광순 옮김, 서울: 범우사, 1995.

제5장 | 세계문화의 지리적 분포

梁漱溟, 『梁漱溟全集』 第1卷, 「東西文化及其哲學」, 濟南: 山東人民出版社, 1989.
梁漱溟, 『梁漱溟全集』 第1卷, 「印度哲學概論」, 濟南: 山東人民出版社, 1989.
朱謙之, 『朱謙之文集』 第6卷, 「文化哲學」, 福州: 福建教育出版社, 2002.
朱謙之, 『朱謙之文集』 第7卷, 「比較文化論集: 印度佛教對于原始基督教之影響」, 福州: 福建教育出版社, 2002.
朱謙之, 『朱謙之文集』 第7卷, 「比較文化論集: 國文化之本質, 體系及其發展」, 福州: 福建教育出版社, 2002.
朱謙之, 『朱謙之文集』 第7卷, 「比較文化論集: 中國文化之地理三周期」, 福州: 福建教育出版社, 2002.
김선호, 『지역학이란: 개념정립을 위한 첫만남』, 부산: 부산외국어대학교 출판부, 2014.
전홍석, 『독일 계몽주의의 유학적 기초: 볼프의 중국 형상과 오리엔탈리즘의 재구성』, 파주: 살림, 2014.
권용옥, 「양수명의 文化三路向 說에 대한 연구」, 『중국학연구』 제23집, 2002.
다카야 요시카즈(高谷好一), 「세계 속의 세계단위」, 『지역연구와 세계단위론』(야노 토루 엮음), 부산외대 아시아지역연구소 옮김, 서울: 전예원, 1999.
다카야 요시카즈(高谷好一), 「중화세계」, 『지역연구와 세계단위론』(야노 토루 엮음), 부산외대 아시아지역연구소 옮김, 서울: 전예원, 1999.
야노 토루(矢野暢), 「지역연구란 무엇인가?」, 『지역연구의 역사와 이론』(김경일 편저), 서울: 문화과학사, 1998.
야노 토루(矢野暢), 「세계단위란 무엇인가」, 『지역연구와 세계단위론』(야노 토루 엮음), 부산외대 아시아지역연구소 옮김, 서울: 전예원, 1999.
오오지 토시아키(応地利明), 「인도」, 『지역연구와 세계단위론』(야노 토루 엮음), 부산외대 아시아지역연구소 옮김, 서울: 전예원, 1999.
이거룡, 「육파철학의 성립과 발전」, 『인도철학사』 III, 서울: 한길사, 1999.
전홍석, 「주첸즈의 세계문화유형론에 관한 고찰: 세계문화 3원론을 중심으로」, 『동양철학연구』 제81집, 동양철학연구회, 2015.
하병주, 「지역학의 정체성과 패러다임 모색 Ⅰ」, 『지중해지역연구』 제9권 제1호, 부산외국어대학교, 2007.
Geertz, Clifford. *Works and Lives: The Anthropologist as Author* / 클리퍼드 기어츠, 『저자로서의 인류학자: 레비스트로스, 에번스프리처드, 말리노프스키, 베네딕트』, 김병화 옮김, 파주: 문학동네, 2014.
Lissner, Ivar. *Wir sind das Abendland* / 이바르 리스너, 『서양 위대한 창조자들의 역사』, 김동수 옮김, 파주: 살림, 2005.
Morin, Edgar. *Penser l' Europe* / 에드가 모랭, 『유럽을 생각한다』, 임문영 옮김, 서울: 문예출판사, 1997.
Prewitt, Kenneth. "The Impact of the 'Developing World' upon U.S. Social Science Theory and Methodology", prepared for the Conference of Strengthening Social Science Capacity in the Developing Areas, Oct. 1908.
Said, Edward W. *Orientalism* / 에드워드 사이드, 『오리엔탈리즘』, 박홍규 옮김, 파주: 교보문고, 2015.
熊呂茂, 『梁漱溟的文化思想與中國現代化』, 長沙: 湖南教育出版社, 2000.

제6장 | 중국문화의 지리적 분포: 남방문화운동

梁漱溟, 『梁漱溟全集』 第1卷, 「東西文化及其哲學」, 濟南: 山東人民出版社, 1989.
朱謙之, 『朱謙之文集』 第6卷, 「文化哲學」, 福州: 福建教育出版社, 2002.
朱謙之, 『朱謙之文集』 第6卷, 「文化哲學: {附錄}中國文化之地理的分布 ——讀朱君毅『中國歷代人物之地理的分布』」, 福州: 福建教育出版社, 2002.
朱謙之, 『朱謙之文集』 第6卷, 「文化哲學: {附錄}南方文化運動」, 福州: 福建教育出版社, 2002.
朱謙之, 『朱謙之文集』 第6卷, 「文化哲學: {附錄}南方文化之創造 ——廣州市立一中講演」, 福州: 福建教育出版社, 2002.
朱謙之, 『朱謙之文集』 第6卷, 「文化哲學: {附錄}中國文化的現階段 ——培英中學講演」, 福州: 福建教育出版社, 2002.
朱謙之, 『朱謙之文集』 第7卷, 「比較文化論集: 世界史上之文化區域」, 福州: 福建教育出版社, 2002.

朱謙之,『朱謙之文集』第7卷,「比較文化論集: 中國文化之本質, 體系及其發展」, 福州: 福建教育出版社, 2002.
朱謙之,『朱謙之文集』第7卷,「比較文化論集: 中國文化之地理三周期」, 福州: 福建教育出版社, 2002.
양재혁,『동양철학, 서양철학과 어떻게 다른가』, 서울: 소나무, 1998.
김경일,「지역연구의 대상과 방법」,『지역연구의 역사와 이론』(김경일 편저), 서울: 문화과학사, 1998.
김경일,「전후 미국에서 지역연구의 성립과 발전」,『지역연구의 역사와 이론』(김경일 편저), 서울: 문화과학사, 1998.
다카야 요시카즈(高谷好一),「세계 속의 세계단위」,『지역연구와 세계단위론』(야노 토루 엮음), 부산외대 아시아지역연구소 옮김, 서울: 전예원, 1999.
다카야 요시카즈(高谷好一),「중화세계」,『지역연구와 세계단위론』(야노 토루 엮음), 부산외대 아시아지역연구소 옮김, 서울: 전예원, 1999.
야노 토루(矢野暢),「지역연구란 무엇인가?」,『지역연구의 역사와 이론』(김경일 편저), 서울: 문화과학사, 1998.
야노 토루(矢野暢),「새로운 세계관의 조건－'발명주의'의 극복을 찾아서」,『지역연구와 세계단위론』(야노 토루 엮음), 부산외대 아시아지역연구소 옮김, 서울: 전예원, 1999.
전홍석,「주첸즈의 세계문화유형론에 관한 고찰: 세계문화 3원론을 중심으로」,『동양철학연구』 제81집, 동양철학연구회, 2015.
전홍석,「동서 '문화·문명'의 개념과 그 전개: 현대 문명담론의 개념적 이해를 중심으로」,『동양철학연구』 제63집, 동양철학연구회, 2010.
하병주,「지역학의 정체성과 패러다임 모색 Ⅰ」,『지중해지역연구』 제9권 제1호, 부산외국어대학교, 2007.
Morin, Edgar. *Penser l' Europe* / 에드가 모랭,『유럽을 생각한다』, 임문영 옮김, 서울: 문예출판사, 1997.
Said, Edward W. *Orientalism* / 에드워드 사이드,『오리엔탈리즘』, 박홍규 옮김, 파주: 교보문고, 2015.
劉林睿, 「朱謙之文化思想與南方文化運動」, 『學術硏究』 第11期, 嶺南文化硏究, 2013.
黃有東,「朱謙之與"南方文化運動"」,『現代哲學』, 2007.

上原一慶・桐山昇・高橋孝助・林哲,『東アジア近現代史』/ 우에하라 카즈요시 외,『동아시아 근현대사』, 한철호・이규수 옮김, 서울: 옛오늘, 2001.

제7장 | 문화사회학·문화학적 정위定位

梁漱溟,『東西文化及其哲學』, 北京: 商務印書館, 1999.

朱謙之,『朱謙之文集』 第6卷,「文化社會學」, 福州: 福建教育出版社, 2002.

朱謙之,『朱謙之文集』 第6卷,「文化哲學」, 福州: 福建教育出版社, 2002.

김덕영,『게오르그 짐멜의 모더니티 풍경 11가지』, 서울: 길, 2008.

원승룡 지음,『문화이론과 문화철학』, 파주: 서광사, 2007.

전홍석,「朱謙之 문화철학의 현대 문명 담론적 현재성: 서구패권적 문명패러다임에 대한 동양의 대안 담론으로서의 가능성」,『동양철학연구』 제58집, 동양철학연구회, 2009.

전홍석,「동서 '문화・문명'의 개념과 그 전개: 현대 문명담론의 개념적 이해를 중심으로」,『동양철학연구』 제63집, 동양철학연구회, 2010.

Böhme, Hartmut・Matussek, Peter・Müller, Lothar. *Orientierung Kulturwissenschaft* / 하르트무트 뵈메・페터 마투섹・로타 뮐러,『문화학이란 무엇인가』, 손동현・이상엽 옮김, 서울: 성균관대학교 출판부, 2005.

Giddens, Anthony. *Sociology* / 앤서니 기든스,『현대사회학』, 김미숙 외 옮김, 서울: 을유문화사, 2009.

Huntington, Samuel. *The Clash of Civilizations and the Remaking of World Order* / 새뮤얼 헌팅턴,『문명의 충돌』, 이희재 옮김, 서울: 김영사, 1998.

Norbert Elias, *Was ist Soziologie?* / 노버트 엘리아스,『사회학이란 무엇인가』, 최재현 옮김, 파주: 나남, 1988.

Rifkin, Jeremy. *The Empathic Civilization: The Race to Global Consciousness in a World in Crisis* / 제러미 리프킨,『공감의 시대』, 이경남 옮김, 서울: 민음사, 2010.

Scheler, Max. *Die Wissensformen und die Gesellschaft* / 막스 셸러,『지식의 형태와 사회 1』, 정영도・이을상 옮김, 파주: 한길사, 2011.

Spengler, Oswald. *Der Untergang des Abendlandes: Umrisse einer Morphologie der Weltgeschichte* / 오스발트 슈펭글러,『서구의 몰락 1』, 박광순 옮김, 서울: 범우사, 2000.

Spranger, Eduard. *Lebensformen* / 에두아르트 슈프랑거, 『삶의 형식들』, 이상오 옮김, 서울: 지식을만드는지식, 2009.

蒙培元, 『情感與理性』, 北京: 中國社會科學出版社, 2002.

梁培寬, 「朱謙之與梁漱溟的半個世紀友誼」, 『世界宗教文化』, 2000年 第01期.

趙立彬, 「西方理論與朱謙之的文化學思想: 以『文化哲學』爲中心」, 『中山大學學報(社會科學版)』 第46卷, 2006年 第1期(總199期).

제8장 | 사회문화학과 반전反戰사상

朱謙之, 『朱謙之文集』 第1卷, 「革命哲學」, 福州: 福建教育出版社, 2002.

朱謙之, 『朱謙之文集』 第2卷, 「謙之文存二集: 甚麽是現代」, 福州: 福建教育出版社, 2002.

朱謙之, 『朱謙之文集』 第2卷, 「謙之文存二集: 戰後文化展望」, 福州: 福建教育出版社, 2002.

朱謙之, 『朱謙之文集』 第2卷, 「謙之文存二集: 戰後人生觀的改變」, 福州: 福建教育出版社, 2002.

朱謙之, 『朱謙之文集』 第6卷, 「文化社會學」, 福州: 福建教育出版社, 2002.

朱謙之, 『朱謙之文集』 第6卷, 「文化哲學」, 福州: 福建教育出版社, 2002.

김준석, 『근대 국가』, 서울: 책세상, 2011.

김형균, 『군수산업의 사회학』, 부산: 세종출판사, 1997.

정동현 편, 『자본주의 역사와 변모』, 부산: 부산대학교 출판부, 1995.

홍기빈, 『자본주의』, 서울: 책세상, 2011.

전홍석, 「朱謙之의 생애와 그 학문적 발자취」, 『동양철학연구』 제60집, 동양철학연구회, 2009.

전홍석, 「朱謙之 문화철학의 현대 문명 담론적 현재성: 서구패권적 문명패러다임에 대한 동양의 대안 담론으로서의 가능성」, 『동양철학연구』 제58집, 동양철학연구회, 2009.

Adorno, Th. W. · Horkheimer, M. *Dialektik der Aukflarung: philosophische Fragmente* / Th. W. 아도르노 · M. 호르크하이머, 『계몽의 변증법: 철학적 단상』, 김유동 옮김, 서울: 문학과지성사, 2008.

Bernal, J. D. 『사회과학의 역사: 사회경제사의 흐름과 사회과학의 성격』, 박정호 옮김, 서울: 한울, 1995.

Buzuev, A. *Transnational Corporations and Militarism* / A. 부주에프, 『초국적기업과 군국주의』, 강동일 옮김, 서울: 새길, 1988, 13쪽.

Eisenhower, Dwight D. *Farewell Radio and Television Address to the American People* / 드와이트 D. 아이젠하워, 「고별 연설」, 『군산복합체론』(시드니 렌즈 외, 서동만 편역), 서울: 지양사, 1985.

Giddens, Anthony. *The consequences of modernity* / 앤서니 기든스, 『포스트 모더니티』, 이윤희 · 이현희 옮김, 서울: 민영사, 1991.

Lenin, V. I. *Imperializm, kak vysshaia stadiia Kapitalizma* / 레닌, 『제국주의－자본주의의 최고단계로서』, 박상철 옮김, 서울: 돌베개, 1992.

Pelton, Robert Young. *Licensed to Kill: Hired Guns in the War on Terror* / 로버트 영 펠튼, 『용병: 전쟁 산업을 실행하는 그림자 전사들』, 윤길순 옮김, 서울: 교양인, 2009.

Scheer, Robert. *The Pornography of Power: Why Defense Spending Must Be Cut How Defense Hawks Hijacked 9/11 and Weakened America* / 로버트 쉬어, 『권력의 포르노그래피: 테러, 안보 그리고 거짓말』, 노승영 옮김, 서울: 책으로 보는 세상, 2009.

Spengler, Oswald. *Der Mensch und die Technik* / O. 슈펭글러, 『인간과 기술』, 양우석 옮김, 서울: 서광사, 1999.

Spengler, Oswald. *Der Untergang des Abendlandes: Umrisse einer Morphologie der Weltgeschichte* / 오스발트 슈펭글러, 『서구의 몰락 3』, 박광순 옮김, 서울: 범우사, 1995.

Toffler, Alvin · Toffler, Heidi. *War and Anti—War: Making Sense of Today' s Global Chaos* / 앨빈 토플러 · 하이디 토플러, 『전쟁 반전쟁』, 김원호 옮김, 서울: 청림출판, 2011.

黃慶華, 「謙之文存二集: 甚麽是現代 · 後記」, 『朱謙之文集』 第2卷, 福州: 福建教育出版社, 2002.

黃夏年, 「前言—朱謙之先生的學術成就與風範」, 『朱謙之選集』(黃夏年 編), 長春: 吉林人民出版社, 2005.

菊川征司, 『闇の世界金融の超不都合な眞實: ロックフェラー.ロスチャイルド一味の超サギの手』 / 기쿠가와 세이지, 『세계금융을 움직이는 어둠의 세력』, 김정환 옮김, 서울: 스펙트럼북스, 2009.

주석

머리말 | 현대 '중국문화학' 구축

1 이 총서는 『문화학개관文化學概觀』 4책, 『서양문화관西洋文化觀』 2책, 『미국문화관美國文化觀』 1책, 『동방문화관東方文化觀』 1책, 『중국문화관中國文化觀』 1책, 『중국서화관中國西化觀』 2책, 『동서문화관東西文化觀』 6책, 『남북문화관南北文化觀』 3책으로 이루어졌다.

제1장 | 총론

1 여기서의 '제2 기축시대'란 용어는 다니엘 벨(Daniel Bell)이 칼 야스퍼스(Karl Jaspers)의 인류문명의 보편사적 '기축시대(Die Achsenzeit, BC 800~BC 200년)론'을 원용해 사용한 것이다. 벨은 19세기 이후 지난 200년간이 자연과 물질세계를 변화시키는 토대인 인간능력이 '획기적 진전'을 이룬 새로운 기축의 시대, 즉 '기술 기축시대(axial age of technology)'라고 명명한다. 더욱이 그는 전산업사회—산업사회—탈산업사회라는 개념도식을 제시하면서 "근대사회와 지난 200년 동안 그것이 변화되어 온 방식을 이해하고자 한다면 우리는 기술의 변화, 특히 기계기술로부터 지적 기술—탈산업사회의 토대인—로의 변화를 이해해야만 한다"고 말한다. Daniel Bell, *The Coming of Post—Industrial Society: A Venture in Social Forecasting* / 다니엘 벨, 『탈산업사회의 도래』, 김원동 · 박형신 옮김, 서울: 아카넷, 2006, 6~7쪽, 36쪽 참조.

2 리프킨은 인류문명사의 '3 · 4차 산업혁명기'를 조망하면서 '공감(empathy)'을 인간 이해의 새로운 키워드로 내세운다. 그는 최근 생물학계의 연구결과, 곧 거울신경세포(Mirror Neurons)라는 '공감뉴런' 이론에 기초해 인간을 적대적 경쟁보다는 유대를 가장 고차원적 욕구로 지향하는 존재로 재규정한다. 더욱이 생물학적 구조에 내장된 이 공감 성향은 "우리의 인간성을 완성하게 해주는 실패방지용 메커니즘이 아니다. 오히려 그것은 인류를 하나의 대가족으로 묶어주는 기회이다."라고 말한다. 리프킨은 세계적으로 확장되고 있는 '공감적 연대감'이 수많은 사람들의 글로벌 네트워크를 이어줌으로써 범인류적 교류를 가

능하게 하는 접착제로 기능하고 있다고 주장한다. *Jeremy Rifkin, The Empathic Civilization: The Race to Global Consciousness in a World in Crisis* / 제러미 리프킨, 『공감의 시대』, 이경남 옮김, 서울: 민음사, 2010, 757쪽.

3 이우성, 「동아시아와 한국」, 『동아시아학의 모색과 지향』(김시업 · 마인섭 편), 서울: 성균관대학교 출판부, 2005, 13쪽. 여기서 이우성은 '동아시아문화권'은 한자문화권, 특히 유교문화권으로 특징된다고 주장한다. 그 논거로 "종교적 기능을 수행한 불교와는 달리 유교는 고대로부터 전장제도典章制度와 정치문물政治文物에 커다란 영향을 미쳤기 때문이다. 따라서 중세와 근대 시기에 그 정도와 방향의 차이가 존재하였어도 역사적으로 동아시아는 '유교문화권'이라고 할 수 있다."고 말한다.

4 劉林睿, 「朱謙之文化思想與南方文化運動」, 『學術硏究』 第11期, 嶺南文化硏究, 2013, 151쪽 참조.

5 董德福, 「朱谦之生命哲学初探」, 『天津社會科學』, 1996年 第1期 참조.

6 朱謙之, 『朱謙之文集』 第6卷, 「文化哲學」, 福州: 福建教育出版社, 2002, 237쪽.

7 朱謙之, 「文化哲學」, 256쪽.

8 朱謙之, 『朱謙之文集』 第6卷, 「文化社會學」, 福州: 福建教育出版社, 2002, 427쪽.

9 朱謙之, 「文化社會學」, 430쪽 참조.

10 趙立彬, 「西方理論與朱謙之的文化學思想: 以『文化哲學』爲中心」, 『中山大學學報(社會科學版)』 第46卷, 2006年 第1期(總199期), 47쪽 참조.

11 趙立彬, 「西方理論與朱謙之的文化學思想: 以『文化哲學』爲中心」, 49쪽 참조.

12 朱謙之, 『朱謙之文集』 第1卷, 「一個唯情論者的宇宙觀及人生觀」, 福州: 福建教育出版社, 2002, 470쪽.

13 朱謙之, 『朱謙之文集』 第3卷, 「周易哲學」, 福州: 福建教育出版社, 2002, 106쪽.

14 주첸즈는 20세기 초 중국을 비롯한 동아시아의 위기상황을 목도하면서 쑨원孫文이 '실업계획'을 단행했던 것처럼 제국주의강권에 맞서 중국을 구하고자 한다면 근본적으로 문화로부터 착수해야 한다는 '문화계획'을 실행하고자 했다. 이러한 기획 속에서 탄생한 '문화학'은 전기사상—아나키즘시기의 특징인 허무주의 · 유정주의 · 역사주의 단계에 이은 제4시기 '문화주의단계'를 대변하는 최고의 결정체다. 한편 주첸즈의 철학사상은 1949년 중국대륙의 공산화와 함께 후기사상—마르크스 · 레닌주의시기로 접어든다. 전홍석, 「朱謙之의 생애와 그 학문적 발자취」, 『동양철학연구』 제60집, 동양철학연구회, 2009 참조.

제2장 | 생애와 학문적 발자취

1 朱謙之, 『朱謙之文集』 第1卷, 「政治幻想的三部曲」, 福州: 福建教育出版社, 2002, 186쪽.

2 黃夏年, 「前言一朱謙之先生的學術成就與風範」, 『朱謙之選集』(黃夏年 編), 長春: 吉林人民出版社, 2005, 2쪽.

3 陳獨秀, 『獨秀文存』 卷2, 「虛無主義」(民國叢書編輯委員會 編, 『民國叢書』 第一編 92, 上海: 上海書店, 1989 影印本, 92쪽).

4 蒙培元, 『情感與理性』, 北京: 中國社會科學出版社, 2002, 2쪽.

5 梁漱溟, 『中國文化要義』, 上海: 上海人民出版社, 2007, 111쪽.

6 蒙培元, 『情感與理性』, 17쪽.

7 朱謙之, 『朱謙之文集』 第1卷, 「一個唯情論者的宇宙觀及人生觀」, 福州: 福建教育出版社, 2002, 473쪽.

8 朱謙之, 『朱謙之文集』 第3卷, 「周易哲學: 通訊代序」, 福州: 福建教育出版社, 2002, 100쪽.

9 朱謙之, 『朱謙之文集』 第7卷, 「比較文化論集: 中國文化之本質, 體系及其發展」, 福州: 福建教育出版社, 2002, 348쪽.

10 "立地參天一枯松, 風霜閱歷獨從容, 漫嫌密密能遮日, 且喜鱗高欲化龍." 朱謙之, 『朱謙之文集』 第1卷, 「回憶」, 福州: 福建教育出版社, 2002, 43쪽.

11 朱謙之, 『朱謙之文集』 第2卷, 「謙之文存二集: {附錄}學者朱謙之」, 福州: 福建教育出版社, 2002, 246쪽.

12 李怡, 『近代中國無政府主義思潮與中國傳統文化』, 武漢: 華中師範大學出版社, 2001, 52~67쪽 참조.

13 『現代思潮批評』, 139~140쪽. 蔣俊 · 李興芝, 『中國近代的無政府主義思潮』, 濟南: 山東人民出版社, 1991, 230쪽에서 재인용.

14 조세현, 『동아시아 아나키즘, 그 반역의 역사』, 서울: 책세상, 2001, 71, 96쪽 참조.

15 蔣俊 · 李興芝, 『中國近代的無政府主義思潮』, 230쪽 참조.

16 朱謙之, 『朱謙之文集』 第1卷, 「世界觀的轉變」, 福州: 福建教育出版社, 2002, 116쪽.

17 유명종, 『중국근대정치사상사』, 대구: 이문출판사, 1994, 107쪽.

18 朱謙之, 「世界觀的轉變」, 116쪽.

19 朱謙之, 『朱謙之文集』 第1卷, 「革命哲學」, 福州: 福建教育出版社, 2002, 397쪽 참조.

20 蔣俊 · 李興芝, 『中國近代的無政府主義思潮』, 233쪽.

21 주쳰즈의 아나키즘사상이 갖는 비이성주의적 특징은 비관적 허무주의 시기에도 동일하게 나타난다. 그는 기본적으로 직관과 돈오頓悟로 우주의 본체를 체득해야 한다고 주장했다. 혁명이란 감정이 기초가 되는 일종의 좋고 싫음(好惡)의 감각이라고 했다. 즉 과학으로 혁명을 증명하는 것은 항상 철저하지 못하며 과학방법으로부터 해방된 혁명사상이야말로 혁명의 성공을 이끄는 경로라고 했다. 朱謙之, 「革命哲學」, 326~329쪽 참조.

22 朱謙之, 「周易哲學: 通訊代序」, 99~100쪽 참조.

23 "飄零身世托輕帆, 浪漫生涯亦自豪." 朱謙之, 「回憶」, 52쪽.

24 유명종, 『중국근대정치사상사』, 108쪽.

25 朱謙之, 「世界觀的轉變」, 129쪽.

26 1895년 이후 중국에서 새로운 사상이 발전하게 된 원천은 중국보다 훨씬 먼저 서구화한 일본에서 비롯되었다. 일본은 중국 유학생의 본거지였을 뿐만 아니라 정치적인 문제로 망명해야 했던 중국개혁파 혁명가들의 집합지이기도 했다. 이들은 1895년부터 1919년 5 · 4 운동 때까지 중국정신사의 결정적인 주체들이었다. 또한 일본에서 공부하고 귀국한 유학생들은 20년대 중반까지 중국의 각계 지도층에 절대적으로 참여했다. 그러던 것이 20년대 중반 이후부터는 차차 미국과 유럽에서 돌아온 유학생들이 현실문제에 적극 참여하는 형태로 변하게 된다. 양재혁, 『동양철학 서양철학과 어떻게 다른가』, 서울: 소나무, 1998, 231~235쪽 참조.

27 이 저작은 필자가 2007년에 한국어(『문화철학』, 한국학술정보)로 번역 · 출판했다.

28 이 저작은 필자가 『중국이 만든 유럽의 근대: 근대 유럽의 중국문화 열풍』(청계출판사)라는 서명으로 2003년(초판), 2010년(개정판)에 번역 · 출판해 한국에 소개한 바 있다. 그리고 한동안 절판되었다가 독자들의 수요에 힘입어 2019년에 재차 『중국사상이 유럽문화에 끼친 영향』(도서출판 동과서)라는 역명으로 개역 · 출판되었다.

29 이 글은 1941년 상무인서관(홍콩)이 단행본으로 출판한 것이다. 주쳰즈는 후에 수정 · 보충해서 『현대사학現代史學』 잡지 제4권 제4기와 제5권 제2기에 발표했다. 그리고 1945년 국립중산대학연구원 문과연구소가 이를 단행본으로 엮어 『콜롬버스 1천년 전 중국승려의 아메리카대륙 발견설哥倫布前一千年中國僧人發現美洲說』이라는 서명으로 발행했다. 또한 1962년에는 『베이징대학학보北京大學學報』(第4期)에 부록 「기원 5세기 중국승려 후이선 연보紀元五世紀中國僧人慧深年譜」가 덧

붙여져서 비교적 간단한 논문 「콜롬버스 1천년 전 중국승려의 아메리카대륙 발견 논고哥倫布前一千年中國僧人發現美洲考」로도 발표된 적이 있다.

30 朱謙之, 『朱謙之文集』 第6卷, 「文化社會學: 後序」, 福州: 福建教育出版社, 2002, 565쪽 참조.

31 전홍석, 「朱謙之 문화철학의 현대 문명 담론적 현재성: 서구패권적 문명패러다임에 대한 동양의 대안 담론으로서의 가능성」, 『東洋哲學研究』, 第58輯, 2009, 259쪽.

32 蒙培元, 『情感與理性』, 409쪽.

33 朱謙之, 『朱謙之文集』 第6卷, 「文化哲學」, 福州: 福建教育出版社, 2002, 289쪽.

34 朱謙之, 「比較文化論集: 中國文化之本質, 體系及其發展」, 347쪽 참조.

35 黃心川, 「序」, 『朱謙之文集』 第1卷, 福州: 福建教育出版社, 2002, 3쪽.

36 이 책은 1940년 상무인서관에서 출판한 『중국사상이 유럽문화에 미친 영향中國思想對于歐洲文化之影響』을 마르크스 · 레닌사상을 지도이념으로 하여 보완 · 수정한 것이다.

37 黃心川, 「序」, 2쪽.

38 주첸즈는 중국선종禪宗이 중국에서 조선과 일본, 그리고 당시 구미로 전파되어 뜻밖에도 일세를 풍미한 사실을 알고서 이에 관심을 쏟기 시작했다. 그가 선종저작을 번역하게 된 목적은 향후 『선학사禪學史』를 쓰기 위한 준비작업으로 보인다. 그러나 끝내 이 염원을 실현하지 못한 채 타계하고 만다. 朱謙之, 『朱謙之文集』 第9卷, 「韓國禪教史」, 福州: 福建教育出版社, 2002 참조.

39 黃心川, 「序二」, 『中國哲學對歐洲的影響』(朱謙之), 石家莊: 河北人民出版社, 1999, 3쪽.

40 朱謙之, 「文化哲學」, 238쪽.

41 黃夏年, 「前言—朱謙之先生的學術成就與風範」, 13쪽.

42 黃心川, 「序」, 5쪽.

43 爲人正直, 作風正派, 不隨波逐流, 不隨俗浮沉, 正氣凜然, 令人敬佩!

44 양재혁, 「박종홍과 그의 皇國철학」, 『박종홍철학비판』, 비판철학회 제1회 학술발표 자료집, 서울, 비판철학회, 2002, 7~28쪽; 김원열, 「皇道 儒教의 사유체계와 방법론적 문제점에 대한 비판: 관념적 사유체계와 형이상학적 방법을 중심으로」, 『황도유교비판』, 비판철학회 제2회 학술발표 자료집, 서울, 비판철학회, 2004, 14~33쪽; 다카하시 도루, 『다카하시 도루의 조선유학사: 일제 황국사관의 빛과 그림자』, 이형성 편역, 서울: 예문서원, 2001 각각 참조.

제3장 | 문화철학: 문명담론적 현재성

1 1989년 여름, 후쿠야마는 "역사는 끝났는가?"라는 글로 세계적인 관심을 모았다. 그 뒤 『역사의 종언과 최후의 인간*The End of History and the Last Man*』이란 저작으로 자신의 이론을 발전시켰다. 후쿠야마는 1989년 이후 인류에게 펼쳐진 일련의 현상들을 단순한 냉전의 종식이거나 전후 역사의 특수한 시기가 끝났다는 의미가 아닌, 바로 헤겔(Hegel)식 절대정신(자유주의국가)으로서 역사의 종언—헤겔은 1806년 나폴레옹이 프러시아 군주와의 예나전투에서 승리한 기점을 역사의 종언이라고 보았다—이라고 단정한다. 현시점은 인류의 이데올로기적 진화단계에서 종착역이며 인류가 꿈꿀 수 있는 마지막 정부형태가 바로 '서구자유민주주의'라는 것이다. 그는 민주주의와 시장경제가 공산주의와 계획경제를 물리치고 인류의 보편적인 정치 · 경제체제가 됨으로써 이데올로기 대립의 역사는 끝났다고 보았다. Francis Fukuyama, *The End of History and the Last Man* / 프랜시스 후쿠야마, 『역사의 종말』, 이상훈 옮김, 서울: 한마음사, 2007 참조.

2 1996년에 단행본으로 출판된 헌팅턴의 저서 『문명의 충돌』—원제목은 『문명의 충돌과 세계 질서의 재편성*The Clash of Civilizations and The Remaking of World Order*』이다—은 1993년 여름 호의 『포린 어페어스*Foreign Affairs*』지에 실린 논문을 발전시킨 것이다. Samuel P. Huntington, *The Clash of Civilizations and The Remaking of World Order* / 새뮤얼 헌팅턴, 『문명의 충돌』, 이희재 옮김, 서울: 김영사, 1998 참조.

3 김명섭, 「탈냉전기 국제정치학의 문명패러다임」, 『한국정치학회보』 제37집 3호, 2003, 437쪽.

4 김의수, 「문화 다원주의와 21세기 인류의 철학적 지향」, 『시대와 철학』 18, 1999, 160쪽.

5 새뮤얼 헌팅턴, 『문명의 충돌』, 46쪽.

6 김명섭, 「탈냉전기 국제정치학의 문명패러다임」, 437쪽.

7 새뮤얼 헌팅턴, 『문명의 충돌』, 69쪽.

8 이한구, 「문명의 공존과 그 조건」, 『인문과학』 31, 2001, 37쪽.

9 김명섭, 「탈냉전기 국제정치학의 문명패러다임」, 437쪽.

10 김의수, 「문화 다원주의와 21세기 인류의 철학적 지향」, 164쪽 참조.

11 김의수, 「문화 다원주의와 21세기 인류의 철학적 지향」, 163쪽.

12 강정인, 「문명충돌론」, 『사상』 제15권 제1호, 2003, 234쪽.

13 강정인, 「문명충돌론」, 225쪽 참조.

14 *Edward W. Said, The Crisis of Orientalism* / 에드워드 사이드, 『도전받는 오리엔탈리즘』, 성일권 편역, 서울: 김영사, 2001, 2장 · 4장 참조; 또한 반헌팅턴 구상의 선봉인 하랄트 뮐러(Harald Müller)는 문명충돌론을 냉전 이후 '적(공산주의)'을 잃어버린 서구사회가 새로운 적을 통해 정체성을 확보하려는 욕구에서 나온 냉전이론의 변형, 새로운 황화론, 백인우월주의에 불과하다고 비판했다. Harald Müller, *Das Zusammenleben der Kulturen: Ein Gegenentwurf zu Huntington* / 하랄트 뮐러, 『문명의 공존』, 이영희 옮김, 파주: 푸른숲, 2002 참조.

15 강정인, 「문명충돌론」, 226~228쪽; 양준희, 「비판적 시각에서 본 헌팅턴의 문명충돌론」, 『국제정치논총』 제42집 1호, 2002, 38쪽 각각 참조.

16 朱謙之, 『朱謙之文集』 第1卷, 「政治幻想的三部曲」, 福州: 福建教育出版社, 2002, 186쪽.

17 朱謙之, 『朱謙之文集』 第6卷, 「文化哲學」, 福州: 福建教育出版社, 2002, 243쪽 참조.

18 朱謙之, 「文化哲學」, 238쪽.

19 朱謙之, 「文化哲學: 後序」, 389쪽.

20 朱謙之, 「文化哲學」, 243쪽.

21 '남방문화운동'은 주쳰즈의 문화철학 이론, 즉 중국문화의 지리적 분포인 남북문제(종교: 황허黃河 유역, 철학: 양쯔장扬子江 유역, 과학: 주장珠江 유역)와 접맥된다. 중국이 문화의 이상향인 예술문화로 나아가기 위해서는 물질적 기초가 필요하므로 과학문화의 현 단계를 철저하게 실행해야 한다. 결국 주쳰즈의 '민족문화부흥'이란 중국 철학문화의 과학화로 귀결된다. 그런데 중국에서 과학문화는 오직 '남방'에만 분포하기 때문에 중국의 유일한 희망은 남방이며 '남방문화'의 창조가 절실하다는 것이다.

22 朱謙之, 『朱謙之文集』 第6卷, 「文化社會學: 後序」, 福州: 福建教育出版社, 2002, 565쪽 참조.

23 Chris Jenks, *Culture* / 크리스 젠크스, 『문화란 무엇인가: 문화의 사회학적 개념』, 김윤용 옮김, 서울: 현대미학사, 1996, 23쪽.

24 새뮤얼 헌팅턴, 『문명의 충돌』, 47~49쪽 참조.

25 馮波, 『中西哲學文化比較硏究』, 北京: 北京廣播學院出版社, 2003, 4쪽.

26 정수일, 『고대문명교류사』, 서울: 사계절출판사, 2002, 23쪽.

27 朱謙之, 『文化哲學』, 247쪽.

28 朱謙之, 『朱謙之文集』 第7卷, 「比較文化論集: 序」, 福州: 福建教育出版社, 2002,

254쪽.

29 朱謙之, 『文化哲學』, 248쪽.

30 朱謙之, 『文化哲學』, 248쪽.

31 朱謙之, 『文化哲學』, 249쪽.

32 Norbert Elias, *Über den Proze β der Zivilisation I* / 노르베르트 엘리아스, 『문명화과정』, 박미애 옮김, 서울: 한길사, 2007, 106쪽.

33 朱謙之, 『文化哲學』, 249쪽.

34 Hartmut Böhme · Peter Matussek · Lothar Müller, *Orientierung Kulturwissenschaft* / 하르트무트 뵈메 · 페터 마투섹 · 로타 뮐러, 『문화학이란 무엇인가』, 손동현 · 이상엽 옮김, 서울: 성균관대학교 출판부, 2005, 84~85쪽 참조.

35 梁漱溟, 『梁漱溟全集』 第1卷, 「東西文化及其哲學」, 濟南: 山東人民出版社, 1989, 352쪽.

36 崔洪植, 『梁漱溟의 文化哲學에 관한 硏究』, 成均館大 大學院 博士學位論文, 2002, 68쪽 참조.

37 朱謙之, 『文化哲學』, 252쪽.

38 朱謙之, 『文化哲學』, 254쪽.

39 朱謙之, 『文化哲學』, 256쪽.

40 朱謙之, 『文化哲學』, 256쪽.

41 朱謙之, 『文化哲學』, 254쪽.

42 朱謙之, 『朱謙之文集』 第6卷, 「文化哲學: {附錄}南方文化之創造 ——廣州市立一中講演」, 福州: 福建教育出版社, 2002, 393쪽.

43 朱謙之, 『文化哲學』, 257쪽.

44 朱謙之, 『文化哲學』, 257~258쪽.

45 朱謙之, 『文化哲學』, 258쪽 참조.

46 朱謙之, 『文化哲學』, 258쪽.

47 朱謙之, 『文化哲學』, 259쪽.

48 朱謙之, 『文化哲學』, 258쪽 참조.

49 朱謙之, 『文化哲學』, 259쪽 참조.

50 朱謙之, 『文化哲學』, 259쪽 참조.

51 朱謙之, 『文化哲學』, 260쪽 참조.

52 朱謙之,『文化哲學』, 265쪽.

53 朱謙之,『文化哲學』, 247쪽.

54 朱謙之,『文化哲學』, 263쪽.

55 朱謙之,『文化哲學』, 265쪽.

56 朱謙之,『文化哲學』, 265쪽.

57 朱謙之,『文化哲學』, 282쪽.

58 朱謙之,『文化哲學』, 343쪽.

59 朱謙之,『文化哲學』, 344쪽.

60 朱謙之,『文化哲學』, 345쪽.

61 朱謙之,『文化哲學』, 345쪽.

62 熊呂茂,『梁漱溟的文化思想與中國現代化』, 長沙: 湖南教育出版社, 2000, 121쪽.

63 梁漱溟,「東西文化及其哲學」, 391쪽.

64 朱謙之,「文化哲學」, 345쪽.

65 朱謙之,「文化哲學」, 348쪽 참조. 또한 주첸즈는 미래세계인 예술형을 '감상적 지식'이나 '표현적 지식'으로 표현한다.

66 朱謙之,「文化哲學」, 245쪽.

67 崔洪植,『梁漱溟의 文化哲學에 관한 研究』, 180쪽.

68 권용옥,「양수명의 文化三路向說에 대한 연구」,『중국학연구』 제23집, 2002, 8쪽 참조.

69 熊呂茂,『梁漱溟的文化思想與中國現代化』, 273쪽.

70 주첸즈가 분류한 세계사의 문화구역 24단위를 소개해보면 다음과 같다. 즉, 인도드라비다문화, 인도아리안문화, 이집트문화, 바빌로니아수메르문화, 바빌로니아셈족문화, 히타이트문화, 헤브루문화, 페니키아문화, 중국문화, 일본문화, 인도차이나문화, 흉노족문화, 크레타문화, 그리스문화, 에트루리아문화, 로마문화, 페르시아문화, 아라비아문화, 멕시코문화, 마야문화, 잉카문화, 게르만문화, 슬라브문화, 서구문화가 그것이다. 朱謙之,『朱謙之文集』 第7卷,「比較文化論集: 世界史上之文化區域」, 福州: 福建教育出版社, 2002, 256~280쪽 참조.

71 朱謙之,「比較文化論集: 序」, 254~255쪽; 朱謙之,『朱謙之文集』 第7卷,「比較文化論集: 中國文化之本質, 體系及其發展」, 福州: 福建教育出版社, 2002, 344~345쪽 각각 참조.

72 권용옥,「양수명 동서문화관의 현대적 의의」,『중국학연구』 제21집, 2001, 6쪽

참조.

73 崔洪植, 『梁漱溟의 文化哲學에 관한 硏究』, 178~180쪽 참조.

74 朱謙之, 「文化哲學」, 384쪽.

75 Oswald Spengler, *Der Untergang des Abendlandes: Umrisse einer Morphologie der Weltgeschichte* / O. 슈펭글러, 『서구의 몰락 1』, 박광순 옮김, 서울: 범우사, 1995, 65쪽.

76 O. 슈펭글러, 『서구의 몰락 1』, 66쪽.

77 朱謙之, 『文化哲學』, 382쪽.

78 O. 슈펭글러, 『서구의 몰락 1』, 67쪽.

79 朱謙之, 『文化哲學』, 382쪽.

80 朱謙之, 『文化哲學』, 382쪽.

81 朱謙之, 『文化哲學』, 385쪽.

82 권용옥, 「양수명 동서문화관의 현대적 의의」, 7쪽 참조.

83 朱謙之, 『文化哲學』, 361~362쪽.

84 朱謙之, 『朱謙之文集』, 第2卷, 「謙之文存二集: 戰後文化展望」, 福州: 福建教育出版社, 2002, 182쪽 참조.

85 朱謙之, 『文化哲學』, 384~385쪽.

86 朱謙之, 『文化哲學』, 385쪽.

87 박홍규, 『윌리엄 모리스 평전』, 서울: 개마고원, 2007 참조.

88 Herbert Marcuse, *Eros and Civilization: A Philosophical Inquiry into Freud* / 허버트 마르쿠제, 『에로스와 문명』, 김인환 옮김, 파주: 나남출판, 2004 참조.

89 朱謙之, 『文化哲學』, 253쪽.

90 Benedetto Croce, The Aesthetic as the Science of Expression and of the Linguistic in General / 베네데토 크로체, 『크로체의 미학』, 이해완 옮김, 서울: 예전사, 1994, 25~57쪽 참조.

91 朱謙之, 『文化哲學』, 347쪽.

92 朱謙之, 『文化哲學』, 347~348쪽 참조.

93 朱謙之, 『文化哲學』, 381쪽.

94 朱謙之, 「謙之文存二集: 戰後文化展望」, 182쪽.

95 朱謙之, 『文化哲學』, 362쪽.

96 朱謙之,『文化哲學』, 362쪽.

97 朱謙之,『文化哲學』, 385쪽.

98 朱謙之,『文化哲學』, 381쪽.

99 朱謙之,『文化哲學』, 381~382쪽.

100 양재혁,『동양철학 서양철학과 어떻게 다른가』, 서울: 소나무, 1998, 22쪽.

101 허버트 마르쿠제,『에로스와 문명』, 38쪽.

102 朱謙之,『文化哲學』, 326~327쪽 참조.

103 朱謙之,『文化哲學』, 359쪽.

104 朱謙之,『文化哲學』, 359쪽.

105 권영애,「5 · 4시기 문화 보수주의의 담론구조 고찰」,『중국어문논총』 18, 2000, 449쪽; 善峰,『梁漱溟社會改造構想硏究』, 濟南: 山東人民出版社, 1996, 37쪽 각각 참조.

106 朱謙之,『文化哲學』, 362쪽.

107 崔洪植,『梁漱溟의 文化哲學에 관한 硏究』, 180쪽.

108 이 이론의 단초는 엘리엇(T. S. Eliot)의『비평의 기능*The Function of Criticism*』(1923)이란 논문에서 찾아볼 수 있다. 엘리엇은 자연과 인간이 상호 고유성을 인정하고 평등적 위치에서 상생의 의존적인 관계를 모색해야 한다는 생태주의이론을 문화 간의 상호 호혜적 의존관계로 전환시키고자 했다. 이것은 문명권 간의 상부상조의 관계가 공존과 공영의 열쇠임을 역설한 것이다.

제4장 | 세계문화유형론: 문명(문화)다원주의

1 Samuel Huntington, *The Clash of Civilizations and the Remaking of World Order* / 새뮤얼 헌팅턴,『문명의 충돌』, 이희재 옮김, 서울: 김영사, 1998, 21쪽.

2 새뮤얼 헌팅턴,『문명의 충돌』, 18~19쪽.

3 전홍석,「주첸즈 문화학의 현대 반전사상적 의미: 반군수자본주의문화론을 중심으로」,『동서철학연구』 제72호, 한국동서철학회, 2014, 468~469쪽 참조.

4 전홍석,「동서 '문화 · 문명'의 개념과 그 전개: 현대 문명담론의 개념적 이해를 중심으로」,『동양철학연구』 제63집, 동양철학연구회, 2010, 405쪽 참조.

5 새뮤얼 헌팅턴,『문명의 충돌』, 49쪽.

6 이 문화유형학은 실제로는 콩트의 '3단계 법칙'과 헤겔의 '3분 변증법'에 '예술적 단계'와 '몰자적 단계'를 각각 첨가시켜 '4단계 법칙'과 '4분 변증법'으로 변형 · 발전시킨 것이다. 말하자면 콩트 모형의 제1단계 신학, 제2단계 형이상학, 제3단계 실증 · 과학, 제4단계 예술을 각각 헤겔 모형의 몰자(종교적 관념 형태), 즉자(철학적 관념 형태), 대자(과학적 관념 형태), 즉자대자(예술적 관념 형태)에 대입시켜 완성한 것이다.

7 G. W. F. Hegel, *Vorlesungen über die Philosophie der Weltgeschichte* / G.W. F. 헤겔, 『역사철학강의』, 권기철 옮김, 서울: 동서문화사, 2014, 86~87쪽.

8 G.W.F. 헤겔, 『역사철학강의』, 86쪽.

9 G.W.F. 헤겔, 『역사철학강의』, 87쪽.

10 Ellsworth Huntington, *Civilization and Climate* / 엘스워스 헌팅턴, 『문명과 기후』, 한국지역지리학회 옮김, 서울: 민속원, 2013, 22쪽.

11 朱謙之, 『朱謙之文集』 第6卷, 「文化哲學」, 福州: 福建教育出版社, 2002, 341쪽.

12 G.W.F. 헤겔, 『역사철학강의』, 87쪽.

13 朱謙之, 「文化哲學」, 344쪽.

14 朱謙之, 「文化哲學」, 344쪽 참조.

15 G.W.F. 헤겔, 『역사철학강의』, 105쪽. 헤겔은 여기서 아프리카는 세계사에 속하는 지역이 아니라는 전제 하에 보충하기를, 다만 "북아프리카에서 일어난 것은 아시아나 유럽 세계의 사건이다. 카르타고는 한때나마 중요한 의미를 지닌 도시였지만 페니키아인의 식민지였기 때문에 아시아의 일부다. 이집트는 인간 정신이 동에서 서로 이동하는 통과지점에 해당하는데 아프리카적 정신이 지배하는 나라는 아니다."라고 덧붙인다.

16 G.W.F. 헤겔, 『역사철학강의』, 105쪽.

17 朱謙之, 「文化哲學」, 344쪽 참조.

18 G.W.F. 헤겔, 『역사철학강의』, 93쪽.

19 朱謙之, 「文化哲學」, 344쪽.

20 G.W.F. 헤겔, 『역사철학강의』, 95쪽.

21 G.W.F. 헤겔, 『역사철학강의』, 94~95쪽.

22 朱謙之, 「文化哲學」, 343쪽.

23 朱謙之, 「文化哲學」, 342쪽.

24 朱謙之, 「文化哲學」, 342쪽.

25 朱謙之, 「文化哲學」, 342쪽.

26 朱謙之, 「文化哲學」, 342쪽.

27 Sarvepalli Radhakrishnan, *Indian Philosophy I* / 라다크리슈난, 『인도철학사』, 이거룡 옮김, 서울: 한길사, 1999, 44쪽.

28 朱謙之, 「文化哲學」, 342쪽.

29 G.W.F. 헤겔, 『역사철학강의』, 95쪽.

30 G.W.F. 헤겔, 『역사철학강의』, 95쪽.

31 朱謙之, 「文化哲學」, 342쪽.

32 朱謙之, 「文化哲學」, 343쪽 참조.

33 G.W.F. 헤겔, 『역사철학강의』, 97쪽.

34 Josep Needham, *Science and Civilization in China* / 조셉 니담, 『중국의 과학과 문명 I 』, 이석호 외 옮김, 서울: 을유문화사, 1997, 65쪽.

35 朱謙之, 「文化哲學」, 342쪽.

36 G.W.F. 헤겔, 『역사철학강의』, 107쪽.

37 朱謙之, 「文化哲學」, 343쪽.

38 G.W.F. 헤겔, 『역사철학강의』, 95쪽.

39 G.W.F. 헤겔, 『역사철학강의』, 96쪽 참조.

40 Edgar Morin, *Penser l' Europe* / 에드가 모랭, 『유럽을 생각한다』, 임문영 옮김, 서울: 문예출판사, 1997, 46쪽 참조.

41 朱謙之, 「文化哲學」, 343쪽.

42 朱謙之, 「文化哲學」, 343쪽.

43 朱謙之, 「文化哲學」, 343쪽.

44 G.W.F. 헤겔, 『역사철학강의』, 97쪽 참조.

45 주경철, 『문명과 바다』, 서울: 산처럼, 2009, 68~127쪽 참조.

46 朱謙之, 「文化哲學」, 343쪽.

47 새뮤얼 헌팅턴, 『문명의 충돌』, 49쪽.

48 朱謙之, 『朱謙之文集』 第7卷, 「比較文化論集: 世界史上之文化區域」, 福州: 福建教育出版社, 2002, 259쪽.

49 주첸즈는 문화사회의 하나의 중요한 표현방식인 '문자'를 문화사회학과 문화인류학을 나누는 분계선으로 여겼다. 말하자면 문화인류학이 문자 발명 이전의

원시민족문화를 연구하는 것이 주체라면 문화사회학은 문자 발명 이후의 역사 문화를 연구하는 것이 주체가 된다. 단지 문화구역으로만 논하면 문화인류학은 원시민족사회의 문화구역을 대상으로 하지만 문화사회학은 문자 발명이 있는 문화사회를 문화구역의 대상으로 삼는다. 朱謙之, 「比較文化論集: 世界史上之文化區域」, 259쪽 참조.

50 朱謙之, 「比較文化論集: 世界史上之文化區域」, 258쪽.

51 朱謙之, 「比較文化論集: 世界史上之文化區域」, 257쪽.

52 朱謙之, 「比較文化論集: 世界史上之文化區域」, 257쪽.

53 朱謙之, 「比較文化論集: 世界史上之文化區域」, 259~279쪽 참조.

54 朱謙之, 「比較文化論集: 世界史上之文化區域」, 279쪽 참조.

55 엘스워스 헌팅턴, 「초판 서문」, 『문명과 기후』, 10쪽.

56 정수일, 『문명담론과 문명교류』, 파주: 살림, 2009, 56쪽.

57 Karl Jaspers, *Vom Ursprung und Ziel der Geschichte* / 칼 야스퍼스, 『역사의 기원과 목표』, 백승균 옮김, 서울: 이화여자대학교 출판부, 1987, 49쪽.

58 칼 야스퍼스, 『역사의 기원과 목표』, 21~22쪽 참조.

59 칼 야스퍼스, 『역사의 기원과 목표』, 49쪽.

60 Oswald Spengler, *Der Untergang des Abendlandes: Umrisse einer Morphologie der Weltgeschichte* / 오스발트 슈펭글러, 『서구의 몰락 2』, 박광순 옮김, 서울: 범우사, 1995, 246~291쪽 참조.

61 朱謙之, 「文化哲學」, 345쪽 참조.

62 칼 야스퍼스, 『역사의 기원과 목표』, 85쪽. 야스퍼스는 이 고대 고도문화시대에 어떠한 사건들이 역사를 가능하게 했는가의 핵심적인 요인들을 다음과 같이 지적한다. 첫째, 나일강, 유프라테스강 · 티그리스강, 황하 유역에 치수와 관개를 조직화는 과제가 필연적으로 중앙집권화, 관료제도화, 국가의 형성을 가능케 함; 둘째, 문자의 발명; 셋째, 공동의 언어, 문화, 신화를 가진 여러 민족의 발생; 넷째, 메소포타미아에서 시작해서 앗시리아인과 이집트인, 페르시아인, 인도인, 중국인의 세계제국 성립; 다섯째, 말의 등장 등이다. 칼 야스퍼스, 『역사의 기원과 목표』, 86~87쪽 참조.

63 칼 야스퍼스, 『역사의 기원과 목표』, 54쪽.

64 칼 야스퍼스, 『역사의 기원과 목표』, 29쪽 참조.

65 칼 야스퍼스, 『역사의 기원과 목표』, 102쪽.

66 칼 야스퍼스, 『역사의 기원과 목표』, 102쪽.

67 칼 야스퍼스, 『역사의 기원과 목표』, 31~32쪽 참조.

68 칼 야스퍼스, 『역사의 기원과 목표』, 23~25쪽 참조.

69 칼 야스퍼스, 『역사의 기원과 목표』, 30~31쪽.

70 전홍석, 「朱謙之 문화철학의 현대 문명 담론적 현재성: 서구패권적 문명패러다임에 대한 동양의 대안 담론으로서의 가능성」, 『동양철학연구』 제58집, 동양철학연구회, 2009, 236쪽 참조.

71 칼 야스퍼스, 『역사의 기원과 목표』, 42쪽.

72 朱謙之, 「文化哲學」, 245쪽.

73 朱謙之, 「文化哲學」, 348쪽.

74 朱謙之, 「文化哲學」, 237쪽.

75 朱謙之, 「文化哲學」, 345쪽.

76 梁漱溟, 『梁漱溟全集』 第1卷, 「東西文化及其哲學」, 濟南: 山東人民出版社, 1989, 391쪽.

77 梁漱溟, 「東西文化及其哲學」, 391쪽.

78 梁漱溟, 「東西文化及其哲學」, 382쪽.

79 梁漱溟, 「東西文化及其哲學」, 382쪽.

80 梁漱溟, 「東西文化及其哲學」, 383쪽 참조.

81 朱謙之, 「文化哲學」, 348쪽 참조.

82 朱謙之, 「文化哲學」, 345쪽 참조.

83 칼 야스퍼스, 『역사의 기원과 목표』, 96~97쪽.

84 칼 야스퍼스, 『역사의 기원과 목표』, 32쪽.

85 G.W.F. 헤겔, 『역사철학강의』, 98쪽.

86 朱謙之, 「文化哲學」, 252쪽.

87 새뮤얼 헌팅턴, 『문명의 충돌』, 19쪽.

88 이한구, 「문명의 공존과 그 조건」, 『인문과학』 31, 2001, 41쪽.

제5장 | 세계문화의 지리적 분포

1 Kenneth Prewitt, "The Impact of the 'Developing World' upon U. S. Social Science Theory and Methodology", prepared for the Conference of Stren

gthening Social Science Capacity in the Developing Areas, Oct. 1908, pp. 1~17 참조.

2 야노 토루(矢野暢), 「지역연구란 무엇인가?」, 『지역연구의 역사와 이론』(김경일 편저), 서울: 문화과학사, 1998, 51 · 62쪽 참조.

3 Clifford Geertz, *Works and Lives: The Anthropologist as Author* / 클리퍼드 기어츠, 『저자로서의 인류학자: 레비스트로스, 에번스프리처드, 말리노프스키, 베네딕트』, 김병화 옮김, 파주: 문학동네, 2014 참조.

4 세계단위론은 1992년 '현대의 지역연구' 시리즈를 구성한다는 야심찬 목표 아래 일본 교토(京都)대학의 동남아시아 연구분야에서 발상된 것이다. 이 생각은 동남아시아가 지역으로서 갖는 완성도가 낮다고 하는 점에서부터 지역이 인위적으로 구상되었다고 하는 역사적 경위를 따져보는 것이다. 이 일본의 동남아시아 학자들은 세계 각 지역에 관한 다각적인 정보를 위한, 혹은 경제적 이해관계의 극대화를 이루기 위한 정책과학 차원에서의 지역에 관한 연구는 지역연구로서 인정하지 않는다. 이들에게 지역연구는 '지역'이라는 요소로 세계를 보는 몰가치적이고 학술적인 인식을 확립시키고자 해야 하며, 이를 위해 지역성을 성립시키는 고유한 논리를 분명히 하고 세계적인 시야로 그 지역성 · 고유성을 일반화할 수 있는 가능성을 찾는 데 두고 있는 것이어야 한다. 이러한 노력은 자신들의 학문적 발전뿐만 아니라 한국학계에도 긍정적인 영향을 미쳤다. 이를 계기로 국내에서도 이러한 지역관에 대한 끊임없는 논의가 시작되었다. 이 교토대학의 성과는 최근 교육인적자원부의 인문한국 프로젝트 중 지역센터 구축 관련 벤치마킹으로 제시되고 있는 사실은 특기할만하다.

5 야노 토루(矢野暢), 「세계단위란 무엇인가」, 『지역연구와 세계단위론』(야노 토루 엮음), 부산외대 아시아지역연구소 옮김, 서울: 전예원, 1999, 22~23쪽 참조.

6 다카야 요시카즈(高谷好一), 「세계 속의 세계단위」, 『지역연구와 세계단위론』(야노 토루 엮음), 부산외대 아시아지역연구소 옮김, 서울: 전예원, 1999, 39~40쪽 참조.

7 朱謙之, 『朱謙之文集』 第6卷, 「文化哲學」, 福州: 福建教育出版社, 2002, 247쪽.

8 주첸즈의 '세계문화 3원론'과 관련된 기후, 지형 등의 자연조건을 다룬 연구는 졸고 「주첸즈의 세계문화유형론에 관한 고찰: 세계문화 3원론을 중심으로」(『동양철학연구』 제81집, 동양철학연구회, 2015)를 참고하기 바란다.

9 朱謙之, 「文化哲學」, 348쪽 참조.

10 다카야 요시카즈(高谷好一), 「세계 속의 세계단위」, 57쪽.

11 다카야 요시카즈(高谷好一), 「세계 속의 세계단위」, 58쪽 참조.

12 오오지 토시아키(応地利明), 「인도」, 『지역연구와 세계단위론』(야노 토루 엮음),

부산외대 아시아지역연구소 옮김, 서울: 전예원, 1999, 235쪽 참조.

13 오오지 토시아키(応地利明)는 카스트의 어원이 포르투갈어인 까스따(casta)에 있기 때문에 카스트라는 말로 인도의 사회제도를 말할 때는 모종의 혼란이 발생한다고 말한다. 아울러 그 요인을 외래어인 카스트라는 말이 세분과 통합의 이론을 무원칙적으로 포함한 것에서 찾는다. 따라서 카스트제도라고 부르기보다는 '바르나 · 자띠 제도'라고 부르는 편이 세분과 통합 두 이론의 복합체로서 카스트제도를 잘 설명할 수 있다고 보았다. 이를테면 "힌두교도들은 바르나와 자띠의 두 가지 개념을 이용해 인도의 신분제도를 설명한다. 이 중 바르나는 색을 의미하고 사회제도로서는 브라만 이하의 소위 사성四姓을 가리킨다. 또 자띠는 '출생'을 의미하고, 인도에는 직업마다 정해진 카스트가 있고 그 수는 2000개가 넘는 경우의 카스트에 해당한다. …… 결국은 너무 파생된 자띠를 어느 단계에서 정리하고 통합한 형태로 바르나의 개념이 성립한 것 같다. 이 과정에서 볼 수 있듯이 자띠는 세분의 논리에 입각하고, 또 바르나는 통합의 논리에 입각한다. 힌두교도가 명확히 구별하고 있는 바르나와 자띠를 카스트라는 외래어 한마디가 떠맡게 되었다. …… 힌두사회에는 자띠를 단위로 자띠 간의 관계를 규율하는 원리가 있다. 그것이 바르나 · 자띠 제도의 또 다른 중요한 측면이다. 즉 바르나 · 자띠 제도는 힌두교 독자적인 정淨 · 부정不淨의 관념에 근거해 각 자띠를 브라만을 필두로 하는 서열 속에 위치시켜 성층화하는 체계의 존재다. 바르나 · 자띠 제도라는 것은 통합의 이론에 의거해 각 자띠, 나아가서 그 자띠에 귀속되는 개인은 힌두사회 내에 위치지워지는 서열체계 그 자체임이 틀림없다. 이 서열체계를 '카스트 위계(hierarchy)'라 부르는 경우도 많다." 오오지 토시아키(応地 利明), 「인도」, 235~237쪽.

14 오오지 토시아키(応地 利明), 「인도」, 242쪽 참조.

15 梁漱溟, 『梁漱溟全集』 第1卷, 「東西文化及其哲學」, 濟南: 山東人民出版社, 1989, 352쪽 참조.

16 梁漱溟, 「東西文化及其哲學」, 394쪽.

17 梁漱溟, 「東西文化及其哲學」, 383쪽.

18 梁漱溟, 「東西文化及其哲學」, 381쪽.

19 熊呂茂, 『梁漱溟的文化思想與中國現代化』, 長沙: 湖南教育出版社, 2000, 133쪽 참조.

20 朱謙之, 「文化哲學」, 348쪽.

21 朱謙之, 「文化哲學」, 349쪽.

22 朱謙之, 「文化哲學」, 349쪽.

23 朱謙之, 「文化哲學」, 349쪽.

24 朱謙之, 『朱謙之文集』 第7卷, 「比較文化論集: 國文化之本質, 體系及其發展」, 福州: 福建教育出版社, 2002, 345쪽.

25 朱謙之, 「文化哲學」, 351쪽 참조.

26 梁漱溟, 『梁漱溟全集』 第1卷, 「印度哲學概論」, 濟南: 山東人民出版社, 1989, 58~59쪽.

27 권용옥, 「양수명의 文化三路向 說에 대한 연구」, 『중국학연구』 제23집, 2002, 21쪽 참조.

28 梁漱溟, 「東西文化及其哲學」, 393쪽.

29 梁漱溟, 「東西文化及其哲學」, 393쪽.

30 朱謙之, 「文化哲學」, 352쪽.

31 梁漱溟, 「東西文化及其哲學」, 420쪽 참조.

32 梁漱溟, 「東西文化及其哲學」, 420~421쪽.

33 朱謙之, 「比較文化論集: 中國文化之本質, 體系及其發展」, 345쪽.

34 朱謙之, 『朱謙之文集』 第7卷, 「比較文化論集: 中國文化之地理三周期」, 福州: 福建教育出版社, 2002, 368쪽 참조.

35 朱謙之, 「比較文化論集: 中國文化之地理三周期」, 368쪽 참조.

36 이거룡, 「육파철학의 성립과 발전」, 『인도철학사』 III, 서울: 한길사, 1999, 23~24쪽 참조.

37 朱謙之, 「比較文化論集: 中國文化之本質, 體系及其發展」, 345쪽 참조.

38 朱謙之, 「文化哲學」, 352쪽 참조.

39 梁漱溟, 「印度哲學概論」, 66쪽 참조.

40 朱謙之, 「文化哲學」, 352쪽.

41 여기서의 고행외도는 다음과 같다. ① 자아自餓외도: 음식을 탐내지 않고 굶주림을 장시간 참아내는 것으로 수행을 삼는다. ② 투연投淵외도: 추운 날 깊은 연못에 들어가서 몹시 추운 고통을 이겨낸다. ③ 부화赴火외도: 항상 뜨겁게 몸을 달구어 훈비薰鼻 등의 뜨거운 괴로움을 감수한다. ④ 자좌自坐외도: 항상 스스로 발가벗고 다니면서 한서寒暑에 구속받지 않고 빈터에 앉아 수행한다. ⑤ 적묵寂默외도: 공동묘지 사이에 주거하면서 침묵을 지켜 말하지 않음을 수행으로 삼는다. ⑥ 우구牛狗외도: 소나 개의 흉내를 내어 천상에 태어나기를 바란다. 이 여섯 외도는 이러한 고행을 통해서 결과의 원인을 터득할 수 있다고 여겼다. 朱謙之, 「文化哲學」, 352쪽 참조.

42 朱謙之,「比較文化論集: 中國文化之本質, 體系及其發展」, 345쪽 참조.

43 다카야 요시카즈(高谷好一),「세계 속의 세계단위」, 41~42쪽 참조.

44 다카야 요시카즈(高谷好一),「중화세계」,『지역연구와 세계단위론』(야노 토루 엮음), 부산외대 아시아지역연구소 옮김, 서울: 전예원, 1999, 195~199쪽 참조.

45 다카야 요시카즈(高谷好一),「세계 속의 세계단위」, 57~58쪽.

46 다카야 요시카즈(高谷好一),「중화세계」, 214쪽.

47 다카야 요시카즈(高谷好一),「중화세계」, 217쪽.

48 13세기 초엽 몽골제국이 탄생했다. 그리고 1279년에는 이 몽골제국을 이은 원이 남송을 멸망시켰다. 그 이후 1368년 주원장에 의해 명이 건국될 때까지 약 100년간 중화세계란 없었다. 그 사이에는 세계제국이 중국의 일면을 뒤덮고 있었다. 주원장은 남경에 도읍을 정했지만 그 수도는 곧 북경으로 옮겨졌다. 거기는 원이 도읍을 정한 곳이다. 당시의 지정학적 구도에 따라 여기는 최대의 정략적 거점이었기 때문이다. 명은 베이징에 도읍을 정하고 원이 만든 대운하를 정비했다. 이것으로 초원의 무력과 바다의 부가 결합된 것이다. 원을 몰아낸 명은 당과 똑같은 판도를 점유하기에 이르렀다. 황토를 중심으로 그 주변에 펼쳐진 초원과 사막, 게다가 삼림의 많은 부분을 수중에 넣은 것이다. 또한 운하를 통해 강남이나 남해와도 연결되었다. 다카야 요시카즈(高谷好一),「중화세계」, 208~210쪽 참조.

49 朱謙之,「文化哲學」, 355쪽.

50 朱謙之,「比較文化論集: 中國文化之本質, 體系及其發展」, 347쪽.

51 梁漱溟,「東西文化及其哲學」, 383쪽.

52 梁漱溟,「東西文化及其哲學」, 381쪽 참조.

53 朱謙之,「文化哲學」, 355쪽 참조. 이상은 불교의 사념처四念處로서 몸과 감각과 마음과 법에 있어 마음을 모아 관하는 방법이다. 여기 ③ 관심무상觀心無常을 주첸즈는 관심무상觀身無常으로 옮기고 있다.

54 朱謙之,「文化哲學」, 355쪽.

55 朱謙之,「文化哲學」, 355쪽.

56 朱謙之,「比較文化論集: 中國文化之本質, 體系及其發展」, 347쪽 참조.

57 朱謙之,「文化哲學」, 355쪽.

58 朱謙之,「比較文化論集: 中國文化之本質, 體系及其發展」, 347쪽.

59 朱謙之,「文化哲學」, 356쪽.

60 朱謙之,「文化哲學」, 356쪽 참조.

61 梁漱溟, 「東西文化及其哲學」, 393~394쪽.

62 朱謙之, 「文化哲學」, 356쪽 참조.

63 朱謙之, 「比較文化論集: 中國文化之本質, 體系及其發展」, 347쪽.

64 梁漱溟, 「東西文化及其哲學」, 392쪽.

65 梁漱溟, 「東西文化及其哲學」, 391쪽.

66 梁漱溟, 「東西文化及其哲學」, 393쪽.

67 朱謙之, 「比較文化論集: 中國文化之本質, 體系及其發展」, 347쪽.

68 朱謙之, 「文化哲學」, 357쪽.

69 朱謙之, 「文化哲學」, 362쪽 참조.

70 朱謙之, 「文化哲學」, 358쪽.

71 朱謙之, 「比較文化論集: 中國文化之本質, 體系及其發展」, 347~348쪽.

72 朱謙之, 「比較文化論集: 中國文化之本質, 體系及其發展」, 348쪽.

73 朱謙之, 「比較文化論集: 中國文化之本質, 體系及其發展」, 348쪽.

74 朱謙之, 「比較文化論集: 中國文化之本質, 體系及其發展」, 348쪽.

75 朱謙之, 「文化哲學」, 360쪽.

76 朱謙之, 「文化哲學」, 359쪽.

77 朱謙之, 「文化哲學」, 360쪽. 여기서 주첸즈는 『역경』의 기본 관념들을 세부적으로 다음과 같이 제시한다. ① [괘]: 괘를 만들어 '정'과 위僞를 다한다. 비로소 팔괘를 만들어 신명의 덕을 통하고 만물의 '정'을 분류한다(設卦以盡 '情' 僞. 始作八卦以通神明之德, 以類萬物之 '情'); ② [효]: 육효가 발휘한다는 것은 널리 '정'에 통한다는 것이다(六爻發揮旁通 '情' 也); ③ [단]: 효와 단은 '정'으로써 말해준다(爻象以 '情' 言); ④ [사]: 성인의 '정'은 말에 나타난다(聖人之'情'見乎辭); ⑤ [상]: 성인이 천하의 '정'을 보고서 그 형용에 모의하고 그 물건에 마땅함을 형상했다. 그러므로 상이라 이른 것이다(聖人有以見天下之'嘖'而擬諸其形容, 象其物宜, 是故謂之象—釋文은 京房이 『周易 · 章句』에서 '嘖은 情'이라 한 것을 인용했다).

78 朱謙之, 「比較文化論集: 中國文化之本質, 體系及其發展」, 348쪽.

79 朱謙之, 「比較文化論集: 中國文化之本質, 體系及其發展」, 348쪽.

80 朱謙之, 「比較文化論集: 中國文化之本質, 體系及其發展」, 348~349쪽.

81 다카야 요시카즈(高谷好一), 「세계 속의 세계단위」, 58쪽.

82 다카야 요시카즈(高谷好一), 「세계 속의 세계단위」, 58쪽.

83 유럽이란 명칭의 기원은 전혀 유럽적이지 않다. BC 7세기에 그리스인들은 자기 나라에서 잘 모르는 대륙 북쪽을 유럽이라고 명명했다. 헤로도토스(Herodotos)는 그의 동포들이 제우스에 의해 유괴되어 크레타섬으로 옮겨진 페니키아의 공주 에우로파(Europa) 이름을 이 지역에 부여했다는 사실에 경탄했다. 하얀 소로 변한 제우스가 바닷가에서 노닐던 에우로파를 자기 등에 타도록 유혹했다. 유럽이란 에우로파가 제우스의 등에 타자 바다를 건너 지금의 유럽 땅(크레타섬)으로 끌어들인 데서 유래한 이름이다. *Ivar Lissner, Wir sind das Abendland* / 이바르 리스너, 『서양 위대한 창조자들의 역사』, 김동수 옮김, 파주: 살림, 2005, 64~67쪽 참조.

84 Edgar Morin, *Penser l' Europe* / 에드가 모랭, 『유럽을 생각한다』, 임문영 옮김, 서울: 문예출판사, 1997, 76쪽 참조.

85 전홍석, 『독일 계몽주의의 유학적 기초: 볼프의 중국 형상과 오리엔탈리즘의 재구성』, 파주: 살림, 2014, 15~16쪽 참조.

86 에드가 모랭, 『유럽을 생각한다』, 82~87쪽 참조.

87 梁漱溟, 「東西文化及其哲學」, 353쪽.

88 梁漱溟, 「東西文化及其哲學」, 381쪽.

89 梁漱溟, 「東西文化及其哲學」, 380~381쪽 참조.

90 梁漱溟, 「東西文化及其哲學」, 382쪽.

91 梁漱溟, 「東西文化及其哲學」, 382쪽.

92 梁漱溟, 「東西文化及其哲學」, 383쪽.

93 朱謙之, 「文化哲學」, 375쪽.

94 朱謙之, 「文化哲學」, 375쪽.

95 朱謙之, 「文化哲學」, 375~376쪽.

96 朱謙之, 「文化哲學」, 376쪽.

97 梁漱溟, 「東西文化及其哲學」, 384쪽.

98 朱謙之, 「文化哲學」, 376쪽.

99 朱謙之, 「比較文化論集: 中國文化之本質, 體系及其發展」, 346쪽.

100 朱謙之, 「比較文化論集: 中國文化之本質, 體系及其發展」, 346쪽.

101 朱謙之, 「比較文化論集: 中國文化之本質, 體系及其發展」, 346쪽 참조.

102 朱謙之, 「比較文化論集: 中國文化之本質, 體系及其發展」, 346쪽.

103 朱謙之, 『朱謙之文集』 第7卷, 「比較文化論集: 印度佛教對于原始基督教之影響」,

福州: 福建教育出版社, 2002, 318~321쪽 참조. 여기서 '야바나'라는 말은 산스크리트어에서 그리스인 또는 그리스를 이르는 말이다. 팔리어로는 Yona 또는 Yonaka라 하며 이 말은 이오니아(Ionia)인에 의해 유래된 고대 페르시아어 Yauna가 바뀐 것으로 보인다. 야바나라는 단어는 BC 4세기 알렉산드로스 대왕이 인도를 침략할 때 귀국하지 않고 인도에 남은 많은 그리스 병사가 그리스문화를 전수하면서 연극, 천문학 등의 용어에 등장했다. 후세에는 이슬람교도 또는 유럽인을 뜻하는 말로 확장되었다.

104 朱謙之, 「文化哲學」, 378쪽.

105 朱謙之, 「文化哲學」, 378쪽.

106 朱謙之, 「文化哲學」, 378쪽.

107 朱謙之, 「比較文化論集: 中國文化之本質, 體系及其發展」, 346쪽 참조.

108 朱謙之, 「比較文化論集: 中國文化之本質, 體系及其發展」, 346~347쪽.

109 김선호, 『지역학이란: 개념정립을 위한 첫만남』, 부산: 부산외국어대학교 출판부, 2014, 19쪽.

110 하병주, 「지역학의 정체성과 패러다임 모색 I」, 『지중해지역연구』 제9권 제1호, 부산외국어대학교, 2007, 256쪽 참조.

111 야노 토루(矢野暢), 「지역연구란 무엇인가?」, 54쪽 참조.

112 Edward W. Said, *Orientalism* / 에드워드 사이드, 『오리엔탈리즘』, 박홍규 옮김, 파주: 교보문고, 2015, 56쪽.

113 에드워드 사이드, 『오리엔탈리즘』, 56쪽.

제6장 | 중국문화의 지리적 분포: 남방문화운동

1 Edward W. Said, *Orientalism* / 에드워드 사이드, 『오리엔탈리즘』, 박홍규 옮김, 파주: 교보문고, 2015, 16쪽.

2 에드워드 사이드, 『오리엔탈리즘』, 176쪽 참조.

3 야노 토루(矢野暢), 「지역연구란 무엇인가?」, 『지역연구의 역사와 이론』(김경일 편저), 서울: 문화과학사, 1998, 53쪽 참조.

4 김경일, 「전후 미국에서 지역연구의 성립과 발전」, 『지역연구의 역사와 이론』(김경일 편저), 서울: 문화과학사, 1998, 153~154쪽 참조.

5 에드워드 사이드, 『오리엔탈리즘』, 19~20쪽.

6 야노 토루(矢野暢), 「지역연구란 무엇인가?」, 52쪽.

7 하병주, 「지역학의 정체성과 패러다임 모색 Ⅰ」, 『지중해지역연구』 제9권 제1호, 부산외국어대학교, 2007, 250쪽.

8 야노 토루(矢野暢), 「새로운 세계관의 조건—'발명주의'의 극복을 찾아서」, 『지역연구와 세계단위론』(야노 토루 엮음), 부산외대 아시아지역연구소 옮김, 서울: 전예원, 1999, 324쪽.

9 야노 토루(矢野暢), 「새로운 세계관의 조건—'발명주의'의 극복을 찾아서」, 328~329쪽 참조.

10 上原一慶 · 桐山昇 · 高橋孝助 · 林哲, 『東アジア近現代史』 / 우에하라 카즈요시 외, 『동아시아 근현대사』, 한철호 · 이규수 옮김, 서울: 옛오늘, 2001, 71쪽 참조.

11 하병주, 「지역학의 정체성과 패러다임 모색 Ⅰ」, 256쪽 참조.

12 야노 토루(矢野暢), 「새로운 세계관의 조건—'발명주의'의 극복을 찾아서」, 330쪽.

13 朱謙之, 『朱謙之文集』 第6卷, 「文化哲學」, 福州: 福建教育出版社, 2002, 243쪽.

14 야노 토루(矢野暢), 「새로운 세계관의 조건—'발명주의'의 극복을 찾아서」, 335쪽.

15 다카야 요시카즈(高谷好一), 「세계 속의 세계단위」, 『지역연구와 세계단위론』(야노 토루 엮음), 부산외대 아시아지역연구소 옮김, 서울: 전예원, 1999 참조.

16 다카야 요시카즈(高谷好一), 「중화세계」, 『지역연구와 세계단위론』(야노 토루 엮음), 부산외대 아시아지역연구소 옮김, 서울: 전예원, 1999, 195~199쪽 참조.

17 다카야 요시카즈(高谷好一), 「세계 속의 세계단위」, 57~58쪽.

18 梁漱溟, 『梁漱溟全集』 第1卷, 「東西文化及其哲學」, 濟南: 山東人民出版社, 1989, 383쪽.

19 梁漱溟, 「東西文化及其哲學」, 381쪽 참조.

20 여기서 량수밍의 '문화의 3방향설'은 '서양문화: 의욕의 전진적인 추구(意欲向前要求)', '중국문화: 의욕의 자위 · 조화 · 지중(意欲自爲調和持中)', '인도문화: 의욕의 자신을 반성해 후퇴적인 추구(意欲反身向後要求)'라는 세계문화의 세 방면의 근본정신을 가리킨다. 그리고 막스 셸러의 '지식의 3형식'은 '실용적 지식: 서구의 자연 정복적 지식', '교양적 지식 또는 본질적 지식: 중국 및 그리스의 지배 계급적 지식', '해탈적 지식: 인도의 불교적 지식'을 지칭한다. 이 두 동서양 학자의 이론은 주첸즈에게 개별 문화단위의 정체성을 규정하는 세계문화의 유형체계로 수용된다. 이를테면 '의욕의 자신을 반성해 후퇴적인 추구'인 인도문화는 '해탈적 지식'으로서 '종교적 문화'이고, '의욕의 자위 · 조화 · 지중'인 중국문화는 '교양적 지식'으로서 '철학적 문화'에 해당한다. 그리고 '의욕의 전진적인 추

구'인 서양문화는 '실용적·자연정복적 지식'으로서 '과학적 문화'인 것이다. 朱謙之, 「文化哲學」, 348쪽 참조.

21 劉林睿, 「朱謙之文化思想與南方文化運動」, 『學術硏究』 第11期, 嶺南文化硏究, 2013, 151~152쪽 참조.

22 전홍석, 「주첸즈의 세계문화유형론에 관한 고찰: 세계문화 3원론을 중심으로」, 『동양철학연구』 제81집, 동양철학연구회, 2015, 387~388쪽 참조.

23 朱謙之, 『朱謙之文集』 第7卷, 「比較文化論集: 世界史上之文化區域」, 福州: 福建教育出版社, 2002, 258쪽.

24 朱謙之, 「比較文化論集: 世界史上之文化區域」, 259, 279쪽 참조.

25 朱謙之, 『朱謙之文集』 第7卷, 「比較文化論集: 中國文化之本質, 體系及其發展」, 福州: 福建教育出版社, 2002, 349.

26 朱謙之, 「比較文化論集: 中國文化之本質, 體系及其發展」, 349~356쪽 참조.

27 朱謙之, 「文化哲學」, 363쪽 참조.

28 朱謙之, 「文化哲學」, 363~364쪽.

29 朱謙之, 「文化哲學」, 364쪽.

30 朱謙之, 「文化哲學」, 364쪽.

31 朱謙之, 「文化哲學」, 364쪽 참조.

32 朱謙之, 「文化哲學」, 364쪽.

33 朱謙之, 「文化哲學」, 364쪽.

34 김경일, 「지역연구의 대상과 방법」, 『지역연구의 역사와 이론』(김경일 편저), 서울: 문화과학사, 1998, 76쪽 참조.

35 朱謙之, 『朱謙之文集』 第7卷, 「比較文化論集: 中國文化之地理三周期」, 福州: 福建教育出版社, 2002, 369쪽.

36 朱謙之, 「比較文化論集: 中國文化之地理三周期」, 369~370쪽 참조.

37 朱謙之, 「比較文化論集: 中國文化之地理三周期」, 368쪽.

38 朱謙之, 「比較文化論集: 中國文化之地理三周期」, 370쪽 참조.

39 朱謙之, 『朱謙之文集』 第6卷, 「文化哲學: {附錄}中國文化之地理的分布 ——讀朱君毅『中國歷代人物之地理的分布』」, 福州: 福建教育出版社, 2002, 397쪽.

40 여기서 거론된 구체적인 학자와 저서는 다음과 같다. ① 丁文江, 「歷史人物與地理的關係」, 『科學雜誌』 第8卷 第1期; ② 梁任公, 「近代學風之地理的分布」, 『清學報』 第1卷 第2期; ③ 桑原隲藏, 「由歷史上觀察的中國南北文化」, 『東洋史

論叢』(中譯은『文哲季刊』 第1卷 第2號); ④ E. Huntington,『自然淘汰與中華民族性』(中譯); ⑤ 張耀翔,「淸代進士之地理的分布」,『心理雜誌』 第4卷 第1號; ⑥ 朱君毅,「中國歷代人物之地理的分布」, 中華書局『常識叢書』, 第40種; ⑦ 佘天休,「中國近三十年人物的分析」,『社會學刊』 第3卷 第2期. 朱謙之,「文化哲學」, 364쪽 참조.

41 朱謙之,「文化哲學」, 369쪽.

42 朱謙之,「文化哲學」, 369쪽.

43 朱謙之,「文化哲學」, 370쪽.

44 朱謙之,「文化哲學」, 370쪽.

45 朱謙之,「文化哲學」, 370쪽.

46 朱謙之,「文化哲學」, 371쪽.

47 朱謙之,「文化哲學: {附錄}中國文化之地理的分布 ——讀朱君毅『中國歷代人物之地理的分布』」, 399쪽.

48 전홍석,「동서 '문화 · 문명'의 개념과 그 전개: 현대 문명담론의 개념적 이해를 중심으로」,『동양철학연구』 제63집, 동양철학연구회, 2010, 419~420쪽 참조.

49 Edgar Morin, *Penser l' Europe* / 에드가 모랭,『유럽을 생각한다』, 임문영 옮김, 서울: 문예출판사, 1997, 45쪽.

50 에드가 모랭,『유럽을 생각한다』, 46쪽.

51 梁漱溟,「東西文化及其哲學」, 385쪽.

52 朱謙之,「比較文化論集: 中國文化之地理三周期」, 368쪽.

53 당시 주첸즈는 남방문화운동과 함께 '현대사학운동'을 강력하게 제창했다. 또한 스스로 자비를 출자해 '고금考今'을 목적으로『현대사학現代史學』을 창간하기도 했다. 그리고 1945년 전후로 그의 주도 아래 이루어진 '음악문학운동'과 '신독서운동'도 같은 맥락의 항전운동이라고 할 수 있다. 특히 남방문화운동은 그 이론적 진지라고 할 수 있는『현대사학』을 중심으로 전개되었다. 예컨대 황리쥐(黃禮琚)의 「주장유역문화와 중화민족부흥珠江流域文化與中華民族復興」, 뤄쯔잉(羅子英)의 「주첸즈의 문화지리분포설 논평評朱謙之的文化地理分布說」, 예후이(葉匯)의 「주첸즈 교수의 남방문화운동과 지리학 헝팅턴의 중국민족자연도태관朱謙之教授的南方文化運動與地理學漢廷敦之中國民族自然之淘汰觀」, 천안런(陳安仁)의 「중국문화말살론에 대한 회의對于中國文化抹煞論的懷疑」, 세푸리(謝富禮)의 「남방문화운동의 역사적 근거南方文化運動之歷史根據」 등은 한때 주첸지의 영향 아래 집필 · 게재된 글들이다.

54 朱謙之,『朱謙之文集』 第6卷,「文化哲學: {附錄}南方文化運動」, 福州: 福建教育出版社, 2002, 391쪽.

55 黃有東,「朱謙之與“南方文化運動”」,『現代哲學』, 2007, 70쪽.

56 전홍석,「동서 '문화 · 문명'의 개념과 그 전개: 현대 문명담론의 개념적 이해를 중심으로」, 420쪽 참조.

57 朱謙之,「文化哲學」, 382쪽.

58 朱謙之,「文化哲學」, 385쪽.

59 朱謙之,「文化哲學」, 378쪽.

60 朱謙之,「文化哲學」, 379쪽.

61 朱謙之,「文化哲學」, 379쪽 참조.

62 朱謙之,「文化哲學」, 380쪽 참조.

63 朱謙之,「文化哲學」, 362쪽.

64 朱謙之,「文化哲學」, 362쪽.

65 朱謙之,「文化哲學」, 363쪽.

66 朱謙之,「文化哲學」, 363쪽.

67 朱謙之,『朱謙之文集』 第6卷,「文化哲學: {附錄}南方文化之創造 ——廣州市立一中講演」, 福州: 福建教育出版社, 2002, 393쪽.

68 朱謙之,「文化哲學: {附錄}南方文化之創造 ——廣州市立一中講演」, 393쪽.

69 朱謙之,「文化哲學」, 362쪽.

70 朱謙之,『朱謙之文集』 第6卷,「文化哲學: {附錄}中國文化的現階段 ——培英中學講演」, 福州: 福建教育出版社, 2002, 394~395쪽 참조.

71 朱謙之,「文化哲學」, 382쪽.

72 朱謙之,「比較文化論集: 中國文化之地理三周期」, 371쪽.

73 朱謙之,「比較文化論集: 中國文化之地理三周期」, 371쪽.

74 朱謙之,「比較文化論集: 中國文化之地理三周期」, 371쪽.

75 朱謙之,「比較文化論集: 中國文化之地理三周期」, 371~372쪽.

76 朱謙之,「比較文化論集: 中國文化之地理三周期」, 372쪽.

77 朱謙之,「比較文化論集: 中國文化之地理三周期」, 372쪽.

78 朱謙之,「比較文化論集: 中國文化之地理三周期」, 372쪽.

79 朱謙之,「文化哲學: 後序」, 389쪽.

80 朱謙之,「文化哲學: {附錄}南方文化之創造 ——廣州市立一中講演」, 393쪽.

81 朱謙之, 「文化哲學」, 363쪽.

82 朱謙之, 「文化哲學: {附錄}中國文化的現階段 ——培英中學講演」, 397쪽.

83 朱謙之, 「文化哲學: {附錄}中國文化的現階段 ——培英中學講演」, 397쪽.

84 朱謙之, 「文化哲學: {附錄}南方文化運動」, 392쪽.

85 朱謙之, 「文化哲學: {附錄}南方文化之創造 ——廣州市立一中講演」, 394쪽.

86 朱謙之, 「文化哲學: {附錄}南方文化之創造 ——廣州市立一中講演」, 393쪽.

87 朱謙之, 「文化哲學: {附錄}南方文化運動」, 392쪽.

88 朱謙之, 「文化哲學: {附錄}南方文化之創造 ——廣州市立一中講演」, 393쪽.

89 朱謙之, 「文化哲學: {附錄}南方文化之創造 ——廣州市立一中講演」, 394쪽.

90 朱謙之, 「文化哲學: {附錄}南方文化之創造 ——廣州市立一中講演」, 393쪽.

91 朱謙之, 「文化哲學: {附錄}南方文化之創造 ——廣州市立一中講演」, 394쪽.

92 朱謙之, 「文化哲學: {附錄}南方文化之創造 ——廣州市立一中講演」, 394쪽.

93 朱謙之, 「文化哲學: {附錄}南方文化之創造 ——廣州市立一中講演」, 394쪽.

94 朱謙之, 「文化哲學: {附錄}南方文化之創造 ——廣州市立一中講演」, 394쪽.

95 朱謙之, 「文化哲學: {附錄}南方文化之創造 ——廣州市立一中講演」, 394쪽.

96 朱謙之, 「文化哲學: {附錄}南方文化之創造 ——廣州市立一中講演」, 394쪽.

97 朱謙之, 「文化哲學: {附錄}南方文化運動」, 392쪽.

98 朱謙之, 「文化哲學: {附錄}南方文化運動」, 391쪽.

99 양재혁, 『동양철학, 서양철학과 어떻게 다른가』, 서울: 소나무, 1998, 56쪽.

100 야노 토루(矢野暢), 「새로운 세계관의 조건—'발명주의'의 극복을 찾아서」, 329쪽.

101 야노 토루(矢野暢), 「지역연구란 무엇인가?」, 51쪽.

102 에드워드 사이드, 『오리엔탈리즘』, 21쪽.

103 에드워드 사이드, 『오리엔탈리즘』, 59쪽.

104 야노 토루(矢野暢), 「지역연구란 무엇인가?」, 58쪽.

105 야노 토루(矢野暢), 「새로운 세계관의 조건—'발명주의'의 극복을 찾아서」, 335쪽 참조.

106 朱謙之, 「比較文化論集: 中國文化之地理三周期」, 371쪽.

107 주첸즈의 문화구국노선이 다소 감정에 호소하는 면이 있었지만 시종 날카로

운 관찰과 독창적인 견해를 유지했다. 이 때문에 당시 제안된 수많은 문화구국과 과학구국의 방안을 통틀어 가히 독보적이라는 평가를 받는다. 특히 문화의 지리분포와 남방문화특질에 대한 구체적인 논증은 천쉬징 등을 자극해 보다 심도 있는 연구가 이루어지도록 이끌었다. 더욱이 예로부터 남중국은 돌림병이 창궐한 지역이자 오랑캐(蠻夷)들의 근거지로 인식되어왔다. 아울러 문화를 언급할 때도 오래도록 멸시의 대상이었다. 그런 면에서 주쳰즈가 근대 '남방(광둥)문화'를 자각케 한 선구자 중의 한 사람이라는 사실은 특기할 만하다. 黃有東, 「朱謙之與"南方文化運動"」, 70, 74쪽 참조.

第7장 | 문화사회학: 문화학적 정위定位

1 1980년대부터 독일의 인문학이 문화학적 전환과 함께 체계적인 문화학의 정립을 시도하게 된 데는 사실 독일 인문학이 지닌 관념성 때문이기도 하다. 영국과 프랑스와는 달리 정신과학으로 불리듯이 독일의 인문학은 그 독특한 형이상학적 기질로 인해 학문의 세계적 흐름에 뒤떨어졌다는 반성이 일었고 그 극복을 위한 새로운 기획들이 대두하게 되었다. 여기에 국제적인 영향, 특히 영미권의 문화연구(Cultural Studies)와 신역사주의(New Historicism), 프랑스권의 심성사(histoire de mentalités)와 담론분석(discours analyse) 등이 그 촉진작용을 했다. Hartmut Böhme · Peter Matussek · Lothar Müller, *Orientierung Kulturwissenschaft* / 하르트무트 뵈메 · 페터 마투섹 · 로타 뮐러, 『문화학이란 무엇인가』, 손동현 · 이상엽 옮김, 서울: 성균관대학교 출판부, 2005, 287~289쪽, 참조.

2 朱謙之, 『朱謙之文集』 第6卷, 「文化哲學」, 福州: 福建教育出版社, 2002, 243쪽.

3 이 저서들에 이어 주쳰즈는 미래 문화사회로 이어주는 매개, 즉 '교육애'에 정초한 '문화교육학'을 기획했다. 『문화사회학』 저서 「후서後序」에서 말하기를 "마지막으로 내가 오랫동안 종사해온 '문화교육학'은 이후 내가 계속적으로 문화과학을 연구하는 하나의 목표다. 특히 『문화사회학』의 결론은 문화교육학과 극히 밀접하다."고 했다. 그는 이 『문화교육학』을 통해서 '문화인격'과 '문화의지'를 배양하고 '문화주의사회'를 건설하기 위한 인격적 유형을 연구하고자 했다. 그러나 아쉽게도 이 책은 끝내 집필하지 못한 것으로 보인다. 朱謙之, 『朱謙之文集』 第6卷, 「文化社會學」, 福州: 福建教育出版社, 2002, 565쪽.

4 朱謙之, 「文化社會學」, 426쪽.

5 朱謙之, 「文化社會學」, 426쪽 참조.

6 황원산은 중국 광둥(廣東) 타이산(台山)인이다. 베이징(北京)대학에서 문학사를, 미

국 컬럼비아(Columbia)대학에서 문학석사를 각각 취득했다. 상하이국립라오둥(上海国立劳动)대학 교수, 젠서(建设)대학 총장, 광둥법상학원(廣东法商学院) 원장, 중양(中央)대학 사회학과 교수를 역임했고 로스앤젤레스(Los Angeles) 중국문화학원 원장, 타이완대학과 홍콩 중원(中文)대학의 객좌교수를 지냈다. 저서로는 『사회진화社会进化』(1930), 『황원산 학술논총黄文山学术论丛』(1959), 『문화학체계文化学体系』(1968), 『현대문화논총當代文化论丛』(1971), 『문화학과 그 과학체계에서의 위치文化学及其在科学体系中的位置』(1981), 『중국 고대사회사 방법론中国古代社会史方法论』(1982) 등이 있다. 그 중에서도 『문화학체계』가 가장 높이 평가된다.

7 쑨번원은 장쑤(江苏)성 우장(吴江)현 태생이다. 본명은 빈푸(彬甫)인데 중학시절 쑨원(孙文)을 경모해 지금의 이름으로 개명했다. 그는 중국 사회학의 이론, 즉 문화사회학, 사회심리학 등을 정초하고 체계화한 중국의 저명한 사회학자다. 베이징대학 철학과를 졸업한 뒤 미국 일리노이(Illinois)대학에서 사회학 석사학위를, 뉴욕(New York)대학에서 사회학 박사학위를 각각 받았다. 다샤(大夏)대학, 푸단(復旦)대학에서 사회학을 강의했고 중양(中央)대학(현재 난징南京대학)의 교수로 장기간 재직했다. 저작으로는 『사회학에서의 문화론社会学上之文化论』(1927), 『사회변천社会变迁』(1929), 『사회학 원리社会学原理』(1935), 『현대 중국사회 문제現代中国社会问题』(4卷, 1942~1943), 『사회사상社会思想』(1945), 『사회심리학社会心理学』(1946), 『근대 사회학 발전사近代社会学发展史』(1947), 『현대 중국사회학當代中国社会学』(1948), 『현대 사회과학 추세现代社会科学趋势』(1948) 등이 있다.

8 朱謙之, 「文化社會學」, 426쪽.

9 朱謙之, 「文化社會學」, 426쪽.

10 朱謙之, 「文化社會學」, 426쪽.

11 하르트무트 뵈메 외, 『문화학이란 무엇인가』, 149쪽.

12 朱謙之, 「文化社會學」, 425쪽.

13 Samuel Huntington, *The Clash of Civilizations and the Remaking of World Order* / 새뮤얼 헌팅턴, 『문명의 충돌』, 이희재 옮김, 서울: 김영사, 1998, 46쪽.

14 전홍석, 「동서 '문화 · 문명'의 개념과 그 전개: 현대 문명담론의 개념적 이해를 중심으로」, 『동양철학연구』 제63집, 동양철학연구회, 2010, 398~404쪽 참조.

15 원승룡, 『문화이론과 문화철학』, 파주: 서광사, 2007, 32쪽.

16 趙立彬, 「西方理論與朱謙之的文化學思想: 以『文化哲學』爲中心」, 『中山大學學報(社會科學版)』 第46卷, 2006年 第1期(總199期), 49쪽.

17 朱謙之, 「文化社會學」, 427쪽.

18 梁培寬, 「朱謙之與梁漱溟的半個世紀友誼」, 『世界宗教文化』, 2000年 第01期 참조.

19 梁漱溟, 『東西文化及其哲學』, 北京: 商務印書館, 1999, 60쪽.

20 朱謙之, 「文化社會學」, 427쪽.

21 Oswald Spengler, *Der Untergang des Abendlandes: Umrisse einer Morphologie der Weltgeschichte* / 오스발트 슈펭글러, 『서구의 몰락 1』, 박광순 옮김, 서울: 범우사, 2000, 49쪽.

22 朱謙之, 「文化社會學」, 427~428쪽.

23 朱謙之, 「文化社會學」, 428쪽.

24 朱謙之, 「文化社會學」, 426쪽.

25 朱謙之, 「文化社會學」, 427쪽.

26 朱謙之, 「文化社會學」, 427쪽.

27 朱謙之, 「文化社會學」, 428쪽.

28 전홍석, 「朱謙之 문화철학의 현대 문명 담론적 현재성: 서구패권적 문명패러다임에 대한 동양의 대안 담론으로서의 가능성」, 『동양철학연구』 제58집, 동양철학연구회, 2009, 242~243쪽 참조. 특히 주첸즈의 문화유형학은 사회동학인 콩트의 '3단계설'에 힘입어 그 기본골격이 배태된다. 콩트의 학설에 따르면 인류의 지적 발전은 3단계를 거쳐 완성된다. 첫째 '신학적 단계'에서는 모든 현상은 초자연적인 힘에 기인한다고 본다. 그런 까닭에 이 시기는 주로 상상력에 의해 점성술, 연금술이 생겨난다. 둘째 '형이상학적 단계'에서는 사물의 내재적 본질로서의 힘이 상정되므로 여러 현상들은 본질이나 본성이라는 추상적 개념에 의해 설명된다. 셋째 '실증적 단계'에서는 사물이나 사건의 관찰, 가설, 실험, 추리, 검증 등 근대 과학적 방법에 의해 참된 과학적실증적 지식이 획득된다. 그리고 여러 현상들 역시 이를 통해 설명된다.

29 朱謙之, 「文化哲學」, 274쪽 참조.

30 Norbert Elias, *Was ist Soziologie?* / 노버트 엘리아스, 『사회학이란 무엇인가』, 최재현 옮김, 파주: 나남, 1988, 50쪽 참조.

31 朱謙之, 「文化社會學」, 440~441쪽; 朱謙之, 「文化哲學」, 249쪽 각각 참조.

32 朱謙之, 「文化社會學」, 441쪽 참조.

33 朱謙之, 「文化社會學」, 430쪽 참조.

34 朱謙之, 「文化哲學」, 267쪽. 막스 셸러는 콩트와 같이 지식의 형태를 종교적 지식, 형이상학적 지식, 실증적 지식으로 구분한다. 그러나 셸러는 역사적 발전단계설을 거부하고 각 지식에 독립성과 자율성을 인정했다. 이 지식유형들의 배후요소에 대한 탐구가 바로 지식사회학의 과제다. Max Scheler, Die *Wissensfor*

men und die Gesellschaft / 막스 셸러, 『지식의 형태와 사회 1』, 정영도 · 이을상 옮김, 파주: 한길사, 2011 참조.

35 朱謙之, 「文化社會學」, 440쪽.

36 엘리아스는 콩트가 『실증철학강의』에서 제기한 문제들 중 사회학 입문서로서 갖는 중요한 의미를 다음 3가지로 정리한다. ① 사상 및 과학의 사회학적 이론을 발전시켰다. ② 물리학, 생물학, 사회학이라는 3가지 가장 중요한 학문군의 상호관련성을 규정했다. ③ 이 학문체계 속에서 물리학, 화학에 대한 사회학의 상대적 자율성을 상이한 대상영역의 본질에 비추어 증명하고 사회학에 고유한 연구방법을 규정했다. 노버트 엘리아스, 『사회학이란 무엇인가』, 47~48쪽 참조.

37 Anthony Giddens, *Sociology* / 앤서니 기든스, 『현대사회학』, 김미숙 외 옮김, 서울: 을유문화사, 2009, 27쪽.

38 한편 기든스는 중요한 사회학의 초기 이론가로 콩트, 마르크스(K. Marx), 뒤르켐(E. Durkheim), 베버(M. Weber) 모두 4명을 꼽는다. 그는 이들을 고전 사회학의 창시자로 명명하면서 19세기 중엽에 활동한 콩트와 마르크스는 사회학의 일부 기본적 쟁점을 정초했으며 이후에 이 쟁점은 뒤르켐과 베버에 의해 더욱 정교화되었다고 강조한다. 여기서 쟁점이란 사회학의 본질에 관한, 그리고 근대화에 의해 유발된 변화가 사회세계에 미친 영향에 관한 것이다. 앤서니 기든스, 『현대사회학』, 26~33쪽 참조.

39 이 종합사회학의 이론적 바탕은 사회의 성격을 생물학적 유기체에 유비시켜 관찰하고 체계화하는 바로 '사회유기체설'이다. 사회는 독자적인 생명을 지닌 살아 있는 전체이며 그것을 구성하는 각 부분과 요소로 분해 · 환원될 수 없다. 때문에 부분에 대한 연구는 전체적 체계 속에서만 가능한 일이다. 이 학설은 사회실재론으로서 생물유기체의 생명조직질서나 생명발전논리를 사회의 질서와 발전에 전용한 것이다.

40 朱謙之, 「文化社會學」, 417~420쪽 참조.

41 朱謙之, 「文化社會學」, 426쪽.

42 원승룡, 『문화이론과 문화철학』, 80쪽.

43 朱謙之, 「文化社會學」, 418쪽.

44 문화의 본질을 '생명의 흐름'으로 보았던 주쳰즈의 관념은 상당부분 짐멜의 생철학적 문화관에 연원한다. 짐멜은 생애 최후단계(1910년대)에 베르그송과 니체에 심취, 문화이론의 생철학적 전회가 이루어진다. 그의 생철학은 삶—형식의 도식 위에 기초한다. 삶은 형식에 갇히고 다시 형식을 부수면서 운동하고 발전한다. 여기서 삶의 형식이란 다름 아닌 문화다. 저작 『인생관. 네 개의 형이상학적 장*Lebensanschauung. Vier metaphysische Kapitel*』(1918)은 이러한 생철

학적 고찰과 사유의 대표적 결과물이다.(김덕영, 『게오르그 짐멜의 모더니티 풍경 11가지』, 서울: 길, 2008, 206~215쪽 참조) 주첸즈는 "이로 인해서 그가 형식사회학자의 위치에서 문화사회학자로 변신할 수 있었다"(朱謙之, 「文化社會學」, 427쪽)고 말한다.

45 朱謙之, 「文化社會學」, 420~425쪽, 참조.

46 朱謙之, 「文化社會學」, 425쪽.

47 朱謙之, 「文化社會學」, 426쪽.

48 朱謙之, 「文化社會學」, 425쪽.

49 朱謙之, 「文化社會學」, 425쪽.

50 朱謙之, 「文化社會學」, 432쪽 참조.

51 朱謙之, 「文化社會學」, 432쪽.

52 朱謙之, 「文化社會學」, 432쪽.

53 朱謙之, 「文化社會學」, 435쪽 참조.

54 朱謙之, 「文化社會學」, 565쪽.

55 朱謙之, 「文化社會學」, 565쪽.

56 朱謙之, 「文化社會學」, 565~566쪽.

57 朱謙之, 「文化社會學」, 437쪽 참조.

58 朱謙之, 「文化社會學」, 437~438쪽.

59 朱謙之, 「文化社會學」, 435쪽.

60 朱謙之, 「文化社會學」, 435쪽.

61 朱謙之, 「文化社會學」, 438쪽.

62 朱謙之, 「文化哲學」, 259쪽.

63 朱謙之, 「文化社會學」, 442쪽.

64 朱謙之, 「文化社會學」, 444~445쪽 참조.

65 朱謙之, 「文化社會學」, 438쪽 참조.

66 朱謙之, 「文化社會學」, 441쪽.

67 朱謙之, 「文化社會學」, 438쪽 참조.

68 朱謙之, 「文化社會學」, 438쪽.

69 朱謙之, 「文化社會學」, 439~440쪽 참조.

70 朱謙之, 「文化社會學」, 440쪽.

71 朱謙之, 「文化社會學」, 439, 440쪽 참조.

72 朱謙之, 「文化社會學」, 534쪽.

73 朱謙之, 「文化社會學」, 441쪽.

74 朱謙之, 「文化社會學」, 533쪽.

75 朱謙之, 「文化社會學」, 534쪽.

76 朱謙之, 「文化社會學」, 559쪽 참조.

77 朱謙之, 「文化社會學」, 438~439쪽 참조. 여기서 '이상세계' 항목인 예술적 정치 개념, 예술적 법률 개념, 예술적 경제 개념, 예술적 교육 개념은 필자가 주쳰즈의 여러 입론들을 참고해 작성한 것이다.

78 朱謙之, 「文化社會學」, 441~444쪽 참조. 주쳰즈는 여기서 64종의 사회문화유형을 분석하면서 이상사회형 16종을 제시한다. 그 가운데 본고의 논제와 관련해 다음사항에 주목할 필요가 있다. 예술정치적 정치형이 인·중·서 정치 제1시기의 공동이상목표이고 예술법률적 법률형이 인·중·서 법률 제2시기의 공동이상이다. 또한 예술경제적 경제형이 인·중·서 경제 제3시기의 공동이상목표이고 예술교육적 교육형이 인·중·서 교육 제4시기의 공동이상이다. 이러한 사회는 실제로 존재하지 않으며 존재하는 모든 사회의 이상적인 목표일 뿐이다.

79 朱謙之, 「文化社會學」, 444쪽 참조.

80 朱謙之, 「文化社會學」, 446쪽.

81 朱謙之, 「文化社會學」, 445쪽.

82 朱謙之, 「文化社會學」, 445쪽.

83 朱謙之, 「文化社會學」, 445쪽 참조.

84 Eduard Spranger, *Lebensformen* / 에두아르트 슈프랑거, 『삶의 형식들』, 이상오 옮김, 서울: 지식을만드는지식, 2009, 72~103쪽 참조.

85 朱謙之, 「文化哲學」, 267쪽 참조.

86 朱謙之, 「文化社會學」, 446쪽.

87 朱謙之, 「文化社會學」, 446쪽.

88 朱謙之, 「文化社會學」, 446~447쪽; 「文化哲學」, 268쪽 각각 참조.

89 朱謙之, 「文化社會學」, 447쪽.

90 朱謙之, 「文化社會學」, 559쪽.

91 朱謙之,「文化哲學」, 326쪽.

92 蒙培元,「自序」,『情感與理性』, 北京: 中國社會科學出版社, 2002, 1쪽.

93 朱謙之,「文化社會學」, 565쪽.

94 朱謙之,「文化社會學」, 447쪽.

95 주첸즈 '문화학'의 한계를 비판한 내용은 졸고「朱謙之 문화철학의 현대 문명 담론적 현재성: 서구패권적 문명패러다임에 대한 동양의 대안 담론으로서의 가능성」, 257~258쪽을 참고하기 바란다.

96 Jeremy Rifkin, *The Empathic Civilization: The Race to Global Consciousness in a World in Crisis* / 제러미 리프킨,『공감의 시대』, 이경남 옮김, 서울: 민음사, 2010 참조.

제8장 | 사회문화학과 반전反戰사상

1 Dwight D. Eisenhower, *Farewell Radio and Television Address to the American People* / 드와이트 D. 아이젠하워,「고별 연설」,『군산복합체론』(시드니 렌즈 외, 서동만 편역), 서울: 지양사, 1985, 19쪽.

2 냉전 중에는 소련과 미국 양국이 전 세계의 무기 · 병기 공급에 커다란 역할을 했다. 그러나 1991년에 소련이 붕괴된 이후 미국은 독보적인 죽음의 상인이 되었다. 참고로 뉴밀레니엄시대의 첫해인 2000년의 무기판매수치를 보면 1위인 미국이 186억 달러이고 2위는 러시아의 77억 달러, 3위는 프랑스의 41억 달러다. 또한 제2차 세계대전 전에는 정규군이 17만 명에 불과했지만 지금은 정규군만 140만 명이며 여기에 예비역과 주 방위군을 포함하면 250만 명이라는 대병력을 보유한 거대생물로 성장했다. 그리고 그 병력을 유엔에 가맹한 192개국 중 130개국, 750곳에 다양한 형태로 주둔시키고 있다. 스톡홀름 국제평화연구소의 군사 관련 자료에 따르면 2006년도의 세계군사경비총액은 1조 158억 달러다. 1위는 물론 미국으로, 군사경비 5,407억 달러로 전 세계 군사비의 절반을 차지한다. 이는 미국에 이어 2위를 차지한 영국보다 9배나 많은 금액이다. 菊川征司,『闇の世界金融の超不都合な眞實: ロックフェラー.ロスチャイルド一味の超サギの手』/ 기쿠가와 세이지,『세계금융을 움직이는 어둠의 세력』, 김정환 옮김, 서울: 스펙트럼북스, 2009, 63~64쪽 참조.

3 Robert Scheer, *The Pornography of Power: Why Defense Spending Must Be Cut How Defense Hawks Hijacked 9/11 and Weakened America* / 로버트 쉬어,『권력의 포르노그래피: 테러, 안보 그리고 거짓말』, 노승영 옮김, 서울: 책으로 보는 세상, 2009, 30쪽.

4 로버트 쉬어,『권력의 포르노그래피: 테러, 안보 그리고 거짓말』, 28~29쪽 참조.

5 Robert Young Pelton, *Licensed to Kill: Hired Guns in the War on Terror* / 로버트 영 펠튼,『용병: 전쟁 산업을 실행하는 그림자 전사들』, 윤길순 옮김, 서울: 교양인, 2009 참조.

6 김형균,『군수산업의 사회학』, 부산: 세종출판사, 1997, 53쪽 참조.

7 Anthony Giddens, *The consequences of modernity* / 앤서니 기든스,『포스트 모더니티』, 이윤희 · 이현희 옮김, 서울: 민영사, 1991, 67~88쪽 참조.

8 A. Buzuev, *Transnational Corporations and Militarism* / A. 부주에프,『초국적기업과 군국주의』, 강동일 옮김, 서울: 새길, 1988, 13쪽.

9 앤서니 기든스,『포스트 모더니티』, 24쪽.

10 朱謙之,『朱謙之文集』 第6卷,「文化社會學」, 福州: 福建教育出版社, 2002, 533쪽.

11 朱謙之,「文化社會學」, 533~534쪽 참조.

12 朱謙之,「文化社會學」, 535쪽.

13 朱謙之,「文化社會學」, 495쪽 참조.

14 朱謙之,「文化社會學」, 495쪽.

15 朱謙之,「文化社會學」, 495, 533쪽 참조.

16 朱謙之,「文化社會學」, 533쪽 참조.

17 전홍석,「朱謙之 문화철학의 현대 문명 담론적 현재성: 서구패권적 문명패러다임에 대한 동양의 대안 담론으로서의 가능성」,『동양철학연구』 제58집, 동양철학연구회, 2009, 236쪽 참조.

18 朱謙之,「文化社會學」, 496쪽.

19 朱謙之,「文化社會學」, 498쪽.

20 朱謙之,「文化社會學」, 501~502쪽 참조.

21 朱謙之,「文化社會學」, 498쪽.

22 주첸즈에 따르면 문화사의 제1시대는 교회, 종교신앙 단체가 중심이 되는 종교시대임과 동시에 또한 정치와 군사단체가 중심이 되는 정치시대다. 제2시대는 각 학파를 중심으로 하는 철학시대임과 동시에 법률가단체가 중심이 되는 법률시대다. 그리고 현대에 해당하는 문화사의 제3시대는 과학단체, 즉 대학, 전문학교, 학사회 등이 중심이 되는 과학시대임과 동시에 은행산업의 각 경제단체가 중심을 이루는 경제시대다. 때문에 현대사의 해석은 과학단체와 경제조직의

사회형태에 의해서만 설명이 가능하다. 여기에 더해 문화사의 전체로 볼 때 주첸즈의 문화학적 논리구도에는 예술가, 교육가가 대두해 '예술'과 '교육'으로 모든 것을 주도하는 미래사회가 내장되어 있다. 문화사의 제4시대는 음악과 춤 이러한 미적 동기가 결합된 예술단체가 중심이 되는 예술시대임과 동시에 교육가와 인도가 단체가 만든 교육시대인 것이다. 朱謙之, 「文化社會學」, 446~447쪽 참조.

23 朱謙之, 「文化社會學」, 502쪽.

24 朱謙之, 「文化社會學」, 502~508쪽 참조.

25 朱謙之, 「文化社會學」, 508쪽.

26 朱謙之, 「文化社會學」, 508쪽.

27 朱謙之, 「文化社會學」, 508쪽.

28 朱謙之, 「文化社會學」, 528쪽.

29 朱謙之, 「文化社會學」, 528쪽 참조.

30 주첸즈는 경제문화의 지리적 분포에 주목해보면 동서양 경제문화체계의 차이를 좀 더 쉽게 발견할 수 있다고 했다. 경제문화체계는 재력조직의 차이에 따라 3종의 경제유형으로 나눌 수 있다. 그리고 이 3종의 경제유형은 동서 3가지의 특수한 문화구역에 분포해 3종의 특수한 경제형태를 형성한다. 인도는 종교적 경제형을, 중국은 철학적 경제형을, 서양은 과학적 경제형을 각기 대표한다. 주요 생산형태로 보면 인도는 농업사회, 중국은 농공업사회, 서양은 공업사회다. 생산력의 표준으로 보면 인도는 자연력(토지생산력), 중국은 인력(노동생산력), 서양은 물력(기계생산력)이다. 중요한 생산요소로 보면 인도는 자연, 중국은 노동력, 서양은 자본이다. 경제체의 크기로 보면 인도는 농촌경제, 중국은 도시와 농촌의 대립경제, 서양은 대도시경제다. 경제의 심리상태로 보면 인도는 절욕絶欲론, 중국은 절욕節欲론, 서양은 유욕唯欲론이다. 朱謙之, 「文化社會學」, 510~518쪽 참조.

31 朱謙之, 「文化社會學」, 518쪽.

32 朱謙之, 『朱謙之文集』 第6卷, 「文化哲學」, 福州: 福建教育出版社, 2002, 384쪽.

33 Th. W. Adorno · M. Horkheimer, *Dialektik der Aukflarung: philosophische Fragmente* / Th. W. 아도르노 · M. 호르크하이머, 『계몽의 변증법: 철학적 단상』, 김유동 옮김, 서울: 문학과지성사, 2008, 12쪽.

34 Th. W. 아도르노 · M. 호르크하이머, 『계몽의 변증법: 철학적 단상』, 21쪽.

35 朱謙之, 「文化社會學」, 447쪽 참조.

36 홍기빈, 『자본주의』, 서울: 책세상, 2011, 24~30쪽 참조.

37 朱謙之, 「文化社會學」, 498쪽.

38 朱謙之, 「文化社會學」, 519쪽 참조.

39 朱謙之, 「文化社會學」, 520쪽.

40 주첸즈는 설명하기를 원시시대는 인간이 짐승과 투쟁하는 경제단계다. 이때는 어렵상태, 목축상태에 해당한다. 야만시대는 인간이 자연(天)과 투쟁하는 경제단계다. 이때는 인간과 짐승의 싸움은 끝나고 문화가 처음 발생한 농업상태다. 수공업시대에서 기계방법시대까지는 인간이 인간과 투쟁하는 경제단계다. 이 시기는 인간과 인간의 싸움, 국가와 국가의 싸움, 이 민족과 저 민족의 싸움이 이루어지는 때로서 농공農工상태와 농공상商상태에 해당한다. 朱謙之, 「文化社會學」, 520~521쪽 참조.

41 원시기술경제란 종교적 경제로 말하면 배물교拜物敎적 종교경제에서 다신교적 종교경제, 일신교적 종교경제까지를 가리킨다. 농촌의 크기로 말하면 촌락공동체경제에서 영지경제, 장원경제로 발전한다. 생산적 관계로 말하면 원시적 공동경제에서 고대노예경제, 중세농노경제까지다. 그러나 생산적 기술로만 말하면 이 긴 시기에는 매 분기 사용된 공구에 따라 신석기기술경제에서 청동기 및 저급철기기술경제, 더 나아가 고급철기기술경제로 발전해왔다. 朱謙之, 「文化社會學」, 521~523 참조.

42 중세 이후 풍차방아, 안경, 확대경, 포, 염료, 약품 등 수많은 수공기술의 발명이 있었다. 특히 4대 발명 즉 제지, 인쇄술, 화약, 나침반은 중국문화에 의해 전파된 것이다. 중국의 '철학적 경제'가 수공기술경제시대를 대표한다고 말한 이유가 여기에 있다. 다만 서양에 한정해보면 수공기술이 전파되었거나 혹은 발명되었든 간에 실제로 경제생활에 극대한 영향을 미쳤다. 이 시대 수공기술의 발명은 문예부흥시대의 사회를 만들었다. 문예부흥에서 18세기 말엽까지는 지식문화사에 있어 철학시대에 속하고 경제문화에 있어서도 '철학적 경제시대'에 속한다. 朱謙之, 「文化社會學」, 523~525쪽 참조.

43 朱謙之, 「文化社會學」, 509쪽.

44 朱謙之, 「文化社會學」, 520쪽.

45 Oswald Spengler, *Der Mensch und die Technik* / O. 슈펭글러, 『인간과 기술』, 양우석 옮김, 서울: 서광사, 1999, 9~19쪽 참조.

46 朱謙之, 「文化社會學」, 509쪽.

47 朱謙之, 「文化社會學」, 518쪽 참조.

48 朱謙之, 「文化社會學」, 525쪽.

49 朱謙之, 「文化社會學」, 525쪽.

50 朱謙之, 「文化社會學」, 525쪽.

51 朱謙之,「文化社會學」, 526쪽.

52 朱謙之,「文化社會學」, 525쪽.

53 朱謙之,「文化社會學」, 526쪽.

54 朱謙之,「文化社會學」, 526쪽.

55 朱謙之,「文化社會學」, 526쪽.

56 朱謙之,「文化社會學」, 526쪽.

57 V. I. Lenin, *Imperializm, kak vysshaia stadiia Kapitalizma* / 레닌,『제국주의—자본주의의 최고단계로서』, 박상철 옮김, 서울: 돌베개, 1992, 114~115쪽. 레닌은 여기서 이 시기 제국주의의 주요한 특질을 다음 5가지로 정리한다. ① 생산과 자본의 집적이 고도의 단계에 달하여 경제생활에서 결정적인 역할을 수행하는 독점체의 형성, ② 은행자본과 산업자본의 융합, 그리고 이러한 금융자본을 토대로 한 금융과두제의 출현, ③ 상품수출과는 구별되는 자본수출이 특별히 중요성을 지니게 됨, ④ 국제적인 독점자본가연합이 형성되어 세계를 분할, ⑤ 자본주의 열강에 의한 지구의 영토적 분할의 완결.

58 朱謙之,『朱謙之文集』 第2卷,「謙之文存二集: 甚麽是現代」, 福州: 福建教育出版社, 2002, 162쪽.

59 朱謙之,「謙之文存二集: 甚麽是現代」, 163쪽.

60 朱謙之,「謙之文存二集: 甚麽是現代」, 163~164쪽.

61 김형균,『군수산업의 사회학』, 41쪽 참조.

62 朱謙之,「文化社會學」, 527쪽.

63 朱謙之,「文化社會學」, 510쪽.

64 朱謙之,「謙之文存二集: 甚麽是現代」, 164쪽.

65 주첸즈는 또한 군사사軍事史의 시각에서 다음과 같이 설명한다. 금융자본시대는 경제가 튼튼해야만 군대를 고용해 적을 격파할 수 있지만 군수자본주의는 대량의 현대 진공무기, 비행기, 탱크가 있어야만 승리할 수 있다. 금융자본시대는 경제봉쇄와 금융력이 전쟁무기지만 군수자본시대는 집중적인 군사력과 전격전이 전쟁무기가 된다. 금융자본주의시대의 승리는 사회과학의 연구에 달려 있고 군수자본주의시대의 승리는 군사과학의 연구가 더욱 요구된다. 朱謙之,「文化社會學」, 527쪽 참조.

66 Oswald Spengler, *Der Untergang des Abendlandes: Umrisse einer Morphologie der Weltgeschichte* / 오스발트 슈펭글러,『서구의 몰락 3』, 박광순 옮김, 서울: 범우사, 1995, 440쪽. 주첸즈는 슈펭글러가 제시한 대로 3개의 경제실체, 즉 생산의 경제실체인 농민, 제작의 경제실체인 노동자, 매개의 경제실체인 상인으로

나누어 설명한다. 여기서 농민만이 경제의 가장 근본적인 유일한 계급으로서 농민과 토지는 서로 연관되며 공업도 반드시 토지가 있어야 하고 그 생산된 원료를 기초로 하기 때문에 모두 생산경제라고 할 수 있다. 때문에 이들은 상인의 침략경제와 서로 대립된다. 더욱이 경제의 객체로 말하면 농민은 재물이 자연물이고 노동자는 귀금속의 화폐가 재물이지만 상인은 이 육중하고 정적인 금속화폐를 간편한 기능적이고 동적인 신용을 재물로 삼는다. 朱謙之, 「文化社會學」, 531~532쪽 참조.

67 J. D. 버날, 『사회과학의 역사: 사회경제사의 흐름과 사회과학의 성격』, 박정호 옮김, 서울: 한울, 1995, 28쪽.

68 朱謙之, 「文化社會學」, 532쪽.

69 朱謙之, 「文化社會學」, 528쪽.

70 J. D. 버날, 『사회과학의 역사: 사회경제사의 흐름과 사회과학의 성격』, 130쪽 참조.

71 黃慶華, 「謙之文存二集: 甚麽是現代 · 後記」, 『朱謙之文集』 第2卷, 福州: 福建教育出版社, 2002, 165쪽.

72 朱謙之, 『朱謙之文集』 第2卷, 「謙之文存二集: 戰後文化展望」, 福州: 福建教育出版社, 2002, 180쪽.

73 朱謙之, 「文化社會學」, 526쪽.

74 朱謙之, 「文化社會學」, 459쪽 참조.

75 정동현 편, 『자본주의 역사와 변모』, 부산: 부산대학교 출판부, 1995, 45쪽.

76 김준석, 『근대 국가』, 서울: 책세상, 2011, 45쪽 참조.

77 김형균, 『군수산업의 사회학』, 36, 26쪽 참조.

78 V. I. Lenin, "The Military Programme of the Proletarian Revolution", *Collected Works,* Vol. 23, 1974, p. 82. A. 부주에프, 『초국적기업과 군국주의』, 34쪽에서 재인용.

79 朱謙之, 「謙之文存二集: 戰後文化展望」, 182쪽.

80 朱謙之, 「謙之文存二集: 戰後文化展望」, 180쪽.

81 朱謙之, 「謙之文存二集: 戰後文化展望」, 180쪽 참조.

82 朱謙之, 「謙之文存二集: 戰後文化展望」, 180~181쪽.

83 朱謙之, 「謙之文存二集: 戰後文化展望」, 181쪽.

84 朱謙之, 「黃夏年: 前言一朱謙之先生的學術成就與風範」, 『朱謙之選集』(黃夏年編), 長春: 吉林人民出版社, 2005, 6쪽.

85 朱謙之,「謙之文存二集: 戰後文化展望」, 182쪽.

86 朱謙之,「謙之文存二集: 戰後文化展望」, 181~182쪽 참조.

87 朱謙之,「謙之文存二集: 戰後文化展望」, 182쪽.

88 朱謙之,「文化社會學」, 463쪽.

89 朱謙之,「文化社會學」, 461쪽 참조.

90 朱謙之,「文化社會學」, 559쪽.

91 朱謙之,「文化哲學」, 326쪽.

92 朱謙之,「文化社會學」, 559쪽.

93 朱謙之,「文化社會學」, 501쪽.

94 朱謙之,「謙之文存二集: 戰後文化展望」, 182쪽.

95 朱謙之,「文化社會學」, 564쪽.

96 Alvin Toffler · Heidi Toffler, *War and Anti—War: Making Sense of Today' s Global Chaos* / 앨빈 토플러 · 하이디 토플러,『전쟁 반전쟁』, 김원호 옮김, 서울: 청림출판, 2011 참조.

97 J. D. 버날,『사회과학의 역사: 사회경제사의 흐름과 사회과학의 성격』, 131쪽.

98 朱謙之,「謙之文存二集: 甚麽是現代」, 163쪽 참조.

99 朱謙之,「文化社會學」, 565쪽.

100 朱謙之,『朱謙之文集』 第2卷,「謙之文存二集: 戰後人生觀的改變」, 福州: 福建教育出版社, 2002, 184쪽.

101 Th. W. 아도르노 · M. 호르크하이머,『계몽의 변증법: 철학적 단상』, 13쪽.

102 朱謙之,『朱謙之文集』 第1卷,「革命哲學」, 福州: 福建教育出版社, 2002, 357쪽.

103 朱謙之,「文化社會學」, 527쪽.

104 朱謙之,「文化社會學」, 531쪽.

105 朱謙之,「文化社會學」, 527~528쪽.

106 드와이트 D. 아이젠하워,「고별 연설」, 21쪽.

107 朱謙之,「謙之文存二集: 戰後文化展望」, 181쪽.

찾아보기

(ㅇ)

(ㅈ)

(ㅊ)